全国高等教育自学考试指定教材

经济学原理（中级）

［含：经济学原理（中级）自学考试大纲］　课程代码　13887

（2024 年版）

全国高等教育自学考试指导委员会　组编

主　编　于春海

中国人民大学出版社

·北京·

中国人民大学出版社自考数字教材配套数字资源使用指南

由全国高等教育自学考试指导委员会组织国内相关领域知名专家，编写了最新版自考教材，并首次配套数字资源。本数字教材有以下特点：

（1）知识点微课贯穿全书，视频扫码随时学。

（2）在线自测题按章分布，边学边练效果好。

（3）支持课程互动和评论，让学习不再孤单。

（4）考试资讯和资源更新，关注公号享服务。

凡是购买正版教材的考生，可凭封面的兑换码免费兑换教材配套数字资源。

数字资源获取方法和使用说明如下：

（1）扫描并关注“人大社 e 自考”微信公众号。

（2）点击“课程中心”中的子菜单“兑换中心”。

（3）刮开本书所附卡片涂层，获取数字资源兑换码，即可兑换教材配套数字资源。

（4）在“课程中心”中的子菜单“我的课程”里找到已兑换的课程进行学习。

如兑换码有误或有其他问题，请关注“人大社 e 自考”微信公众号并留言。

组编前言

21 世纪是一个变幻莫测的世纪，是一个催人奋进的时代。科学技术飞速发展，知识更替日新月异。希望、困惑、机遇、挑战，随时随地都有可能出现在每一个社会成员的生活之中。抓住机遇，寻求发展，迎接挑战，适应变化的制胜法宝就是学习——依靠自己学习、终身学习。

作为我国高等教育组成部分的自学考试，其职责就是在高等教育这个水平上倡导自学、鼓励自学、帮助自学、推动自学，为每一个自学者铺就成才之路。组织编写供读者学习的教材就是履行这个职责的重要环节。毫无疑问，这种教材应当适合自学，应当有利于学习者掌握和了解新知识、新信息，有利于学习者增强创新意识，培养实践能力，形成自学能力，也有利于学习者学以致用，解决实际工作中所遇到的问题。具有如此特点的书，我们虽然沿用了“教材”这个概念，但它与那种仅供教师讲、学生听，教师不讲、学生不懂，以“教”为中心的教科书相比，已经在内容安排、编写体例、行文风格等方面都大不相同了。希望读者对此有所了解，以便从一开始就树立起依靠自己学习的坚定信念，不断探索适合自己的学习方法，充分利用自己已有的知识基础和实际工作经验，最大限度地发挥自己的潜能，达到学习的目标。

欢迎读者提出意见和建议。

祝每一位读者自学成功。

全国高等教育自学考试指导委员会

2022 年 12 月

目　录

全国高等教育自学考试

经济学原理（中级）

自学考试大纲

全国高等教育自学考试指导委员会　制定

大纲前言

为了适应社会主义现代化建设事业的需要，鼓励自学成才，我国在20世纪80年代初建立了高等教育自学考试制度。高等教育自学考试是个人自学、社会助学和国家考试相结合的一种高等教育形式。应考者通过规定的专业课程考试并经思想品德鉴定达到毕业要求的，可获得毕业证书；国家承认学历并按照规定享有与普通高等学校毕业生同等的有关待遇。经过40多年的发展，高等教育自学考试为国家培养造就了大批专门人才。

课程自学考试大纲是规范自学者学习范围、要求和考试标准的文件。它是按照专业考试计划的要求，具体指导个人自学、社会助学、国家考试及编写教材的依据。

为更新教育观念，深化教学内容方式、考试制度、质量评价制度改革，更好地提高自学考试人才培养的质量，全国考委各专业委员会按照专业考试计划的要求，组织编写了课程自学考试大纲。

新编写的大纲，在层次上，本科参照一般普通高校本科水平，专科参照一般普通高校专科或高职院校的水平；在内容上，及时反映学科的发展变化以及自然科学和社会科学近年来研究的成果，以更好地指导应考者学习使用。

全国高等教育自学考试指导委员会
2023年12月

Ⅰ　课程性质与课程目标

一、课程性质和特点

“经济学原理（中级）”是全国高等教育自学考试经济管理类多个专业的一门课程，是为培养和检验自学考试应考者的经济基础理论、基本知识和基本技能而设置的。这门课程既是深入学习经济管理类各门专业知识的基础性课程，也是了解和掌握经济运行的一般知识、提高经济学素养的普及性课程。

二、课程目标

本课程是“经济学原理”的中级部分，目的是在“经济学原理（初级）”的基础上进一步借助于更为科学的工具和手段，深入阐述经济学理论和知识，让学生更好地了解和掌握经济学的基本理论和一般分析方法，同时能够采用经济学理论和方法来分析现实经济运行问题。本课程的研究对象既涉及单个家庭和企业的个体行为，也涉及国民经济运行的整个过程。

三、与相关课程的联系与区别

“经济学原理（中级）”作为经济管理类各专业的基础和核心课程，是为经济管理类各学科提供理论支持的课程，它所阐明的基本原理和所解释的客观经济规律，对学习其他经济管理类课程具有重要的指导作用和意义。与“经济学原理（初级）”相比，“经济学原理（中级）”涵盖的知识点更为全面，涉及的分析方法和工具更为复杂和科学，结论也更为严谨和准确。同时，与更高难度的经济学课程相比，“经济学原理（中级）”还带有课程过渡的性质，对于强化学生经济学直觉、奠定经济学基础有着不可替代的地位。

四、课程的重点与难点

本课程的重点内容包括：商品和货币理论，资本主义生产和流通理论，经济危机理论，价格理论，消费者行为理论，生产理论，成本理论，厂商均衡理论，收入分配理论，福利经济学，经济增长理论，经济周期理论，宏观经济调控理论，开放宏观经济学等。

本课程的难点内容包括：资本主义生产和流通理论，经济危机理论，消费者行为理论，厂商均衡理论，福利经济学，经济增长理论，经济周期理论，宏观经济调控理论等。

Ⅱ　考核目标

本大纲在考核目标中，按照识记、领会、简单应用和综合应用四个层次规定其应达到的能力层次要求。四个能力层次是递进关系，各能力层次的含义是：

识记（Ⅰ）：要求考生能够识别和记忆本课程中有关经济学的概念、原理、方法的主要内容，并能够根据考核的不同要求，做出正确的表述、选择和判断。

领会（Ⅱ）：要求考生能够领悟和理解本课程中有关经济学的概念、原理、方法的内涵及外延，理解相关经济学知识的区别和联系，并能够根据考核的不同要求对经济问题进行逻辑推理和论证，做出正确的判断、解释和说明。

简单应用（Ⅲ）：要求考生能够根据已知的经济现象，对经济问题进行分析和论证，得出正确的结论或做出正确的判断。

综合应用（Ⅳ）：要求考生能够根据已知的经济现象和事实，对经济问题进行综合分析和论证，得出解决问题的综合方案。

Ⅲ　课程内容与考核要求

第一篇　政治经济学

第一章　政治经济学导论

一、学习目的与要求

通过本章的学习，学生了解政治经济学的产生、演变与发展，重点掌握政治经济学的出发点和研究对象、生产力和生产关系的相互关系，明确政治经济学的性质、任务和研究方法。

二、课程内容

1. 政治经济学的由来、演变和发展
2. 政治经济学的研究对象
3. 政治经济学的性质、任务和研究方法

三、考核知识点与考核要求

1. 政治经济学的由来、演变和发展

识记：政治经济学。

领会：政治经济学的由来；政治经济学的演变；马克思主义政治经济学的创立。

简单应用：马克思主义政治经济学的发展。

2. 政治经济学的研究对象

识记：物质资料生产；人的劳动；劳动对象；劳动资料；生产资料；生产力；生产关系；社会再生产过程的四个环节；经济基础；上层建筑。

领会：物质资料生产是政治经济学研究的出发点；物质资料生产必须具备的三个简单的要素；生产关系是政治经济学的研究对象。

简单应用：社会再生产过程的四个环节及其辩证关系；研究生产关系必须联系生产力和上层建筑。

3. 政治经济学的性质、任务和研究方法

识记：经济规律；唯物辩证法；科学抽象法；逻辑与历史相统一的方法。

领会：政治经济学的任务；经济规律的特点；经济规律的类型。

简单应用：马克思主义政治经济学的阶级性与科学性的统一。

四、本章重点与难点

本章重点：政治经济学研究的出发点、研究对象；物质资料生产的三个要素；生产力和生产关系、经济基础和上层建筑之间的关系。

本章难点：社会再生产过程的四个环节及其辩证关系；政治经济学的研究方法。

第二章　商品和货币

一、学习目的与要求

通过本章的学习，学生对商品和货币有较全面、正确的了解与认识；掌握商品的二因素和劳动的二重性、商品价值量与劳动生产率之间的关系、价值形式的发展和货币的本质、货币的五种职能、货币流通规律与价值规律的内容和作用等内容。

二、课程内容

1. 商品和价值

2. 货币

3. 市场经济和价值规律

三、考核知识点与考核要求

1. 商品和价值

识记：商品；使用价值；交换价值；价值；具体劳动；抽象劳动；私人劳动；社会劳动；商品拜物教。

领会：商品是使用价值和价值的矛盾统一体；具体劳动和抽象劳动的对立统一；商品价值量的决定；商品价值量和劳动生产率的关系。

简单应用：劳动二重性决定商品二因素；决定和影响劳动生产率高低的主要因素。

综合应用：私人劳动和社会劳动的矛盾是简单商品经济的基本矛盾。

2. 货币

识记：简单的或偶然的价值形式；总和的或扩大的价值形式；一般价值形式；货币形式；相对价值形式；等价形式；货币。

领会：相对价值形式与价值形式的关系；货币的本质；货币五种职能的基本内容；货币流通规律的内容和影响因素。

简单应用：价值形式的四个发展阶段。

3. 市场经济和价值规律

识记：自然经济；商品经济；市场经济。

领会：自然经济的基本特征；商品经济产生和存在的条件；商品经济的基本特征；市

场经济的基本特征；价值规律的表现形式。

简单应用：价值规律的作用；价值规律的局限性。

四、本章重点与难点

本章重点：商品的二因素、劳动的二重性、价值形式的演变；货币的职能；价值规律的内容。

本章难点：商品价值量和劳动生产率之间的关系；私人劳动和社会劳动；货币流通规律；价值规律的作用和局限性。

第三章　资本主义生产过程

一、学习目的与要求

通过本章的学习，学生能够理解资本主义生产过程，特别是资本总公式的矛盾及解决这一矛盾的关键，能够区分不变资本与可变资本，掌握剩余价值生产的两种基本方法，了解和认识资本主义积累的一般规律。

二、课程内容

1. 货币转化为资本
2. 剩余价值的生产
3. 剩余价值生产的基本方法
4. 资本积累的本质及一般规律

三、考核知识点与考核要求

1. 货币转化为资本

识记：资本；资本总公式；简单商品流通；资本流通。

领会：劳动力成为商品的条件。

简单应用：阐述简单商品流通和资本流通的区别；解释资本总公式的矛盾的解决。

2. 剩余价值的生产

识记：价值形成；价值增殖；必要劳动时间；剩余劳动时间；不变资本；可变资本；剩余价值率。

领会：资本主义劳动过程的特点；资本主义劳动过程的双重属性。

综合应用：阐述资本主义生产过程的特点。

3. 剩余价值生产的基本方法

识记：绝对剩余价值；相对剩余价值；超额剩余价值。

领会：超额剩余价值的形成；工资的本质。

综合应用：区分相对剩余价值、绝对剩余价值和超额剩余价值。

4. 资本积累的本质及一般规律

识记：简单再生产；扩大再生产；资本积累。

领会：资本有机构成；资本积聚；相对过剩人口。

综合应用：区分资本积聚和资本集中。

四、本章重点与难点

本章重点：区别货币和资本；区分简单商品流通和资本流通；资本总公式的矛盾；劳动力成为商品的条件；价值形成和价值增殖；必要劳动时间和剩余劳动时间；不变资本和可变资本；工资的本质；绝对剩余价值、相对剩余价值和超额剩余价值；资本积聚和资本集中。

本章难点：简单再生产和扩大再生产；资本积累的本质及一般趋势。

第四章　资本主义流通过程

一、学习目的与要求

通过本章的学习，学生对资本的特性有较为全面的了解，重点掌握社会总资本再生产的核心问题及实现条件，理解剩余价值转化为利润、利润转化为平均利润、价值转化为生产价格的过程，从而了解资本主义经济关系的实质。

二、课程内容

1. 资本循环与周转
2. 社会总资本再生产
3. 平均利润与生产价格
4. 剩余价值的分割

三、考核知识点与考核要求

1. 资本循环与周转

识记：产业资本循环；资本周转速度；预付资本的总周转速度。

领会：产业资本的三种循环形式；生产时间、流通时间；资本周转速度、资本周转时间、资本周转次数；固定资本、流动资本；年剩余价值量、年剩余价值率。

简单应用：阐述影响资本周转速度的因素。

综合应用：阐述产业资本正常循环的条件。

2. 社会总资本再生产

识记：个别资本；社会总资本；社会总产品；社会总资本简单再生产；社会总资本扩大再生产。

领会：个别资本和社会总资本的区别；社会总资本简单再生产的实现条件；社会总资本扩大再生产的实现条件。

简单应用：从社会总产品实现条件的角度阐述经济发展的客观要求。

3. 平均利润与生产价格

识记：利润；利润率；平均利润；平均利润率；生产价格。

领会：区分利润和剩余价值；利润率的形成过程；生产价格的形成。

简单应用：阐述资本主义剥削关系如何被掩盖。

4. 剩余价值的分割

识记：商业资本；商业利润；借贷资本；利息；绝对地租；级差地租。

领会：剩余价值的分割；地租的形成；两种级差地租的区别。

简单应用：结合现实阐述剩余价值的分割及其表现形式。

四、本章重点与难点

本章重点：产业资本的三种循环形式及循环条件；固定资本、流动资本的区别；年剩余价值量和年剩余价值率的区别；影响资本周转速度的因素；社会总资本简单再生产和扩大再生产的实现条件；社会总产品的实现条件。

本章难点：平均利润与生产价格的形成；分辨绝对地租和级差地租；区分两种形态的级差地租。

第五章　资本主义经济危机与历史发展

一、学习目的与要求

通过本章的学习，学生理解竞争和垄断的关系，把握垄断形成的原因，理解金融资本、金融寡头的具体含义，了解金融资本及金融寡头在当代资本主义中的影响，理解资本主义的发展阶段。

二、课程内容

1. 资本主义由自由竞争向垄断的过渡

2. 垄断资本主义的经济特征

3. 国家垄断资本主义

4. 资本主义经济危机

5，资本主义发展的历史趋势

三、考核知识点与考核要求

1. 资本主义由自由竞争向垄断的过渡

识记：垄断；生产集中。

简单应用：竞争与垄断的关系；生产集中和垄断的关系。

综合应用：如何看待当代资本主义经济中的垄断现象。

2. 垄断资本主义的经济特征

识记：垄断组织；垄断利润；垄断价格；金融资本；金融寡头。

领会：区别卡特尔、辛迪加、托拉斯、康采恩；垄断利润的获取途径；资本输出的主要形式。

简单应用：说明资本输入的形式及现实影响。

3. 国家垄断资本主义

识记：国家垄断资本主义；宏观调控。

领会：国家垄断资本主义的形成和发展。

简单应用：阐述国家垄断资本主义的基本形式。

4. 资本主义经济危机

识记：资本主义经济危机的周期性。

领会：资本主义经济危机的双重作用。

简单应用：阐述当代资本主义经济危机的主要特点。

5. 资本主义发展的历史趋势

领会：资本主义经济制度的过渡性质；社会主义取代资本主义的必然性。

简单应用：阐述当代资本主义经济的新特点。

四、本章重点与难点

本章重点：资本主义由自由竞争向垄断过渡的历史过程；竞争与垄断的关系；生产集中和垄断的关系；垄断组织、垄断利润、垄断价格；金融资本和金融寡头；卡特尔、辛迪加、托拉斯、康采恩的区别；垄断利润的获取途径；资本输出的主要形式。

本章难点：国家垄断资本主义的形成和发展；资本主义经济危机；资本主义经济制度的过渡性质；社会主义取代资本主义的必然性。

第六章　社会主义初级阶段的基本经济制度

一、学习目的与要求

通过本章的学习，学生了解我国社会主义基本经济制度的理论渊源和发展历程，理解社会主义基本经济制度的内涵、组成及其关系，认识到社会主义基本经济制度的显著优势；理解中国特色社会主义所有制的地位、内涵及主要规定，认识混合所有制的性质与意义，把握公有制经济、非公有制经济的含义、地位及组成部分；把握中国特色社会主义分配制度的理论逻辑、制度优势和基本规定，认识我国仍存在的民生难题以及社会公平和共同富裕的实现进路；认识我国社会主义市场经济体制改革的成就与经验，把握社会主义市场经济的特征与优势；把握社会主义市场经济中的政府与市场关系。

二、课程内容

1. 社会主义基本经济制度的发展与完善
2. 中国特色社会主义所有制
3. 中国特色社会主义分配制度
4. 社会主义市场经济体制
5. 社会主义市场经济中的政府与市场关系

三、考核知识点与考核要求

1. 社会主义基本经济制度的发展与完善

识记：社会主义基本经济制度；公有制经济和多种所有制经济的内涵与实现形式；国有经济；集体经济；混合所有制经济；个体经济；私营经济；外资经济。

领会：我国社会主义基本经济制度的确立依据；社会主义基本经济制度的内涵及三项内容的辩证关系；社会主义经济基本经济制度的显著优势。

简单应用：我国社会主义基本经济制度的理论基础。

综合应用：社会主义基本经济制度的内涵与优势。

2. 中国特色社会主义所有制

识记：中国特色社会主义公有制的内涵。

领会：生产资料所有制的理论逻辑；中国特色社会主义所有制的主要规定；混合所有制的地位；社会主义公有制的基本特征；公有制经济各组成部分及其作用；毫不动摇地鼓励和支持、引导非公有制经济发展。

简单运用：社会主义所有制坚持以生产资料公有制为主体的必要性。

综合应用：阐述如何体现公有制经济主体地位和国有经济主导作用。

3. 中国特色社会主义分配制度

识记：中国特色社会主义分配制度的内涵。

领会：马克思关于未来社会产品分配的理论；国民收入衡量指标；社会主义分配制度的现实基础；按劳分配和按要素分配的主要内容；我国仍然存在的民生难题。

简单应用：效率与公平的关系；社会公平与共同富裕的实现进路。

综合应用：坚持按劳分配为主体的分配制度的必要性与重要性。

4. 社会主义市场经济体制

识记：我国经济体制改革的内涵。

领会：我国经济体制改革的成就与经验；社会主义市场经济体制的特征与优势；社会主义市场经济的不断完善。

简单应用：社会主义市场经济的制度优势。

5. 社会主义市场经济中的政府与市场关系

识记：社会主义市场经济中的政府和市场关系。

领会：深化经济体制改革的核心问题；市场对资源配置决定性作用的基本规定；政府作用及其必要性。

简单应用：阐述如何把有效市场和有为政府结合起来。

四、本章重点与难点

本章重点：理解社会主义基本经济制度的内涵和优势；社会主义公有制的基本特征；按劳分配的基本要求和特点；社会主义市场经济体制的特征与优势；经济体制改革实践中积累的基本经验；正确处理政府与市场的关系。

本章难点：坚持按劳分配为主体的分配方式的分配制度的必要性与重要性；效率与公

平的辩证关系；社会主义初级阶段坚持生产资料公有制为主体的必要性；公有制的主体地位和国有经济主导作用如何体现。

第七章　社会主义经济增长与经济发展

一、学习目的与要求

通过本章的学习，学生理解经济增长与经济发展的含义，了解不同的经济发展观，掌握新发展理念的内涵；认识经济高质量发展的必然性，理解高质量发展的内涵、表现与要求，理解供给侧结构性改革的内涵与要求；理解新发展格局的内涵与战略要点，尤其要关注构建开放的国内国际双循环发展格局；认识我国区域经济发展现状，在此基础上领会我国区域经济发展思路与格局，理解区域协调发展的未来进路。

二、课程内容

1. 对经济增长和经济发展的认识
2. 推动经济高质量发展
3. 构建新发展格局
4. 区域经济发展布局

三、考核知识点与考核要求

1. 对经济增长和经济发展的认识

识记：经济增长与经济发展的概念；单纯经济增长观；经济社会协调发展观；可持续发展观。

领会：经济增长与经济发展的联系和区别；新发展理念的内涵。

简单应用：新发展理念的整体性。

2. 推动经济高质量发展

识记：中国特色现代化经济体系。

领会：经济高质量发展的必然性；高质量发展的内涵；推动经济高质量发展的要求；供给侧结构性改革的内涵与要求。

简单应用：高质量发展在不同环节的不同表现。

综合应用：供给侧结构性改革的现实必要性。

3. 构建新发展格局

识记：新发展格局的含义及意义。

领会：新发展格局的战略要点；促进国内国际双循环的内涵。

简单应用：构建新发展格局的重要意义。

4. 区域经济发展布局

识记：我国区域经济发展现状。

领会：区域经济发展的思路；区域协调发展的原则；区域协调发展的格局。

简单应用：区域协调发展的举措。

四、本章重点与难点

本章重点：基于经济增长理论，总结国际对于发展问题的认识，阐述我国新发展理念与经济高质量发展的内涵与意义；着力建设现代化经济体系，推进供给侧结构性改革，并不断加快构建新发展格局，促进区域协调发展；理解经济增长和经济发展的联系和区别；了解国际上对发展问题的认识。

本章难点：经济高质量发展的必然性、内涵和要求；建设现代化经济体系与推进供给侧结构性改革；构建新发展格局的意义与要求；促进国内国际双循环；促进区域协调发展。

第八章　社会主义宏观经济治理与保障体系

一、学习目的与要求

通过本章的学习，学生理解在社会主义市场经济中，为克服市场弊端，必须要有宏观经济治理，理解宏观经济治理的必要性，进一步理解宏观经济治理的基本手段，梳理我国宏观经济治理的基本经验，还应与时俱进，认识到我国宏观经济治理在实践中呈现出的新特点；理解保障和改善民生是社会主义制度的本质要求，掌握民生的内涵及范畴、保障和改善民生的重要意义，明白如何在发展中保障和改善民生。

二、课程内容

1. 社会主义市场经济中的宏观经济治理
2. 保障和改善民生

三、考核知识点与考核要求

1. 社会主义市场经济中的宏观经济治理

识记：市场的自发性、盲目性和滞后性；宏观经济治理的主要任务和具体目标。

领会：社会主义宏观经济治理的必要性；宏观经济治理的经济手段、法律手段和必要的行政手段；我国宏观经济治理的新特点。

简单应用：我国宏观经济治理的基本经验。

综合应用：宏观经济治理手段的侧重。

2. 保障和改善民生

识记：民生的内涵及涵盖的领域；我国社会保障体系的基本框架。

领会：保障和改善民生的内涵与特点；保障和改善民生是社会主义制度的本质要求；社会保障与民生保障的联系与区别；社会保障体系的重要意义。

简单应用：保障和改善民生的重点任务。

综合应用：保障和改善民生具有重要意义；经济发展与保障和改善民生的关系。

四、本章重点与难点

本章重点：社会主义宏观经济治理的必要性和目标；我国宏观经济治理的基本经验；保障和改善民生的内涵和意义。

本章难点：如何在发展中保障和改善民生；社会主义宏观经济治理的必要性；宏观经济治理的具体目标和手段；保障和改善民生的重点任务。

第九章　经济全球化和中国特色社会主义对外开放

一、学习目的与要求

通过本章的学习，学生理解经济全球化的内涵、主要表现与发展趋势，能够科学全面地评价经济全球化过程，认识引导经济全球化健康发展的中国方案；理解中国在经济全球化条件下实行对外开放的必要性，了解对外开放的主要内容和成就，了解经济全球化给国家经济安全带来的影响以及对外开放条件下维护国家经济安全的主要对策，认识新时代对外开放的新特点；把握经济全球化条件下不同类型的国家经济关系，了解全球经济治理的形成、主要形式、治理重点与存在问题，了解中国积极参与全球经济治理体系改革的实践；理解国际经济秩序的概念，了解中国关于建立国际经济新秩序的主张，把握“一带一路”倡议的主要内容及深远影响。

二、课程内容

1. 经济全球化的表现、影响与趋势
2. 经济全球化与中国的对外开放
3. 经济全球化与全球经济治理

三、考核知识点与考核要求

1. 经济全球化的表现、影响与趋势

识记：经济全球化；贸易全球化；生产全球化；金融全球化。

领会：经济全球化的内涵；经济全球化的主要表现；经济全球化的二重性。

简单应用：简述经济全球化中发展中国家面临的机遇和挑战。

综合应用：论述如何理解经济全球化是一把“双刃剑”；论述如何引导和推动全球化健康发展。

2. 经济全球化与中国的对外开放

识记：对外开放；进口替代；出口导向。

领会：我国对外开放的主要经验；我国对外开放的主要内容及成果；新时代对外开放的新特点。

简单应用：经济全球化条件下实行对外开放的必要性；维护中国国家经济安全的主要对策。

综合应用：论述如何加快推进更高水平开放型经济新体制建设。

3. 经济全球化与全球经济治理

识记：国际经济关系；全球经济治理；人类命运共同体；“一带一路”倡议。

领会：不同类型国际经济关系及表现；全球经济治理存在的问题；中国关于建立国际经济新秩序的主张；“一带一路”倡议的主要内容。

简单应用：发达国家和发展中国家经济关系的实质；“一带一路”建设与推动共建人类命运共同体的关系。

综合应用：共建“一带一路”的意义。

四、本章重点与难点

本章重点：经济全球化的内涵及主要表现；科学全面地评价经济全球化过程；中国坚持对外开放基本国策的必要性；我国对外开放的主要经验；经济全球化条件下不同类型的国家经济关系；共建“一带一路”的意义和主要内容。

本章难点：经济全球化的二重性；发达国家和发展中国家经济关系的实质。

第二篇　微观经济学

第十章　微观经济学导论

一、学习目的与要求

通过本章的学习，学生对微观经济学有较全面、正确的了解与认识；重点掌握资源稀缺性、理性人、思想实验、经济模型和经济学分析的基本框架等内容。

二、课程内容

1. 微观经济学的由来、演变和发展
2. 微观经济学的研究对象
3. 微观经济学的研究目标和研究方法
4. 各章主要内容

三、考核知识点与考核要求

1. 微观经济学的由来、演变和发展

识记：微观经济学产生和发展的历史。

2. 微观经济学的研究对象

领会：微观经济学的研究对象。

3. 微观经济学的研究目标和研究方法

领会：微观经济学的研究目标和研究方法。

4. 各章主要内容

识记：微观经济学的主要内容。

四、本章重点与难点

本章重点：微观经济学的由来、演变和发展；微观经济学的研究对象和主要内容。

本章难点：微观经济学的研究目标和研究方法。

第十一章　需求、供给和市场均衡

一、学习目的与要求

通过本章的学习，学生对需求函数、需求法则、供给函数、供给法则、市场均衡、供求法则、需求弹性和供给弹性等内容有一个全面的认识和了解；初步掌握使用需求曲线和供给曲线分析需求变化或供给变化对市场均衡的影响，并能够进行简单的比较静态分析。

二、课程内容

1. 微观经济循环体系
2. 需求：需求函数与需求法则
3. 供给：供给函数与供给法则
4. 市场均衡
5. 消费者剩余和生产者剩余
6. 弹性：需求弹性和供给弹性
7. 比较静态分析：管制、短缺与过剩

三、考核知识点与考核要求

1. 微观经济循环体系

识记：产品市场；要素市场；消费者；生产者；价格机制。

领会：微观经济循环体系的基本要素；在微观经济循环体系中，消费者的双重身份；在微观经济循环体系中，生产者的双重身份。

简单应用：在产品市场上，分析生产者的供给和消费者的需求对市场均衡的共同决定；在要素市场上，分析消费者的供给和生产者的需求对市场均衡的共同决定。

综合应用：论述微观经济循环体系的主要内容。

2. 需求：需求函数与需求法则

识记：需求；需求函数；需求曲线；需求量的变化；需求的变化；需求法则。

领会：影响需求的主要因素；需求量变化与需求变化的区别。

简单应用：简述商品价格变化对需求曲线上点位置的影响；简述除商品价格以外其他影响因素变化对需求曲线位置的影响。

3. 供给：供给函数与供给法则

识记：供给；供给函数；供给曲线；供给量的变化；供给的变化；供给法则。

领会：影响供给的主要因素；供给量变化与供给变化的区别。

简单应用：简述商品价格变化对供给曲线上点位置的影响；简述除商品价格以外其他

影响因素变化对供给曲线位置的影响。

4. 市场均衡

识记：市场均衡；均衡价格；均衡数量；局部均衡；一般均衡；供求法则。

领会：市场均衡的基本要素；市场均衡状态是一种相对静止状态；偏离市场均衡状态时，在市场机制的作用下会恢复到市场均衡状态。

简单应用：需求变化对市场均衡的影响；供给变化对市场均衡的影响。

综合应用：根据由需求函数和供给函数组成的联立方程组，求解均衡价格和均衡数量；在坐标系中，使用需求曲线和供给曲线，论述偏离市场均衡状态时，价格机制对恢复市场均衡状态的作用；在坐标系中，使用需求曲线和供给曲线的移动，论述供求法则。

5. 消费者剩余和生产者剩余

识记：消费者剩余；生产者剩余。

领会：消费者剩余可以用需求曲线下方、市场价格线上方的面积来直观表示；生产者剩余可以用市场价格线下方、供给曲线上方的面积来直观表示。

简单应用：只要消费者所能接受的最高商品价格高于市场价格，消费者就会在心理上认为得到了超过实际支付价格的福利。

综合应用：消费者剩余加上生产者剩余是需求曲线与供给曲线之间三角形的面积，表示社会福利；生产者剩余和消费者剩余通常被结合起来用于分析经济效率和社会福利问题。

6. 弹性：需求弹性和供给弹性

识记：弹性；需求价格弹性；需求价格弧弹性；需求价格点弹性；需求收入弹性；需求交叉价格弹性；供给价格弹性。

领会：需求价格弹性的五种典型类型；需求价格弹性的影响因素；供给价格弹性的五种典型类型；供给价格弹性的影响因素。

简单应用：根据需求曲线判断需求价格弹性是富于弹性还是缺乏弹性；根据供给曲线判断供给价格弹性是富于弹性还是缺乏弹性；分析消费者的可选择性对需求价格弹性的影响；分析市场竞争的激烈程度对需求价格弹性的影响；分析生产者调整供给的难易程度等因素对供给价格弹性的影响。

综合应用：结合案例材料，根据公式计算需求价格弧弹性和需求价格点弹性；结合案例材料，根据公式计算供给价格弧弹性和供给价格点弹性；在商品需求价格弹性的不同取值情况下，论述降价或提价销售策略对商品销售收入的影响。

7. 比较静态分析：管制、短缺与过剩

识记：静态分析；比较静态分析；最低限价；最高限价；价格管制政策。

领会：静态分析和比较静态分析的区别；最低限价和最高限价的区别。

简单应用：在坐标系中，使用需求曲线和供给曲线分析最低限价如何形成供过于求的商品过剩情况；在坐标系中，使用需求曲线和供给曲线分析最高限价如何形成供不应求的商品短缺情况。

四、本章重点与难点

本章重点：经济循环体系的主要内容；需求和影响需求的主要因素；供给和影响供给

的主要因素；需求量变化与需求变化的区别；供给量变化与供给变化的区别；需求价格弹性的五种典型类型；需求价格弹性的影响因素；供给价格弹性的五种典型类型；供给价格弹性的影响因素；最低限价和最高限价的区别。

本章难点：根据需求函数和供给函数，求解均衡价格和均衡数量；根据供求法则，分析需求变化和供给变化对市场均衡的影响；根据公式计算需求价格弧弹性、需求价格点弹性、供给价格弧弹性和供给价格点弹性；在商品需求价格弹性的不同取值情况下，分析降价或提价销售策略对商品销售收入的影响；分析最低限价和最高限价对市场均衡的影响。

第十二章　消费者行为理论Ⅰ：消费者如何选择

一、学习目的与要求

通过本章的学习，学生理解和掌握消费者如何做出选择，以及如何对价格和收入做出反应；重点掌握效用函数、无差异曲线、效用最大化的均衡求解、价格变化和收入变化对均衡解的影响、价格变化的分解、市场需求曲线的推导等内容。

二、课程内容

1. 偏好与效用
2. 效用函数与无差异曲线
3. 消费者如何选择：约束条件下的效用最大化
4. 比较静态分析：收入变化和价格变化对消费者均衡的影响
5. 价格变化的分解：替代效应和收入效应
6. 市场需求曲线

三、考核知识点与考核要求

1. 偏好与效用

识记：偏好；效用。

领会：偏好符号；偏好的几个基本性质；基数效用论与序数效用论。

简单应用：消费者如何体现“喜好”程度；偏好具有完备性、传递性、非饱和性、凸性和连续性等基本性质。

2. 效用函数与无差异曲线

识记：效用函数；无差异曲线的形状；边际替代率；边际效用递减规律。

领会：完全替代型偏好；完全互补型偏好；柯布-道格拉斯偏好。

简单应用：如何用效用函数反映偏好；如何图示偏好；将偏好转化为易于分析的函数形式，借助效用水平的数值比较来反映偏好。

3. 消费者如何选择：约束条件下的效用最大化

识记：预算约束线；消费者最优选择；消费者效用最大化的均衡条件。

简单应用：求解约束条件下的效用最大化问题；拉格朗日方法；预算约束线以下的部

分为消费者能够负担的商品组合，称为预算集；无差异曲线在均衡点的斜率等于预算约束线的斜率。

4. 比较静态分析：收入变化和价格变化对消费者均衡的影响

识记：收入提供曲线；恩格尔曲线；价格提供曲线；需求曲线。

领会：比较静态分析；收入变化对消费者均衡的影响；价格变化对消费者均衡的影响。

简单应用：由收入提供曲线推导出恩格尔曲线；由价格提供曲线推导出商品的需求曲线；收入提供曲线是给定商品价格不变，将收入变化后的消费者均衡点连接起来形成的曲线；恩格尔曲线是收入与需求量的关系。

综合应用：计算约束改变后的消费者需求变动；理解商品价格上升，消费者会减少对该商品的消费；理解价格提供曲线是给定其他商品的价格和收入水平不变，将商品价格变化后的消费者均衡点连接起来形成的曲线；理解需求曲线是一种商品的价格和需求量的关系。

5. 价格变化的分解：替代效应和收入效应

识记：收入效应；替代效应；斯勒茨基分解。

领会：价格变动的需求变化等于替代效应和收入效应的总和。

综合应用：分解总效应为收入效应和替代效应；计算斯勒茨基替代效应；斯勒茨基替代效应不改变消费者的购买力水平，给予消费者足够的补偿使其能够达到原先的消费束。

6. 市场需求曲线

识记：马歇尔需求曲线；斯勒茨基需求曲线；市场需求曲线。

领会：从消费者个体需求曲线到市场需求曲线；需求曲线发生变化的原因；市场需求曲线的特征；市场需求函数是市场上所有消费者的个人需求函数的加总。

四、本章重点与难点

本章重点：分析消费者如何做出选择，在约束条件下追求效用最大化；由无差异曲线和效用函数刻画的“偏好”和由预算约束刻画的“经济处境”引导消费者做出最优选择，并分析经济环境发生变化之后消费者选择如何变动，收入变化和商品价格变化如何改变消费者的最优选择。

本章难点：比较静态分析；价格变化的总效应的分解。

第十三章　消费者行为理论Ⅱ：跨时期和不确定性下的消费者选择

一、学习目的与要求

通过本章的学习，学生对消费者选择理论有更深的认识；掌握跨时期的预算约束线和消费者偏好等内容，分析消费者在跨时期下如何做出最优选择，理解利率对最优选择的影响；掌握期望效用理论、风险态度、风险厌恶系数等内容，分析消费者在不确定性的情形下如何做出选择；了解金融工具在规避风险和分散风险中的作用。

二、课程内容

1. 跨时期下的消费者选择
2. 不确定性下的消费者选择

三、考核知识点与考核要求

1. 跨时期下的消费者选择

识记：现值；终值。

领会：两期的预算约束线；两期的消费者偏好。

简单应用：利用两期的预算约束线和消费者偏好计算消费者的最优选择。

综合应用：分析利率的变化对消费者最优选择的影响。

2. 不确定性下的消费者选择

识记：风险；彩票；期望效用；绝对风险厌恶系数；相对风险厌恶系数。

领会：期望效用理论；风险态度的类型；分散风险和规避风险的常见方法。

简单应用：定性地判断消费者的风险态度；定量地计算消费者对风险的厌恶程度。

综合应用：论述消费者如何在不确定性下做出选择；论述消费者如何分散风险和规避风险。

四、本章重点与难点

本章重点：现值、终值；两期的预算约束线、两期的消费者偏好；两期的消费者选择；利率变化对跨期选择的影响；彩票；期望效用；风险态度的类型；绝对风险厌恶系数、相对风险厌恶系数。

本章难点：两期的消费者选择；利率变化对跨期选择的影响；期望效用；风险态度的类型。

第十四章　生产者行为理论Ⅰ：生产者如何选择

一、学习目的与要求

通过本章的学习，学生对生产者如何在既有约束和目标函数下进行生产决策有较全面、正确的了解与认识；重点掌握技术和生产函数、规模报酬、三种常见的生产函数、等产量曲线和利润最大化等内容。

二、课程内容

1. 生产技术与生产函数
2. 对生产函数的假定与规模报酬
3. 短期分析：具有一种可变生产要素的生产函数
4. 长期分析：等产量曲线

5. 生产者如何决策：投入要素的最佳组合

三、考核知识点与考核要求

1. 生产技术与生产函数

识记：生产技术；生产函数；生产技术集；生产要素。

领会：生产技术与生产函数的联系与区别。

简单应用：分析企业不同投入水平下的技术集。

2. 对生产函数的假定与规模报酬

识记：单调性；凸性；规模报酬；完全替代型生产函数；完全互补型生产函数；柯布-道格拉斯生产函数。

领会：形状良好生产函数的假定和特征；规模报酬递增、递减和不变的判定方法；完全替代型生产函数的特点；完全互补型生产函数的特点；柯布-道格拉斯生产函数的特点。

简单应用：计算和分析不同生产函数的等产量曲线、规模报酬和边际产出等特征。

3. 短期分析：具有一种可变生产要素的生产函数

识记：可变生产要素；固定生产要素；短期生产函数；边际产出；平均产出。

领会：可变生产要素和固定生产要素的联系与区别；边际产出和平均产出的联系与区别。

简单应用：计算特定短期生产函数的边际产出和平均产出。

综合应用：绘制投入要素变化时的边际产出曲线、平均产出曲线和短期生产函数曲线；论述企业在短期面临的生产约束。

4. 长期分析：等产量曲线

识记：等产量曲线；边际技术替代率。

领会：边际产出递减规律；边际技术替代率递减规律。

简单应用：边际产出和边际技术替代率之间的相互推导。

综合应用：论述企业在长期面临的生产约束。

5. 生产者如何决策：投入要素的最佳组合

识记：利润最大化；等利润线。

领会：短期和长期利润最大化的区别；利润最大化问题的设定。

简单应用：达到短期利润最大化的均衡条件；达到长期利润最大化的均衡条件。

综合应用：求解常见生产函数约束下厂商的投入要素的最佳组合。

四、本章重点与难点

本章重点：企业在约束下的生产决策；包括生产要素、生产函数概念、对生产函数做出的假设、生产函数的特征、经济学中常用的三种生产函数形式、具有一种可变生产要素的生产函数和等产量曲线；生产决策包括短期利润最大化和长期利润最大化。

本章难点：计算和推导不同生产函数下企业达到利润最大化的均衡条件和生产投入束。

第十五章　生产者行为理论Ⅱ：成本理论

一、学习目的与要求

通过本章的学习，学生从总体上认识成本的基本概念、机会成本、生产者的短期成本和长期成本等内容；理解成本理论的基本框架，理解从短期成本到长期成本的推导，掌握机会成本、隐成本等内容。

二、课程内容

1. 成本的性质
2. 成本函数与成本最小化
3. 短期成本分析
4. 长期成本分析

三、考核知识点与考核要求

1. 成本的性质

识记：机会成本；显成本和隐成本；沉没成本；会计利润和经济利润。

领会：资源的稀缺性是人类社会的基本特征；机会成本的重要性。

简单应用：运用沉没成本分析现实问题。

2. 成本函数与成本最小化

识记：成本方程与等成本线；成本最小化；生产均衡点。

领会：边际技术替代率与价格之比相等；扩展线；生产总成本；扩展线与长期总成本。

简单应用：成本最小化与产量最大化的对偶关系。

3. 短期成本分析

识记：短期成本的分类；总不变成本、总可变成本、总成本、平均不变成本、平均可变成本、平均总成本和边际成本。

领会：从短期总产量到短期总成本；由短期生产曲线到短期总成本曲线；短期平均成本曲线和短期边际成本曲线。

简单应用：短期平均成本曲线和短期边际成本曲线的关系。

综合应用：短期成本曲线综合图。

4. 长期成本分析

识记：长期成本的分类；长期总成本、长期平均成本和长期边际成本。

领会：从短期总成本曲线到长期总成本曲线。

四、本章重点与难点

本章重点：成本的性质；成本函数与成本最小化；短期成本分析；长期成本分析；机会成本；显成本和隐成本；沉没成本；成本函数；成本最小化的条件；短期和长期成本分

析的方法和规律等。

本章难点：短期和长期成本分析的关系；成本函数的构建和优化过程；短期和长期成本分析的方法和规律；通过实际案例分析，提升对成本分析的应用能力，以更好地解决实际问题。

第十六章　完全竞争市场

一、学习目的和要求

通过本章的学习，学生理解完全竞争市场约束下厂商的生产决策及均衡特征，重点掌握完全竞争市场中厂商面临的短期需求曲线和长期需求曲线的特征、行业面临的短期需求曲线和长期需求曲线特征，以及市场长期均衡中零利润和经济租金的含义。

二、课程内容

1. 完全竞争市场中厂商面临的需求曲线
2. 竞争厂商的供给决策与均衡
3. 完全竞争市场的短期供给与短期均衡
4. 完全竞争市场的长期供给与长期均衡
5. 理解市场长期均衡

三、考核知识点与考核要求

1. 完全竞争市场中厂商面临的需求曲线

识记：完全竞争市场；厂商面临的需求曲线。

领会：完全竞争市场的前提假设；厂商面临的需求曲线与市场需求曲线之间的区别。

简单应用：简述完全竞争市场中厂商面临的需求曲线的特征。

2. 竞争厂商的供给决策与均衡

识记：短期决策；不变成本；长期决策；利润。

领会：厂商的最优生产决策；厂商短期内的“关门条件”；厂商的长期经营条件。

简单应用：简述厂商的短期供给曲线的特征；简述厂商的长期供给曲线的特征。

综合应用：推导厂商最优生产决策的必要条件；推导完全竞争市场中厂商的短期供给曲线。

3. 完全竞争市场的短期供给与短期均衡

识记：市场的短期供给；市场的短期均衡。

领会：市场的短期供给与厂商的短期供给的关系；市场的短期均衡特征。

简单应用：简述完全竞争市场的短期均衡中企业利润水平的三种情况及条件。

4. 完全竞争市场的长期供给与长期均衡

识记：市场的长期效应；不变要素；长期均衡。

领会：长期效应产生的前提条件；市场长期均衡的特征。

简单应用：简述市场长期效应对不变生产要素的影响；简述市场长期效应对厂商进入退出的影响；简述长期均衡中市场中的最大厂商数量。

综合应用：推导完全竞争市场的长期供给曲线。

5. 理解市场长期均衡

识记：零利润。

领会：固定供给的不变要素的主要成因。

简单应用：简述竞争性厂商在长期均衡中只能获得零经济利润的原因。

综合应用：论述完全固定供给的不变要素所形成的经济租金。

四、本章重点与难点

本章重点：理解完全竞争市场下厂商所面临的需求曲线，以初步认识市场约束下厂商的决策均衡；理解厂商最优生产决策的必要条件，并结合“关门条件”推导得到厂商的短期供给曲线；结合厂商长期经营条件，推导得到厂商的长期供给曲线；完全竞争市场短期供给曲线的特征；市场的长期效应以及完全竞争市场长期供给曲线的特征；零利润的含义。

本章难点：理解市场长期效应与不变生产要素的变化，在此基础上，从厂商的短期供给曲线推导得到市场的长期供给曲线。

第十七章　不完全竞争市场

一、学习目的与要求

通过本章的学习，学生掌握完全垄断市场的特征及均衡决定；掌握三种价格歧视的含义；理解垄断产生的原因；掌握寡头垄断市场的特征及古诺模型的求解；了解斯塔伯格模型；掌握垄断竞争市场短期及长期的均衡决定；理解各种类型市场结构效率的相对大小。

二、课程内容

1. 完全垄断
2. 寡头垄断
3. 垄断竞争
4. 不同市场经济效率比较

三、考核知识点与考核要求

1. 完全垄断

识记：完全垄断；价格歧视；一级价格歧视；二级价格歧视；三级价格歧视。

领会：完全垄断市场特征；完全垄断厂商的供给线；完全垄断厂商的需求曲线；完全垄断厂商的边际收益曲线；完全垄断厂商的均衡决定；垄断的原因。

简单应用：垄断厂商利润最大化的实现方式；各类型价格歧视的案例。

2. 寡头垄断

识记：寡头垄断。

领会：寡头垄断市场特征；古诺模型的均衡决定；斯塔伯格模型的均衡决定。

简单应用：古诺模型求解。

3. 垄断竞争

识记：垄断竞争。

领会：垄断竞争市场特征；垄断竞争市场短期均衡决定；垄断竞争市场长期均衡决定；垄断竞争市场竞争策略。

简单应用：垄断竞争市场均衡条件。

4. 不同市场经济效率比较

识记：不同市场经济效率大小。

领会：经济效率的比较标准。

简单应用：比较四种市场结构经济效率。

四、本章重点与难点

本章重点：完全垄断市场的特征及均衡决定；价格歧视的类型及含义；寡头垄断市场的特征及古诺模型；垄断竞争市场的特征及长短期均衡决定；四种市场经济效率比较。

本章难点：完全垄断市场利润最大化问题；古诺模型；垄断竞争市场的长期均衡条件。

第十八章　一般均衡理论和福利经济学

一、学习目的与要求

通过本章的学习，学生从总体上掌握一般均衡理论的基本内容以及帕累托最优条件的判断方法；理解一般均衡、帕累托最优配置、福利经济学的基本概念和在现实生活中的体现；能够利用一般均衡的几个核心概念更加深入地分析经济措施的内在福利含义。

二、课程内容

1. 一般均衡理论
2. 纯交换经济的帕累托最优条件
3. 纯生产经济的帕累托最优条件
4. 交换和生产经济的帕累托最优条件
5. 完全竞争市场中的帕累托最优配置

三、考核知识点与考核要求

1. 一般均衡理论

识记：经济效率；帕累托最优配置。

领会：一般均衡状态与局部均衡状态的区别；一般均衡的存在性。

简单应用：简述一般均衡状态的实现过程。

2. 纯交换经济的帕累托最优条件

识记：纯交换经济的帕累托最优条件。

领会：纯交换经济的帕累托最优条件的定义和推导过程。

简单应用：使用埃奇沃斯盒型图描述纯交换经济的帕累托最优条件；判断具体的资源分配状态是否满足纯交换经济的帕累托最优条件。

3. 纯生产经济的帕累托最优条件

识记：纯生产经济的帕累托最优条件。

领会：纯生产经济的帕累托最优条件的定义和推导过程。

简单应用：使用埃奇沃斯盒型图描述纯生产经济的帕累托最优条件；判断具体的资源分配状态是否满足纯生产经济的帕累托最优条件。

4. 交换和生产经济的帕累托最优条件

识记：交换和生产经济的帕累托最优条件。

领会：交换和生产经济的帕累托最优条件的定义和推导过程。

简单应用：使用埃奇沃斯盒型图描述交换和生产经济的帕累托最优条件；判断具体的资源分配状态是否满足交换和生产经济的帕累托最优条件。

5. 完全竞争市场中的帕累托最优配置

识记：福利经济学的两个基本定理。

领会：在完全市场竞争经济中，帕累托最优的资源配置状态是如何实现的；福利经济学的两个基本定理的含义；福利经济学的两个基本定理适用的场景。

简单应用：简述市场机制如何实现帕累托最优。

四、本章重点与难点

本章重点：理解一般均衡理论、帕累托最优条件和福利经济学的两个基本定理。

本章难点：计算帕累托最优条件。

第十九章　外部性、公共物品与不对称信息

一、学习目的与要求

通过本章的学习，学生从总体上掌握市场失灵的基本内容以及纠正办法；理解外部性、公共物品和信息不对称的基本概念和在现实生活中的体现；利用市场失灵的几个核心概念更加深入地分析经济措施的内在逻辑，例如庇古税、公共服务的供给、招聘中学历的作用等。

二、课程内容

1. 外部性

2. 公共物品

3. 不对称信息

三、考核知识点与考核要求

1. 外部性

识记：正外部性；负外部性；科斯定理；交易成本；庇古税；庇古补贴。

领会：理解外部性如何导致市场失灵；纠正外部性的办法；市场机制和政府机制在解决外部性方面的优劣势。

简单应用：利用庇古税和庇古补贴纠正外部性的计算过程以及基本原理；科斯定理在现实中的应用；利用交易成本的概念分析经济现实。

2. 公共物品

识记：排他性；竞争性；公共物品；俱乐部产品；公地悲剧；公共资源。

领会：公共物品的定义；搭便车问题出现的原因；公共物品的供给方式。

简单应用：公共物品由政府供给的基本逻辑以及社会边际成本的确定方式；公地悲剧在现实中的表现。

综合应用：利用外部性和公共物品分析“用脚投票”的运行机制。

3. 不对称信息

识记：不对称信息；逆向选择；道德风险；柠檬市场；信号机制；委托代理问题。

领会：逆向选择和道德风险的联系与区别；委托代理问题的负面影响；缓解信息不对称的方式。

简单应用：利用信息不对称分析二手车市场中劣币驱除良币的现象；掌握信息不对称在委托代理问题中的作用。

四、本章重点与难点

本章重点：外部性、公共物品和不对称信息的概念；外部性、公共物品和不对称信息在经济生活中的表现；从外部性、公共物品和不对称信息的角度理解市场失灵。

本章难点：不同类型市场失灵的经济后果以及矫正方法。

第三篇　宏观经济学

第二十章　宏观经济学导论

一、学习目的与要求

通过本章的学习，学生对宏观经济学有较全面、正确的了解与认识；重点掌握宏观经济学的由来、研究对象、研究目标和方法，以及宏观经济学的内容等。

二、课程内容

1. 宏观经济学的由来、演变和发展

2. 宏观经济学的研究对象
3. 宏观经济学的研究目标和研究方法
4. 各章主要内容

三、考核知识点与考核要求

1. 宏观经济学的由来、演变和发展
识记：宏观经济学产生和发展的历史。
2. 宏观经济学的研究对象
领会：宏观经济学的研究对象。
3. 宏观经济学的研究目标和研究方法
领会：宏观经济学的研究目标和研究方法。
4. 各章主要内容
识记：宏观经济学的主要内容

四、本章重点与难点

本章重点：宏观经济学的由来、演变和发展；宏观经济学的研究对象和主要内容。
本章难点：宏观经济学的研究目标和研究方法。

第二十一章　国民收入核算

一、学习目的与要求

通过本章的学习，学生对国民收入核算这一工具有较全面、正确的了解与认识；重点掌握国内生产总值、通货膨胀的衡量、失业的定义和衡量、储蓄-投资恒等式等内容，为宏观经济分析和理解相关决策提供坚实的基础。

二、课程内容

1. 国民收入账户
2. 国内生产总值
3. 通货膨胀和价格指数
4. 失业
5. 重要的恒等式

三、考核知识点与考核要求

1. 国民收入账户
识记：国民收入账户。
领会：国民收入账户的主要项目。
简单应用：国民收入账户各个项目间的关系。

2. 国内生产总值

识记：国内生产总值；收入法；支出法；消费；投资；政府购买；净出口；名义GDP；实际GDP；GDP平减指数。

领会：收入法的原理；支出法的原理；宏观经济的收入循环流程；名义GDP与实际GDP的计算。

简单应用：论述收入法和支出法的等价性；论述名义GDP与实际GDP的区别与联系；GDP平减指数及其应用。

综合应用：国内生产总值衡量社会经济福利的优缺点。

3. 通货膨胀和价格指数

识记：价格水平；消费者价格指数；生产者价格指数；通货膨胀。

领会：衡量价格水平的主要指标；消费者价格指数的编制过程；通货膨胀率的计算。

简单应用：论述三种常用的价格指数的区别与联系；论述消费者价格指数的优缺点。

4. 失业

识记：失业；就业者；失业者；非劳动力；自然失业率。

领会：劳动力的构成；失业的定义；失业率和劳动力参与率的计算；自然失业率的含义。

简单应用：简述就业者、失业者和非劳动力间的流转关系；简述失业衡量出现高估和低估现象的原因。

综合应用：阐述失业的衡量对于经济的重要意义。

5. 重要的恒等式

识记：私人储蓄；政府储蓄；外国对本国的储蓄。

领会：不同情况下投资和储蓄的相等关系；个人储蓄与投资不等的可能性。

简单应用：简述从收入和支出的角度推导储蓄-投资恒等式的过程。

四、本章重点与难点

本章重点：国民收入账户的主要项目及各账户之间的关系；宏观经济的收入循环流程；GDP的含义与核算方法；价格水平的概念和衡量价格水平的主要指标；通货膨胀的含义；失业的定义和自然失业率的含义；国民经济重要的恒等式。

本章难点：宏观经济的收入循环流程；GDP的含义与核算方法；国民经济重要的恒等式。

第二十二章　经济增长理论

一、学习目的与要求

通过本章的学习，学生从总体上对于经济增长的重要性和推动力有进一步的认识；学习和掌握经济增长理论，以加深对经济增长的规律和特点的理解，从而为理解制定经济政策的原则和推动经济发展的因素提供重要的思路和指导。

二、课程内容

1. 经济增长的重要性
2. 经济增长的源泉
3. 新古典增长理论
4. 新古典增长理论的缺陷和发展

三、考核知识点与考核要求

1. 经济增长的重要性

识记：经济增长。

领会：经济增长的含义；经济增长速度的衡量标准；不同增长率的复利效果。

简单应用：论述经济增长对于一个国家或地区的重要意义。

2. 经济增长的源泉

识记：生产函数；生产率；物质资本；人力资本；自然资源；技术水平。

领会：生产函数的基本形式；影响生产率的四个因素。

简单应用：政府政策对经济增长的作用；技术进步对其他资源的替代作用。

综合应用：论述制度、文化和地理因素对经济增长的作用。

3. 新古典增长理论

识记：资本深化；资本广化；有效劳动；黄金律。

领会：新古典增长理论的基本假设；新古典增长模型的基本方程式；长期稳定增长的条件及其现实可能性；新古典增长模型的稳态增长率；资本的黄金律水平。

简单应用：新古典增长理论中技术进步的作用；新古典增长理论中资本积累的作用；储蓄、人口增长对经济的影响。

综合应用：论述创新驱动战略对经济发展的重要性。

4. 新古典增长理论的缺陷和发展

识记：新古典增长理论的缺陷和发展。

四、本章重点与难点

本章重点：经济增长的含义与重要意义；经济增长的直接原因和根本原因；生产率的影响因素；政府政策对经济增长的影响作用；新古典增长模型的基本方程式；内生增长理论的两部门模型；内生增长理论与新古典增长理论主要观点的异同。

本章难点：生产率的影响因素；新古典增长理论中技术进步和资本积累的作用；储蓄、人口增长对经济的影响；内生增长理论中储蓄和投资对经济增长的作用。

第二十三章　货币政策

一、学习目的与要求

通过本章的学习，学生对现代货币政策有较为系统的理解；重点通过对货币、银行和货币乘数等概念的理解掌握货币政策发生作用的基础，并进一步掌握常见的货币政策工具和目标。

二、课程内容

1. 货币、银行和货币乘数
2. 货币政策工具
3. 货币政策的目标

三、考核知识点与考核要求

1. 货币、银行和货币乘数

识记：货币的基本概念；货币的基本功能；货币数量方程；准备金与银行资产负债表。

领会：基础货币与货币乘数、货币乘数效应起作用的具体流程。

2. 货币政策工具

识记：基本的货币政策工具。

领会：对基础货币进行操作的货币政策工具的特点、流程和优缺点；对货币乘数进行操作的货币政策工具的特点、流程和优缺点；非常规货币政策的特点、流程和优缺点。

综合应用：结合实际阐述不同货币政策的使用实例。

3. 货币政策的目标

领会：三种常见的货币政策目标；泰勒规则的内容。

综合应用：结合实际认识当前我国货币政策的目标。

四、本章重点与难点

本章重点：不同类型货币政策工具的特点、流程和优缺点；货币政策的基本目标。

本章难点：通过货币、银行和货币乘数等基本概念深入理解货币政策相关内容，并与实际相联系。

第二十四章　财政政策

一、学习目的与要求

通过本章的学习，学生了解财政政策的具体概念、基本类型、作用原理和具体应用；两种基本财政政策的作用机制和优缺点；重点掌握财政政策的乘数效应和挤出效应、对财政政策的不同看法、李嘉图等价等内容。

二、课程内容

1. 认识财政政策：政府购买与税收政策
2. 财政政策的乘数效应和挤出效应
3. 对财政政策的不同看法与李嘉图等价

三、考核知识点与考核要求

1. 认识财政政策：政府购买与税收政策

识记：财政政策；政府购买；税收政策。

领会：政府购买影响总需求的机制；税收政策影响总需求的机制。

简单应用：结合实际描述两种财政政策的具体应用。

2. 财政政策的乘数效应和挤出效应

识记：财政政策的乘数效应；财政政策的挤出效应。

领会：政府购买的乘数效应原理、过程与结果；税收变动的乘数效应原理、过程与结果；财政政策的挤出效应。

简单应用：简述政府增加支出的影响；简述政府减少税收的影响。

3. 对财政政策的不同看法与李嘉图等价

识记：积极财政政策；收支平衡；自动稳定器；李嘉图等价。

领会：对财政政策不同观点的论据；自动稳定器的原理；李嘉图等价的主要内容。

简单应用：联系实际分析财政政策的不同结果。

四、本章重点与难点

本章重点：政府购买影响总需求的机制；税收政策影响总需求的机制；财政政策的乘数效应；财政政策的挤出效应。

本章难点：理解财政政策的乘数效应和财政政策的挤出效应背后的原理以及李嘉图等价的具体内容。

第二十五章　产品市场和货币市场均衡

一、学习目的与要求

通过本章的学习，学生对产品市场和货币市场的基本原理有较全面、正确的了解与认识。在产品市场均衡方面，需重点掌握凯恩斯交叉模型的基本内容、计划支出曲线的含义以及 *IS* 曲线的含义、推导及影响因素；在货币市场方面，需重点掌握流动性偏好、货币市场均衡、*LM* 曲线的相关内容；深刻理解 IS-LM 模型的含义及应用。

二、课程内容

1. 产品市场均衡
2. 货币市场均衡
3. IS-LM 模型

三、考核知识点与考核要求

1. 产品市场均衡

识记：产品市场；凯恩斯交叉模型；计划（意愿）支出曲线；*IS* 曲线。

领会：凯恩斯交叉模型的内涵；产品市场均衡的含义；*IS* 曲线的经济含义、影响因素。

简单应用：掌握凯恩斯交叉模型的推导过程；分析财政政策（主要包括政府购买和税收政策）如何引起计划支出曲线的移动，并在凯恩斯交叉图中得到体现；根据产品市场的均衡条件推导 *IS* 曲线；掌握影响 *IS* 曲线发生移动的具体因素。

2. 货币市场均衡

识记：货币市场；流动性偏好；货币需求；*LM* 曲线；国民收入；利率。

领会：流动性偏好的含义；交易动机、谨慎动机和投机动机的意义；利率的含义及发挥的作用；货币市场均衡的含义。

简单应用：分析交易动机、谨慎动机和投机动机分别如何影响个人对货币的最终持有水平；分析利率的变动如何调节货币市场的均衡；分析收入的变化如何对均衡利率产生影响；根据货币市场的均衡条件，推导出 *LM* 曲线；掌握 *LM* 曲线的经济含义，分析实际货币供给和货币投机需求、交易需求如何影响 *LM* 曲线的移动。

3. IS-LM 模型

识记：IS-LM 模型；"凯恩斯陷阱"；"凯恩斯区域"。

领会：IS-LM 模型的含义，其反映的产品市场和货币市场同时均衡条件下国民收入和利率之间的关系；IS-LM 模型中的经济波动；货币传递机制。

简单应用：*IS* 和 *LM* 两条曲线把坐标轴分为了Ⅰ、Ⅱ、Ⅲ、Ⅳ共四个区域，深刻理解其分别代表的不同情况；分析短期中，在物价水平 P 固定时，外生变量以及产品和货币市场的外生冲击将如何影响利率和国民收入；理解货币传递机制的含义。

综合应用：理解财政政策与货币政策的相对效果比较，在大多数时候政府和中央银行应该考虑财政政策和货币政策的相互配合，使其相互发生作用，根据具体的经济情况和不同的政策目标，采用不同的政策搭配方式。

四、本章重点与难点

本章重点：凯恩斯交叉模型的含义、推导；计划支出曲线的影响因素；*IS* 曲线的经济含义、推导过程、影响因素；流动性偏好的含义；货币市场均衡的含义；*LM* 曲线的经济学含义、推导过程和影响因素；IS-LM 模型的含义、影响因素；财政政策与货币政策的相对效果比较。

本章难点：*IS* 曲线中利率 r 和收入水平 Y 的负相关关系的推导；*LM* 曲线中利率 r 和收入水平 Y 的正向关系推导；综合掌握各种影响 IS-LM 模型均衡的因素，并分析其推导过程。

第二十六章　总需求和总供给

一、学习目的与要求

通过本章的学习，学生对总供给和总需求模型有较全面、正确的了解与认识，了解其具体的经济含义、推导过程以及影响因素。在此基础上，通过进一步对经济波动现象进行讨论，分析短期的经济波动状态，并进一步理解哪些经济政策可以缓解经济波动带来的负面影响。

二、课程内容

1. 长期和短期总供给曲线
2. 总需求曲线
3. 宏观经济波动
4. 围绕宏观经济政策效应的争论

三、考核知识点与考核要求

1. 长期和短期总供给曲线

识记：长期总供给曲线；真实 GDP；自然产量率；短期总供给曲线；黏性工资理论；黏性价格理论；不完全信息理论；预期物价水平。

领会：长期总供给曲线的特点，影响长期总供给曲线的四类因素；短期总供给曲线的形状及其原因；影响短期总供给曲线的因素，预期物价水平的作用。

简单应用：掌握长期总供给曲线和短期总供给曲线之间的差异；分析哪些因素会如何影响长期总供给曲线的移动；分析短期内总价格水平和总供给量之间的关系；分析预期物价水平如何影响短期总供给曲线的变动。

2. 总需求曲线

识记：总需求曲线；需求总量；三部门经济；财富效应；利率效应；长期增长；通货膨胀。

领会：总需求曲线的特点；总产出核算和支出等式；总需求的三个组成部分；总需求曲线和 *IS*、*LM* 曲线之间的关系；影响总需求曲线移动的因素；长期增长和通货膨胀的含义。

简单应用：分析物价水平与总需求量之间的关系；分析价格如何影响消费水平和投资水平；掌握如何通过 IS-LM 模型推导出总需求曲线；分析某一影响因素如何影响总需求曲线的具体过程；使用总供给和总需求曲线来描述经济的长期增长趋势，解释持续的通货膨胀。

3. 宏观经济波动

识记：AD-AS 模型；短期经济波动；长期均衡状态；需求冲击；供给冲击；自动调整机制；滞胀；工资-物价的螺旋式上升。

领会：经济波动的特征；经济波动产生的原因；分析宏观经济波动的四大步骤；工资-物价螺旋式上升的现象。

简单应用：掌握大多宏观经济变量的波动特点；分析产量和失业之间的关系；解释宏观经济的自动调整机制；理解短期经济波动和长期经济均衡之间的关系。

综合应用：根据四步骤进行总需求移动和总供给移动的综合分析；区分短期经济均衡和长期经济均衡，并分析其如何发生转移。

4. 围绕宏观经济政策效应的争论

领会：政府在经济波动中发挥的作用；需求管理政策的含义；六大宏观经济政策的经典问题。

四、本章重点与难点

本章重点：长期总供给曲线、短期总供给曲线以及总需求曲线的含义及特点、形状以及影响因素；经济波动的特征和典型事实；AD-AS模型的四大分析步骤。

本章难点：通过IS-LM模型推导出总需求曲线；通过总需求曲线解释经济的长期增长趋势和通货膨胀；利用AD-AS模型解释具体的经济波动现象，并针对不同经济问题提出可行的宏观经济政策。

第二十七章　失业、通货膨胀与菲利普斯曲线

一、学习目的与要求

通过本章的学习，学生对菲利普斯曲线有较全面、正确的了解与认识；重点掌握失业的类型及其成因、通货膨胀的类型及其成因、奥肯定律、菲利普斯曲线的推导、短期和长期菲利普斯曲线等内容。

二、课程内容

1. 失业的类型及其成因
2. 通货膨胀的类型及成因
3. 奥肯定律
4. 菲利普斯曲线及其应用

三、考核知识点与考核要求

1. 失业的类型及其成因

识记：季节性失业；摩擦性失业；结构性失业；周期性失业。

领会：季节性失业的成因；摩擦性失业的成因；结构性失业的成因；周期性失业的成因。

2. 通货膨胀的类型及成因

识记：未预期到的通货膨胀；预期到的通货膨胀。

领会：货币数量论对通货膨胀的解释；结构性通货膨胀的形成机制。

简单应用：结合图像简述需求拉动的通货膨胀的形成机制；结合图像简述成本推动的通货膨胀的形成机制；简述预期在通货膨胀持续过程中所起的作用。

综合应用：按照对通货膨胀的预期程度阐述通货膨胀的成本。

3. 奥肯定律

领会：失业对产出的影响；奥肯定律的内容。

4. 菲利普斯曲线及其应用

识记：菲利普斯曲线；牺牲率；痛苦指数；附加预期的菲利普斯曲线；

领会：失业与通货膨胀的替换关系；货币政策和财政政策对菲利普斯曲线的影响。

简单应用：结合图像用 AD-AS 模型推导菲利普斯曲线；结合图像简述附加预期的菲利普斯曲线的内容。

综合应用：论述长期菲利普斯曲线和短期菲利普斯曲线的区别。

四、本章重点与难点

本章重点：通货膨胀的类型、原因和成本；失业对产出的影响；奥肯定律的内容；菲利普斯曲线的含义和提出；失业与通货膨胀的替换关系；货币政策与财政政策对菲利普斯曲线的影响；牺牲率和痛苦指数的含义。

本章难点：由 AD-AS 模型推导菲利普斯曲线；短期菲利普斯曲线对预期通货膨胀率变化的适应；长期菲利普斯曲线的形状和背后的原因。

第二十八章　开放宏观经济分析

一、学习目的与要求

通过本章的学习，学生了解国际收支的概念、国际收支平衡表的构成、汇率的含义、标价方法和分类、固定汇率制度和浮动汇率制度、净出口和资本净流出；掌握国际收支失衡的原因和影响、国际收支调节理论、影响汇率变动的因素、汇率升值和贬值的影响、固定汇率制度和浮动汇率制度的优缺点；重点掌握购买力平价理论、利率平价理论、蒙代尔-弗莱明模型等内容。

二、课程内容

1. 国际收支
2. 汇率决定理论
3. 蒙代尔-弗莱明模型
4. 蒙代尔-弗莱明模型的应用

三、考核知识点与考核要求

1. 国际收支

识记：国际收支；国际借贷；国际收支平衡表；国际收支失衡；美元本位；弹性法；乘数分析法；吸收法；货币分析法。

领会：理解国际收支需要注意的关键点；国际收支平衡表的构成；国际收支状况对一国经济情况的反映。

简单应用：简述国际收支失衡的原因；简述国际收支顺差和逆差的影响。

综合应用：论述美元本位与国际收支失衡的联系；论述调节国际收支失衡的理论。

2. 汇率决定理论

识记：汇率；直接标价法；间接标价法；升值；贬值；即期汇率；远期汇率；名义汇率；实际汇率；购买力平价理论；利率平价理论。

领会：汇率决定的基础；名义汇率与实际汇率之间的关系。

简单应用：简述汇率升值和贬值的影响；简述影响汇率变动的因素。

综合应用：论述购买力平价理论的前提条件、主要内容并解释购买力平价理论在短期和长期不完全适用的原因分别是什么；论述利率平价理论的假设、主要内容并指出抛补的利率平价和非抛补的利率平价的区别。

3. 蒙代尔-弗莱明模型

识记：固定汇率制度；浮动汇率制度；净出口；资本净流出；蒙代尔-弗莱明模型。

领会：影响净出口的因素；影响资本净流出的因素；净出口与资本净流出的关系。

简单应用：简述固定汇率制度的优缺点；简述浮动汇率制度的优缺点。

综合应用：结合图像论述蒙代尔-弗莱明模型的主要内容并说明蒙代尔-弗莱明模型的核心假设是什么。

4. 蒙代尔-弗莱明模型的应用

综合应用：用蒙代尔-弗莱明模型说明固定汇率制度和浮动汇率制度下财政政策和货币政策的有效性。

四、本章重点与难点

本章重点：国际收支失衡的原因；国际收支顺差和逆差的影响；国际收支调节理论；汇率的分类；影响汇率变动的因素；汇率升值和贬值的影响；固定汇率制度和浮动汇率制度的优缺点。

本章难点：购买力平价理论的内容；利率平价理论的内容；固定汇率制度和浮动汇率制度下财政政策和货币政策的有效性。

Ⅳ　关于大纲的说明与考核实施要求

一、课程自学考试大纲的目的和作用

课程自学考试大纲是根据专业考试计划的要求，结合自学考试的特点而确定的。其目的是对个人自学、社会助学和课程考试命题进行指导和规定。

本课程自学考试大纲明确了课程学习的内容及其深度和广度，规定了课程自学考试的范围和标准。因此，它是编写本课程自学考试教材和辅导书的依据，是社会助学组织进行自学辅导的依据，是自学者学习教材、掌握课程内容知识范围和程度的依据，也是进行自学考试命题的依据。

二、课程自学考试大纲与教材的关系

课程自学考试大纲是进行学习和考核的依据，教材则包含了学习掌握课程知识的基本内容与范围，教材的内容是大纲所规定的课程知识和内容的扩展与发挥。课程内容在教材中可以体现一定的深度或难度，但在大纲中对考核的要求一定要适当。

大纲与教材所体现的课程内容应基本一致；大纲里面的课程内容和考核知识点，教材里一般也要有；反过来，教材里有的内容，大纲里就不一定体现。如果教材是推荐选用的，其中有的内容与大纲要求不一致的地方，应以大纲规定为准。

三、关于自学教材

《经济学原理（中级）》，全国高等教育自学考试指导委员会组编，于春海主编，中国人民大学出版社，2024 年版。

四、关于自学要求和自学方法的指导

课程的基本要求是依据专业考试计划和专业培养目标而确定的。它不仅明确了课程的基本内容，而且还明确了对基本内容掌握的程度。基本要求中的知识点构成了课程内容的主体部分。因此，课程基本内容掌握程度、课程考核知识点是高等教育自学考试考核的主要内容。

为了有效地指导个人自学和社会助学，本大纲已指明了课程的重点和难点，在每章的基本要求中一般也指明了该章内容的重点和难点。

本课程共 6 学分（无实验内容）。

五、对考核内容的说明

1. 本课程要求考生学习和掌握的知识点都作为考核的内容。课程中各章的内容均由若干知识点组成，在自学考试中成为考核知识点。因此，课程自学考试大纲中所规定的考试内容是以分解为考核知识点的方式给出的。由于各知识点在课程中的地位、作用以及知识自身的特点不同，自学考试对各知识点分别按三个或四个认知层次确定其考核要求。

2. 在考试之日起 6 个月前，由全国人民代表大会和国务院制定或修订的法律、法规都将列入相应课程的考试范围。凡大纲、教材内容与现行法律、法规不符的，应以现行法律法规为准。

3. 本课程分为三部分，分别为政治经济学、微观经济学、宏观经济学，考试试卷中所占的比例大约分别为 33%、33%、34%。

六、关于考试方式和试卷结构的说明

1. 本课程的考试方式为闭卷，笔试，满分 100 分，60 分及格。考试时间为 150 分钟。

2. 本课程试卷中对不同能力层次要求的分数比例大致为：识记占 20%，领会占 30%，简单应用占 30%，综合应用占 20%。

3. 试题的难易程度要合理。试题的难度可分为易、较易、较难和难四个等级。必须注意试题的难易程度与能力层次有一定的联系，但二者不是等同的概念。在各个能力层次中对于不同的考生都存在着不同的难度。在大纲中要特别强调这个问题，应告诫考生切勿混淆。

4. 本课程考试命题的主要题型一般有单项选择题、多项选择题、填空题、名词解释题、简答题、辨析题、计算题、应用题、论述题、案例分析等题型。在命题工作中必须按照本课程大纲中所规定的题型命制，考试试卷使用的题型可以略少，但不能超出本课程对题型的规定。

附录：参考样卷及答案

一、单项选择题：本大题共 20 小题，每小题 2 分，共 40 分。在每小题列出的备选项中，只有一项是最符合题目要求的，请将其选出。

1. 马克思主义政治经济学的研究对象是

A. 生产力　B. 生产关系　C. 生产资料　D. 上层建筑

2. 货币充当商品交换媒介的职能是

A. 价值尺度　B. 支付手段　C. 贮藏手段　D. 流通手段

3. 货币转化为资本的前提是

A. 劳动成为商品　B. 生产资料成为商品

C. 劳动力成为商品　D. 消费资料成为商品

4. 以下关于价值规律的说法错误的是

A. 价值规律是商品价值决定的规律　B. 价值规律是商品价值实现的规律

C. 价值规律可以调节资源配置　D. 价值规律的作用范围没有边界

5. 通过不同部门之间的竞争形成的是

A. 商品价值　B. 剩余价值　C. 生产价格　D. 平均利润

6. 资本主义经济危机的实质是

A. 生产绝对过剩的危机　B. 生产相对过剩的危机

C. 人口绝对过剩的危机　D. 生产不足的危机

7. 社会主义市场经济与资本主义市场经济的本质区别在于

A. 市场在资源配置中的作用不同　B. 政府宏观经济治理的手段不同

C. 社会基本经济制度不同　D. 交换关系的基础不同

8. 以下对经济增长和经济发展的认识正确的是

A. 经济增长等同于经济发展　B. 经济增长必然带来经济发展

C. 经济发展内涵较窄　D. 经济发展内容更广泛

9. 需求价格弹性系数是

A. 需求量与价格的比率

B. 价格变动的绝对值与需求量变动的绝对值的比率

C. 需求量变动的比率与价格变动的比率之比

D. 以上均不对

10. 已知商品 X 的价格为 1.2 元，商品 Y 的价格为 1 元，当消费者从这两种商品得到最大效用时，商品 Y 的边际效用是 30，那么商品 X 的边际效用应该是

A. 20　　B. 30　　C. 42　　D. 50

11. 长期成本曲线和短期成本曲线中的“长期”与“短期”的划分依据是

A. 时间的长短

B. 以所有生产要素能否得到调整为界限

C. 以实际产量能否达到计划产量为界限

D. 以上均不对

12. 帕累托改进指的是

A. 每个人的状况都至少和之前一样好，同时有人变得比之前更好了

B. 大部分人的状况都比之前更好了

C. 至少有一个人的状况比之前更好了

D. 以上均不正确

13. 下列哪一项不是垄断市场的特点

A. 市场有且仅有一个厂商　　B. 往往存在福利损失

C. 进入该行业是很容易的　　D. 长期中仍然可能存在经济利润

14. 如果某项生产活动具有负外部性，那么生产者采取以下哪项措施可以增加社会福利

A. 增加产量　　B. 减少产量

C. 使产量保持不变　　D. 需要更多信息来判断

15. 下列哪些因素不会影响长期的经济增长

A. 自然资源　　B. 人口数量　　C. 货币发行量　　D. 资本存量

16. 某国 2022 年和 2023 年的名义国内生产总值分别为 1.5 万美元和 1.2 万美元，而按照 2022 年的价格计算的国内生产总值只有 0.5 万美元和 0.8 万美元。2023 年的通货膨胀率为

A. −50%　　B. 50%　　C. 60%　　D. 以上答案都不对

17. 如果银行的存款准备金率是 10%，那么 100 元的初始存款可以创造的货币是

A. 100 元　　B. 205 元　　C. 1 000 元　　D. 2 000 元

18. 中央银行变动货币供给可采取的方式是

A. 变动法定准备金率以变动货币乘数　　B. 变动再贴现率以变动基础货币

C. 公开市场业务以变动基础货币　　D. 以上都是

19. 短期总供给曲线向上倾斜的原因是

A. 黏性工资　　B. 黏性价格　　C. 不完全信息　　D. 以上都是

20. 在充分就业的情况下，下列最可能导致通货膨胀的因素是

A. 进口增加　　B. 工资不变但劳动生产率提高

C. 出口减少　　D. 政府支出不变但税收减少

二、名词解释题：本大题共 6 小题，每小题 4 分，共 24 分。

21. 绝对剩余价值生产

22. 经济全球化

23. 无差异曲线

24. 等产量曲线

25. 菲利普斯曲线

26. 财政挤出效应

三、计算题：本大题共 3 小题，每小题 6 分，共 18 分。

27. 社会总产品的价值构成如下：

Ⅰ $4\ 000C+1\ 000V+1\ 000m=6\ 000$

Ⅱ $1\ 550C+775V+775m=3\ 100$

第Ⅰ部类的积累率假设为 50%，追加的资本有机构成与原资本有机构成相同。试计算：

（1）为保证社会再生产顺利进行，第Ⅱ部类的积累率需保持在什么水平？（3 分）

（2）两大部类的资本增长率各是多少？（3 分）

28. 在完全竞争市场中，假设厂商的总成本函数为 $5Q^2+10Q+100$，而市场的均衡价格为 20。

（1）厂商的均衡产量为多少？（2 分）

（2）厂商在长期中会退出市场吗？为什么？（4 分）

29. 一个只有家庭和企业的两部门经济，消费 $C=100+0.8Y$，投资 $I=150-6r$，货币供给 $M=150$，货币需求 $L=0.2Y-4r$，均衡时的利率和收入水平分别是多少？

四、论述题：本大题共 3 小题，每小题 6 分，共 18 分。

30. 试述马克思关于社会总资本扩大再生产的前提条件和实现条件。

31. IS-LM 模型和 AD-AS 模型都可以用于解释经济的短期波动，这两个模型存在哪些区别和联系？

32. 农产品的丰收通常被认为是一件好事，但是在现实生活中有时会出现这样一种情况：农作物的大丰收导致农作物的产量太高了，此时农产品往往面临着滞销的情况，农民的状况反而不如之前产量较低的时候，这种现象被称为谷贱伤农。

（1）请利用需求价格弹性分析为什么会出现这种现象。（2 分）

（2）有经济学家建议当农作物丰收的时候，由政府出面采购一部分的农产品来保护农民的利益，你认为这是可行的吗？（4 分）

参考样卷答案

一、单项选择题：本大题共 20 小题，每小题 2 分，共 40 分。

1. B　2. D　3. C　4. A　5. D　6. B　7. C　8. D　9. C　10. C　11. B　12. A　13. C　14. B　15. C　16. A　17. C　18. D　19. D　20. D

二、名词解释题：本大题共 6 小题，每小题 4 分，共 24 分。

21. 绝对剩余价值生产是指在保持必要劳动时间不变的条件下，通过绝对延长工作时间，增加剩余劳动时间，从而生产更多的剩余价值。

22. 经济全球化是指在国际分工的基础上，劳动力、资本、土地、知识、技术、管理、数据等各类生产要素通过在全球范围内的大规模流动和配置，推动各国经济相互依赖程度不断加深的过程。

23. 无差异曲线是用来表示对消费者能产生同等满足程度的两种商品的不同组合点的轨迹。

24. 等产量曲线是在技术水平不变的条件下生产同一产量的两种生产要素投入量的各种不同组合的轨迹。

25. 菲利普斯曲线描述了通货膨胀率和失业率之间的关系。当失业率下降时，通常会导致工资和价格水平上涨，从而导致通货膨胀；相反，当失业率上升时，价格通常会下跌。

26. 财政挤出效应指的是政府通过增加支出或减少税收来刺激经济，但由于这些政策可能导致资金供给的紧缩，从而抵消了原本期望的经济增长效果。具体来说，当政府增加支出或减少税收时，可能需要借入更多的资金来满足支出需求，这可能会导致市场利率上升，从而导致私人部门的投资减少。

三、计算题：本大题共 3 小题，每小题 6 分，共 18 分。

27. （1）根据已知条件，可以绘制图式如下：

$$\text{Ⅰ}\ 4\ 000C+1\ 000V+\underbrace{1\ 000m}_{\underbrace{\text{积累}500}_{400\Delta C+100\Delta V}+\text{资本家消费}500}$$

$$\text{Ⅱ}\ 1\ 550C+775V+775m$$

社会总资本扩大再生产的实现条件是：

$$\text{Ⅰ}\left(V+\Delta V+\frac{m}{x}\right)=\text{Ⅱ}(C+\Delta C)$$

这里的条件显示 $\text{Ⅰ}\left(1\ 000V+100\Delta V+500\ \dfrac{m}{x}\right)>\text{Ⅱ}(1\ 550C)$，差额为 50，这一差额需由第二部类追加的 $\Delta C=50$ 予以补齐。又因为追加的资本有机构成与原资本有机构成相同，所以第二部类必须同时追加 $\Delta V=25$。因此，第二部类的积累率为 $75\div775\times100\%\approx9.7\%$。

（2）第一年，两部类的资本构成是：

$\text{Ⅰ}\ 4\ 000C+1\ 000V=5\ 000$

$\text{Ⅱ}\ 1\ 550C+775V=2\ 325$

第二年，两部类的资本构成为：

$\text{Ⅰ}\ 4\ 400C+1\ 100V=5\ 500$

$\text{Ⅱ}\ 1\ 600C+800V=2\ 400$

所以，第一部类的资本增长率为：$(5\ 500-5\ 000)\div5\ 000\times100\%=10\%$；第二部类的资本增长率为：$(2\ 400-2\ 325)\div2\ 325\times100\%\approx3\%$。

28. （1）在完全竞争市场中，厂商会实现 $P=MC$ 的产出水平。因此 $20=P=MC=10Q+10$，据此可得 $Q=1$。

（2）因为 $\pi=TR-TC=PQ-TC=20\times1-5-10-100=20-115=-95$，由于厂商的经济利润为负数，所以在长期中，厂商可以收回固定成本时，厂商会选择退出市场。

29. 当产品市场均衡时，有 $Y=C+I$，据此可以得到 $Y=250+0.8Y-6r$。货币市场均衡时，货币供给等于需求，$150=0.2Y-4r$。据此可以得到均衡时的产出和利率水平分别为 $Y=950$，$r=10$。

四、论述题：本大题共 3 小题，每小题 6 分，共 18 分。

30. 社会总资本扩大再生产是指社会生产在不断扩大规模的基础上重复进行的生产过程，社会总资本扩大再生产的基本前提是资本积累。

（1）在马克思主义政治经济学中，社会总资本扩大再生产有两个前提条件：第一部类所生产的生产资料应超过两大部类简单再生产对生产资料的需要，以满足两大部类扩大再生产中对追加生产资料的需要，用公式表示为：$\text{I}(c+v+m)>\text{I}c+\text{II}c$，简化后为：$\text{I}(v+m)>\text{II}c$；第二部类所生产的消费资料应超过两大部类简单再生产过程中工人和资本家对消费资料的需要，以用于满足两大部类扩大再生产对追加消费资料的需要，用公式表示为：$\text{II}(c+v+m)>\text{I}(v+m/x)+\text{II}(v+m/x)$，简化后为：$\text{II}(c+m-m/x)>\text{II}(v+m/x)$。

（2）社会总资本扩大再生产的实现条件包括：第一部类原有的可变资本价值、追加的可变资本价值以及本部类资本家用于个人消费的剩余价值之和，应等于第二部类原有的不变资本价值和追加的不变资本价值之和。用公式表示为：$\text{I}(v+\Delta v+m/x)=\text{II}(c+\Delta c)$，这反映了社会生产中两大部类之间互为条件、互相依存的关系。第一部类生产的全部产品的价值，必须等于两大部类原有的不变资本价值和追加的不变资本价值之和，用公式表示为：$\text{I}(c+v+m)=\text{I}(c+\Delta c)+\text{II}(c+\Delta c)$，这一公式揭示了生产资料的生产与需求之间的平衡关系。第二部类生产的全部产品的价值，必须等于两大部类原有的可变资本价值、追加的可变资本价值，以及资本家用于个人消费的剩余价值之和，用公式表示为：$\text{II}(c+v+m)=\text{I}(v+\Delta v+m/x)+\text{II}(v+\Delta v+m/x)$，这一公式揭示了消费资料的生产和需求之间的平衡关系。

31. IS-LM 模型和 AD-AS 模型是经济学中两个常用的宏观经济模型，用于解释经济的短期波动。

（1）它们之间的区别主要在于：IS-LM 模型着重在于分析货币市场和产品市场的均衡，以确定均衡利率和产出水平，而 AD-AS 模型则着眼于分析总需求和总供给之间的关系，以确定均衡产出和价格水平；IS-LM 模型主要考虑货币政策和财政政策对利率、投资、消费和产出的影响，AD-AS 模型考虑了价格水平对总供给和总需求的影响；IS-LM 模型更多地关注短期经济波动，着重于利率和产出的短期调整，AD-AS 模型则更加综合，同时考虑了短期和长期的影响。

（2）尽管存在区别，IS-LM 模型和 AD-AS 模型也有一些联系：两者都是宏观经济学中常用的模型，用于解释经济波动和政策效果；在短期内，两者都考虑了货币市场和产品市场的平衡；总需求曲线可以由 IS-LM 模型导出，可以看作是 IS-LM 模型在长期的拓展。

32. （1）由于农产品的储存较为困难，因此它的供给价格弹性较小；农产品的需求价格弹性也比较小，这是因为消费者对农产品的消费量是有限的，消费者消费食品的组合以及食品的数量都是比较稳定的，所以即使农产品的价格较低，消费者可能也不会购买较多的农产品。当农产品丰收时，农产品的供给增加，此时农民发现自己的农产品卖不出去，他们就会选择降价来出售，市场的均衡价格降低。又因为农产品的供给和需求都比较缺乏价格弹性，所以农民需要大幅度的降低自己农作物的价格才能把它卖出去。即使农产品的产量增加了，但是农产品的价格大幅度降低，最终农民的收入反而减少了，农产品的大丰收最终导致农民的利益受损，出现谷贱伤农现象。

（2）如果政府出面采购一部分农产品，农产品的供给减少，则会使得农产品的市场价格上升。因为农产品的供给和需求缺乏价格弹性，供给量的小幅减少会使均衡价格大幅度增加，此时虽然农民的农产品销售量减少了，但是市场的均衡价格大幅度上升，最终使农民的收入增加，保护了农民的利益。但我们在判断建议是否可行时，也需要考虑政府采购和处置农产品的成本，如果政府采购和处置农产品的成本太高，不如用这一部分资金直接补偿受损的农民。

大纲后记

《经济学原理（中级）自学考试大纲》是根据《高等教育自学考试专业基本规范（2021 年）》的要求，由全国高等教育自学考试指导委员会经济管理类专业委员会组织制定的。

全国高等教育自学考试指导委员会经济管理类专业委员会对本大纲组织审稿，根据审稿会意见由编者做了修改，最后由经济管理类专业委员会定稿。

本大纲由中国人民大学于春海教授编写；参加审稿并提出修改意见的有中国人民大学谢富胜教授、北京交通大学周耀东教授、中国人民大学范志勇教授。

对参与本大纲编写和审稿的各位专家表示感谢。

全国高等教育自学考试指导委员会
经济管理类专业委员会
2023 年 12 月

全国高等教育自学考试指定教材

经济学原理（中级）

全国高等教育自学考试指导委员会　组编

编者的话

中国特色社会主义市场经济体制取得伟大成就离不开中国特色社会主义经济理论的正确指导。早在2015年十八届中央政治局第二十八次集体学习时习近平总书记就指出，“要立足我国国情和我国发展实践，揭示新特点新规律，提炼和总结我国经济发展实践的规律性成果，把实践经验上升为系统化的经济学说”。党的二十大报告指出，“中国共产党的中心任务就是团结带领全国各族人民全面建成社会主义现代化强国、实现第二个百年奋斗目标，以中国式现代化全面推进中华民族伟大复兴。”中国式现代化对中国特色社会主义经济学理论、经济学人才提出了更高的要求。

基于以上精神，我们编写了《经济学原理（中级）》。本教材是全国高等教育自学考试经济管理类本科生教材，是为培养和检验自学考试应考者的经济基础理论、基本知识和基本技能而编写的。这本教材既是深入学习经济管理类各门专业知识的基础性教材，也是了解和掌握经济运行的一般知识、提高经济认知能力的普及性课程教材。

本教材在《经济学原理（初级）》的基础上，进一步借助于更为科学的工具和方法，深入阐述经济学理论和知识，让学生更好地了解和掌握经济学的基本理论和一般分析方法，与此同时能够采用经济学理论和方法来分析现实经济运行问题。

本教材共分为政治经济学、微观经济学和宏观经济学三篇。其中，政治经济学部分重点阐述马克思主义政治经济学的基本原理、基本观点和基本方法，通过课程内容的学习，学生可理解资本主义生产关系的本质及发展规律，把握马克思主义政治经济学在当代中国实践中形成的中国特色社会主义经济理论，认识当代世界经济发展趋势和国际经济关系的实质。微观经济学部分重点围绕单个家庭和企业的个体行为展开讨论，比较全面地介绍了需求供给体系、市场均衡、消费者行为和生产者行为、市场结构等内容，重点是让学生全面了解消费者、生产者、市场均衡、福利经济学等微观经济中的基础内容，初步掌握消费者与生产者行为分析的主要框架和方法，熟悉和掌握不同市场上的企业行为。宏观经济学部分着眼于整体经济活动的运行以及宏观经济总量的变化，研究的是经济整体运行的规律和机制。通过宏观经济学的学习，学生能够掌握宏观经济运行的规律和逻辑，分析现实中经济增长、经济周期、通货膨胀等宏观经济现象，理解宏观经济政策在经济增长和物价稳定中的作用。

本教材编写分工如下：教材的内容设计由于春海负责，政治经济学部分由赵峰负责，微观经济学部分由刘瑞明和江艇负责，宏观经济学部分由丁春海和赵勇负责。

编者

2023年12月

第一篇

政治经济学

第一章　政治经济学导论

恩格斯深刻指出："马克思的整个世界观不是教义，而是方法。它提供的不是现成的教条，而是进一步研究的出发点和供这种研究使用的方法。"① 要坚持用马克思主义观察时代、解读时代、引领时代，用鲜活丰富的当代中国实践来推动马克思主义发展，不断开辟当代中国马克思主义、21 世纪马克思主义新境界。

习近平总书记指出，当代中国的伟大社会变革，不是简单延续我国历史文化的母版，不是简单套用马克思主义经典作家设想的模板，不是其他国家社会主义实践的再版，也不是国外现代化发展的翻版。只有把科学社会主义基本原则同本国具体实际、历史文化传统、时代要求紧密结合起来，在实践中不断探索总结，才能把蓝图变为美好现实。②

第一节　政治经济学的由来、演变和发展

一、政治经济学概念的由来

"经济"一词在我国古代典籍中是指"经国济民"或"经邦济世"，即治理国家、拯救贫民的意思。在西方国家，"经济"一词最初见于古希腊色诺芬所著的《经济论》一书，意指家庭或庄园管理。色诺芬《经济论》的问世表明西方国家开始出现了经济学。由于古希腊奴隶制的生产是以家庭为单位、由奴隶进行的，因此，奴隶主阶级把组织和管理奴隶的各种经济问题都纳入家庭管理的范围内，即奴隶主的家庭经济问题。

"政治经济学"是法国重商主义的代表人物安·德·蒙克莱田首先提出和使用的。他在《献给国王和王太后的政治经济学》一书中，表明他所论述的经济问题不再是家庭或庄园经济管理，而是国家或社会的经济问题。自蒙克莱田以来，"政治经济学"一词被世人广泛接受，随后各派经济学家都纷纷把自己的著作称为政治经济学。如：李嘉图的《政治经济学及赋税原理》、斯图亚特的《政治经济学原理》、萨伊的《政治经济学概论》、西斯蒙第的《政治经济学新原理》等。马克思巨著《资本论》的副标题也用的是"政治经济学批判"。

二、政治经济学的演变

尽管重商主义者使用了"政治经济学"一词，但它本身还不是真正的经济科学。因为

---

① 马克思，恩格斯．马克思恩格斯选集：第 4 卷．3 版．北京：人民出版社，2012：664.

② 习近平．在纪念马克思诞辰 200 周年大会上的讲话．人民网，2018－05－04.

重商主义者仅仅把研究视野停留在流通领域，其研究方法只是对观察到的经济现象作一些肤浅的说明。真正的现代经济科学，只有当理论研究从流通过程转向生产过程的时候才开始。

政治经济学作为一门独立的经济科学产生于17世纪中叶以后。古典政治经济学在英国从威廉·配第开始，中间经过亚当·斯密的发展，到大卫·李嘉图结束。在法国从布阿吉尔贝尔开始，中间经以弗朗斯瓦·魁奈为代表的重农学派的发展，到西斯蒙第结束。他们把政治经济学的研究视点从流通领域转向生产领域，提出了劳动创造价值的理论，在一定程度上触及资本主义经济运动的本质，对经济学的形成做出了开创性贡献。但是，由于英国古典政治经济学的代表人物的阶级局限性，以及资本主义经济制度刚刚确立，各种经济矛盾尚未充分暴露，他们把资本主义制度看作自然永恒的社会制度，不能揭示社会经济运动的规律性，其理论体系及观点的缺陷是十分明显的。英国古典政治经济学的代表人物对社会经济运动本质的认识只是初步的。随着资本主义经济制度下各种社会经济矛盾的发展，特别是19世纪30年代以后，阶级矛盾和阶级斗争尖锐化，抛开经济运动本质，只研究经济现象，成了英国古典政治经济学之后历代资产阶级经济学家的一种意识形态，并发展成为一种传统而绵延至今。在经济学说史上，英国古典政治经济学之后的若干经济学说被称为庸俗政治经济学。

三、马克思主义政治经济学的创立

马克思主义政治经济学的产生绝不是偶然的，而是特定历史条件和社会实践的必然产物。从社会经济条件来看，18世纪60年代工业革命的兴起，为资本主义经济的迅速发展创造了物质条件。随着资本主义生产方式在西欧各主要国家已经占据统治地位，资本主义所固有的基本矛盾也日益发展和尖锐起来，其突出表现是愈来愈危及整个资本主义社会的周期性的经济危机频繁爆发，为马克思主义政治经济学的形成提供了客观依据。

从政治条件来看，此时，与资产阶级根本利益冲突的无产阶级如英国、法国、德国等开始兴起工人革命运动，虽然这三大工人运动最终以失败告终，但充分说明了无产阶级已经成为一支独立的政治力量登上了历史的舞台，同时也迫切需要新的、科学的经济理论进行指导。

在这样的时代背景下，马克思和恩格斯总结了无产阶级长期的斗争经验，批判地继承了德国古典哲学、英法空想社会主义思想和英国古典政治经济学的科学成分，通过对所处时代和世界的深入考察，对人类社会发展规律的深刻把握，创立了科学的马克思主义政治经济学。

四、马克思主义政治经济学的发展

马克思主义政治经济学能够随着时代、实践和科学的发展而不断丰富和发展自己。以毛泽东、邓小平、江泽民、胡锦涛、习近平为代表的中国共产党领导集体，在中国社会主义建设和改革实践中，把马克思主义政治经济学的基本原理与中国具体的经济发展实践结合起来，丰富和发展了马克思主义政治经济学。中华人民共和国成立之初，毛泽东提出的社会主义三大改造理论；社会主义建设时期，毛泽东论述的“十大关系”；社会主义改革和发展时期，邓小平提出的社会主义初级阶段理论、社会主义市场经济理论，江泽民提出的“三个代表”重要思想，胡锦涛提出的科学发展观，以及习近平新时代中国特色社会主义经济思想，都是马克思主义政治经济学在当代中国的发展。

习近平新时代中国特色社会主义经济思想是当代中国马克思主义政治经济学的最新成果。新时代，中华民族伟大复兴战略全局和世界百年未有之大变局历史性交汇，我国社会的主要矛盾发生了深刻的变化，我国发展的机遇和挑战前所未有。党的十八大以来，围绕新时代我国经济发展提出的新课题，以习近平同志为核心的党中央从理论和实践的结合上进行了深入的探索，提出了一系列具有时代性、开创性的理论观点和战略方针，形成了习近平新时代中国特色社会主义经济思想。具体包括加强党对经济工作的全面领导；坚持以人民为中心的发展思想；进入新发展阶段；坚持创新、协调、绿色、开放、共享的新发展理念；构建以国内大循环为主体，国内国际双循环相互促进的新发展格局；推动高质量发展；坚持和完善社会主义基本经济制度；部署实施国家重大发展战略；坚持创新驱动发展；大力发展制造业和实体经济；坚定不移全面扩大开放；统筹发展和安全；坚持正确工作策略和方法。①

第二节　政治经济学的研究对象

一、物质资料生产是政治经济学研究的出发点

物质资料生产是政治经济学研究的出发点。这是因为：首先，人类要生存就需要食物、衣服、住处等最基本的生活资料，这些只有通过物质资料的生产才能获得。任何社会不能停止生产，否则，这个社会就不能继续存在下去。其次，只有物质资料生产发展了，政治、文化、科技、教育等活动才能得到发展，从而人类社会才能发展。可见，物质资料生产是人类社会存在和发展的基础，是人类最基本的实践活动，它是政治经济学研究的出发点。

物质资料生产必须具备的三个简单的要素，即人的劳动、劳动对象和劳动资料。人的劳动是指劳动者耗费自己的体力和脑力改变自然物使之适合人类需要的有目的的活动。劳动对象是指被劳动加工于其上的自然物质对象。它包括两类：一类是天然的劳动对象，如原始森林、地下矿藏等；另一类是已被劳动加工过的劳动对象，如生产家具用的木材、冶金用的矿石等，这部分通常叫作原料或原材料。劳动资料或叫劳动手段，是指人们用来影响和改变劳动对象的一切物质资料。它包括生产工具、生产用容器以及土地、厂房、仓库、道路等。

在三个简单要素中，人的劳动是生产中能动的主体要素；劳动对象和劳动资料的总和叫作生产资料，它是生产中的客观要素，是物质生产必备的物质条件。随着社会生产和劳动过程的发展，在简单要素的基础上逐渐加入某些新的要素，如科学技术、经营管理、经济信息等。

---

① 中共中央宣传部，国家发展和改革委员会．习近平经济思想学习纲要．北京：人民出版社，学习出版社，2022.

二、生产关系是政治经济学的研究对象

在物质资料的生产过程中，人们既要同自然界发生关系，又要在人和人之间发生一定的关系。前者表现为生产力，后者表现为生产关系。所以，任何社会的生产，都包括生产力和生产关系两方面。生产力是人们保护自然的能力，反映了人和自然的关系。生产关系是人们在物质生产和再生产过程中结成的社会经济关系，它是各种社会关系中最基本的关系。政治关系、家庭关系等各种社会关系都受生产关系的支配和制约。

政治经济学的研究对象是生产关系。马克思主义政治经济学是研究资本主义生产关系的科学。生产关系有狭义和广义之分。狭义的生产关系是指直接生产过程中结成的人和人的关系，如企业中厂长、经理、工程技术人员、工人之间的关系。政治经济学不仅考察直接生产过程，而且考察社会再生产过程。它包括生产（直接生产过程）、分配、交换、消费四个互相联系的环节，从而也就使人们在社会生产总过程形成了上述诸方面的关系。广义的生产关系就是指包括生产、分配、交换、消费关系在内的生产关系体系。

社会再生产过程的生产、分配、交换和消费之间存在着相互联系、相互制约的辩证关系。一方面，直接生产过程是再生产过程的起点，起决定作用，决定着分配、交换、消费的对象、方式、数量和性质；分配和交换是物质资料生产总过程中连接生产和消费的桥梁和纽带，对生产和消费起着重要的影响作用；消费是物质资料生产总过程的最终目的和动力。另一方面，分配、交换、消费对生产有着反作用。例如，随着城乡人口的变化和产品的城乡分配的变化，生产也相应地发生变化。当交换的范围扩大时，生产的规模也就扩大，生产的分工也就更细。消费也可以创造出新的生产需要，创造出生产的内在动机和目的。

三、研究生产关系必须联系生产力和上层建筑

生产力和生产关系是社会生产的两个方面，它们的有机结合构成社会生产方式。生产方式是人类社会所必需的物质资料的谋取方式，生产力是生产方式的物质内容，生产关系是生产方式的社会形式。

生产力决定生产关系。表现在：第一，生产力状况决定生产关系的状况，什么样的生产力就有什么样的生产关系。第二，生产力的发展决定着生产关系的发展变化。生产关系反作用于生产力。当生产关系适合生产力状况和发展要求时，它推动生产力的发展；当生产关系不适合（超前或滞后）生产力状况和发展要求时，它阻碍生产力的发展。

经济基础是指一定社会形态中占主导地位的生产关系的总和。建立在经济基础之上并与之相适应的政治法律制度和社会意识形态是社会的上层建筑。经济基础和上层建筑的有机结合和统一，构成一定的社会形态。经济基础决定上层建筑，上层建筑反作用于经济基础。

由于生产关系与生产力、经济基础与上层建筑有着紧密的联系，因此，政治经济学研究社会生产关系，必须在生产力与生产关系、经济基础与上层建筑的矛盾运动中进行。

第三节　政治经济学的性质、任务和研究方法

一、政治经济学的性质

政治经济学的科学性是指这门学科从实际出发，正确而深刻地揭示了社会经济活动的本质和规律，并为社会实践证明是科学的真理。辩证唯物主义和历史唯物主义为政治经济学提供了科学的世界观和方法论。马克思主义政治经济学批判地吸收了古典政治经济学的合理成分，全面总结了国际工人运动的实践经验，深刻剖析了资本主义经济的内在矛盾，创立了剩余价值理论，建立了科学的劳动价值论，揭示了资本主义生产的本质，把政治经济学真正建立在科学基础上，完成了政治经济学史上的伟大变革。

政治经济学的阶级性是指这门科学的理论体系反映一定阶级的意志和要求，为一定阶级的利益服务。政治经济学具有阶级性，决定于它所研究对象的特殊性质。作为政治经济学研究对象的生产关系，在阶级社会中表现为阶级或不同社会阶层之间的关系。研究生产关系问题必然触及各阶级或阶层的切身利益，代表不同阶级或阶层利益的经济学家对生产关系进行研究。资产阶级政治经济学是为资产阶级利益服务的，是为资本主义制度辩护的。马克思主义政治经济学是代表无产阶级和最广大人民群众根本利益的社会科学。

马克思主义政治经济学的科学性和阶级性是统一的。马克思主义政治经济学坚持以科学的态度探索、认识和反映经济社会发展的客观规律，同时坚持代表无产阶级和广大劳动群众利益的鲜明立场，实现了科学性和阶级性的内在统一。

二、政治经济学的任务

经济规律是经济现象和经济过程内在的本质的必然的联系。它体现着经济过程的必然趋势。政治经济学的任务就在于揭示经济过程中存在的客观经济规律。

经济规律和自然规律一样具有客观性，是不以人的意志为转移的。任何经济规律都是在一定的客观经济条件基础上产生和发生作用的，并随着客观经济条件的变化而变化。有什么样的经济条件，就会产生与它相适应的经济规律。人们既不能消灭、废除和改造经济规律，也不能创造或制定经济规律。人们可以发挥主观能动性，来认识和利用客观经济规律。

经济规律不同于自然规律的特点是：经济规律主要是人们的经济活动和经济关系运动的规律，离不开人的经济活动；绝大多数经济规律只在一定社会历史阶段发生作用；在阶级社会里，认识利用经济规律带有阶级性。

根据经济规律赖以产生的经济条件不同，可以把它分为三种类型：第一，一切社会形态共有的经济规律。它表现人类各个社会形态发展过程中的某些共同性质，如生产关系一定要适应生产力性质的规律或称生产关系和生产力的矛盾运动规律。第二，几个社会形态共有的经济规律。它表现这几个社会形态发展过程中的某些共同性质，如价值规律是在商品经济中发生作用的，而商品经济就跨越了几个社会形态。第三，某一个社会形态特有的经济规律。它表现某一社会形态发展过程中的特殊性质，如资本主义社会特有的剩余价值

规律、社会主义社会的按劳分配规律等。

三、政治经济学的研究方法

（一）唯物辩证法

唯物辩证法是马克思研究政治经济学运用的根本方法。运用唯物辩证法研究政治经济学，必须坚持从客观的经济事实和经济现象出发，透过各种经济现象剖析出隐藏在经济现象背后的本质联系，并揭示其运动规律。马克思运用唯物辩证法，从社会生活的各种领域中划分出经济领域，从一切社会关系中划分出生产关系，并把生产关系当作决定其余一切关系的基本的原始的关系；为了揭示生产关系及其规律，又从物质资料生产出发来分析社会经济现象，从事物的相互联系、相互制约中研究经济问题，从量变到质变的关系上考察社会经济运动过程，从考察社会经济现象中揭示经济问题的本质，从对立统一规律这个辩证法的根本规律来分析矛盾和矛盾的性质，寻求解决矛盾的途径和方法。马克思在《资本论》中，成功地把唯物辩证法应用于政治经济学研究，科学地揭示了资本主义生产方式产生、发展和必然灭亡的规律。是否运用和坚持唯物辩证法，是马克思主义政治经济学与其他政治经济学在方法论上的重要区别之一。

（二）科学抽象法

科学抽象法是马克思研究政治经济学运用的重要方法。科学抽象法是运用人的抽象思维能力，从大量的社会经济现象中，排除各种外在的、非本质的联系，抽取某种共同的、本质的联系，从而形成科学的概念和理论体系的方法。任何学科进行研究都必须运用科学抽象法。自然科学运用科学抽象法，可以在实验室中通过物理的、化学的、生物的各种实验手段来进行。但是，社会科学运用科学抽象法，就不能在实验室中用显微镜、化学试剂来进行了，而只能用抽象力来代替。

科学的抽象包括两个相互联系的科学思维过程。一是从具体到抽象的深入研究过程，即透过现象揭示本质的研究方法。面对大量错综复杂的经济现象，政治经济学要研究社会生产关系，就必须依靠抽象力，去粗取精、去伪存真、由此及彼、由表及里，从错综复杂的经济现象中抽象出商品这一最本质、最简单的因素，完成从具体到抽象、从复杂到简单的逻辑过程。二是从抽象上升到具体的逻辑叙述过程。在前面抽象分析的基础上，以抽象出来的经济范畴为起点，考察它的各种形式和内在的必然联系，逐步由简单的范畴上升到复杂的范畴和建立逻辑体系，把社会经济整体作为思维上的具体，即把在本质上被认识了的具体再现出来，从中揭示出一定社会生产方式的本质及其运动规律。

（三）逻辑与历史相统一的方法

逻辑与历史相统一的方法是唯物辩证法的具体运用。逻辑方法是指思维推理方法，即在研究社会经济现象时，按照经济范畴的逻辑关系，从比较简单的经济范畴逐步上升到比较复杂的经济范畴，以阐明社会经济现象和经济过程的逻辑发展进程。历史方法是指在研究社会经济现象和经济过程中，按照它的历史发展的真实进程来研究。逻辑与历史相统一的方法就是指思维推理过程要符合和反映经济现象的历史发展过程。历史从哪里开始，思想进程也应当从哪里开始，而思想进程的进一步发展不过是历史过程在抽象的、理论上前后一贯的形式上的反映。

但是，逻辑与历史并非是绝对一致的。因为历史的发展经常具有跳跃性和曲折性，这就要借助逻辑思维排除那些非历史趋势的跳跃、曲折或偶然的现象。所以，逻辑与历史的一致只能是大体一致。当思维的逻辑进程与历史进程不一致时，历史进程必须服从于思维的逻辑进程。

此外，政治经济学研究还经常采用归纳和演绎法、数学方法、系统方法等。这些具体方法与唯物辩证法及其具体运用的方法一道构成了政治经济学的完整的方法论体系。

资源链接

视频微课 1－1　　视频微课 1－2

思考题

1. 解释下列概念：人的劳动、劳动对象、劳动资料、生产资料、生产力、生产关系、经济规律。

2. 为什么说物质资料生产是人类社会存在和发展的基础？

3. 政治经济学的研究对象是什么？

4. 生产力和生产关系的相互关系是怎样的？

5. 简述政治经济学的研究方法。

在线自测

扫一扫　练一练

第二章 商品和货币

按照马克思劳动价值论的观点，活劳动是创造价值的唯一源泉。这一观点突出强调了人的劳动的作用。马克思曾说，“历史承认那些为共同目标劳动因而自己变得高尚的人是伟大人物；经验赞美那些为大多数人带来幸福的人是最幸福的人”①。习近平主席在2018年新年贺词中指出，幸福都是奋斗出来的。在全面建成小康社会的今天，我们更需要尊重劳动、保护劳动，牢固树立劳动最光荣、劳动最崇高、劳动最伟大、劳动最美丽的观念，开展以劳动创造幸福为主题的宣传教育，为实现中华民族伟大复兴而不懈奋斗。

第一节 商品和价值

一、商品及其内在矛盾

（一）商品的二因素

商品是用来交换的劳动产品。任何商品都具有使用价值和价值两个因素，是使用价值和价值的统一。

1. 使用价值

使用价值是物品的有用性，即物品能够满足人们某种需要的属性。每一种物品的使用价值都可以从质和量两个角度来考察：从质的方面看，使用价值是物品的自然属性，是由物品的物理、化学、生物等属性所决定的。不同的物品，由于它们的自然属性不同，因而具有不同的使用价值。同一种物品也可以有多方面的使用价值。从量的方面看，由于不同物品的使用价值在质上各不相同，因而在量上难以比较。物品的使用价值在一切社会中都存在，它是构成社会财富的物质内容，是人类社会赖以存在和发展的物质基础，它本身并不反映社会生产关系，因而不属于政治经济学研究的内容。

商品必须具有使用价值，但是，并非一切具有使用价值的物品都是商品。因为劳动产品要成为商品，必须通过交换让渡给别人使用。因此，作为商品的使用价值，是指社会使用价值，也就是说，这种使用价值并不是用来满足生产者自身的需要，而是通过交换用来满足别人的需要，即具有交换价值。因此，商品的使用价值与一般物品的使用价值相比较，其特殊性在于它是通过交换用来满足别人的需要而不是用来满足生产者自身的需要。政治经济学正是在这个意义上研究商品的使用价值。

---

① 马克思，恩格斯．马克思恩格斯全集：第40卷．北京：人民出版社，1982：7.

2. 价值

交换价值首先表现为一种使用价值同另一种使用价值相交换的量的关系或比例。例如，1 只绵羊换 2 把斧子，这 2 把斧子就是 1 只绵羊的交换价值。在市场上，一种商品可以和多种多样的其他商品以不同的数量比例相交换，因此，一种商品可以有多种交换价值。

在交换过程中，各种商品交换的比例是因时因地不同而不断变化的，从表面上看，商品的交换价值好像是偶然确定的，其实不然。各种不同的商品之所以能够按照一定的数量比例相交换，说明在不同的商品中存在着某种共同的东西。这种共同的东西不可能是商品的使用价值，因为不同商品的使用价值在质上是不同的，而不同质的东西在量上是不能比较的。如果撇开商品不同的使用价值，我们会发现它们都是人类劳动产品，生产它们都耗费了一定数量的人类劳动，这是无差别的一般的人类劳动，即人们的脑力和体力的支出。这种无差别的一般人类劳动的单纯凝结就是商品的价值。或者说，这就是价值实体，是存在于商品的各种交换价值中的共同的东西。不同商品的价值在质上是相同的，因而在量上是可以互相比较的。正是在商品价值的基础上，各种不同的商品才可以按一定的数量比例进行交换，因此，价值是交换价值的基础和内容，而交换价值则是价值的表现形式。一般人类劳动可以形成价值，但它本身并不就是价值。只有在商品经济条件下，一般人类劳动才形成价值。劳动形成价值，是商品经济关系赋予它的一种社会形式。因此，价值是商品的社会属性，它反映了商品生产者之间相互比较劳动和交换劳动的经济关系。

3. 商品是使用价值和价值的对立统一体

一方面，商品的使用价值和价值统一于商品之中，使用价值是价值的物质承担者，没有使用价值的物品，就没有价值，因而也就不是商品；价值是商品中最本质的因素，一种物品如果仅有使用价值，但不是人类劳动的产品，如空气、阳光等，就没有价值，也不能成为商品；有些物品虽然既有使用价值，又是劳动产品，但没有用于交换，因而没有形成价值，也不是商品。所以，任何商品都是使用价值和价值的统一体。

另一方面，使用价值和价值又是相互矛盾的。具体表现在：对于商品生产者来说，他生产商品的目的是取得价值，而要取得价值，就必须通过交换把自己生产的使用价值转让给别人。对于商品购买者来说，他购买的目的是得到商品的使用价值，为此就必须支付商品的价值。无论是生产者还是购买者，都不可能既占有某种商品的使用价值，又同时实现它的价值，这就是矛盾。要解决这个矛盾，就必须通过交换，交换成功了，商品的使用价值和价值才能够分别得到实现，商品内部的矛盾才能得到解决。

（二）生产商品的劳动二重性

商品的二因素是由生产商品的劳动二重性决定的。生产商品的劳动具有二重属性：一方面是具体劳动，另一方面是抽象劳动。

1. 具体劳动

各种不同使用价值的商品，是由不同种类的劳动生产出来的。铁器是由铁匠的劳动生产的，木器是由木匠的劳动生产的。这些生产劳动都是在特定的形式下进行的，都有不同的生产目的、劳动对象、劳动手段、操作方法和劳动结果。这种在特定的具体形式下进行的劳动就是具体劳动，又称有用劳动。具体劳动创造商品的使用价值。各种各样的具体劳动分门别类，就形成社会分工。随着生产力的发展和人们需要的变化，具体劳动的种类也会不断发展变化。

具体劳动体现了人和自然的关系，是人类社会存在和发展的永恒条件。不论在哪种社会形态下，人类要生存和发展，都必须从事各种具体劳动，生产各种不同的使用价值，以满足人们的不同需要。但是，具体劳动必须同自然物质相结合，才能创造出使用价值。具体劳动和自然物质是生产使用价值两个不可缺少的要素。马克思指出："劳动并不是它所生产的使用价值即物质财富的唯一源泉。正像威廉·配第所说，劳动是财富之父，土地是财富之母。"① 这里所说的土地，泛指自然物质。

2. 抽象劳动

尽管生产各种商品的具体劳动千差万别，但是，它们所创造的各种各样的商品却可以互相比较和交换，这表明在各种不同的具体劳动背后隐藏着某种共同的东西。撇开生产各种商品的劳动的具体形式和有用性质，那么，不论是木匠的劳动还是铁匠的劳动，都是人类脑力和体力的消耗，这正是一切劳动共有的东西。这种撇开劳动的具体形式的、无差别的、一般人类劳动，就是抽象劳动。抽象劳动形成商品的价值，是一个历史范畴，是商品经济条件下特有的。

3. 具体劳动和抽象劳动的对立统一

具体劳动和抽象劳动的统一性表现在，商品生产者在进行具体劳动的同时，也就支出了抽象劳动，具体劳动和抽象劳动无论在时间上还是在空间上都是不可分割的，是同一劳动过程的两个方面。没有具体劳动，也就没有抽象劳动，抽象劳动寓于具体劳动之中；抽象劳动又是各种具体劳动彼此联系的表现，也是商品生产者之间建立经济联系的桥梁。

具体劳动和抽象劳动的矛盾表现在，具体劳动能否还原为抽象劳动，取决于商品交换能否成功。如果商品交换不成功，就意味着商品的使用价值以及生产这种使用价值的具体劳动不为社会所承认，从而具体劳动无法还原为抽象劳动，表现为具体劳动和抽象劳动之间的对立。只有商品交换取得成功，生产商品的具体劳动为社会所承认，具体劳动和抽象劳动的矛盾才能解决。马克思指出："一切劳动，一方面是人类劳动力在生理学意义上的耗费；就相同的或抽象的人类劳动这个属性来说，它形成商品价值。一切劳动，另一方面是人类劳动力在特殊的有一定目的的形式上的耗费；就具体的有用的劳动这个属性来说，它生产使用价值。"②

生产商品的劳动二重性学说是由马克思首先提出并加以科学论证的，它在政治经济学上有重大意义。这一学说第一次科学地回答了什么劳动创造价值的问题，从而使资产阶级古典政治经济学家提出的劳动价值理论发生了革命性的变革，成为完全科学的理论。马克思在他的科学的劳动价值论基础上，创立了剩余价值理论以及其他一系列重要理论。总之，马克思的全部经济理论都是建立在劳动二重性学说的基础之上的。因此，劳动二重性学说是"理解政治经济学的枢纽"③。

---

① 马克思，恩格斯．马克思恩格斯文集：第5卷．北京：人民出版社，2009：56-57.
② 马克思，恩格斯．马克思恩格斯文集：第5卷．北京：人民出版社，2009：60.
③ 马克思，恩格斯．马克思恩格斯文集：第5卷．北京：人民出版社，2009：55.

（三）私人劳动和社会劳动

在商品经济中，由于生产资料私有制的存在，商品生产者都是独立地进行生产的。生产什么，生产多少，都由个人决定，劳动产品也归生产者自己占有和支配，这就决定了商品生产者的劳动具有私人性质，是私人劳动。由于社会分工，商品生产者之间相互联系、相互依存，他们都是为别人需要、为社会需要而生产，在社会分工体系中，每个商品生产者的劳动都是社会总劳动的一部分，具有社会性质，是社会劳动。

私人劳动和社会劳动之间存在着矛盾。生产商品劳动的社会性，要求劳动产品在数量和品种上符合社会的需要。但是，生产商品劳动的私人性，往往使生产的产品不能直接与社会的需要相一致。这个矛盾的具体表现是：私人劳动的产品有可能超过了社会需要，或者根本就不适合社会的需要，这样，他的产品就卖不出去，或者不能全部卖出去，私人劳动无法转化为社会劳动，或者不能全部转化为社会劳动，这就产生了私人劳动和社会劳动的矛盾。私人劳动和社会劳动的矛盾必须通过商品交换才能解决，通过交换商品生产者的私人劳动才得到社会承认，成为社会劳动的组成部分。

私人劳动和社会劳动的矛盾是以私有制为基础的简单商品经济的基本矛盾。这是因为：第一，这一矛盾是商品内在各种矛盾的根源。商品生产者的劳动首先直接表现为私人劳动，私人劳动要表现为社会劳动，必须通过商品交换。而要实现交换，生产者就要比较和计量交换双方商品的劳动量，从而就必须把各种不同性质的具体劳动还原为抽象劳动，这样，在私人劳动与社会劳动矛盾的基础上，就产生了具体劳动与抽象劳动的矛盾。而具体劳动创造商品的使用价值，抽象劳动形成商品的价值，于是又产生了使用价值和价值的矛盾。由此可见，具体劳动和抽象劳动的矛盾以及使用价值和价值的矛盾，都是由私人劳动与社会劳动的矛盾决定的。第二，这一矛盾决定私有制商品经济的产生和发展的全过程。一方面，劳动产品是私人产品；另一方面，劳动产品又是为社会生产的，这就使交换成为必然，从而产生了简单商品经济。随着社会分工的发展和私有制的发展，生产商品的私人劳动和社会劳动的矛盾也逐渐发展，这就推动了简单商品经济规模的扩大，进而推动简单商品经济发展为资本主义商品经济。第三，这一矛盾还决定着简单商品生产者的命运。商品生产者的私人劳动能不能转化为社会劳动，以及转化为多少社会劳动，决定着商品生产者盈利或亏损的程度，从而决定着他们的命运。

（四）商品的拜物教性质

在商品经济中，通过商品的生产和交换所体现的人与人之间的社会关系，表现为商品与商品之间的物的关系。商品生产者只有把商品这个物交换出去，才能得以生存；如果交换不出去，就得不到补偿，就会面临破产的风险。因此，商品与商品之间的物的关系就成为支配商品生产者命运的关系，成为物对人的统治关系。于是，商品生产者对作为商品的物产生一种像对神一样的虚幻的崇拜。商品所具有的把人们之间的社会关系虚幻为物与物的关系的性质，就是商品的拜物教性质。

商品的这种神秘的拜物教性质不是来源于商品的使用价值，也不是来源于形成商品价值的抽象劳动，而是来源于劳动产品取得商品形态后，生产商品的劳动所特有的社会性质。既然商品拜物教是同商品生产分不开的，那么没有商品生产的地方，就不会有商品拜物教。在资本主义制度下，商品经济高度发达，商品生产充分发展，与此相联系，商品拜物教发展到最充分的程度。因此，不仅有商品拜物教，还有货币拜物教、资本拜物教等。总之，人们的一切生产关系，都被物的外壳掩盖起来了。

商品拜物教是商品经济社会的必然现象。要消除商品拜物教，就必须消除商品生产。当劳动产品不再是商品，人与人之间的生产关系不再通过商品与商品这种物和物的关系来表现时，商品拜物教才会消失。

二、商品的价值量

（一）社会必要劳动时间决定商品价值量

商品的价值是由劳动创造的，所以，商品的价值量只能由生产商品所耗费的劳动量来决定。劳动量是由劳动的自然尺度——劳动时间来计量的，因此，商品价值量是由生产商品的劳动时间决定的。每一种商品是由许许多多的商品生产者生产的，由于生产中各种主客观原因，每个商品生产者所耗费的劳动时间各不相同。各个商品生产者耗费在同一种商品上的各自的劳动时间，叫作个别劳动时间。

商品的价值量如果由个别劳动时间决定，那就必然会鼓励落后和懒惰，束缚生产力的发展，因此，商品的价值量不是由个别劳动时间决定的，而是由生产这种商品的社会必要劳动时间决定的。所谓社会必要劳动时间，是指“在现有的社会正常的生产条件下，在社会平均的劳动熟练程度和劳动强度下制造某种使用价值所需要的劳动时间”[①]。这里说的现有的社会正常的生产条件，是指现时某一生产部门大多数产品生产已经达到的技术装备水平。这里所说的平均的劳动熟练程度和劳动强度，是指中等水平或部门平均水平的劳动熟练程度和劳动强度，是劳动的主观条件。

社会必要劳动时间对商品生产者具有极其重要的意义。因为商品生产者耗费的个别劳动时间能否符合社会必要劳动时间，直接关系到他们在市场竞争中的成败得失。如果个别劳动时间大于社会必要劳动时间，他的劳动耗费就有一部分得不到补偿，在竞争中会处于不利地位，甚至会破产；如果个别劳动时间等于社会必要劳动时间，他的劳动耗费能够得到全部补偿；如果个别劳动时间少于社会必要劳动时间，除了劳动耗费得到全部补偿以外，还可以获得额外的收益，在竞争中会处于有利的地位。

（二）简单劳动和复杂劳动

简单劳动，就是指那些事先不需要经过任何专门的学习和训练，每个具有劳动能力的人都能够从事的劳动。复杂劳动，是指那些需要经过专门的学习和训练才能从事的劳动。

商品的价值量由社会必要劳动时间决定，是就同种商品而言的，生产各种不同的商品，其劳动的复杂程度不同，价值量如何确定呢？不同商品的价值量是以简单劳动作为计量标准的。由于复杂劳动包含着比简单劳动更多的劳动量，在相同的时间里，复杂劳动要比简单劳动创造更多的价值，因此，在商品交换中，复杂劳动可以折合成多倍的简单劳

---

① 马克思，恩格斯．马克思恩格斯文集：第5卷．北京：人民出版社，2009：52.

动。马克思指出："比较复杂的劳动只是自乘的或不如说多倍的简单劳动，因此，少量的复杂劳动等于多量的简单劳动。"① 少量的复杂劳动的产品可以和多量的简单劳动的产品相交换。当然，这种复杂劳动折合成简单劳动的比例，是在生产者的背后，在无数次的竞争和交换活动过程中自发地形成的。

（三）劳动生产率与商品价值量

劳动生产率是指劳动者的具体劳动生产某种使用价值的效率。它有两种表示方法：一是以单位时间内生产某种产品的数量来表示；二是以生产单位产品所消耗的劳动时间来表示。在单位时间内生产的产品数量越多，或者生产单位产品所需要的劳动时间越少，说明劳动生产率越高；反之，在单位时间内生产的产品数量越少，或者生产单位产品所需要的劳动时间越多，说明劳动生产率越低。劳动生产率的高低取决于多种因素，主要有：劳动者的技术熟练程度；科学技术的发展水平及其在生产中的应用程度；生产过程的社会结合（分工协作、劳动组织、生产管理等）状况；生产资料的规模和效能以及自然条件的优劣；等等。其中科学技术的发展水平及其在生产中的应用程度起着越来越重要的作用。

劳动生产率和商品价值量有着密切的关系。这里的商品价值量是指单位商品的价值量。因为劳动生产率是具体劳动的生产效率，不管劳动生产率如何变化，同一劳动在同一时间内所创造的价值总量是不变的。从单位商品的价值量来说，劳动生产率越高，单位时间内生产的使用价值越多，生产单位商品的社会必要劳动时间越少，单位商品的价值量就越小；反之，劳动生产率越低，单位时间内生产的使用价值越少，生产单位商品的社会必要劳动时间就越多，单位商品的价值量就越大。因此，单位商品的价值量，与生产该商品的劳动生产率成反比，而与生产该商品的社会必要劳动时间成正比。

第二节　货币

货币是商品交换发展到一定阶段的产物，体现了商品生产者之间的社会生产关系。货币的本质是固定的充当一般等价物的商品。货币的职能是由货币的本质决定的，是货币本质的具体体现。货币的形式经历了从金属货币到纸币再到信用货币的演化过程。纸币和信用货币发行要遵循货币流通量规律，防止发生通货膨胀和通货紧缩。

一、货币的起源和本质

（一）货币的起源

1. 简单的或偶然的价值形式

价值形式的发展过程，是同商品交换的发展过程相适应的。最初的交换发生在原始社会后期的氏族之间，是一种以物易物的直接交换，带有偶然性质。一种商品的价值偶然地、简单地表现在和它相交换的另一种商品上，这种价值形式，叫作简单的或偶然的价值

① 马克思，恩格斯．马克思恩格斯文集：第5卷．北京：人民出版社，2009：58.

形式。用等式表示就是：

1只绵羊＝2把斧子

在以上等式中，等式两端的商品所处的地位和起的作用是不同的。等式左端的绵羊处于主动地位，起着主导作用，它要求把自己的价值相对地表现在斧子上，因此处在相对价值形式上。等式右端的斧子则处于被动地位，它只是充当绵羊价值的表现材料，把绵羊的价值表现出来，起着等价物的作用，处在等价形式上。

处于相对价值形式的绵羊的价值之所以只是相对地表现出来，是因为绵羊和斧子都具有抽象劳动创造的价值，而且在量上1只绵羊和2把斧子的价值相等。但是，在简单的或偶然的价值形式中一种商品的价值只是偶然地表现在另一种商品上，商品价值在质上的无差别还没有得到充分的表现，商品价值在量上的规定还没有得到准确的反映。绵羊到底耗费了多少抽象劳动，具有多大价值，人们并不知道。上述的等式只是偶然交换的结果。

2. 总和的或扩大的价值形式

随着社会生产力的发展，特别是第一次社会大分工的出现，商品交换范围不断扩大并成为经常的现象，于是，简单的或偶然的价值形式就发展到总和的或扩大的价值形式。用等式表示就是：

$$1\text{只绵羊}\begin{cases}=2\text{把斧子}\\=40\text{千克小麦}\\=2\text{匹布}\\=1\text{克黄金}\\=\text{一定量其他商品}\end{cases}$$

总和的或扩大的价值形式，就是一种商品的价值表现在和它相交换的一系列其他商品上，这一系列商品都成为特殊等价物。由于一种商品的价值有一系列等价物，这样，商品的价值才真正表现为无差别的人类劳动的凝结。同时，由于一个商品可以按不同比例和一系列其他商品相交换，这就消除了价值决定的偶然性，较充分地体现了社会必要劳动量决定价值量。

总和的或扩大的价值形式的价值表现比简单的或偶然的价值形式更为充分，但仍然有缺点和局限性，具体表现在：就全体商品来说，每种商品都有一系列的价值表现，都有无数商品作为自己的特殊等价物，而且各种价值表现都不一样，这说明一切商品还没有一个共同的统一的价值表现，还没有社会公认的共同的等价形式，商品交换还处在直接的物物交换阶段。

随着交换的发展，总和的或扩大的价值形式的缺点日益明显。比如绵羊所有者要换斧子，而斧子所有者却不需要绵羊，而要上衣，如果上衣的所有者又不需要斧子，那么交换的困难就更大了。这种困难反映了物物交换的局限性，表明商品经济的内在矛盾随着交换的发展而日益加深，商品的价值形式必须随着交换的发展而发展。

3. 一般价值形式

随着社会分工的扩大和交换的发展，逐渐从无数商品中分离出来一种商品充当一般等价物，通过它来表现一切商品的价值，这就过渡到一般价值形式。用等式表示就是：

$$\left.\begin{array}{r}2\text{把斧子}=\\40\text{千克小麦}=\\1\text{克黄金}=\\2\text{匹布}=\\\text{一定量其他商品}=\end{array}\right\}=1\text{只绵羊}$$

从扩大价值形式过渡到一般价值形式，价值表现发生了根本性的变化：一是简单，因为一种商品的价值只表现在一种商品上；二是统一，因为一切商品的价值都统一地表现在一种商品上。正因为这种价值表现形式既简单又统一，所以叫作一般价值形式。充当一般等价形式的商品，就是一般等价物。在一般价值形式中，一切商品的价值都可以通过一般等价物表现出来，这样，商品价值作为无差别的一般人类劳动的凝结的性质，便完全地、充分地表现出来了。同时，由于一般等价物能够直接同其他一切商品相交换，一般等价物直接当作一般的社会劳动而存在。生产者只要把自己的产品换成一般等价物，他的劳动就得到了社会的承认，就可以用这种一般等价物换取自己所需要的一切商品。

一般价值形式克服了总和的或扩大的价值形式中商品交换的困难，但仍有不足之处，一般等价物还没有固定在一种商品上，它因时因地而不同。一般等价物不固定、不统一，限制了不同地区之间的商品交换，因而仍须向前发展。

4. 货币形式

货币形式是指用某种商品（主要是金银）固定地充当一切商品的一般等价物的形式。用等式表示就是：

$$\left.\begin{array}{r}2\text{把斧子}=\\40\text{千克小麦}=\\1\text{只绵羊}=\\2\text{匹布}=\\\text{一定量其他商品}=\end{array}\right\}1\text{克黄金}$$

货币形式和一般价值形式没有本质的区别，所不同的只是一般等价物已经固定在金银上。金银之所以能从其他商品中分离出来，固定地充当货币商品，并不是由于金银天然有什么神秘属性，而是由于金银的自然属性适合于充当货币材料。贵金属质地均匀，便于分割，体积小而价值大，不易磨损，便于携带，最适合于充当货币，因此，马克思说：“金银天然不是货币，但货币天然是金银。”①

（二）货币的本质

货币是价值形式长期发展的结果。其本质在于，它是固定的充当一般等价物的商品，体现着商品生产者之间的社会经济关系。这一本质说明，货币也是一种商品，也具有使用价值和价值；但它又与普通商品不同，是唯一固定充当一般等价物的商品。其区别表现在：第一，普通商品只具有由它的自然属性所决定的使用价值，而货币还具有由它作为一般等价物的社会职能所产生的特殊使用价值，其使用价值是二重的。第二，普通商品的价

① 马克思，恩格斯．马克思恩格斯文集：第5卷．北京：人民出版社，2009：108.

值要通过货币才能表现出来，而货币本身则作为价值的直接代表而存在，它是表现其他商品价值的材料。商品生产者以货币为媒介进行商品交换，实际上是商品生产者的劳动交换。因此，货币体现着商品生产者之间的社会经济关系。

货币的出现，使整个商品世界分成两极：一极是商品，它们都是特殊的使用价值；另一极是货币，它是一切商品价值的代表。于是，商品内部使用价值和价值的矛盾，就发展为商品和货币的矛盾。

二、货币的职能和货币流通规律

（一）货币的职能

货币的职能是指货币在商品经济社会生活中所起的作用，它是由货币的本质决定的，是货币本质的具体体现。在发达的商品经济中，货币有价值尺度、流通手段、贮藏手段、支付手段和世界货币五种职能。其中，价值尺度和流通手段是货币的两个最基本的职能。

1. 价值尺度

价值尺度是指货币作为表现、衡量、计算商品价值大小的尺度。货币之所以能充当价值尺度的职能，是因为货币本身也是商品，也具有价值，就像衡量长度的尺子本身有长度一样。

货币作为价值尺度是商品价值的外在尺度，是商品内在价值的外部表现形式。货币作为价值尺度，只是计量和表现商品的价值，并不是实现商品的价值。因此，作为价值尺度的货币可以是观念上的货币，而不必用现实的货币。

商品的价值用货币表现出来，就是商品的价格。价值是价格的基础，价格是价值的货币表现。价格制定的标准是按货币本身的计量单位及其等分。

2. 流通手段

货币的流通手段职能是指货币充当商品交换的媒介。以货币为媒介的商品交换就是商品流通。在商品流通的过程中，商品的价值只有通过货币作为媒介才能实现。作为流通手段的货币，必须是现实的货币，不能是观念上的货币。

在货币出现以前，商品交换采取以物易物的形式，卖和买在时间上和空间上是统一的。在商品流通中，卖和买在时间上和空间上是分开的，成为两个独立的过程。这样，商品流通打破了商品物和物直接交换的限制，促进了商品生产和商品流通的发展。同时也使商品内在矛盾有了进一步的发展，潜伏着发生危机的可能性。不过在简单商品经济阶段，这种可能性还不会成为现实性，这种危机成为现实需要一系列的经济条件。

3. 贮藏手段

贮藏手段是指货币退出流通领域，被当作社会财富的一般代表保存起来。货币之所以能具有贮藏手段，是因为货币是一般等价物，是社会财富的一般代表，有了货币，就可以随时买到任何商品。货币的这种性质，引起了人们贮藏货币的欲望，从而具有了贮藏手段的职能。充当贮藏手段的货币，必须是现实的、足值的货币。

在金属货币流通的条件下，货币作为贮藏手段起着自发调节货币流通量的作用。它像蓄水池一样，当流通中需要的货币量减少时，多余的货币就会退出流通领域，贮藏起来；反之，当流通中需要的货币量增加时，一部分贮藏货币又会重新进入流通领域。

4. 支付手段

货币的支付手段职能，是指货币在商品赊购赊销过程中的延期支付以及用于清偿债务或支付赋税、租金、利息、工资等的职能。

货币执行支付手段的职能，节约了流通中需要的货币量，促进了商品经济的发展；同时也进一步扩大了商品经济的矛盾。在赊账交易出现以后，许多生产者之间都发生了债权债务关系，形成债务链。以私有制为基础的商品生产和商品流通处于盲目的无政府状态，商品随时都有可能卖不出去，这样，有些商品生产者就可能无法按期支付债务。这种情况会引起一系列的连锁反应，造成商品生产者经营上的困难，甚至破产倒闭。因此，货币作为支付手段，使危机的可能性进一步增大。

5. 世界货币

世界货币的职能，就是货币越出一国流通领域，在世界市场上执行一般等价物的职能。

作为世界货币的货币，主要执行以下职能：作为国际购买手段，用来购买外国商品；作为国际支付手段，用来平衡国际贸易的差额；作为社会财富的代表，由一国转移到另一国，如支付战争赔款、对外直接投资、在国外存款等。

（二）货币形式的发展

货币最初是以金属条块的形式出现的，由于每次交易都要查成色、称重量，很不方便，于是逐渐产生了具有一定形状、重量、成色和标明面额价值的金属货币，这就是铸币。铸币在长期流通中不断磨损，导致它的名义重量与实际重量不一致，这种不足值的铸币仍然可按原来的面额价值流通，这样，就产生了金属货币由不足值或没有什么价值的货币符号来代替的可能。

纸币是由国家发行并强制流通的价值符号。纸币本身没有价值，只是作为金属货币的代表执行流通手段的职能。我国是世界上最早使用纸币的国家，早在北宋时期，就出现了纸币。现在世界上绝大多数国家也都采用纸币。现代货币的形式主要有钞票和支票存款两种：钞票也称现金；支票存款是指在银行使用支票可以随时提现的活期存款。由于银行支票可以流通，具有通货的作用，因而支票存款也叫存款货币。

随着信用制度的发展和电子科学技术的广泛应用，货币形式逐渐从有形到无形。一些发达国家在广泛使用支票和信用卡的基础上，相当一部分交易都是通过银行电子计算机网络转账结算，这种贮存在电子计算机中的存款货币，就是电子货币。电子货币是一种纯粹观念性的货币，不需要任何物质性的货币材料。这种无形（无纸）货币，既迅速又简便，可以大量节省银行费用开支，它的广泛发展最终可能导致现金和支票的消失。

（三）货币流通规律

货币充当流通手段需要有一定的数量，流通中所需要的货币数量是有规律性的。货币流通规律，是在一定时期内流通中所需要的货币量的规律。货币流通是由商品流通引起的，货币流通的规模和速度也是由商品流通的规模和速度决定的，因此，在一定时期内，流通中所需要的货币量首先取决于流通中商品的数量。但是，货币流通又与商品流通不同，商品在卖出以后，就退出流通领域进入消费领域，而货币在充当一次交换的媒介以后，仍然停留在流通领域里，继续为下一次的交换充当媒介。这样，流通中所需要的货币量就取决于以下三个因素：(1) 参加流通的商品数量；(2) 商品的价格水平；(3) 货币的流通速度，即一定时期内同一单位货币的平均周转次数。前两项的乘积就是商品价格总额。流通中所需要的货币量，与商品价格总额成正比，与货币流通速度成反比。用公式表示就是：

$$一定时期内流通中所需的货币量=\frac{商品价格总额}{同一单位货币的流通速度（次数）}$$

货币执行支付手段的职能，引起了流通中所需要的货币量的变化。因为本期发生的赊销商品，无须支付货币；前期发生而在本期到期的债务，需要支付货币；在互相支付债务时，可以抵销一部分，因此，上述公式应作进一步的补充。其公式为：

$$\begin{array}{c}一定时期内流通中\\所需的货币量\end{array}=\frac{\begin{array}{c}待售商品\\价格总额\end{array}-\begin{array}{c}赊售商品\\价格总额\end{array}+\begin{array}{c}到期支付\\总额\end{array}-\begin{array}{c}彼此抵销的\\支付总额\end{array}}{同一单位货币的流通速度（次数）}$$

以上分析的是金属货币的流通规律。在使用纸币的情况下，由于纸币是金属货币的价值符号，因此，纸币的流通规律仍然以金属货币的流通规律为基础。根据这一前提，纸币的发行量必须以流通中所需要的金属货币的量为限，这就是纸币流通的规律。如果纸币的发行量相当于流通中所需要的金属货币量，则纸币与金属货币具有同等的购买力；如果纸币的发行量超过了流通中所需要的金属货币量，则单位纸币所代表的金属货币量就会减少，纸币就会贬值，物价就会上涨。这种由于纸币的过量发行而引起的货币贬值现象，叫作通货膨胀。通货膨胀，是纸币的发行量超过流通中实际需要的货币量而引起的物价总水平持续上涨的经济现象。通货紧缩，指一般物价水平持续下降的经济现象。通货膨胀和通货紧缩都是与货币相关的经济现象。

第三节　市场经济和价值规律

一、市场经济

（一）自然经济和商品经济

自然经济是自给自足经济，生产直接满足生产者自己的需要而不是为了交换的经济，是生产力水平低下、社会分工不发达的产物。它存在于多个社会形态，在原始社会、奴隶社会和封建社会占主导地位。

商品经济是以交换为目的的经济形式，是商品生产和商品交换的总称。社会分工和生产资料归属不同的所有者，是商品经济产生和存在的条件。商品经济的发展分为两个阶段：简单商品经济（又称“小商品经济”）和市场经济。简单商品经济是商品经济的初始形式，它以生产资料的个体私有制和个体劳动为基础。简单商品经济在原始社会后期产生，在奴隶社会和封建社会，它存在于自然经济的夹缝之中。进入资本主义社会后，商品经济成为占支配地位的经济形式。市场在全社会资源配置中起决定性作用时，意味着商品经济由简单商品经济阶段发展到市场经济阶段。

商品经济克服了自然经济的诸多不足，有力地推动了社会生产力的发展。这是由商品经济的以下特征决定的：其一，商品生产突破了自然经济的界限，可以广泛调动社会资源进行社会生产。其二，商品生产者具有独立自主进行生产经营的权利，具有自己独立的经济利益，这是商品经济发展的内在动力。其三，商品生产者之间的交换是以等价交换原则为基础的，商品交换只有在平等的关系中才能得到真正的发展。其四，商品经济具有竞争性。不同商品生产者之间的竞争，推动了生产者提高效率并关注社会需要。

（二）市场经济的基本特征

市场经济是发达的商品经济。在市场经济条件下，市场机制作为资源配置方式，发挥决定性的作用。除具有商品经济的一般特征外，与简单商品经济相比，市场经济还具有一些新的特征。

第一，市场在资源配置中起决定性作用。市场不仅是商品交换的场所、渠道和纽带，还是各类商品和生产要素进行交换的统一平台。

第二，企业是市场的主体。企业生产什么、怎么生产、为谁生产是由企业自主决定的。

第三，生产要素由市场配置。根据商品市场的供求状况，生产要素在各部门自由流动。

第四，法治和信用成为交换关系的基础。

第五，经济的开放性。市场经济冲破了地区和国家的限制，形成了国内和国际市场。

第六，国家调节的重要性。通过国家调节，弥补市场调节的自发性、盲目性和滞后性等缺陷。

二、价值规律

（一）价值规律的内容和表现形式

价值规律是商品价值决定和实现的规律。它的基本内容是：商品的价值量由生产商品的社会必要劳动时间决定，不同商品的交换按照等价交换的原则进行。这就是说，从商品生产的角度看，价值规律是价值决定的规律；从商品流通的角度看，价值规律是等价交换规律。价值规律的核心内容是商品价值量由社会必要劳动时间决定，等价交换实际上是价值决定在流通领域里的实现。价值规律的表现形式是受供求关系的影响，商品价格围绕价值上下波动。

（二）价值规律的作用

在以私有制为基础的商品经济中，价值规律有着极其重要的作用，它贯穿于商品生产和商品交换的整个过程，决定着商品经济活动的一切方面，支配着商品生产者的命运。具体表现在：(1) 微观作用，即激励创新，优胜劣汰。价值规律自发地刺激生产者改进生产技术，改善经济管理，提高劳动生产率，从而推动社会生产力的发展。(2) 宏观作用，即分配社会劳动、调节资源配置。自发调节生产资料和劳动力在社会生产各个部门之间的分配，从而调节商品生产和商品流通。

（三）价值规律的局限性

价值规律对经济生活的调节程度受到诸多现实因素的制约，调节的领域和范围也有一定的边界，单纯依靠市场调节存在明显的局限性和弊端。价值规律作用的局限性表现为：

第一，市场信息不完善；第二，市场信息不完全；第三，自由竞争会导致垄断，垄断又会阻碍竞争。此外，关系社会整体发展和长远发展的问题，不能完全依靠价值规律来调节。例如，生态破坏和环境污染等方面的问题以及国家经济安全和社会保障等领域。正因为市场调节具有上述局限性，在现代市场经济中，价值规律的要求并不单单通过自发的市场调节来实现，还需要政府的必要干预和调节。

资源链接

视频微课 2－1　　视频微课 2－2

思考题

1. 解释下列概念：商品、使用价值、价值、交换价值、具体劳动、抽象劳动、私人劳动、社会劳动、社会必要劳动时间、劳动生产率、一般等价物、货币、通货膨胀、通货紧缩、自然经济、商品经济、市场经济、价值规律。
2. 简述具体劳动和抽象劳动的关系。
3. 如何理解“劳动是财富之父，土地是财富之母”？
4. 简述私人劳动和社会劳动的矛盾是商品经济的基本矛盾。
5. 商品的价值量是怎么决定的？
6. 简述商品价值量和劳动生产率的关系。
7. 价值形式的发展经历了哪四个阶段？
8. 货币的职能有哪些？
9. 如何理解“金银天然不是货币，但货币天然是金银”？
10. 简述货币流通规律的内容。
11. 什么是商品经济？商品经济和市场经济的关系是什么？
12. 价值规律的内容和表现形式是什么？
13. 价值规律的作用和局限性体现在哪儿？

在线自测

扫一扫　练一练

第三章　资本主义生产过程

剩余价值理论是马克思主义政治经济学的中心，是马克思最伟大的两个发现之一，深刻揭示了资本主义生产的本质。恩格斯高度赞扬了剩余价值理论的伟大意义，他指出："这两个伟大的发现——唯物主义历史观和通过剩余价值揭开资本主义生产的秘密，都应当归功于马克思。由于这两个发现，社会主义变成了科学"①。在本章中，我们将通过学习剩余价值生产这部分的内容，剖析资本主义生产过程。通过探究剩余价值生产及与之相关的概念，展现资本主义生产过程的本质、特征和一般规律，更好地理解资本主义经济制度的运行机制以及其对个体和社会的影响，从而为理解当今世界的经济现实提供更为清晰的视角。

第一节　货币转化为资本

一、简单商品流通和资本流通

商品交换的发展推动了货币的出现，货币在一定条件下可以转变为资本，是资本的最初表现形式。但是，货币本身并不就是资本，作为货币的货币和作为资本的货币存在本质区别，我们通过对比简单商品流通和资本流通来说明这种区别。

简单商品流通公式是：商品—货币—商品（$W-G-W$），商品生产者出售自己的商品，得到货币，再以货币购买所需商品；而资本流通公式是：货币—商品—货币（$G-W-G'$），资本家用货币购买商品，然后出售商品，得到货币。简单商品流通和资本流通存在一定的联系，二者都以商品和货币的形式运动，存在商品和货币之间的对立，且运动形式相似，都有买和卖两个阶段，都涉及买者、卖者和既卖又买者三方。

但同时，二者存在明显差别。首先，二者的流通形式不同，简单商品流通是先卖后买，资本流通是先买再卖；其次，流通媒介不同，简单商品流通的媒介是货币，资本流通的媒介是商品；再次，流通目的不同，简单商品流通的目的是消费，是为了取得另一种使用价值，流通两端的商品价值相同，而资本流通的目的是货币，是为了得到增殖以后的价值，这里，$G'=G+\Delta G$，ΔG是价值的增殖额，即剩余价值；最后，简单商品流通随着交换目的的完成而停止，流通限度有限，而资本流通的限度是无限的，资本流通在不断的运动中寻求价值增殖。

需要注意的是，资本流通公式$G-W-G'$不仅适用于商业资本的运动，也适用于产业

① 马克思，恩格斯．马克思恩格斯选集：第3卷．3版．北京：人民出版社，2012：402.

资本、生息资本等各种形式的资本运动，是资本运动的一般公式，因此称为资本总公式。

二、资本总公式的矛盾

从资本流通公式来看，资本总公式中存在价值量的增加，资本家从资本流通中取得剩余价值。这种价值增殖和商品交换中的等价交换原则存在矛盾，这就是资本总公式的矛盾。

接下来，我们将探索如何解决这一矛盾。由于流通或商品交换不创造价值，资本价值增殖既不能发生在作为资本的货币本身，也不能发生于商品的出卖过程。因此，价值增殖只能发生在 $G-W$ 阶段中资本家对所购买的特殊商品的使用上，这种特殊商品的使用价值具有价值增殖能力。

马克思指出，这种特殊商品就是劳动力，具有特殊的使用价值，对劳动力的使用不仅创造新价值，而且创造出比自身价值更多的价值。劳动力成为商品，是解决资本总公式矛盾的关键，是回答剩余价值来源的核心，是货币转化为资本的前提。

三、劳动力成为商品的条件

马克思指出，“我们把劳动力或劳动能力，理解为一个人的身体即活的人体中存在的、每当他生产某种使用价值时就运用的体力和智力的总和”①。可见，在人类社会发展的不同阶段中，劳动力都存在，但劳动力成为商品只有在人类社会发展到资本主义阶段才存在，劳动力成为商品需要具备两个基本条件：第一，劳动者具有人身自由，是自由人，有权将自己的劳动力按时间进行出售；第二，劳动者丧失生产资料和生活资料，不得不出卖劳动力维持生存。

劳动力虽然是一种特殊的商品，但也同其他商品一样，具有价值和使用价值双重属性。就价值而言，劳动力商品的价值是由生产和再生产劳动力商品所需要的社会必要劳动时间决定，即由生产、发展、维持和再生产劳动力所需要的生活资料的价值决定的。由于劳动力的使用价值具有独特效用，它在使用过程中能够发生价值增殖，即能够创造价值，因此劳动力商品的使用价值是一般商品价值的源泉。通过“劳动力”这一范畴，马克思区分了“劳动”和“劳动力”，这一区分对于理解剩余价值的产生至关重要。

第二节 剩余价值的生产

一、劳动过程

资本家购买劳动力商品之后，劳动力商品就进入劳动过程。在劳动过程中，劳动者运用劳动资料对劳动对象进行加工，这一过程具有三种要素，包括有目的的活动、劳动对象和劳动资料。

资本主义生产是以雇佣劳动为基础的商品生产，其生产过程首先表现为各种物质资料生产的劳动过程。资本主义劳动过程具有两个特点，一是工人出卖劳动力给资本家，工人

① 马克思，恩格斯．马克思恩格斯全集：第 42 卷．2 版．北京：人民出版社，2016：156.

在资本家的监督下劳动；二是资本家拥有工人的劳动产品。

由于资本主义生产是以雇佣劳动为基础的商品生产，因此，资本主义的劳动过程具有两重属性：一方面，资本主义的劳动过程创造使用价值；另一方面，资本主义的劳动过程是价值增殖过程。资本主义生产过程是劳动过程与价值增殖过程的统一。

二、价值增殖过程

接下来，我们将深入探究资本主义劳动过程如何实现价值增殖。在资本主义生产中，生产资料本身并不创造价值，它们的价值在生产过程中被转移到新生产的商品上。工人使用这些生产资料进行劳动，同时创造出新的价值。因此，资本主义生产过程也是一个价值形成过程。

在价值增殖的视角下，资本主义生产的价值增殖过程以价值形成过程为基础，是超过一定点延长了的价值形成过程。在资本主义生产过程中，雇佣工人的劳动时间可以分为两部分：一部分是必要劳动时间，用于劳动力价值的再生产；另一部分是剩余劳动时间，用于生产剩余价值。因此，剩余价值就是由雇佣工人创造的、被资本家无偿占有的超过劳动力价值的那部分价值。

通过对资本主义劳动过程中价值增殖过程的阐述，马克思揭示了剩余价值的真正源泉，构建了剩余价值理论。这一理论不仅阐明了资本主义生产的本质，而且为马克思主义政治经济学奠定了基础。

三、不变资本与可变资本

上述分析表明，资本虽然表现为特定的形态，但其本质是一种生产关系，其核心属性是实现价值增殖，获得剩余价值。下面进一步分析资本的不同形态在剩余价值生产中所起的作用。

在资本主义生产过程中，资本家垫付一定量的生产资本，用于购买生产资料和劳动力。这些生产资本，根据其在剩余价值生产或价值增殖中所起的作用的不同，被分为不变资本和可变资本两大类。在生产中，不变资本指的是以生产资料形式存在的资本。在生产过程中，生产资料的价值被转移到新产品中，不发生价值增殖。相对地，可变资本指的是以劳动力形式存在的资本，其价值由工人的劳动再生产出来，并且在生产过程中发生了价值增殖，创造出额外的价值，即剩余价值。

区分不变资本和可变资本对理解资本主义经济运作具有至关重要的意义。马克思通过这一区分，不仅彻底揭示了剩余价值产生的唯一源泉，也科学地阐述了资本家如何通过剥削雇佣劳动来获取剩余价值。此外，这一区分还为分析雇佣工人的被剥削程度提供了理论基础，进而为批判资本主义社会提供了坚实的理论武器。

剩余价值率（表示为 m'）是衡量资本家对雇佣工人的剥削程度的重要指标，定义为剩余价值（m）与可变资本（v）的比率，$m'=\frac{m}{v}$。这个比率反映了在生产过程中，雇佣工人创造的价值如何被剥削，劳动者所创造的新增价值有多少比例被资本家以剩余价值的形式占有。

第三节　剩余价值生产的基本方法

一、绝对剩余价值生产和相对剩余价值生产

资本家主要通过两种基本方式剥削工人，即绝对剩余价值生产和相对剩余价值生产。绝对剩余价值生产指的是在保持必要劳动时间不变的条件下，通过绝对延长工作时间，增加剩余劳动时间，从而生产更多的剩余价值。此外，提高劳动强度也可以增加剩余价值量，效果等同于延长工作日，也是绝对剩余价值生产。然而，绝对剩余价值生产受工人的生理限制和社会道德标准的制约。

相对剩余价值的生产则是在劳动时间不变的条件下，通过提高劳动生产率，缩短必要劳动时间，相对延长剩余劳动时间来实现。相对剩余价值的形成是资本主义企业竞相追逐超额剩余价值的结果。超额剩余价值指的是商品的社会价值超过其个别价值的部分，追求超额剩余价值是单个资本主义企业提高劳动生产率的直接动力。

在这一过程中，率先采取新技术以提高劳动生产率的企业缩短了工人的必要劳动时间，延长了剩余劳动时间，从而获得超额剩余价值。企业对超额剩余价值的追求不仅推动其他企业也逐步采纳新技术，而且随着劳动生产率的普遍提高，降低了工人生活资料的价值，进一步缩短了必要劳动时间，延长了剩余劳动时间，促进了相对剩余价值的生产。

总之，通过绝对剩余价值生产和相对剩余价值生产，资本家加强了对雇佣工人的剥削，这两种方式不仅揭示了剩余价值的产生机制，而且反映了资本主义经济发展的内在动力。

二、绝对剩余价值生产与相对剩余价值生产的关系

在探讨资本主义生产方式下剩余价值生产时，我们区分了两种基本方式：绝对剩余价值生产和相对剩余价值生产。这两种方式既存在内在联系，又表现出明显的区别。

从资本家对雇佣劳动的剥削而言，无论是绝对剩余价值生产还是相对剩余价值生产，其本质目的都是延长工人的剩余劳动时间，从而增加剩余价值量总量。

但同时，绝对剩余价值生产和相对剩余价值生产存在根本区别：绝对剩余价值生产是资本主义剥削的一般基础，是相对剩余价值生产的起点；相对剩余价值生产以必要劳动时间和剩余劳动时间的划分为基础，通过进一步缩短必要劳动时间来达成。

在资本主义发展的不同阶段，绝对剩余价值和相对剩余价值所起的作用不同。在资本主义发展早期阶段，由于生产力发展水平相对较低，资本家主要依靠绝对剩余价值生产来获取更多剩余价值。随着资本主义的发展，采用新技术、提高劳动生产率成为资本家加强剥削的主要路径，相对剩余价值生产在获取剩余价值中的作用不断凸显。

三、工资和工资形式

工资是马克思主义政治经济学中的一个重要概念，它不仅涉及劳动力这一特殊商品的交换过程，也深刻影响了资本主义生产方式下劳动者与资本家之间的关系。为了深入理解

工资问题，必须首先明确劳动和劳动力的价格之间的区别。从表面上看，雇佣工人向资本家出卖劳动，获得工资，工资似乎是劳动的价格。但其实，劳动本身不能作为商品被出售。资本家支付的工资实际上是购买了雇佣工人的劳动力，即购买了一定时间内雇佣工人劳动力的使用权。这种将工资与劳动直接联系的表面现象，掩盖了资本家对工人的剥削本质。

在资本主义制度下，工资的表现形式主要可以分为计时工资和计件工资两类。计时工资是根据工人的劳动时间支付的工资。但由于劳动强度的差异，这种工资形式并不能完全反映资本家对工人的剥削程度。马克思通过引入“劳动价格”这一概念，即工人劳动力的单位价格，来分析计时工资和工作日之间的关系。他认为，当劳动量一定时，劳动价格决定计时工资；当劳动价格一定时，劳动量决定计时工资。计件工资是根据工人工作量来支付的工资，其实质也是计时工资的一种转化形式。事实上，计件工资的确定往往基于计时工资。但是，由于计件工资进一步隐藏了资本主义的剥削关系，计件工资更有利于降低工资成本，提高劳动生产率。

尽管工资形式主要分为计时工资和计件工资两类，但在资本主义的实际运作中，工资呈现出多种具体形式，“泰罗制”和“福特制”是典型的例子。它们的本质目标都是要最大限度提高劳动强度，从而增加资本家获得的剩余价值。这些工资制度展示了资本主义如何通过不同的工资形式和管理方式，实现对劳动力的深度剥削。

在马克思主义政治经济学中，对工资的分析重视区分名义工资和实际工资。名义工资指的是工人以货币形式收到的工资总额，即支付的货币面额，不考虑货币购买力或通货膨胀等因素。相反，实际工资涉及工资的购买力，是工资能够实际购买的生活资料和服务的数量。实际工资这个概念在马克思主义政治经济学的分析中尤为关键，因为实际工资更真实地反映了工人的生活条件和他们所承受的剥削程度。

马克思指出，在资本主义体系下，工资的长期变化趋势受资本积累和阶级斗争等因素的影响，资本主义生产的总趋势是使工人的平均工资降到最低限度。

第四节　资本积累的本质及一般规律

一、资本主义再生产过程

社会生产周而复始，每一个社会生产过程，也是再生产过程。再生产不仅包含物质资料的再生产，同时也是生产关系的再生产。根据规模，再生产可以分为简单再生产和扩大再生产。简单再生产指的是维持原有规模的生产活动，扩大再生产是超过原有规模的生产活动。通过分析资本主义的简单再生产，我们可以揭示资本主义再生产的基本规律，而分析资本主义扩大再生产，有助于深入理解资本主义生产方式的本质。

首先，我们通过分析简单再生产，洞察资本主义再生产的基本规律，可以发现资本主义社会生产过程具有三方面的特点。第一，工人的工资实质上是工人自己创造的价值，这些价值通过工资的形式回流到工人手中，反映了工人生产劳动产品的价值转化过程。第二，资本家的资本来源于剩余价值的积累，也是由工人创造的剩余价值积累构成的。第三，工人的个人消费是资本主义再生产过程中不可或缺的组成部分，属于整个资本主义再生产的一环。

然后，我们来考察扩大再生产。在资本主义的扩大再生产中，资本家将部分剩余价值转化为资本，使生产在扩大的规模上进行。这种剩余价值的资本化就是资本积累。资本积累的本质在于资本家通过无偿占有工人生产的剩余价值，以此扩大自己的资本并获取更多剩余价值。资本积累在资本主义制度下具有客观必然性。一方面，为了获得更多剩余价值，资本家必须不断扩大资本进行扩大再生产；另一方面，资本主义制度下的竞争迫使资本家不断持续积累以保持其市场地位，从而维持和扩大自己的资本。

资本积累的规模取决于剩余价值的总量。因此，影响剩余价值的因素，也影响资本积累，包括对工人的剥削程度、劳动生产率水平、所用资本和所费资本的差额、预付资本的数量等。

二、资本主义积累过程

为了深入理解资本积累的一般规律，首先需要分析资本的具体构成及其运动规律，我们借助资本有机构成进行分析。资本有机构成，指的是由资本技术构成决定并且反映技术构成变化的资本价值构成，它揭示了资本积累过程如何影响资本主义经济运动过程。其中，资本技术构成指的是生产资料和劳动力之间的比例，反映了生产的技术水平；资本价值构成则是不变资本和可变资本之间的比例，反映了资本的价值形式。

资本积累的规律导致资本主义发展中资本有机构成有提高的趋势。这是因为竞争迫使资本家不断革新技术以提高劳动生产率，从而导致资本技术构成提高，而资本技术构成的不断提高，又引起资本有机构成的上升。

资本有机构成的提高基于个别资本的增加。具体来说，个别资本的增加有两种基本形式，即资本积聚和资本集中。资本积聚和资本集中既有联系又有区别。一方面，资本积聚加速资本集中，反之亦然。另一方面，资本积聚和资本集中存在显著区别：(1) 资本积聚是单个资本的积累，而资本集中是若干资本的合并或联合；(2) 资本积聚增加社会资本总额，资本集中不增加社会资本总额，只改变资本家之间的资本分配；(3) 资本积聚受积累的限制，增长相对较慢，而资本集中不受这种限制，因而增加较快。

随着资本积累的进行，相对于资本量来看，对劳动力的需求相对减少，造成相对过剩人口的出现。这种相对过剩人口是资本主义积累的必然产物，也是资本主义生产方式存在和发展的必要条件。在资本主义制度下，相对过剩人口以三种形态存在：一是工业中流动的过剩人口，他们根据企业生产的需要，在生产和失业队伍之间流动；二是农业中的过剩人口，由于拥有的土地极为有限，他们单靠土地难以维持生活；三是城镇中的过剩人口，他们虽然工作时间最长，但工资往往最低。

三、资本积累的一般规律及历史趋势

随着资本的不断积累，资本主义生产中财富逐渐集中到资本家手中，导致资本主义社会两极分化不断加剧。这种分化表现为一端是资本家财富的积累，另一端是工人阶级贫困的加剧。这一过程是资本主义社会中积累的基本规律。从图 3-1 可以看出，从 1990 年至

2021 年，前 1%的人群的净财富占比从 23.5%增长至 31.9%，清晰地反映了这一规律。

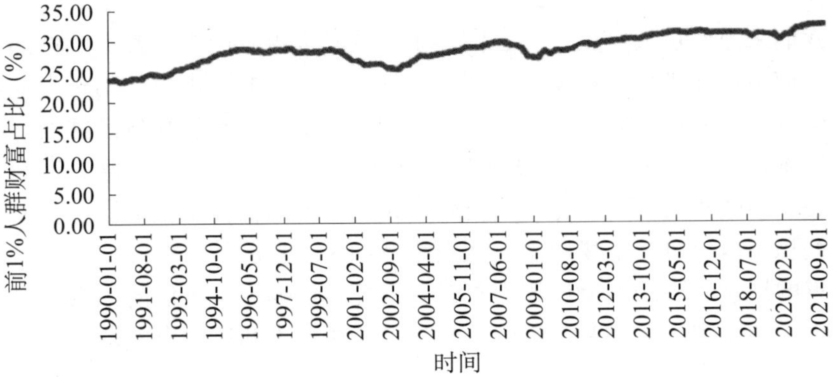

图 3-1　前 1%人群财富占比

资料来源：圣路易斯联储（Federal Reserve Bank of St. Louis）经济数据库。

马克思在分析资本主义发展的过程中，提出了绝对贫困化和相对贫困化的概念来描述无产阶级在资本主义发展过程中面临的贫困问题。其中，绝对贫困化指的是在资本主义发展的过程中无产阶级生活水平的绝对下降，工人的实际工资不足以维持基本的生活需要，导致其生活状况的恶化。相对贫困化则指的是工人的绝对生活水平可能有所提高，但与资产阶级相比，他们的贫困状况相对地加剧，表现在无产阶级收入在国民收入总额中所占比例下降。这意味着，尽管工人的名义工资可能有所增加，甚至生活水平也可能有所改善，但他们在经济和社会上的地位却更加落后。

资本积累的一般规律不仅揭示了资本主义制度下贫困问题的产生，也展现了资本主义积累的历史趋势。资本积累和资本积聚的加速带来生产力的发展和生产规模的扩大，使资本主义生产过程越来越依赖于广泛的社会合作和复杂的劳动分工。然而，与此同时，生产资料日益集中在少数资本家手中，这种资本主义生产社会化和资本主义私人占有之间的矛盾不断加剧，加深了社会不平等和不公平，预示着资本主义面临着长期挑战和潜在危机。

资源链接

视频微课 3-1　　视频微课 3-2

思考题

1. 解释下列概念：不变资本、可变资本、剩余价值率、绝对剩余价值、相对剩余价值、超额剩余价值。

2. 劳动力成为商品所必须具备的两个条件是什么？

3. 资本主义劳动过程有什么特点?
4. 如何区别不变资本和可变资本?
5. 资本家获得更多剩余价值的两条途径是什么?
6. 简述绝对剩余价值生产和相对剩余价值生产的关系。
7. 阐述资本积聚和资本集中的关系。

在线自测

扫一扫　练一练

第四章　资本主义流通过程

在上一章中，我们深入分析了资本主义的生产过程，探讨了资本如何在运动中增殖，揭示了剩余价值的源泉。本章将学习资本主义流通过程。我们将重点了解资本如何在运动过程中实现价值增殖，这包括了对单个资本运动和社会总资本运动的深入理解。单个资本的运动主要体现在资本的循环和周转上，而社会总资本的运动则通过社会总资本的再生产来表现。在本章中，我们还将详细介绍平均利润和生产价格这两个重要概念，它们对于理解资本主义市场经济中的价格形成机制和利润分配过程极为关键。通过对本章内容的深入学习，我们将能够更全面地掌握资本主义经济制度的内在运作机制，并理解为什么资本主义经济体系会呈现出特定的经济和社会现象。这不仅有助于我们更深刻地认识资本主义经济的动态变化，也为我们分析现代资本主义国家的经济问题提供了理论工具。

第一节　资本循环与周转

一、产业资本循环

产业资本是资本主义经济中占统治地位的资本关系的基本形式。产业资本的运动呈现为一个持续循环的过程，包括从生产到流通、从流通到生产的不断转换。产业资本的循环必须依次经过购买、生产和销售三个阶段，这三个阶段分别对应着货币资本、生产资本和商品资本这三种职能形式。产业资本的循环表明，货币资本、生产资本、商品资本不是三种独立的资本，而是同一资本在运动中采取的三种形态。

产业资本的循环具有三种基本形式：货币资本循环、生产资本循环和商品资本循环。货币资本循环表明资本运动的目的是价值增殖；生产资本循环表明资本运动是一个不断的再生产过程；商品资本循环则表明资本运动中商品不断被消费并不断被再生产。这三种形态从不同角度反映了资本运动的特性。然而，从任何一个孤立的角度来考察产业资本的循环都是片面的，只有把这三种循环形态综合起来，我们才能全面而深刻地认识资本循环的本质和规律，产业资本的循环实际上是这三种循环形式的统一。

产业资本的购买和销售属于流通过程，而生产属于生产过程。因此，产业资本的循环不仅是生产过程和流通过程的统一，同时也是货币资本循环、生产资本循环、商品资本循环这三种循环形式的统一。为了保持产业资本的循环连续不断，必须具备两个条件：一是产业资本的三种形态在空间上必须并存；二是产业资本的三种形态必须在时间上相继转化。这二者互为条件、互为前提，共同确保产业资本循环的顺畅进行。

二、资本周转

资本周转指的是资本经过生产和流通过程周而复始、连续不断地循环，这一过程对实现价值增殖起至关重要的作用。因此，我们考察资本增殖，主要考察资本运动的速度和时间，分析资本运动对资本增殖的影响。其中，资本周转速度是考察资本运动的重要指标，对资本增殖具有重要影响。

衡量资本周转速度的两个指标是周转时间和周转次数。周转时间指的是资本总价值周转一次所用的时间，周转时间越短，则资本周转速度越快。资本周转时间由生产时间和流通时间两部分构成。生产时间是指资本停留在生产领域内的时间，它由劳动时间和非劳动时间构成；而流通时间是指资本停留在流通领域的时间，由购买时间和商品销售时间构成。而周转次数是指资本总价值在一定时间中（通常是一年）完成周转的次数，周转次数越多，表明资本周转速度越快。因此，资本周转速度与周转时间成反比，与周转次数成正比。

三、固定资本与流动资本

在马克思主义政治经济学中，生产资本的构成根据价值流通和价值周转方式的不同可以划分为固定资本和流动资本。固定资本指以劳动资料形式存在的生产资本，如机器、厂房、工具等，这部分资本在生产过程中全部参与生产过程，并且在多次生产周期中发挥作用。与之相对的是流动资本，包括以原料、燃料、辅助材料等生产资料形式，以及劳动力形式存在的生产资本。这部分资本在一个生产过程中就被全部消费，并且其价值被转移到产品中。固定资本与流动资本的主要区别在于价值流通和价值周转方式、物质更新方式以及价值周转时间。

需要明确的是，固定资本和流动资本的划分，与不变资本和可变资本的划分存在本质不同。首先，二者的划分依据不同。固定资本和流动资本是根据资本价值周转方式进行划分的，而不变资本和可变资本则是依据资本在剩余价值生产中的所起的作用来区分的。其次，二者划分内容不同。固定资本涉及用于劳动资料的资本，流动资本包括用于劳动对象和劳动力的资本，而不变资本包括用于劳动资料和劳动对象的资本，可变资本只是用于劳动力的资本。最后，二者划分目的不同。固定资本和流动资本的区别着重阐释生产资本的构成对资本周转速度的影响，而不变资本和可变资本的区别则揭示了可变资本是剩余价值生产的源泉。

资本周转速度与固定资本的磨损程度密切相关。固定资本的磨损可以分为有形损耗和无形损耗。有形损耗指由生产性使用或自然力作用造成的物质损耗；无形损耗则指由于劳动生产率提高而引起的价值损耗。固定资本折旧反映了其价值随着使用和磨损逐渐转移到产品中的过程，在这一过程中，价值随着产品销售逐渐以货币形式积累。

四、资本周转速度

为了深入分析单个资本的周转速度，我们需要考虑总周转速度。预付资本的总周转速度是预付资本各个组成部分的平均周转速度。这个速度受固定资本和流动资本的比例，以及固定资本和流动资本各自周转速度的影响，我们可以使用以下公式来计算预付资本在一年中的总周转次数，计算公式是：

$$\text{预付资本一年中的总周转次数}=\left(\text{一年中固定资本周转的价值额}+\text{一年中流动资本周转的价值额}\right)/\text{预付资本总额}$$

加速资本周转对剩余价值生产有显著影响，通过提高资本周转速度可以提高年剩余价值量和年剩余价值率。在此，我们需区分年剩余价值率和剩余价值率。年剩余价值率是指一年内生产的剩余价值总量与预付可变资本价值额之比，反映了预付可变资本在一年内的增殖程度。而剩余价值率则用来衡量资本家对工人的剥削程度，是剩余价值与可变资本的比例。需要注意的是，年剩余价值率和剩余价值率的数值通常不同，年剩余价值率一般高于剩余价值率。

第二节 社会总资本再生产

一、社会总资本再生产的核心问题

在资本主义社会中，各个企业的资本独立地进行循环和周转，独立发挥职能，实现价值增殖，被称为个别资本。而所有这些个别资本的相互依赖、紧密联系和相互依存的总和，构成了社会总资本。

个别资本与社会总资本既有联系又有区别。它们的联系表现在以下几个方面：（1）个别资本是构成社会总资本的部分，它们之间存在部分和整体的关系；（2）个别资本的运动受到社会总资本运动的制约；（3）无论是个别资本还是社会总资本，它们运动的目的都是实现价值的增殖；（4）个别资本和社会总资本的运动形式相同，都经历货币资本、生产资本和商品资本这三种职能的循环；（5）二者都需要经过购买、生产、销售三个阶段，反映了生产过程和流通过程的统一。

然而，它们之间也存在明显的区别。个别资本的运动主要包括生产消费及与之相关的资本流通，不包括个人生活消费及与之联系的一般商品流通。相反，社会总资本运动不仅包括生产消费及与之相关的资本流通，还包括个人生活消费及与之相关的一般商品流通。

在研究社会总资本的运动时，我们的出发点是社会总产品，即在一定时间内社会所生产的所有物质资料的总和。以社会总产品为基础来研究社会总资本的再生产，其核心问题在于社会总产品的实现。社会总产品的实现需要同时满足价值补偿和实物补偿两方面的要求。从价值补偿的视角看，社会总产品可以划分为不变资本价值、可变资本价值和剩余价值。从实物补偿角度看，根据最终用途，社会总产品可以分为生产资料和消费资料两大类。据此，社会生产也可以分为两部分：第一部类，由生产生产资料的部门构成；第二部类，由生产消费资料的部门构成。把社会生产从价值补偿的视角划分为不变资本、可变资本和剩余价值三部分，并从使用价值构成角度划分为第一部类和第二部类这两大部类，是研究社会总资本再生产的两个关键的理论前提。

二、社会总资本简单再生产

社会总资本简单再生产的实现涵盖三个方面。首先，第一部类内部各企业之间需要进行交换；其次，第二部类内部各企业之间也需要进行交换；最后，第一部类和第二部类之间的交换。

要实现社会总资本简单再生产，必须满足一系列特定的条件，这些条件体现了两大部类之间及其内部必须遵循的基本比例关系，具体包括：(1) 第一部类的可变资本价值和剩余价值之和应等于第二部类的不变资本价值，用公式表示，即为 $\text{I}(v+m)=\text{II}c$；(2) 第一部类生产的生产资料价值的总和应等于两部类消耗的不变资本价值之和，公式为 $\text{I}(c+v+m)=\text{I}c+\text{II}c$；(3) 第二部类生产的消费资料价值的总和等于两部类的可变资本价值和剩余价值之和，公式为 $\text{II}(c+v+m)=\text{I}(v+m)+\text{II}(v+m)$。

这三个条件确保在不扩张生产规模的情况下，社会总资本维持其再生产的平衡，反映了简单再生产过程中两大部类之间及其内部必须遵循的基本比例关系，反映了社会总资本简单再生产的规律性。

三、社会总资本扩大再生产

社会总资本扩大再生产指的是社会生产在不断扩大规模的基础上重复进行的生产过程，社会总资本扩大再生产的基本前提是资本积累。在马克思主义政治经济学中，社会总资本扩大再生产需要满足两个主要的前提条件。

首先，第一部类所生产的生产资料必须多于两大部类简单再生产对生产资料的需要量，以满足两大部类扩大再生产中对追加生产资料的需要，即第一部类的可变资本价值与剩余价值之和应大于第二部类的不变资本价值。用公式表示：

$$\text{I}(c+v+m)>\text{I}c+\text{II}c$$

可以简化为：

$$\text{I}(v+m)>\text{II}c$$

其次，第二部类生产的消费资料应超过两大部类在简单再生产过程中工人和资本家对消费资料的需要，以用于满足两大部类扩大再生产对追加消费资料的需要，可以用公式表示为：

$$\text{II}(c+v+m)>\text{I}\left(v+\frac{m}{x}\right)+\text{II}\left(v+\frac{m}{x}\right)$$

可以简化为：

$$\text{II}\left(c+m-\frac{m}{x}\right)>\text{I}\left(v+\frac{m}{x}\right)$$

其中，$\frac{m}{x}$表示剩余价值中被资本家个人消费的部分，$m-\frac{m}{x}$表示剩余价值中用于积累的部分。

此外，社会总资本扩大再生产的实现过程还需要满足三个具体条件：

(1) 第一部类原有的可变资本价值、追加的可变资本价值以及本部类资本家用于个人消费的剩余价值之和，应等于第二部类原有的不变资本价值和追加的不变资本价值之和。公式为 $\text{I}(v+\Delta v+m/x)=\text{II}(c+\Delta c)$，这反映了社会生产中两大部类之间互为条件、互相依存的关系。

(2) 第一部类生产的全部产品的价值，必须等于两部类原有的不变资本价值和追加的不变资本价值之和，公式为 $\text{I}(c+v+m)=\text{I}(c+\Delta c)+\text{II}(c+\Delta c)$，这一公式说明生产资料的生产与需求之间的平衡关系。

(3) 第二部类生产的全部产品的价值，必须等于两部类原有的可变资本价值、追加的可变资本价值，以及资本家用于个人消费的剩余价值之和，公式为 $\text{II}(c+v+m)=\text{I}(v+\Delta v+m/x)+\text{II}(v+\Delta v+m/x)$，这一公式揭示了消费资料的生产和需求之间的平衡关系。

第三节　平均利润与生产价格

一、剩余价值转化为利润

利润对于深入了解资本主义流通过程具有重要意义，因为利润作为经济活动的主要驱动力，反映了剩余价值在资本主义生产关系中的分配和转化，深刻影响着资本主义经济的发展，是理解资本主义经济动态的关键。

为了更好地说明利润，我们设定资本家的生产成本为 K，生产成本（K）由不变资本（c）和可变资本（v）构成，m 代表剩余价值。因此，商品价值的构成（W）就由原来的 $W=c+v+m$ 转写为 $W=K+m$。在这个表达式中，生产成本（K）通常小于商品的价值（W），二者之间的差额为剩余价值（m）。

从中可见，生产成本这一范畴隐藏了不变资本和可变资本的区别，同时也隐藏了二者在剩余价值增殖中的不同作用，从而掩盖了资本主义制度下的剥削关系。虽然剩余价值实际上是由可变资本带来的，但当剩余价值被视为全部预付资本的产物时，它就转化为利润的形式。也就是说，剩余价值是利润的本质，利润仅仅是剩余价值的转化形式。

为了进一步分析利润，我们引入利润率的概念，利润率是剩余价值与全部预付资本的比率，是剩余价值率的转化形式。但利润率与剩余价值率之间存在明显的差别：利润率是剩余价值与全部预付资本的比率，而剩余价值率是剩余价值与可变资本的比率；利润率反映了全部预付资本的整体增殖情况，而剩余价值率反映的是资本家对工人的剥削程度；从量上来看，利润率小于剩余价值率。利润率的高低受多种因素的影响，包括剩余价值率、资本有机构成、资本周转速度以及不变资本的节约等因素。

二、利润转化为平均利润

马克思揭示了在资本主义制度下利润率平均化的趋势，构建了平均利润率理论。具体来看，平均利润的形成是资本主义市场中不同部门之间竞争的结果。在这个过程中，资本家不断把资本从利润率低的部门转移到利润率高的部门，直至在各个部门中形成平均利润率。因此，资本转移是平均利润形成的条件。平均利润的形成过程本质是资本家通过竞争分配剩余价值的过程。

我们将平均利润率定义为剩余价值总量与社会总资本之比。在平均利润率的框架下，不同生产部门的资本家按照平均利润率获得利润，称为平均利润，公式表达为：

平均利润＝平均利润率×预付资本

从这里可以看出，平均利润率的高低受两个因素影响，即部门利润水平和社会总资本在各部门之间的分配。平均利润的概念在资本主义经济中具有特殊的意义，因为它将利润转化为不同生产部门之间均衡分配的形式。通过平均利润，资本主义生产关系的剥削特征被进一步掩盖。

三、生产价格的形成

当利润转化为平均利润时，商品价值也相应发生转化，表现为生产价格。这意味着，在形成平均利润之后，资本家不是按价值出售商品，而是按生产价格出售商品。

生产价格是商品价值的转化形式，它等于生产成本与平均利润之和。生产价格形成后，价值规律的作用形式发生了变化。特别是，生产价格和价值之间存在差别：一方面，单个产品的生产价格同活劳动不直接相关，而是与预付资本直接相关；另一方面，单个产品的生产价格与其价值在数量上也往往不相等。

在生产价格形成以前，市场价格围绕商品的价值上下波动。然而，在生产价值形成以后，市场价格围绕生产价格上下波动。但需要注意的是，尽管生产价格是价值的转化形式，商品以生产价格出售不违背价值规律。这是因为：(1) 虽然单个部门资本家获得的利润总额可能和本部门工人创造的剩余价值不同，但在全社会范围内，资本家获得的利润总额与雇佣工人创造的剩余价值总额是相等的；(2) 虽然个别部门商品的生产价格同价值不同，但全社会商品的生产价格总额等于价值总额；(3) 商品的生产价格随价值的变动而变动。

平均利润和生产价格的形成理论在政治经济学中具有重大意义。首先，这一理论解决了劳动价值论同等量资本得到等量利润之间的形式矛盾；其次，这一理论揭示了资产阶级和无产阶级之间的整体对立和利益冲突。通过这一理论，我们可以更深入地理解资本主义制度下价值与价格之间的复杂关系。

第四节 剩余价值的分割

一、商业资本和商业利润

在我们之前的学习中，重点放在通过分析产业资本的循环来理解资本主义流通过程。然而，在资本主义经济的实际运行中，资本循环不仅涉及产业资本，还包括商业资本等其他资本形态。这些不同形态的资本共同参与流通过程，并且参与剩余价值的分割。

资本主义中的商业资本，是随着资本主义的发展，从产业资本的运动中分离出来，活动于社会资本流通领域的资本。它服务于生产部门，助力生产和实现剩余价值。商业资本由专门的商业资本家负责，独立且固定地执行流通资本的职能。商业资本执行职能依赖于两个条件：一是产业资本家不再直接承担商品销售的业务，而是和商业资本家之间形成专业分工；二是从事商品买卖的商人需有自己独立的投资，用于购买产业资本家的商品进行销售。商业资本的存在，不仅加速了产业资本周转，提高了产业部门的利润率。但同时，商业资本也使得资本主义流通过程更加复杂，使得资本主义再生产的矛盾得到进一步发展。

商业利润，即商业资本家从事商业经营活动所获得的利润，本质是产业资本家让渡给商业资本家的一部分剩余价值，其真正来源是产业部门工人创造的剩余价值。由于商业资本参与了利润的平均化过程，因此，它与产业资本以及其他资本形态获得相等的利润。

二、借贷资本、信用和利息

在资本主义社会中，借贷是资本主义金融体系的基本功能，而借贷资本家则是这一体系的关键参与者。在政治经济学中，货币资本、信用和利息是与借贷及借贷资本家相关联的重要概念，它们共同构成了马克思主义金融理论的基础。

借贷资本是生息资本的一种形态，在资本主义以前表现为高利贷资本，在资本主义社会中表现为借贷资本。当资本家把产业资本和商业资本循环周转过程中暂时闲置的货币资本分离独立出来，借贷出去而获得利息，就形成了借贷资本。在资本周转过程中，主要包括三种主要来源：一是固定资本损耗不断以货币形式积累并闲置；二是暂时变成闲置的货币资本的流动资本；三是资本家计划用于资本积累的剩余价值。借贷资本的运动表现为信用的形式，信用又可以根据具体形态的不同分为商业信用和银行信用。信用的出现和发展显著节约了流通费用，促进了资本主义的流通过程，加速了资本的集中和积聚。但同时，这也使得资本主义的固有矛盾不断深化并且表现出新的形式。因此，资本主义经济中的信用具有双重作用。一方面，信用的扩张促进了资本主义的发展；另一方面，信用加剧了资本主义的基本矛盾，并且可能引发经济危机。

利息是借贷资本家让渡货币资本使用权而获得的报酬，其本质是产业工人创造的剩余价值。利息率是一定时间内的利息量与借贷资本总额的比率。银行是专门经营货币资本的企业，银行利润来源于存款利息和贷款利息的差额，其本质是产业部门工人创造的剩余价值。

三、资本主义地租

在资本主义制度下，农业领域主要涉及三个阶级：农业资本家、地主以及农业工人。农业资本家通过租种地主的土地，并雇用农业工人来从事农业生产，他们向地主交纳地租然后获得平均利润。地租就是农业资本家由于租种地主的土地而向地主支付的租金，其本质是农业工人创造的超过农业资本家所获平均利润部分的剩余价值。

地租按形态可以分为级差地租和绝对地租两种。级差地租与土地等级相联系，源自农产品的个别生产价格低于社会生产价格所产生的超额利润。级差地租的存在基于一个基本事实，农产品的社会生产价格并非由平均生产条件所决定，而是由劣等地的生产价格所决定。土地经营垄断造成了级差地租的存在。级差地租具有两种形态：级差地租的第一种形态是由土地肥沃程度不同或土地位置不同造成的，通常由地主所得；级差地租的第二种形态是由同一地块投入资本的生产率差异造成的，通常归农业资本家所有，但在续约时部分或全部归地主。

绝对地租则是指由于土地私有权的存在，租种任何土地都必须缴纳地租。绝对地租产生的原因是土地私有权的垄断，导致农业部门超额利润不参与其他部门的利润平均化过程，使农产品的市场价格高于其生产价格，这部分超额利润转化为绝对地租。从本质上来看，绝对地租与级差地租一致，都是由农业工人创造的、超过平均利润的剩余价值。

资源链接

视频微课 4－1

视频微课 4－2

思考题

1. 解释下列概念：产业资本循环、资本周转、固定资本、流动资本、年剩余价值率、利润、生产价格、商业利润、利息、绝对地租、级差地租。

2. 产业资本循环包括几个阶段？有哪些循环形式？

3. 简述年剩余价值与剩余价值率的区别。

4. 简述影响利润率的因素。

5. 阐述社会总资本简单再生产、社会总资本扩大再生产的实现条件。

6. 生产价格是如何形成的？

7. 比较绝对地租和级差地租的异同。

在线自测

扫一扫　练一练

第五章　资本主义经济危机与历史发展

在本章中，我们致力于深入剖析资本主义经济制度的历史演变，旨在揭示资本主义经济的本质、发展过程及其内在矛盾。首先，我们将探讨垄断的形成及其与竞争之间的复杂关系，并在此基础上着重分析金融资本的兴起。本章将说明金融资本的定义、形成过程以及金融寡头如何巩固权力。接下来，我们将考察国家在经济发展中的作用，特别是国家垄断资本主义的形成及动因。最后，通过对资本主义经济发展历史的全面分析，我们将探讨资本主义的基本矛盾和经济危机的根本原因，从而揭示资本主义制度的历史过渡性和向社会主义过渡的客观必然性。本章的学习不仅有助于认识资本主义经济制度的演进轨迹，还将为理解其未来走向提供重要视角。

第一节　资本主义由自由竞争向垄断的过渡

资本主义经济制度的演化主要经历了自由竞争资本主义、垄断资本主义和帝国主义、国家垄断资本主义等阶段。1873 年的世界经济危机标志着垄断资本主义的开始，该阶段至 19 世纪末 20 世纪初发展至高峰，垄断资本在经济中占据了统治地位。

一、生产集中

生产集中指的是社会生产逐步集中于少数企业，被少数企业所掌控的过程，特征是社会总资本越来越集中于少数资本家手中。

引起生产集中的原因主要有三点：一是自由竞争加剧企业的优胜劣汰，大企业吞并小企业，大资本兼并小资本，生产集中到少数大企业；二是资本主义信用制度和股份公司的发展便利了企业间的兼并联合，进一步加速了生产集中；三是资本主义经济危机的爆发极大推进了生产集中。

二、垄断

随着生产集中，少数企业对某些生产部门和市场销售实施控制，以获得高额垄断利润，造成垄断。

形成垄断的原因主要在于：一是生产集中为垄断提供了可能性，当生产集中达到一定程度，大企业之间可能通过达成协议共同控制生产和市场；二是生产集中为垄断提供了必要性，当生产集中达到一定程度后，大企业之间达成协议实现垄断，有利于避免竞争导致的巨大损失；三是垄断是生产集中的必然结果。小企业难以与大企业竞争，逐步形成了少数企业的垄断格局。

三、垄断与竞争

需要注意的是，垄断并没有消除竞争，只是改变了市场竞争的条件和形式，使垄断与竞争并存，并且使得市场竞争更加复杂尖锐。

垄断无法消除竞争的原因主要有两点：一是资本主义经济依托于高度发达的商品交换关系，竞争是商品交换关系存在和发展的基础，因此资本主义经济不可能消灭竞争；二是垄断组织无法兼并所有企业，垄断企业内部及其与非垄断企业之间都存在激烈的竞争。

垄断虽然不能消灭竞争，但垄断资本主义的竞争出现了一些新的变化。垄断资本主义时期的竞争不同于自由竞争，主要表现为垄断组织之间的竞争、垄断组织和非垄断企业之间的竞争、非垄断企业之间的竞争。这样的竞争具有新特点：竞争的目的由获得平均利润或超额利润转变为获得高额垄断利润；竞争手段由依靠技术进步、提高劳动生产率、降低成本转变为依靠垄断的高压统治；竞争范围由国内逐步扩展到全球范围；竞争造成的破坏性后果也更加严重。

第二节 垄断资本主义的经济特征

垄断资本主义阶段，经济结构和运作方式展现出新的特征，主要体现在垄断组织的形成及垄断组织对垄断利润的追求、金融资本和金融寡头的兴起，以及垄断资本的国际化。

一、垄断组织的形成及垄断组织对垄断利润的追求

20 世纪初，大企业通过形成垄断组织成为市场的主体。垄断组织指的是资本主义经济的经济部门中，占据垄断地位大企业的联合体。垄断组织主要包括：部门内部达成垄断协议来分配产量、规定销售价格、瓜分市场的卡特尔组织；通过垄断协议联合采购原材料并销售商品的辛迪加组织；统一管理生产、购销及财务活动的托拉斯组织；以实力雄厚的大企业或大银行为核心，跨部门、跨行业联合形成的康采恩组织。

各种形式垄断组织的存在是为了追逐高额的垄断利润。垄断利润指的是垄断组织凭借其垄断地位而获得的超过平均利润的部分，主要借助垄断价格来实现。垄断价格既包括垄断高价，也包括垄断低价，垄断价格是垄断组织凭借其垄断地位制定的产品价格。其中，垄断组织出售商品的市场价格远高于生产价格，称为垄断高价；垄断组织凭借其垄断地位，购买生产资料的定价低于商品价值或商品生产价格，称为垄断低价。

垄断利润的最终来源是雇佣工人所创造的价值和剩余价值，其获取途径包括：(1) 直接占有垄断企业中雇佣工人创造的剩余价值；(2) 间接占有非垄断企业雇佣工人所创造的剩余价值；(3) 通过提高消费品价格，将消费者的收入部分转化为垄断利润；(4) 通过资产阶级政府，占有部分社会财富；(5) 通过外贸和投资，获取其他国家生产的剩余价值。

二、金融资本和金融寡头的兴起

在资本主义垄断阶段，工业资本和银行业资本相互融合，催生了金融资本。金融资本

的形成伴随着资本之间的相互渗透和人事上的紧密结合，标志着垄断资本主义进入了新的、最高阶段。

金融资本的形成伴随着金融寡头的出现，即那些在主要资本主义国家中出现的少数控制银行和工业的资本家和资本家集团。金融寡头主导了垄断资本主义国家的经济和政治。在经济上，金融寡头通过参与制把控股票的控制额，支配远多于其自有资本的资本，从而在国民经济中扮演决定性角色；政治上，金融寡头通过个人联合的方式，通过捐赠或其他手段影响政府决策，对国家机器施加直接或间接的控制；此外，金融寡头通过建立各种咨询机构、媒体和非营利机构等，对意识形态和公共政策产生深远影响，影响上层建筑和社会生活的各个方面。

金融资本的发展伴随着金融化的过程。图 5－1 显示，从 1960 年到 2020 年，美国非银行金融机构资产占国内生产总值（GDP）的比例显著增长，这反映了金融活动在国家经济中的重要性不断增加。

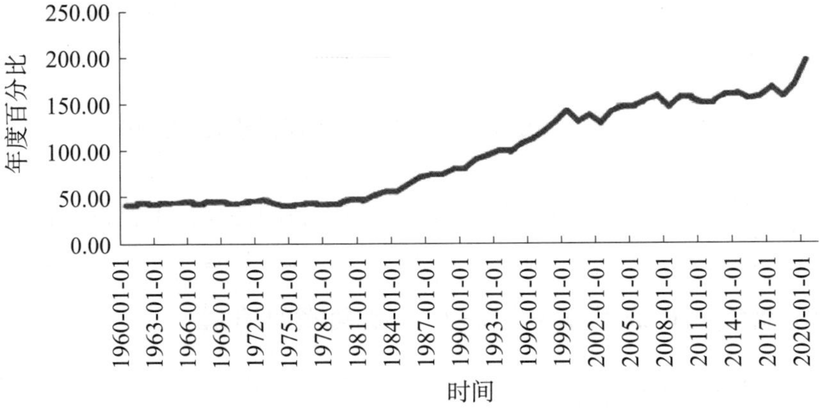

图 5－1　美国非银行金融机构资产占国内生产总值的百分比

资料来源：美国经济分析局（U. S. Bureau of Economic Analysis）。

同时，生产集中导致大量社会资本和信贷业务逐步集中于少数大银行，形成了银行业的垄断。随着银行业垄断加剧，银行的角色出现根本性变化，从传统的信贷中介转变为对经济有决定性影响力的垄断力量。这种转变不仅加深了金融资本对实体经济的控制，而且巩固了金融寡头在资本主义社会中的统治地位。

三、垄断资本的国际化

垄断资本主义时期，相较于自由竞争资本主义，展现出更强烈的对外扩张动力，表现为垄断资本的国际化。垄断资本主义设法瓜分世界，其表现形式主要是资本输出和国际垄断同盟。

资本输出是指资本主义国家的政府、资本家及其集团向海外提供贷款或投资，以获得高额回报。根据主体，可以分为借贷资本输出和生产资本输出两种；从形式来看；又可以分为私人资本输出和国家资本输出。在垄断资本主义阶段，资本输出具有必然性。一方面，垄断阶段过剩资本增加，必须向外寻找获利空间。垄断资本通过在全球范围内掠夺原料、倾销商品，实现资本的快速增殖和扩张，最大限度获得利润。另一方面，资本主义商品经济的发展将许多落后国家纳入世界市场，这些落后国家的自然经济瓦解，并形成初步的劳动力和商品市场，为垄断资本的扩张提供了便利。

资本输出对输出国和输入国的作用不同。对输出国而言，资本输出不仅解决了国内资本过剩问题，还获得了高额垄断利润；但对输入国而言，虽然资本输入可能会缓解资金不足、技术和管理落后等问题，但同时也可能导致经济结构单一化、对外依赖加深等问题，从而制约了其经济社会的全面发展。第二次世界大战后，资本输出具有新的特征，包括：一是“援助”形式的国家资本输出增加；二是生产资本输出占重要地位；三是资本输出的目标从落后国家转向发达国家。

第三节　国家垄断资本主义

一、国家垄断资本主义的产生和发展

国家垄断资本主义指的是在资本主义国家中，国家权力和私人垄断资本相结合形成的垄断形态，其实质是垄断资产阶级为了获得高额垄断利润，利用国家政权维护其垄断统治地位。这种经济形态的形成，是垄断资本主义发展的必然结果，主要是由以下几个因素驱动的：首先，随着社会分工的不断深化，尖端技术、新兴产业、公共设施和基础产业等需要大规模投资和漫长的回报周期，这些特点使得私人垄断资本缺乏投资意愿和能力，需要国家介入；其次，私人垄断资本需要解决社会总产品的实现问题，需要国家对市场进行调节，预防和应对危机；最后，私人垄断资本的发展加剧了财富的两极分化，要求国家对收入分配关系进行调节，以缓和阶级矛盾。

回顾国家垄断资本主义的发展历程，可以看出其发展具有明显的阶段性。第一个发展高潮发生在第一次世界大战爆发至 20 世纪 30 年代大危机之前，其间，为了适应战争需要，垄断资本主义国家加强了对经济生活的干预。第二个发展高潮出现在 20 世纪 30 年代大危机至第二次世界大战爆发前。在这一时期，各国为了应对经济危机，再次加强了对经济的干预和调节。第三个发展高潮出现在第二次世界大战期间，战时经济的特殊需求促使资本主义国家出台一系列经济干预政策。二战以后，国家垄断资本主义进入一个相对稳定、持续的发展时期，并被确立为主导的经济形态。

二、国家垄断资本主义的基本形式和实质

在国家垄断资本主义中，资产阶级国家与私人垄断资本之间的结合方式和程度，决定了其具体的表现形式。根据这种结合的不同，国家垄断资本主义呈现出三种基本形式：一是国家直接控制垄断资本，即政府直接控制某些行业和企业；二是国家和私人垄断资本在企业内部结合，通过共同占有和经营来进行合作；三是国家和私人垄断资本在企业通过外部机制结合，私人垄断资本的运动受国家的监管和调节。

尽管国家垄断资本主义突破了私人垄断资本主义的局限性，实现了更高级别的经济集中和控制，但其对资本主义生产关系的调节仍然有限。国家垄断资本主义的发展，不可避

免地导致资本主义基本矛盾的进一步加深。

三、国家垄断资本主义的宏观调控

随着二战后国家垄断资本主义的稳定发展，宏观调控在国民经济管理中的作用也不断增加，成为国家经济管理的核心，其目标也更加多样化，涵盖促进经济增长、保持物价和货币稳定、促进国际收支平衡、促进就业等方面。

国家运用的调控手段包括经济手段、法律手段和行政手段等。通过这些多元化的手段，旨在实现经济持续增长的同时，平衡和协调社会各方面的利益。同时，宏观调控也致力于对经济危机进行调节，旨在缓解资本主义的基本矛盾，减轻经济危机的负面影响。

第四节　资本主义经济危机

资本主义经济制度固有的基本矛盾，随着资本积累的进行而不断积累，并且最终以经济危机的形式集中爆发。

一、资本主义经济危机的周期性

在资本主义国家，经济危机的爆发呈现出明显的周期性，每个周期包括危机、萧条、复苏和繁荣四个阶段。资本主义经济危机的周期性本质源自资本主义基本矛盾的阶段性运动，其中固定资本的周期性更新是推动经济危机周期性爆发的物质基础。

固定资本的大规模更新既促进经济从萧条走向复苏和繁荣，也为未来经济的失衡和危机准备了条件。同时，固定资本的更新提高了资本的有机构成，导致相对过剩人口的增加，加剧了生产和消费之间的矛盾，为之后的危机埋下隐患。自第二次世界大战以来，资本主义经济危机呈现出新的特点，包括危机周期的不规则性、周期各阶段的模糊性、生产过剩和失业成为常态等。

二、资本主义经济危机的根源及其在当代表现

资本主义经济危机的根源在于资本主义基本矛盾的激化，其实质是生产相对过剩的危机。从20世纪90年代开始，金融资本成为推动资本主义发展的主要动力。金融资本的崛起使得资本主义的经济危机从滞胀危机演变为金融危机，标志着资本主义经济危机的新表征。2008年爆发的国际性金融危机突出了这一点，并具有四个方面的特点：一是危机由金融领域向实体经济扩散；二是经济金融化趋势明显，实体经济萎缩；三是过度消费明显，信贷风险显著增加；四是危机对全球经济的负面影响增加。

国际金融危机的爆发有多重原因，主要涉及金融监管的缺失、金融过度创新、虚拟经济和实体经济脱节、经济运行的无政府状态加剧、国际金融垄断的形成和发展以及世界经济结构失衡等。

三、资本主义经济危机的双重作用

资本主义经济危机，虽然源自资本主义基本矛盾，但其在一定阶段中，会对资本主义

经济发展产生双重效应，既有破坏性的一面，也有某种程度的调节作用。

一方面，经济危机重创资本主义经济体系，经济危机通常导致大量企业倒闭，生产活动减缓或停滞，造成巨大的生产力损失和社会财富的浪费，与此同时，由于需求减少，失业率急剧上升，导致不平等问题加剧。另一方面，经济危机对资本主义经济发展具有强制调节作用，重构经济中失衡的各种关系。危机迫使资本从低效率部门流向其他部门，调整经济结构，寻求技术创新，加速技术革新和产业升级。与此同时，经济危机重构资本与劳动关系，有可能在一定程度上缓解社会矛盾。

第五节 资本主义发展的历史趋势

一、资本主义经济制度的过渡性质

资本主义生产方式的建立基于两个基本前提：一是存在大量的有人身自由但丧失生产资料的劳动者；二是少数人拥有大量货币财富。正是这些条件铺垫了资本主义的兴起与扩张。

资本主义基本矛盾的积累引发经济危机，经济危机又反过来进一步加深了资本主义基本矛盾。为了维护资本主义经济的运行，资本主义国家通过对生产关系的调整，在一定程度上缓和了经济危机。然而，这些调节是局部的、有限的、暂时的，无法从根本上克服资本主义的基本矛盾。

二、当代资本主义经济的新变化

当代资本主义呈现出许多新特点和新变化。这些变化在一定程度上维护了资本主义社会的稳定并推动了经济增长。但是，资本主义基本矛盾不仅存在，而且呈现出垄断程度的加深、金融化深入、就业不稳定性的增加以及贫富差距扩大等趋势。

当代资本主义的一个显著特点是金融化程度的显著加剧。金融资产的增长速度远远超过实体经济的增长速度。与此同时，金融交易创新和金融衍生品产品创新不断涌现，使得金融市场的波动性增强，系统性风险增加。金融化不仅改变了当代资本主义资本积累的路径，也加深了虚拟资本与经济系统的联系，使得金融危机更易于转化为全面的经济危机。

这些新趋势和新变化表明，当代资本主义正面临前所未有的挑战，需要应对技术变革、社会不平等和环境危机等来自社会经济各方面的挑战。

三、社会主义取代资本主义的必然性

资本主义通过对生产关系的不断调整，在量的积累中为其质的转变做准备，为资本主义的消亡及其被社会主义替代铺垫了更充分的条件。资本主义最终将被社会主义所取代，不依赖于人的主观意志，而是基于对历史唯物主义和资本主义内在矛盾分析所得到的资本主义发展的客观规律。

历史唯物主义的视角决定了社会形态的更替是一种客观的历史规律，人类社会从原始社会到奴隶社会、封建社会、资本主义社会，经过社会主义社会的过渡最终进入共产主义

社会，这一过程是人类社会历史发展的普遍规律和必然趋势。

资源链接

视频微课 5－1　　视频微课 5－2

思考题

1. 垄断能否消除竞争？垄断组织有哪些形式？

2. 在当代资本主义中，垄断如何影响经济政策和全球贸易？请提供具体实例。

3. 比较卡特尔、辛迪加、托拉斯、康采恩四种垄断组织形式，并说明它们如何获取垄断利润。

4. 从马克思主义政治经济学的视角，分析全球金融危机的根本原因及对全球资本主义体系的影响。

5. 当代资本主义经济的新特点有哪些？这些新特点如何体现了资本主义经济制度的过渡性质？

在线自测

扫一扫　练一练

第六章　社会主义初级阶段的基本经济制度

马克思和恩格斯在历史唯物主义和辩证唯物主义的基础上，克服空想社会主义的缺陷，建立起科学社会主义理论。在此基础上，马克思和恩格斯阐明人类社会必然从资本主义向社会主义和共产主义过渡，并对未来社会的经济制度做出了基本构想，即消灭私有制，生产资料由全社会共同占有；以满足全体社会成员的共同需要和利益为前提进行有计划的社会生产；快速发展生产力；实行按劳分配和按需分配；消灭阶级对立，建立自由人联合体。

新中国成立以来，我国始终以马克思主义理论为指导，结合中国具体实践，探索社会主义经济制度在社会主义初级阶段的基本形式。改革开放后，我国坚持生产资料的公有制地位和按劳分配的分配方式，逐步发展起非公有制经济和按要素分配等分配方式，建立起充满生机和活力的社会主义市场经济，使社会主义的基本经济制度日臻完善。本章将主要介绍社会主义基本经济制度的主要内容。

第一节　社会主义基本经济制度的发展与完善

一、社会主义基本经济制度的发展

我国在社会主义经济建设的长期实践中，不断探索和创新，逐步形成了中国特色社会主义经济制度的科学体系。社会主义基本经济制度反映了中国特色社会主义生产关系的基本特征，表明了我国生产关系与其他生产关系的本质区别，是经济制度体系中具有长期性和稳定性的部分，处于基础性、决定性地位。社会主义基本经济制度是在中国特色社会主义建设历程中不断丰富和完善的。

马克思和恩格斯在历史唯物主义和辩证唯物主义科学方法论基础上，揭示了社会主义替代资本主义的历史必然性，并阐述了生产资料社会占有、有计划地组织社会生产、按劳分配或按需分配、人的全面自由发展等未来社会经济制度的基本特征。新中国成立以后，我国将马克思主义理论与中国实际相结合，逐步建立起了以生产资料公有制和按劳分配为主体的社会主义经济制度。改革开放以后，立足我国正处于并即将长期处于社会主义初级阶段的基本国情，我国对社会主义基本经济制度进行了大胆创新。在所有制方面，坚持公有制的主体地位，同时鼓励个体经济、私营经济、外资经济等的发展；在分配制度方面，坚持按劳分配主体，鼓励资本、技术、土地、知识、管理、数据等其他生产要素参与分配；在经济体制方面，不断探索社会主义制度和市场经济的有效结合，建立起充满活力的社会主义市场经济体制。

党的十九届四中全会对社会主义基本经济制度做出了新的概括，即“公有制为主体、多种所有制经济共同发展，按劳分配为主体、多种分配方式并存，社会主义市场经济体制”。这一概括包含了中国特色社会主义的所有制结构、分配制度和社会主义市场经济体制，是对社会主义基本经济制度内涵的重要发展和深化。

二、社会主义基本经济制度的内涵

社会主义基本经济制度包含三项制度：公有制为主体、多种所有制经济共同发展的所有制制度；按劳分配为主体、多种分配方式并存的分配制度；社会主义市场经济体制。这三项制度相互联系、相互促进，构成了有机的制度整体。

社会主义基本经济制度的三项内容集中体现了生产、分配、交换之间的辩证统一。公有制为主体、多种所有制经济共同发展的所有制结构是社会主义基本经济制度的核心，决定了按劳分配为主体、多种分配方式并存的分配制度，也构成了社会主义市场经济体制的所有制基础。三项基本经济制度相互作用，相互协调。社会主义基本经济制度在我国经济制度体系中处于基础性、决定性地位，对我国经济运行和发展起决定性影响，在此基础上形成了企业制度、市场制度、宏观经济管理制度、财政金融制度、社会保障制度、对外经济制度等各项具体制度构成的完整制度体系。

三、社会主义基本经济制度的优势

社会主义基本经济制度同我国在社会主义初级阶段的生产力发展水平相适应，具有不断解放和发展社会生产力、推动经济高质量发展和实现社会主义现代化的显著优势。

第一，以公有制为主体、多种所有制经济共同发展的生产资料所有制结构既有利于公有制经济在关系国家安全、国民经济命脉和国计民生的重要行业和关键领域发挥主体作用，发挥在保障全体人民共同利益、增进民生福祉等方面的关键作用；又有利于调动非公有制经济，发挥其在促进经济增长、激励创新创业、增加就业等方面的积极作用，形成公有制和非公有制经济协调互促、取长补短、共同发展的强大合力。

第二，以按劳分配为主体、多种分配方式并存的分配制度既有利于调动劳动者的生产积极性和创造性，保护劳动所得，鼓励勤劳致富，使劳动者共享发展成果，促进共同富裕；又有利于调动各类经济主体的生产积极性，充分利用一切资源创造更多的社会财富。

第三，社会主义市场经济体制既有利于发挥市场在资源配置中的决定性作用，充分利用市场机制信息灵敏、调节灵活、激励有效、平等开放的优势，提高经济的活力和效率；又有利于更好发挥政府对经济的调节作用，发挥政府在统筹规划、整体协调、宏观调控、市场监管、公共服务、保障公平、保护环境、维护国家安全、促进共同富裕等方面的关键作用。

总而言之，社会主义基本经济制度能够使社会主义制度的优越性和市场经济的长处都得到有效的发挥，避免出现资本主义市场经济发展中出现的阶级分化、资本垄断、分配不公、危机频发等弊端，为加快实现社会主义现代化奠定坚实的制度基础。

第二节　中国特色社会主义所有制

一、中国特色社会主义所有制的基本内涵

在社会主义基本经济制度中，生产资料所有制结构处于核心地位。生产资料所有制结构是指在一定社会中各种不同的生产资料所有制形式所处的地位、作用及其相互关系。生产资料所有制结构决定了生产资料由谁控制，生产、分配、交换、消费等社会经济再生产环节如何运行，社会政治和意识形态如何确立等。生产资料所有制构成一个社会经济制度的基础，决定社会基本性质和发展方向。在不同社会中，社会性质是由生产资料所有制结构中占统治地位的所有制性质决定的。生产资料所有制不同，是各种社会经济形态相区别的根本标志。

中国特色社会主义所有制的主要规定包含以下三个方面：一是毫不动摇巩固和发展公有制经济。坚持公有制主体地位，发挥国有经济主导作用，巩固和发展公有制经济对发挥社会主义制度优越性、保障全体人民共同利益、增强我国经济实力和维护国家安全、实现共同富裕等都至关重要。二是毫不动摇鼓励、支持、引导非公有制经济发展。提升经济发展的整体活力和创造力，发挥非公有制经济在促进创新、扩大就业、增加税收等方面的重要作用。三是把坚持公有制经济为主体和促进非公有制经济发展统一于社会主义现代化建设进程中，不能把二者对立起来。我国正处于并将长期处于社会主义初级阶段，生产力发展还不平衡不充分，各种所有制经济在社会主义市场经济中充分发展、相互促进是推进社会主义现代化的必要途径。既不能因为坚持公有制的主体地位而影响和弱化非公有制经济，也不能一味追求非公有制经济发展而忽视甚至放弃公有制经济的主体地位。

混合所有制是中国特色社会主义所有制的重要组成部分，是社会主义条件下实现公有制与市场经济有机结合的必然产物。我国的混合所有制经济是以公有制为主体的混合所有制经济，这是我国混合所有制经济与资本主义国家混合所有制经济的本质区别。党的十八届三中全会明确指出，国有资本、集体资本、非公有资本等交叉持股、相互融合的混合所有制经济，是基本经济制度的重要实现形式，有利于国有资本放大功能、保值增值、提高竞争力，有利于各种所有制资本取长补短、相互促进、共同发展。党的十九大报告提出要“深化国有企业改革，发展混合所有制经济，培育具有全球竞争力的世界一流企业”。党的十九届五中全会着眼“十四五”以及更长时期经济社会发展目标任务，明确指出要加快完善中国特色现代企业制度，深化国有企业混合所有制改革。

《国企改革三年行动方案（2020—2022年）》中明确指出要积极稳妥推进混合所有制改革，促进各类所有制企业取长补短、共同发展。把握好混合所有制改革方向，坚持因地施策、因业施策、因企施策，宜独则独、宜控则控、宜参则参，不搞拉郎配、不搞全覆盖、不设时间表，按照完善治理、强化激励、突出主业、提高效率的要求，积极稳妥深化混合所有制改革。重点推进国有资本投资、运营公司出资企业和商业一类子企业混合所有制改革，稳妥推进商业二类子企业混合所有制改革，规范有序推进具备条件的公益类企业投资主体多元化。加强对混改全过程的监督，切实防止国有资产流失。这为更好推动国有

企业混合所有制改革提供了基本遵循。

二、巩固和发展公有制经济

社会主义公有制是全体社会成员共同占有生产资料，用来满足人民美好生活需要而结成的经济关系。社会主义公有制的基本特征是：劳动者共同占有生产资料，排除私人特权，建立起平等关系；生产资料是广大劳动者从事生产经营活动、增进自身物质利益的基本条件，不再成为剥削手段；劳动者按照在生产过程中付出的劳动分配消费品；劳动者建立起互助合作、协调一致的经济关系，生产是为了满足共同需要，达到共同富裕。现阶段，我国公有制经济的主体地位主要体现在：公有资产在社会总资产中占优势；国有经济主要控制关系国民经济命脉的重要行业和关键领域，对经济发展起主导作用；满足全体人民共同需要，保障全体人民的共同利益。

社会主义所有制坚持以生产资料公有制为主体是因为：第一，生产资料所有制是社会经济制度的基础。我国坚持社会主义制度，必须坚持以生产资料公有制为基础，从而才能建立起社会主义的政治制度、法律制度、意识形态和共同理想。第二，坚持公有制为主体是解放和发展生产力的根本要求。资本主义私有制与社会化大生产之间存在无法调和的矛盾，导致资本主义出现贫富两极分化和周期性经济危机。生产社会化要求在生产资料公有制的基础上对社会生产进行有计划的调节，推动生产力的快速发展，更好满足人民的美好生活需要。第三，坚持公有制为主体是实现共同富裕的基本前提。生产资料私有制会引起贫富分化，只有坚持生产资料公有制和按劳分配的主体地位，才能从生产和分配的有机统一中促进共同富裕。第四，坚持公有制为主体是构建社会主义和谐社会的经济基础。生产资料归全社会共同占有可以从根本上消除资本和劳动的阶级对立，建立起平等的经济关系，为构建社会主义和谐社会奠定经济基础。第五，坚持公有制为主体是社会主义政治制度的基础。人民民主是社会主义的生命，人民当家作主是社会主义民主政治的本质和核心，这样的民主制度只有在生产资料占有相对公平的基础上才能产生。

公有制经济包括国有经济、集体经济以及混合所有制经济中的国有成分和集体成分。国有经济，即社会主义全民所有制经济处于核心地位。坚持公有制为主体，必须发挥国有经济在国民经济中的主导作用。在国有经济中，国家作为全体人民的代表对国有企业的生产资料拥有所有权，全体人民在生产资料的关系上是平等的。在我国，国有财产包括矿藏、水流、森林、山岭、草原、荒地、滩涂等自然资源；铁路、银行、邮电、通信、电力等的主要部分；国家投资建设的各类企业及科学、文化、教育、卫生事业的财产。

国家所有制的优越性主要表现在：一是能够适应高度社会化大生产的客观要求，运用更加社会化的生产组织和管理形式促进生产力的快速发展。二是能够实现劳动者与生产资料的直接结合，消除私有制导致的不平等地位和权利，消灭剥削。三是使劳动者成为生产过程的主人，为共同利益进行合作生产，激发劳动者的生产积极性、主动性和创造性。

社会主义国家所有制与资本主义国家所有制存在本质区别。从性质上来看，社会主义国家所有制是全体社会成员共同占有生产资料的公有制形式，体现全体社会成员根本利益的一致性。资本主义国家所有制是国家代表整个资产阶级占有生产资料，是资本主义占有关系社会化的一种实现形式，本质上是为整个资产阶级利益服务。从地位和作用上来看，社会主义国有经济控制国民经济命脉，对经济发展起主导作用，体现社会主义基本经济制度的性质。资本主义国有经济则主要从事私营企业不愿经营的部门，弥补市场失灵。

现阶段我国国有经济的主导作用主要体现在以下方面：第一，主要集中于关系国民经济命脉和国计民生的重要行业和关键领域。第二，是国家引导、推动、调控国民经济和社会发展的基本力量，保障全体人民共同利益，促进共同富裕，引导各种经济成分沿着社会主义方向健康发展。第三，是国家长治久安的重要保证，有效增强国家经济实力和国防实力及应对突发事件和重大风险的能力。第四，是经济全球化条件下实现自主发展的重要保障，有利于实施自主创新战略，完善国家创新体系，加快建设科技强国，实现科技自立自强。

案例

国有经济主要存在于关系国民经济命脉和国计民生的重要行业和关键领域。新中国成立以后，我国在重要行业和关键领域建立起一批国有企业，一汽、二汽（汽车行业），大庆、胜利（石油行业），武钢、宝钢（钢铁行业）等，都是国有企业的代表。改革开放以来，国家兴建的重大工程项目，如长江三峡工程、京九铁路工程、青藏铁路工程、西气东输工程、西电东送工程、南水北调工程、载人航天工程、奥运场馆建设等，国有企业也都发挥了主导作用。

近年来，国有企业顺应世界科技发展趋势和国际竞争形势变化，在提升创新能力和进行数字化转型等方面持续发力。国有企业的科技创新能力和水平不断提升。中央企业是科技创新的国家队，取得了一批世界先进水平的标志性重大成果，打造了一批高水平科技平台，集聚了一批高层次创新人才，增强了我国综合实力，为未来发展积蓄了创新后劲。与此同时，国资委聚焦国有企业数字化转型，着力提升国有企业数字化智能化发展水平，加快世界一流企业建设，为更好发挥国企科技创新、产业控制、安全支撑作用夯实基础，为加快建设现代化产业体系、促进实体经济高质量发展做出更大贡献。

集体所有制经济是公有制经济的重要组成部分，与国有经济具有共同的属性，即生产资料归劳动者共同所有，劳动者在生产资料占有上处于平等地位，消除了剥削，实行按劳分配，劳动者之间建立平等互助的合作关系。集体所有制经济与国有经济的区别在于生产资料公有化范围较小，只属于各集体经济单位的劳动者，生产经营成果和各种经济利益在集体范围内分配。集体所有制包括农村集体所有制和城镇集体所有制两种基本形态及股份合作制企业等新形态。

三、鼓励、支持、引导非公有制经济发展

非公有制经济是社会主义市场经济的重要组成部分，主要包括个体经济、私营经济、外资经济等几种形式。

个体经济是指生产资料归劳动者个人所有，并由劳动者个人支配和使用的一种非公有制经济形式。现阶段，个体经济主要存在于城乡手工业、农业、商业、交通运输业和服务

业中。个体经济的存在与我国现阶段生产力发展不平衡不充分的特点相适应，能够发挥增加就业、创造财富、活跃城乡商品交换、增加税收等积极作用。

私营经济是指企业资产属于私人所有、存在雇佣劳动关系的一种非公有制经济形式。在社会主义初级阶段，私营经济的存在和充分发展是非常必要的。私营经济在活跃市场和增加就业、促进创新、优化产业结构和转变经济发展方式、推动城镇化和工业化、扩大对外开放等方面发挥积极作用。2003—2019 年中国私营企业和个体就业人数占全体就业人数的比重见图 6 - 1。

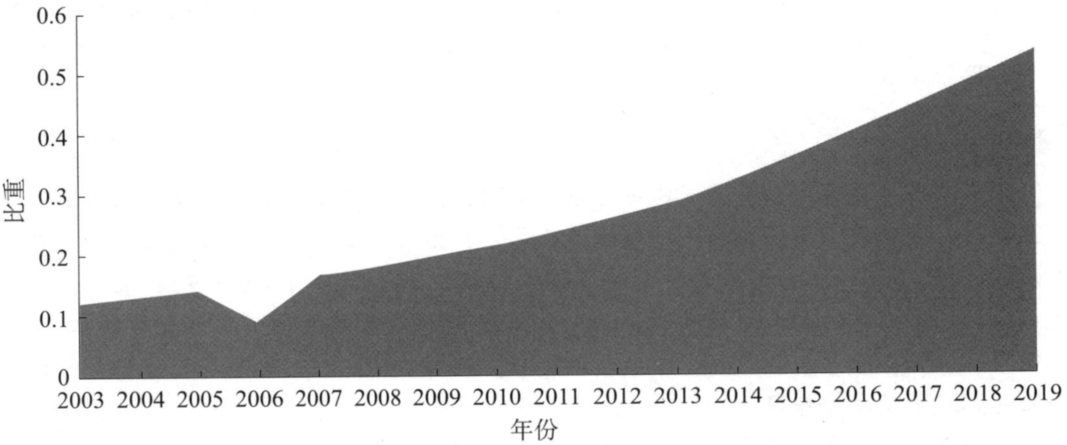

图 6 - 1　2003—2019 年中国私营企业和个体就业人数占全体就业人数的比重

资料来源：中国国家统计局。

外资经济是指国外投资者和港澳台投资者经中国政府批准，尊重中国主权，接受中国政府监督和监管，以独资、合资、合作等方式在中国境内开办企业而形成的一种非公有制经济形式。外资经济是在社会主义公有制经济的影响和制约下运营的。中国现阶段的外资经济主要有中外合资企业、中外合作经营企业和外商独资企业三种。外资经济的存在和发展是中国改革开放、适应经济全球化发展的必然结果，在解决资金不足、利用先进技术、提高管理水平、增加就业、调整产业结构、增加财政收入、增加进出口等方面发挥积极作用。

毫不动摇鼓励、支持、引导非公有制经济发展是我国社会主义基本经济制度的重要内容。党的二十大报告在坚持“两个毫不动摇”的基础上进一步强调，要优化民营企业发展环境，依法保护民营企业产权和企业家权益，支持中小微企业发展，弘扬企业家精神，加快建设世界一流企业。我国在社会主义初级阶段大力发展非公有制经济是因为：第一，发展非公有制经济是社会主义初级阶段生产力发展的客观需要。当前我国仍存在发展不平衡不充分的问题，很多部门的资源配置和生产、分配、交换、消费活动可以通过非公有制经济在市场经济体制中更高效地完成。第二，发展非公有制经济是满足人民日益增长的美好生活需要的必然要求。我国的公有制经济还不足以提供社会所需要的全部产品，国家将有限的生产资料更多投到对国民经济具有重大影响的关键领域，其他领域则需要非公有制经济的蓬勃发展来提供更加广泛而丰富的物质和精神产品。第三，发展非公有制经济是发挥中国特色社会主义经济制度优势的需要。公有制为主体、多种所有制经济共同发展的所有制结构调动了各类市场主体的积极性，发挥了各方面的优势。

第三节 中国特色社会主义分配制度

一、社会主义分配制度的内涵

分配包括生产要素的分配和产品的分配，两者分别形成于生产之前和生产之后，生产要素的分配决定生产的结构，产品的分配则由生产决定。本节研究的分配主要是产品的分配，社会主义市场经济中分配关系也表现为收入分配。收入分配服从于社会成员所处的生产关系，分配的结果取决于各社会成员在具体生产关系中所处的地位。

马克思在《哥达纲领批判》中把未来社会的全部社会产品的分配划分为三个部分：一是为了满足社会再生产需要而进行的必要扣除，包括用来补偿消耗的生产资料、用来扩大再生产的追加、用来应付不幸事故和自然灾害等的后备基金或保险基金三个部分。二是为了满足社会公共需求而进行的必要扣除，包括同生产没有直接关系的一般管理费用，用来满足共同需要的部分，如学校、保健设施等，为丧失劳动能力的人设立的基金。三是在做了上述必要扣除之后进行的个人消费品的分配。在收入层面上，扣除的部分构成社会留存的积累基金，其规模与生产资料总量相对应；扣除后剩余的部分是消费基金，其规模与个人消费品总量相对应。

在社会主义市场经济条件下，国民收入分配和个人收入分配采取市场经济中的收入和分配形式。国民收入是一个国家（或地区）在一定时期内创造的最终产品和服务的价值总量。这一指标衡量了一国的经济总量、生产能力和综合经济实力，其人均值反映了一国的经济发展水平和人民的生活水平。社会主义市场经济条件下，衡量国民收入最主要的指标是国内生产总值（GDP）和国民生产总值（GNP）。国内生产总值是指一个国家（或地区）在一定时期内所有常驻单位提供的商品和服务的价值总和。国民生产总值的核算方法不变，但在核算对象上则主要核算属于本国的经济单位所获得的收入，因此，它等于国内生产总值减去国外经济单位在本国获得的收入，加上本国经济单位在外国获得的收入。国内生产总值有三种表现形态：价值形态、收入形态和产品形态，与此相对应的，国内生产总值有生产法、收入法和支出法三种计算方法。国民收入的核算范围包括国民经济所有部门的"生产活动"，不区分物质和非物质生产部门，这里的生产活动概念与马克思主义劳动价值论中的生产劳动不同，仅指能够提供货物和服务从而获得收入的经济活动，并不涉及价值和剩余价值的创造源泉问题。

在社会主义市场经济条件下，一个国家（或地区）在一定时期内所有常驻单位所获得的收入要在政府、企业、个人等不同经济主体之间进行分配，分为初次分配和再分配两个过程。初次分配以所有常驻单位在一定时期内参与生产和服务活动所形成的增加值为起点，形成各经济主体的原始收入，分为政府收入、企业收入和个人收入。再分配是指国民收入在经过初次分配形成原始收入的基础上，通过各种经常转移而形成可支配收入的过程。此外，第三次分配对收入分配结构也具有重要的调节作用。第三次分配是在道德、文化、习惯等影响下，社会力量自愿通过民间捐赠、慈善事业、志愿行动等方式济困扶弱的行为。

二、按劳分配为主体、多种分配方式并存的分配制度

按劳分配为主体、多种分配方式并存是我国的一项基本经济制度，这一制度有利于调动各方面的积极性，实现效率和公平的有机统一。在社会主义初级阶段我国必须坚持这一分配制度是因为：第一，公有制为主体、多种所有制经济共同发展的所有制结构决定了我国的分配制度必须坚持按劳分配为主体、多种分配方式并存。第二，准确反映资源的稀缺状况、实现资源配置合理化要求实行这一分配制度。第三，社会主义初级阶段的生产力水平决定了我国在现阶段还无法实行单一的按劳分配，也无法实行按需分配，必须坚持按劳分配的主体地位，发展多种分配方式。

实行按劳分配是由生产资料公有制和不够发达的生产力水平决定的。按劳分配的主要内容和基本要求是：第一，有劳动能力的社会成员都必须参加社会劳动，不劳动者不得食。第二，个人消费品的分配只能以活劳动为尺度，而不能以物化在生产资料中的劳动为尺度。第三，作为分配尺度的劳动，不是劳动者实际支出的个别劳动，而是劳动者在平均熟练程度和平均劳动强度下生产单位使用价值所耗费的社会平均活劳动。第四，随着劳动生产率的提高和生产的发展，劳动者能分配到的消费品也逐渐增加。按劳分配体现劳动者在分配领域中的平等关系，并将劳动者的报酬与劳动贡献联系起来，同时反对平均主义和过大收入差距，有利于激发劳动积极性，促进社会生产发展的同时维护分配公平。按劳分配还可以排除凭借生产资料所有权参与分配的可能性，消除生产资料占有差别造成的收入差距，有利于促进共同富裕。

在社会主义初级阶段，按劳分配还需要在市场经济条件下进行，因此表现出如下特点：第一，按劳分配需要通过市场机制实现。企业在市场上出售商品获得收入，并在企业内部按照劳动者的劳动贡献进行分配，劳动者取得货币工资后，在市场上购买消费品和劳务，实现个人消费。第二，按劳分配中的“劳”是在市场上实现了的劳动，不能直接以每个劳动者的劳动时间为直接尺度，只能以社会承认的商品价值量所还原的劳动量为尺度。第三，按劳分配主要采取货币工资形式，一般包含工资、奖金、津贴等。第四，劳动者的收入不仅取决于自己的劳动贡献，还与企业的经营状况相关联。

在社会主义市场经济中，与按劳分配并存的还有按要素分配。按生产要素分配是指，在市场经济中，生产要素所有者根据对生产要素的所有权参与分配，获得相应的报酬。在这里，生产要素所有者参与分配与生产要素是否创造价值是两个不同的问题。生产要素所有者参与分配是因为各种生产要素是劳动创造价值必不可少的条件，要素所有者获得相应的报酬是要素所有权在分配上的体现，并不意味着各种生产要素都创造价值。按要素分配的主要方式有：按资本要素分配，按知识、技术、信息、数据要素分配，按管理要素分配，按土地和其他自然资源分配等。

三、保障社会公平与促进共同富裕

公平和正义是中国特色社会主义的内在要求，处理好收入分配中效率与公平的关系，

是扎实推动共同富裕的关键。收入分配中的效率是指通过合理的收入分配促进劳动生产力的提高，激励更多要素投入社会生产，提高要素配置合理性，创造更多的财富。收入分配的公平则是指不同社会成员具有平等的分配权利和分配机会，并且分配规则对所有社会成员一视同仁，体现为权利公平、机会公平和规则公平。效率的高低体现经济发展水平，直接影响可供分配的财富的多寡，增进效率是优化分配、促进公平的重要基础；而分配公平与否又反过来直接影响各经济主体的积极性和再生产的顺利进行。因此，把提高效率同促进社会公平相结合，是正确处理效率和公平关系的基本原则，也是扎实推动全体人民共同富裕的重要途径。在社会主义基本经济制度坚持公有制和按劳分配为主体的制度前提下，效率与公平表现出辩证统一的关系。

改革开放以来，我国居民生活水平不断提高的同时，也出现了城乡、地区、行业及不同社会成员之间收入差距扩大的问题。形成收入差距的原因是多方面的，包括市场竞争造成的收入差距；市场机制不健全，体制、政策和法律不完善，不同地区、行业和领域改革进程和力度不同、享有的机会和资源不同等造成的收入差距；分配制度不完善造成的收入差距；等等。

党的二十大报告指出，分配制度是促进共同富裕的基础性制度。坚持按劳分配为主体、多种分配方式并存，构建初次分配、再分配、第三次分配协调配套的制度体系。努力提高居民收入在国民收入分配中的比重，提高劳动报酬在初次分配中的比重。坚持多劳多得，鼓励勤劳致富，促进机会公平，增加低收入者收入，扩大中等收入群体。完善按要素分配政策制度，探索多种渠道增加中低收入群众要素收入，多渠道增加城乡居民财产性收入。加大税收、社会保障、转移支付等的调节力度。完善个人所得税制度，规范收入分配秩序，规范财富积累机制，保护合法收入，调节过高收入，取缔非法收入。引导、支持有意愿有能力的企业、社会组织和个人积极参与公益慈善事业。

第四节　社会主义市场经济体制

一、社会主义经济体制改革

社会主义市场经济体制是社会主义基本经济制度的一项重要内容。在社会主义制度下建立市场经济体制，是中国共产党人进行的前无古人的伟大创举。建立并不断完善符合社会主义制度要求、适应生产力发展状况的经济体制，是促进资源的合理配置，解放和发展生产力，发挥社会主义制度的优越性的必然选择。

改革开放以来，我国的经济体制实现了从计划经济向社会主义市场经济的转变，推动了社会主义经济制度的自我完善。我国经济体制改革的性质是社会主义制度的自我完善和发展，是在坚持社会主义基本制度的前提下，改革生产关系和上层建筑中不适应生产力发展的方面和环节、建立充满生机和活力的社会主义市场经济体制的伟大革命。

我国经济体制改革极大促进了生产力的发展，增强了党和国家的生机活力，创造了世所罕见的经济发展奇迹，取得了如下历史性成就：一是成功实现了从高度集中的计划经济体制到充满活力的社会主义市场经济体制的伟大历史转折，建立起社会主义基本经济制度，发挥社会主义和市场经济的双重优势。二是成功实现了从封闭半封闭到全方位开放的历史转变。三是极大地解放和发展了生产力，使我国的经济实力、科技实力、国防实力、综合国力进入世界前列。四是人民群众的物质文化生活水平大幅提高。五是经济体制改革的深化有力促进了政治、文化、社会、生态文明和党的建设体制改革，社会和谐稳定得到巩固和发展。

我国经济体制改革取得伟大成就，得益于以下基本经验：一是坚持社会主义改革方向；二是坚持加强党的领导和尊重人民首创精神相结合；三是坚持摸着石头过河和加强顶层设计相结合；四是坚持问题导向和目标导向相结合；五是坚持试点先行和全面推进相促进；六是坚持改革决策和立法决策相衔接、相统一；七是坚持把改革、发展和稳定统一起来。

二、社会主义市场经济体制的特征与优势

市场经济可存在于不同的社会制度，具有一般性的特点，即作为主体的企业自主经营、自负盈亏、自主决策、风险自担；绝大多数产品和服务的价格由市场供求关系决定；由商品市场、资本市场、技术市场、劳动力市场等构成的完整市场体系；有一系列与市场经济相配套的法律、规章制度和社会保障体系。

但是，任何一种经济体制都是在一定的社会基本经济制度特别是生产资料所有制基础上运转的，不能脱离所有制而独立存在。市场经济同某种社会基本制度结合在一起，就显示出特殊的社会属性。因此，社会主义市场经济与资本主义市场经济存在本质的区别。社会主义市场经济是市场经济一般属性与社会主义相结合的有机体，既能体现社会主义制度的优越性，又能发挥市场经济的优势特征。社会主义市场经济的制度优势表现在以下五个方面：第一，有利于实现全体人民的共同利益；第二，有利于实施国家战略规划；第三，有利于集中力量办大事；第四，有利于实现效率和公平的统一；第五，有利于构建平等互利的新型国际关系。

三、推动构建高水平社会主义市场经济体制

党的二十大报告提出要构建高水平社会主义市场经济体制。坚持和完善社会主义基本经济制度，毫不动摇巩固和发展公有制经济，毫不动摇鼓励、支持、引导非公有制经济发展，充分发挥市场在资源配置中的决定性作用，更好发挥政府作用。深化国资国企改革，加快国有经济布局优化和结构调整，推动国有资本和国有企业做强做优做大，提升企业核心竞争力。优化民营企业发展环境，依法保护民营企业产权和企业家权益，促进民营经济发展壮大。完善中国特色现代企业制度，弘扬企业家精神，加快建设世界一流企业。支持中小微企业发展。深化简政放权、放管结合、优化服务改革。构建全国统一大市场，深化要素市场化改革，建设高标准市场体系。完善产权保护、市场准入、公平竞争、社会信用等市场经济基础制度，优化营商环境。健全宏观经济治理体系，发挥国家发展规划的战略导向作用，加强财政政策和货币政策协调配合，着力扩大内需，增强消费对经济发展的基础性作用和投资对优化供给结构的关键作用。健全现代预算制度，优化税制结构，完善财政转移支付体系。深化金融体制改革，建设现代中央银行制度，加强和完善现代金融监

管，强化金融稳定保障体系，依法将各类金融活动全部纳入监管，守住不发生系统性风险底线。健全资本市场功能，提高直接融资比重。加强反垄断和反不正当竞争，破除地方保护和行政性垄断，依法规范和引导资本健康发展。

第五节 社会主义市场经济中的政府与市场关系

一、经济体制改革中的政府和市场关系

社会资源配置有市场调节和政府调节两种主要方式，在现实经济运行中，两种资源配置方式通常结合运用，但政府和市场关系在不同社会制度、文化传统、自然禀赋条件下存在较大差异，派生出形态各异的经济体制。资本主义市场经济中生产是在利润最大化动力驱使下由私人资本决定的，政府在资源配置中发挥的作用不能改变私人资本的支配地位，也无法克服资本主义生产方式的基本矛盾。集中的计划经济体制主要运用行政手段管理国民经济，能够发挥社会主义集中力量办大事的优势，但抑制了市场活力。

我国深化经济体制改革的核心问题是处理好政府和市场的关系。党的十八届三中全会提出“使市场在资源配置中起决定性作用和更好发挥政府作用”，是对政府与市场关系认识的新突破，标志着社会主义市场经济进入了新的发展阶段。

二、市场在资源配置中的决定性作用

市场对资源配置的决定性作用是指通过竞争机制、价格机制、供求机制等市场机制对资源配置发挥决定性影响，具体包括：第一，社会资源主要由市场配置，不受政府或计划配置。第二，价格主要由市场决定，实行优胜劣汰的市场竞争。第三，企业生产什么、生产多少、如何生产、为谁生产均由市场调节。市场对资源配置的决定性作用并不意味着市场是万能的，在所有领域都发挥决定性作用。

建设统一开放、竞争有序的市场体系是使市场在资源配置中起决定性作用的基础，我国在全面深化经济体制改革进程中，应有效利用市场机制对资源配置的决定性作用，充分发挥市场机制信息灵敏、灵活高效、激励有效等优点，增强经济发展活力。同时，也要矫正市场机制固有的弊端。

三、更好发挥政府作用

我国实行社会主义市场经济体制，既要遵循市场经济一般规律，又要体现社会主义基本经济制度要求，这就要求我国在经济社会发展中更好发挥政府作用。首先，市场经济的一般规律要求政府在社会主义市场经济发展中发挥必要作用。任何市场经济都不能完全离开政府管理，如制定市场规则、保护市场竞争、维持宏观经济平衡、提供社会服务等，政府需弥补市场缺陷、限制市场消极作用。其次，我国地域广、人口多、底子薄，经济社会发展不平衡，且灾害频繁的特殊国情，要求政府在解决不平衡、不协调，应对重大自然灾害和突发事件等上面发挥重要作用。最后，中国特色社会主义发展目标是实现共同富裕和社会公平，促进人的全面发展，这些目标无法完全依靠市场力量实现，必须发挥政府作

用，巩固和完善社会主义基本经济制度，实现社会主义的价值追求，造福最广大人民群众。

在社会主义市场经济中，政府作用主要包括：规划统筹、宏观经济治理、市场监管、社会管理、公共服务、国有资产管理、环境保护和维护国家经济安全。2011—2022 年中国对国防、教育、环境保护、金融监管的财政支出情况见图 6-2。

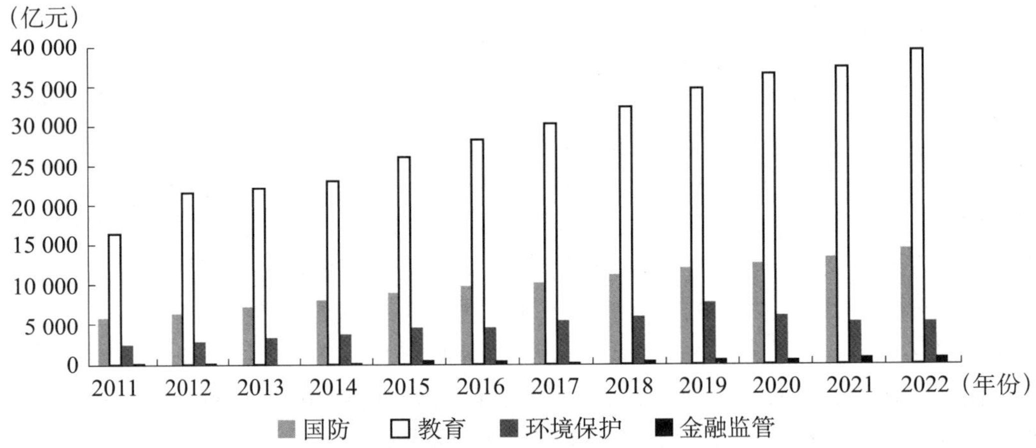

图 6-2　2011—2022 年中国对国防、教育、环境保护、金融监管的财政支出情况

资料来源：中国国家统计局。

案例

我国在抗击新冠疫情过程中，充分发挥了社会主义市场经济中有为政府的作用，为疫情防控提供了坚强的后盾，彰显了社会主义制度的优越性。

在疫情防控中，传染病医院的建造、医疗物资的调配都是关系抗疫成败的关键问题。疫情发生后，我国以震惊全球的中国速度建设了火神山、雷神山医院，充分发挥了国有企业的主导作用，彰显了国家对资源集中调配的能力和优越性。口罩、防护服等防疫物资不再是普通商品，而是成为满足特殊时期国家和社会特殊需要的短缺战略物资。解决口罩短缺问题一般有两种办法：一种是依赖市场机制进行调节，但受产能有限、开工不足、民众抢购等因素影响，口罩在短期内出现价格高涨，很多人买不到或买不起的现象，严重影响疫情防控。另一种是通过政府的协调快速组织生产，增加口罩供给，同时按照不同岗位需要合理分配口罩，尽可能有效利用口罩。疫情发生后，我国政府积极组织协调企业复工复产、扩大产能，增加供给、调节市场。截止到 2020 年 2 月 29 日，包括普通口罩、医用口罩、医用 N95 口罩在内，全国口罩日产能达到 1.1 亿只，日产量达到 1.16 亿只，分别是 2020 年 2 月 1 日的 5.2 倍和 12 倍，缓解了口罩供需矛盾，有效解决了一线医护人员和普通民众的防护需要。医用物资和民生物资的高效生产调度，为遏制疫情蔓延提供了坚实物资保障。

资料来源：人民网。

四、推动有效市场和有为政府更好结合

正确处理政府和市场关系，必须努力推动形成政府作用和市场作用相互补充、相互协调、相互促进的格局。我国实行社会主义市场经济，社会主义制度与市场经济的有机结合是正确处理政府和市场关系的根本制度前提，要坚持辩证法、两点论。从这一前提出发，必然要求把有效市场和有为政府结合起来。

有效市场，就是要充分发挥市场在资源配置中的决定性作用，充分发挥市场在信息传递、激励创新、调节供求等方面的优势，围绕更加尊重市场规律和增强市场活力推进相关领域改革，进一步简政放权，大幅度减少政府对资源的直接配置，激发各类市场主体活力，建设高标准市场体系。

有为政府，就是要更好发挥政府作用，坚持党对经济工作的集中统一领导，不断提高驾驭社会主义市场经济的能力和水平；坚持完善政府经济调节、市场监管、社会管理、公共服务、生态环境保护等职能；创新和完善宏观调控，进一步提高宏观经济治理能力，使市场经济的发展更好地服务于全体人民的共同利益。

资源链接

视频微课 6－1　　视频微课 6－2

思考题

1. 解释下列概念：社会主义公有制、国家所有制、集体所有制、混合所有制、国民收入初次分配、国民收入再分配、按劳分配、按要素分配、经济体制、社会主义市场经济。
2. 如何理解社会主义基本经济制度的内涵和优势？
3. 社会主义公有制的基本特征是什么？
4. 社会主义初级阶段为什么要坚持以生产资料公有制为主体？
5. 公有制的主体地位和国有经济的主导作用分别体现在哪些方面？
6. 简述我国按劳分配的基本要求和特点。
7. 我国为什么要坚持以按劳分配为主体的分配制度？
8. 如何处理效率和公平之间的关系？
9. 如何认识社会主义市场经济体制的特征和制度优势？
10. 我国经济体制改革的基本经验有哪些？
11. 在社会主义市场经济中应如何处理好政府和市场的关系？

在线自测

扫一扫　练一练

第七章　社会主义经济增长与经济发展

经济发展是中国特色社会主义得以巩固和完善的基础。新中国成立以来，我国在社会主义的道路上不断探索改善中国积贫积弱局面的方法和路径，坚持社会主义的发展原则和价值取向，始终坚持为中国人民谋幸福、为中华民族谋复兴的初心使命，创造了举世瞩目的发展奇迹。当前我国经济总量已稳居世界第二，2023 年人均国内生产总值达 1.27 万美元，处于中等偏上国家行列，人民生活水平不断提高；但伴随经济发展，我国也逐渐暴露出了创新实力不足、居民收入差距扩大、生态环境破坏等问题。党的十八大以来，我国围绕经济发展理念、道路、格局提出了一系列新理念和方法，为新时代中国特色社会主义经济的高质量发展和实现中国式现代化提供了理论基础和实践指导。本章将对这些经济发展理念和道路进行介绍。

第一节　对经济增长和经济发展的认识

一、经济增长和经济发展

经济增长，是指一个国家（或地区）在一定时期内经济规模在数量上的扩大。经济发展则不仅包括一个国家（或地区）在一定时期内经济规模在数量上的扩大，还包括经济结构优化、经济效益提高、生态环境改善、人民生活水平提升等内容。经济增长偏重于数量概念，内涵较窄；经济发展既强调财富量的增加，又强调经济质的提高，内容更广泛、更深刻，是量变和质变相统一的概念。

经济增长和经济发展既有联系又相互区别。经济增长是经济发展的基础，又不等同于经济发展，并不是所有的经济增长都能带来经济发展，“有增长无发展”将导致只有经济总量的增加而没有实际经济效益和人民生活质量的普遍提高。经济增长和经济发展互为条件、相互促进。

二、国际上对经济发展问题的认识

国际上对经济发展问题的认识是不断深化的，形成了单纯经济增长观、经济社会协调发展观、可持续发展观等理论观点。

单纯经济增长观主要关注经济总量的增长，研究经济增长的决定因素和增长阶段，认为资本、技术、人力资本等因素对经济增长起主要影响。

经济社会协调发展观在区分经济增长与经济发展的基础上，关注经济结构变革、满足人的基本需要等方面，认为发展是经济、社会各方面综合协调发展的系统工程。促进发展需要更广的目标和更多的手段，不能只盯着国内生产总值，而应着眼于包括公共部门、社区、家庭和个人的发展等在内的整体发展。

可持续发展观是联合国世界环境与发展委员会于1987年在《我们共同的未来》报告中提出的，即既满足当代人的需求，又不危及后代人满足其需求的发展。

三、新发展理念

发展理念是发展行动的先导，是发展思路、方向、着力点的集中体现。党的十八届五中全会提出“创新、协调、绿色、开放、共享”的新发展理念，集中回答了关于发展的目的、动力、方式、路径等一系列理论和实践问题，阐明了我们党关于发展的政治立场、价值导向、发展模式、发展道路等重大问题，标志着我们党对经济社会发展规律的认识达到了新的高度。

创新是引领发展的第一动力，创新发展注重的是解决发展动力问题，必须把创新摆在国家发展全局的核心位置，让创新贯穿党和国家的一切工作。

协调是持续健康发展的内在要求，协调发展注重的是解决发展不平衡的问题，必须正确处理发展中的重大关系，不断增强发展的整体性。

绿色是永续发展的必要条件和人民对美好生活追求的重要体现，绿色发展注重的是解决人与自然和谐共生的问题，必须实现经济社会发展和生态环境保护的协同共进，为人民群众创造良好的生产生活环境。

开放是国家繁荣发展的必由之路，开放发展注重的是解决发展内外联动的问题，必须发展更高层次的开放型经济，以扩大开放推进改革发展。

共享是中国特色社会主义的本质要求，共享发展注重的是解决社会公平正义的问题，必须坚持全民共享、全面共享、共建共享、渐进共享，不断推进全体人民共同富裕。

新发展理念是一个整体，要完整把握、准确理解、全面落实，真正做到崇尚创新、注重协调、倡导绿色、厚植开放、推进共享，用新发展理念引领和推动我国经济高质量发展。

第二节 推动经济高质量发展

一、推动经济高质量发展的必要性

党的十九大报告明确提出，我国经济已由高速增长阶段转向高质量发展阶段，正处在转变发展方式、优化经济结构、转换增长动力的攻关期。中国特色社会主义进入新时代，经济发展的基本特征就是由高速增长阶段转向高质量发展阶段，这是根据我国发展阶段、发展环境、发展条件变化做出的科学判断。

我国经济发展由高速增长转向高质量发展具有必然性。第一，高速增长转向高质量发展，是我国应对国内国际经济条件变化、适应科技变化、满足人民需要，保持经济持续健康发展的必然要求。第二，高速增长转向高质量发展，是适应我国社会主要矛盾变化和全面建设社会主义现代化国家的必然要求。第三，高速增长转向高质量发展，是遵循经济螺旋式上升发展规律，从量的积累阶段向质的提升阶段转变的必然要求。第四，高速增长转向高质量发展，是我国积极应对世界百年未有之大变局和日趋复杂的外部环境变化的必然要求。

2004—2023 年中国国内生产总值增长率如图 7－1 所示。

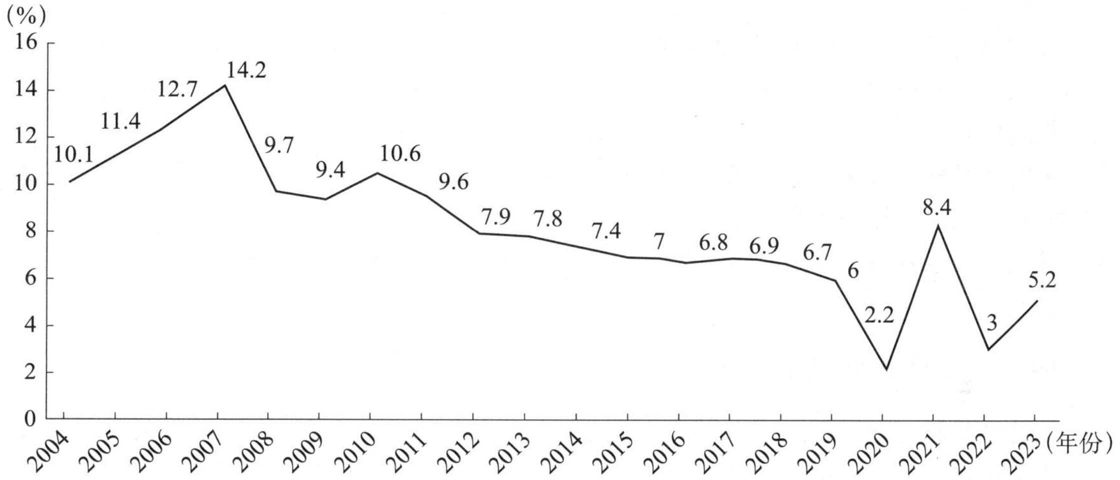

图 7－1　2004—2023 年中国国内生产总值增长率

资料来源：中国国家统计局。

二、高质量发展的内涵和要求

高质量发展是反映新时代中国特色社会主义经济发展的阶段性特征的范畴，具有特定的时代和制度内涵。高质量发展是指能够很好满足人民日益增长的美好生活需要的发展，是体现新发展理念的发展，是创新成为第一动力、协调成为内生特点、绿色成为普遍形态、开放成为必由之路、共享成为根本目的的发展，是从“有没有”转向“好不好”的发展。

高质量发展在不同环节和领域有不同表现。从供求关系看，高质量发展表现为供求在更高水平上的平衡；从社会再生产过程看，高质量发展表现为社会再生产各环节之间的顺畅贯通；从投入产出看，高质量发展是不断提高全要素生产率的发展；从分配看，高质量发展是各类市场主体都能获得更丰厚的收入、各种要素都能获得合理收入，并能充分反映市场评价的发展；从宏观经济循环看，高质量发展是各环节畅通、国民经济重大比例关系和空间布局合理、经济发展平稳的发展。

推动经济高质量发展，是推动社会生产力快速提高和社会生产关系不断完善的统一。必须把握高质量发展的要求，坚持质量第一、效益优先；坚持推进供给侧结构性改革的工作主线；坚持推动质量、效率、动力变革的基本路径；把握加快建设实体经济、科技创新、现代金融、人力资源协同发展的产业体系的着力点；构建市场机制有效、微观主体有活力、宏观调控有度的经济体制，加快形成推动高质量发展的指标体系、政策体系、标准体系、统计体系及绩效评价和政绩考核体系，不断完善高质量发展的制度环境。

三、推进供给侧结构性改革

供给侧结构性改革是我国在深入分析国际经济新形势和我国经济发展新特征的基础上，对我国未来经济发展新走向做出的重大战略部署，是现阶段经济工作的主线。我国当前深入推进供给侧结构性改革是因为我国经济发展的主要矛盾已转化成结构性问题，矛盾的主要方面在供给侧。供给侧结构性改革是保持我国经济持续健康发展的治本良药。推进供给侧结构性改革的根本目的是落实以人民为中心的发展思想，进一步解放和发展生产力，提高供给体系质量和效益，更好适应需求结构变化，实现向高水平供需平衡的跃升。

供给侧结构性改革总的要求是“巩固、增强、提升、畅通”八字方针，即巩固“三去一降一补”成果，增强微观主体活力，提升产业链水平，畅通国民经济循环。深化供给侧结构性改革必须发挥我国的制度优势，充分发挥有效市场和有为政府的作用，并将二者有效结合起来。

四、建设现代化经济体系

构建现代化经济体系是推动现代化进程的基石，也是推动经济高质量发展的重要途径。现代化经济体系是指由社会经济活动各个环节、各个层面、各个领域的相互关系和内在联系构成的一个有机整体。

我国建设现代化经济体系，不仅要借鉴发达国家的有益做法，更要符合中国国情、具有中国特色。中国特色的现代化经济体系包括：创新引领、协同发展的产业体系，统一开放、竞争有序的市场体系，体现效率、促进公平的收入分配体系，彰显优势、协调联动的城乡区域发展体系，资源节约、环境友好的绿色发展体系，多元平衡、安全高效的全面开放体系，充分发挥市场作用、更好发挥政府作用的经济体制。以上几个方面是统一整体，需一体建设、一体推进。

第三节　构建新发展格局

一、构建新发展格局的意义

党的十九届五中全会明确提出要加快构建以国内大循环为主体、国内国际双循环相互促进的新发展格局。构建新发展格局是与时俱进提升我国经济发展水平的战略抉择，也是塑造我国国际经济合作和竞争新优势的战略抉择，具有重要意义。第一，构建新发展格局是对我国社会主义经济建设实践经验的深刻总结。第二，构建新发展格局是适应我国经济发展阶段变化的主动选择。第三，构建新发展格局是应对国际环境变化的战略举措。第四，构建新发展格局是发挥我国超大规模经济体优势的内在要求。

二、构建新发展格局的战略要点

构建新发展格局的关键在于经济循环的畅通无阻，要坚持扩大内需战略基点；优化供给结构，改善供给质量；提升科技创新能力和水平；健全现代流通体系；提高人民收入水平、强化就业优先政策；推进城乡区域协调发展和新型城镇化；统筹发展和安全的关系。概括起来，构建以国内大循环为主体、国内国际双循环相互促进的新发展格局，就是要紧紧扭住供给侧结构性改革的主线，坚持扩大内需为战略基点，打通堵点，补齐短板，贯通生产、流通、分配、消费各环节，形成需求牵引供给、供给创造需求的更高水平动态平衡，提升国民经济体系整体效能。

三、促进国内国际双循环

新发展格局是开放的国内国际双循环。一方面，新发展格局强调以国内大循环为主体，不是关起门来封闭运行、自给自足，而是通过发挥内需潜力，更好联通国内国际市场，更充分利用两个市场、两种资源，实现更强劲可持续的发展。另一方面，扩大内需和扩大开放相辅相成。国际市场是国内市场的延伸，国内大循环为国内国际双循环提供坚实基础，高水平对外开放也必须以强大的国内经济循环体系为支撑。因此，构建新发展格局必须实行更高水平对外开放，坚持开放合作的双循环，开拓合作共赢新局面。

第四节 区域经济发展布局

一、区域协调发展的思路

我国区域经济发展出现了一些值得关注的新情况、新问题：一是区域经济发展分化态势明显，长三角、珠三角等地已初步走上高质量发展轨道，一些北方省份经济增长放缓，全国经济重心进一步南移。二是发展动力极化现象日益突出，经济和人口向大城市群集聚趋势明显。三是部分区域发展面临较大困难，东北地区、西北地区发展相对滞后。我国经济发展的空间结构正在发生深刻变化。

新形势下促进区域协调发展总的思路是：按照客观经济规律调整完善区域政策体系，发挥各地区比较优势，促进各类要素的合理流动和高效聚集，增强创新发展动力，加快构建高质量发展的动力系统，增强中心城市和城市群等经济发展优势地区的经济和人口承载能力，增强其他地区在保障粮食安全、生态安全、边疆安全等方面的功能，形成优势互补、高质量发展的区域经济布局。区域经济发展中存在不平衡是不变的，要在发展中促进相对平衡，这是区域协调发展的辩证法。推动区域协调发展应遵循以下原则：一是尊重客观规律；二是发挥比较优势；三是完善空间治理；四是保障民生底线。

二、区域协调发展的格局

新时代我国将坚持实施区域重大战略、区域协调发展战略、主体功能区战略、健全区域协调发展体制机制。推动西部大开发形成新格局，推动东北振兴取得突破进展，促进中部地区加快发展，鼓励东部地区加快推进现代化。支持革命老区、民族地区加快发展，加强边疆地区建设，推进兴边富民、稳边固边。推进京津冀协同发展、长江经济带发展、粤港澳大湾区建设、长三角一体化发展，打造创新平台和新增长极。推动黄河流域生态保护和高质量发展。高标准、高质量建设雄安新区。坚持陆海统筹，发展海洋经济，建设海洋强国。健全区域战略统筹、市场一体化发展、区域合作互助、区际利益补偿机制，更好促进发达地区和欠发达地区、东中西部和东北地区共同发展。

案例

粤港澳大湾区建设启动于 2019 年 2 月，是中国改革开放的一个重要成果，也是实现中华民族伟大复兴的一项重大举措。粤港澳大湾区位于珠江三角洲东部和东南部，地处东海之滨，西邻香港、澳门，北靠广州市，南接深圳市，是世界上最大的湾区之一，与纽约湾区、旧金山湾区、东京湾区并称世界四大湾区。统计数据显示，2022 年粤港澳大湾区经济总量超 13 万亿元人民币，比 2017 年增长 2.8 万亿元；粤港澳大湾区进入世界 500 强的企业有 25 家，拥有超 50 家“独角兽”企业、1 000 多个产业孵化器和近 1.5 万家投资机构；广东省现有高新技术企业超 6 万家，其中绝大部分都在粤港澳大湾区，如今，这片 5.6 万平方千米、覆盖约 8 600 万人口的热土，呈现出前所未有的勃勃生机。粤港澳大湾区已形成通信电子信息产业、新能源汽车产业、无人机产业、机器人产业以及石油化工、服装鞋帽、玩具加工、食品饮料等产业集群，是中国建设世界级城市群和参与全球竞争的重要空间载体。

三、区域协调发展的举措

促进区域协调发展，要从多方面健全区域协调发展新机制，应从如下方面着手：第一，形成全国统一开放、竞争有序的商品和要素市场。第二，尽快实现养老保险全国统筹，在全国范围内实现制度统一和区域间互助共济。第三，加快土地管理制度改革，建设用地资源向中心城市和重点城市群倾斜。第四，完善能源消费总量和强度双控制度，发挥双控制度对节约能源、防治污染的积极作用。第五，建立生态补偿制度，健全区际利益补偿机制，建立健全市场化、多元化生态补偿机制。第六，完善财政转移支付制度，合理确定中央和地方支出比重，对特殊功能区和落后地区提供有效转移支付，运用信息化手段建设公共服务平台。

资源链接

视频微课 7－1

视频微课 7－2

思考题

1. 解释下列概念：经济发展、经济增长、新发展理念、高质量发展、新发展格局。

2. 如何理解新发展理念是有机统一的整体？
3. 我国为什么要由高速增长转向高质量发展？
4. 高质量发展的内涵和要求是什么？
5. 现代化经济体系主要包括哪些内容？
6. 建设现代化经济体系的重点工作是什么？
7. 构建新发展格局的意义和战略要点是什么？
8. 我国统筹区域协调发展的思路和举措有哪些？

在线自测

扫一扫　练一练

第八章　社会主义宏观经济治理与保障体系

市场经济存在自发性、盲目性、滞后性的特点，决定了市场经济的健康发展需要“看不见的手”和“看得见的手”协调发力，通过政府的科学宏观经济治理，弥补市场失灵，调整分配结构，保障经济健康平稳地运行，为全体社会成员提供基本的生活保障。资本主义市场经济的发展伴随着对“自由放任”和“政府干预”的争论和更替，但事实证明，资本主义制度的内在矛盾并不能从根本上被消除，周期性的经济危机也并没有消失，其宏观经济治理只能是对资本主义市场经济的修修补补。社会主义市场经济虽在制度属性上与资本主义市场经济存在着本质的不同，但也可能会出现社会供求总量和结构的失衡，以及各种冲击对经济造成不利影响，需要政府进行科学的宏观经济治理，不断保障和改善民生，以保障社会主义市场经济向着预定的目标健康发展。我国在应对国际经济危机冲击、新冠疫情等情况时都表现出了大国经济的稳定与担当，在发展中保障和改善民生取得更多成绩，社会主义的宏观经济治理是我国经济行稳致远的重要保障。

第一节　社会主义市场经济中的宏观经济治理

一、社会主义宏观经济治理的必要性和目标

科学的宏观经济治理是发挥社会主义市场经济体制优势不可或缺的条件。宏观经济治理是社会化大生产的客观要求，因为在社会分工和协作关系日益复杂的条件下，保持经济协调发展客观上要求国家对经济进行有效治理。宏观经济治理是市场经济运行的内在要求，宏观经济治理有助于克服市场经济本身存在的自发性、盲目性和滞后性。宏观经济治理是社会主义经济体制的必然要求，实施宏观经济治理有利于发挥社会主义制度的优势，实现以人民为中心的发展。

社会主义市场经济体制下，宏观经济治理的主要任务是保持经济总量平衡，促进重大经济结构协调和生产力布局优化，减缓经济周期波动影响，防范区域性、系统性风险，稳定市场预期，实现经济持续健康发展。这些任务通过对从不同方面反映国民经济发展水平和运行质量的具体指标进行调控来实现。这些具体目标包括：促进经济增长、增加就业、稳定物价、保持国际收支平衡、优化经济结构和实现合理的收入分配。

二、宏观经济治理的手段

在社会主义市场经济条件下实现宏观经济治理目标，可以通过经济手段、法律手段和必要的行政手段。

经济手段是国家进行宏观经济治理最主要的手段，主要包括发展规划和计划、财政政策、货币政策、产业政策、区域发展政策、收入分配政策、就业政策等。

市场经济必然是法治经济，法治是实行宏观调控和维持市场经济秩序的保证。在社会经济活动中，国家可通过经济立法和经济司法等法律手段对宏观经济进行有效治理。

采用必要的行政手段进行宏观经济治理，是指依靠行政机构采用强制性的命令、指示，规定和下达带有指令性的任务来调控经济的运行。行政手段是宏观经济治理的辅助性手段。

案例

新冠疫情发生以来，我国密集出台了一系列宏观调控政策，为对冲疫情影响、稳定经济运行提供了有力保障。在财政政策方面，国务院、财政部对受疫情影响较大的行业给予税费优惠政策、普惠性降费政策，同时通过发行特别国债，增加地方政府专项债券规模，保障投资率水平平稳过渡，抵御疫情冲击，助力经济恢复；在货币政策方面，央行设立3 000亿元专项再贷款、增加再贷款再贴现专用额度5 000亿元。这一系列调控手段密集起效，加大了逆周期调节力度，为经济社会发展的重点领域、薄弱环节注入更多流动性。

三、我国宏观经济治理的基本经验

改革开放以来，我国宏观经济治理取得了积极成效，推动了国民经济的持续快速发展。经过长期的探索和实践，我国在宏观经济治理过程中积累了如下经验：第一，坚持运用市场机制和宏观经济治理两种手段。第二，坚持需求管理和供给管理并重。第三，坚持短期治理与长期治理相结合。第四，坚持统筹国内国际两个大局。第五，坚持发展经济与改善民生的内在统一。第六，坚持发挥中央和地方两个积极性。第七，坚持宏观治理与微观监管相结合。

四、新发展阶段我国宏观经济治理的新特点

进入新发展阶段，我国经济在发展目标、任务、环境和指导方针等方面发生了重要变化，为适应这种变化，我国宏观经济治理展现出如下新特点：第一，宏观经济治理转向注重质量变革、效率变革、动力变革，促进经济总量平衡、结构优化、内外均衡，注重使发展成果惠及全体人民。第二，着力发挥国家发展规划的战略指导作用，运用接续的中长期规划指导经济社会持续健康发展，确保国家战略目标、任务、意图的有效实现。第三，财政政策更好发挥再分配功能和激励作用，加强财政资源统筹和规划管理。第四，货币政策更好发挥调节货币供应量和服务实体经济的作用。第五，促进就业、产业、投资、消费、环保、区域等政策协同发力，构建更加高效的宏观政策供给体系。第六，完善宏观经济政策协调机制，加强政策协调，增强政策制定的针对性和系统性。第七，加强宏观经济政策的动态管理，重点加强预期管理，增强政策的连续性、应变性、可预期性。第八，顺应数字经济、数字社会发展趋势和构建高标准市场体系要求，建立宏观经济治理基础数据库，发挥互联网、大数据、云计算、区块链、人工智能等现代技术手段的辅助决策作用。

第二节 保障和改善民生

一、保障和改善民生的内涵和意义

民生即“人民的生计”，是指人民群众最基本的生存和发展需要。民生所涵盖的领域包括教育、卫生、就业、医疗、住房、基本公共服务、环境保护、养老等，这些领域关系到人民群众最关心最直接最现实的利益。民生与社会生产力发展水平紧密相关，随着社会经济发展水平的提高而不断完善。保障和改善民生就是指在一定的经济发展水平下，社会为保证人民群众能够获得最基本的生存权和发展权而提供的各种条件，并使得民生水平能够不断适应社会生产力发展的要求。民生保障具有公共性、普遍性、公平性的特点。

在发展中保障和改善民生是社会主义制度的本质要求。首先，保障和改善民生是坚持以人民为中心的发展思想的具体体现。在经济发展的基础上不断提高人民生活水平，是党和国家一切工作的根本目的，也是检验党和国家工作成效的最终标准。只有通过不断改善民生，切实满足人民群众的基本需要，才能更好体现社会主义制度的优越性。其次，保障和改善民生是实现共享发展的应有之义。保障和改善民生能够让更多人民群众享受到发展成果，提高人民基本生活水平。

保障和改善民生具有如下重要意义：一是经济发展的客观需要。现阶段，我国发展中凸显出收入差距过大、住房问题、环境污染等民生问题，影响人民群众生活的幸福感和满足感，亟待通过建立健全民生保障体制来解决。二是国家应承担的义务。民生属于基本人权，民生保障的公共性也决定了民生保障体制的建立和健全必须由国家发挥主导作用，因此国家承担着保障民生的义务。三是促进人的全面发展的必然选择。人的生存问题的解决和生存条件的改善是人的全面发展的物质基础，民生保障所涉及的内容都与人民群众的生活密切相关，是保证人的全面发展的基本条件。四是促进经济发展的动力保证。民生保障既是发展的结果，又是发展的动力，健全的民生保障能够使人民群众幼有所育、学有所教、劳有所得、病有所医、老有所养、住有所居、弱有所扶，消除人民群众的后顾之忧，使人们将更多的收入转化成消费，将更多的精力投入国家建设和社会发展之中。

二、在发展中保障和改善民生

保障和改善民生是一项长期工作，必须伴随经济发展水平的提升不断努力完善。我国现阶段许多民生问题还比较突出，人民群众的一些基本诉求还有待进一步解决，必须在发展中不断保障和改善民生。经济发展是保障和改善民生的基础，保障和改善民生是经济发展的根本目的，二者不可偏废。保障和改善民生必须不断解放和发展生产力，根据现有经济发展水平和人民生产生活条件，合理地制定保障和改善民生工作的目标，把保障和改善民生作为经济循环的重要节点，通过持续改善民生，稳预期、扩内需，增强经济发展内生动力，实现与经济建设良性互动、协同推进。做好民生工作的关键在于处理好政府和市场的关系，充分发挥二者的协同作用，遵循“政府主导、多元参与”的行动原则，在政府起主导作用的同时，发挥市场和社会的积极作用。

我国在现阶段，保障和改善民生的重点任务有：提高人民收入水平，强化就业优先政策，建设高质量教育体系，全面推进健康中国建设，实施积极应对人口老龄化国家战略，加强和创新社会治理，提升公共基础设施、公共文化服务、生态环境水平等。

三、完善覆盖全民的社会保障体系

社会保障体系是指国家和社会为维持劳动者的基本生活权利、保证劳动者及其家庭的正常生活、减轻社会震荡而建立的一整套保障体系。社会保障与民生保障既相互联系，又彼此区别。社会保障是为失去劳动能力、遇到困难和意外事故等的社会成员提供的必要生活保障，而民生保障的作用范围和对象则大得多。

建立健全社会保障体系，关系改革、发展、稳定的全局，具有重要意义。第一，完善覆盖全民的社会保障体系是适应我国社会主要矛盾转变的必然选择。第二，建立健全社会保障体系是建设现代化经济体系、推进供给侧结构性改革的迫切要求。第三，建立健全社会保障体系是应对21世纪我国人口老龄化挑战的迫切需要。第四，建立健全社会保障体系是建立现代企业制度、转变企业经营机制的迫切需要。

我国社会保障体系的基本框架主要包括：社会保险、社会救助、社会福利、慈善事业、商业保险、住房保障、优抚安置等方面。在社会保障体系基本建立的基础上，应继续坚持全覆盖、保基本、多层次、可持续的基本方针，从社会亟待解决且有可能解决的方面入手，加快完善社会保障体系。需从以下五个方面加强建设：第一，按照兜底线、织密网、建机制的要求，全面建成覆盖全民、统筹城乡、公平统一可持续的多层次社会保障体系。第二，全面实施全民参保计划，完善城乡职工和城乡居民的基本养老保险制度，尽快实现养老保险全国统筹，推动医疗保险、失业保险、工伤保险省级统筹，加快发展养老保险体系。第三，建立全国统一的社会保险公共服务平台。第四，完善社会救助、社会福利、慈善事业、优抚安置等制度，健全农村留守儿童和妇女、老年人关爱服务体系，促进残疾人事业发展。第五，坚持“房住不炒”定位，加快建立多主体供给、多渠道保障、租购并举的住房保障体系。

2012—2023年中国参加城乡职工社保情况统计见图8-1。

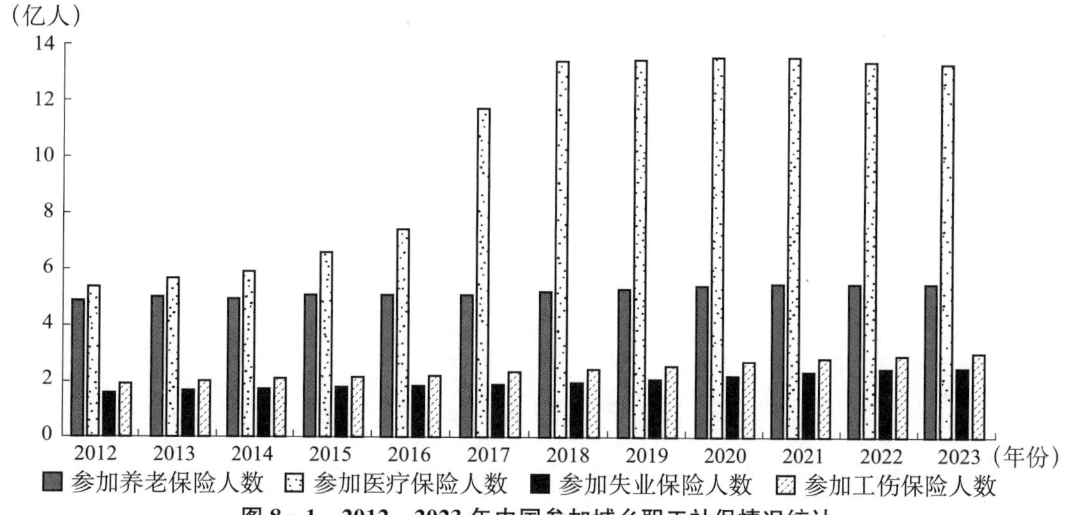

图8-1　2012—2023年中国参加城乡职工社保情况统计

资料来源：中国国家统计局。

资源链接

视频微课 8－1

视频微课 8－2

思考题

1. 解释下列概念：宏观经济治理、民生、社会保障体系。
2. 社会主义宏观经济治理的必要性是什么？
3. 宏观经济治理的具体目标和管理手段有哪些？
4. 我国宏观经济治理的基本经验有哪些？
5. 保障和改善民生的内涵和意义是什么？
6. 保障和改善民生的重点任务是什么？

在线自测

扫一扫　练一练

第九章 经济全球化和中国特色社会主义对外开放

经济全球化是社会生产力发展的客观要求和科技进步的必然结果，是谋求发展所要主动面对的时代潮流。党的十一届三中全会以来，我国确立了对外开放的基本国策，不断提高对外开放水平，全面融入经济全球化进程。在经济全球化遭遇逆流、世界经济复苏陷入低迷的背景下，中国积极参与全球经济治理，推动国际经济治理体系改革完善，引导和推动经济全球化健康发展。

第一节 经济全球化的表现、影响与趋势

马克思世界历史理论认为，人类社会最终将从各民族的历史走向世界历史，“各民族的原始封闭状态由于日益完善的生产方式、交往以及因交往而自然形成的不同民族之间的分工消灭得越是彻底，历史也就越是成为世界历史”①。今天，人类交往的世界性比过去任何时候都更深入、更广泛，经济全球化作为一种历史大趋势在总体上不断深化。全面科学地认识经济全球化，既要看到它是不可逆转的历史趋势，又要深刻认识资本主义主导经济全球化的弊端。面对逆全球化思潮的上升，要坚定不移地推进经济全球化进程，积极引导经济全球化的走向，推动经济全球化朝着开放、包容、普惠、平衡、共赢的方向发展。

一、经济全球化的产生

经济全球化，是指在国际分工的基础上，劳动力、资本、土地、知识、技术、管理、数据等各类生产要素通过在全球范围内的大规模流动和配置，推动各国经济相互依赖程度不断加深的过程。

经济活动跨越国界的现象古已有之，但现代意义的经济全球化是资本主义生产方式的产物，并伴随着资本主义生产方式的发展而发展。资本的本质在于运动，只有在运动中，资本才能够实现不断增殖。资本不断扩张的本性使资本主义生产处于不断扩大的运动当中。伴随着资本主义生产方式向世界的扩展，世界历史和全球化逐步形成。马克思和恩格斯曾深刻阐述了资本主义商品生产和交换在全球范围的扩张：“不断扩大产品销路的需要，驱使资产阶级奔走于全球各地。它必须到处落户，到处开发，到处建立联系。……过去那种地方的和民族的自给自足和闭关自守状态，被各民族的各方面的互相往来和各方面的互

① 马克思，恩格斯．马克思恩格斯文集：第1卷．北京：人民出版社，2009：540－541.

相依赖所代替了"，从而"使一切国家的生产和消费都成为世界性的了"①。

迄今为止，经济全球化大致经历了三个阶段。一是殖民扩张和世界市场形成阶段。自 15 世纪以来，西方主要大国靠巧取豪夺、强权占领、殖民扩张乃至发动侵略战争，到第一次世界大战爆发前，基本完成了对世界的瓜分，使得世界各地区各民族都被卷入资本主义世界体系之中。二是两个平行世界市场阶段。19 世纪末，主要资本主义国家逐步转向帝国主义，对外扩张步伐加快，资本和商品输出大量增加，经济全球化进一步发展。俄国十月革命胜利后，世界上第一个社会主义国家诞生，资本主义一统天下的格局被打破。第二次世界大战后，一批社会主义国家诞生，殖民地半殖民地国家纷纷独立，世界形成社会主义和资本主义两大阵营，在经济上则形成了两个平行的市场。三是经济全球化阶段。随着冷战结束，两大阵营对立局面和两个平行的市场不复存在。20 世纪 80 年代，尤其是 90 年代以来，信息技术的飞速发展，推动了生产力快速提高，各国相互依存大幅加强，经济全球化快速发展演化。

二、经济全球化的表现

经济全球化主要表现为贸易全球化、生产全球化和金融全球化。

（一）贸易全球化

贸易全球化是指商品和服务贸易超越民族国家的地域限制，国际贸易的范围、规模和程度大幅度增加的过程。20 世纪 80 年代以来，国际商品贸易高速增长，平均增速大大超过世界产值增长速度（见图 9－1）。国际贸易产品种类不断扩大，服务贸易在国际贸易中所占的比重也不断提高。2022 年全球服务贸易总额为 7.1 万亿美元，占全球贸易额约 22.2%，这一比例在 1980 年为 16.3%。② 发达国家之间的国际贸易发展迅猛，新兴市场国家在国际贸易中的地位不断增强，贸易自由化的深度和广度不断拓展。

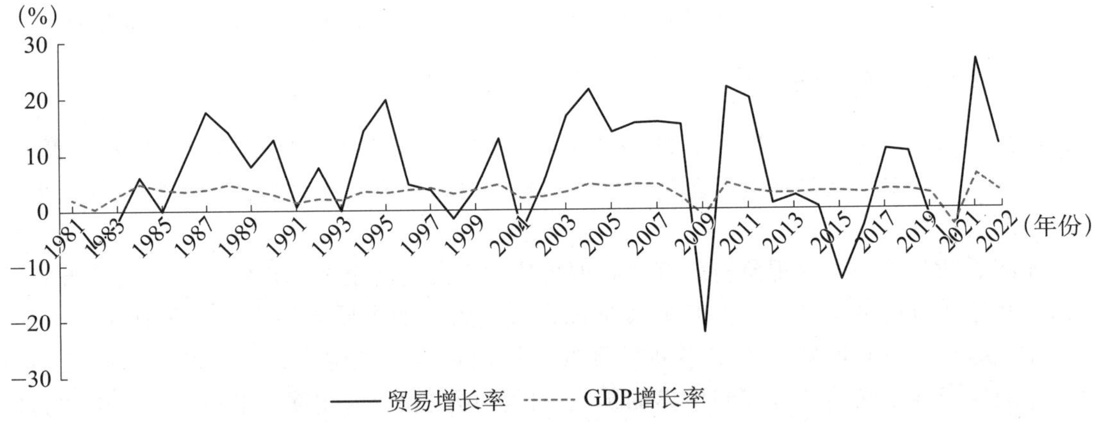

图 9－1　1981—2022 年全球商品贸易额增长率与 GDP 增长率

资料来源：贸易增长率数据来自联合国贸易和发展会议统计数据库；GDP 增长率数据来自世界银行数据库。

① 马克思，恩格斯．马克思恩格斯文集：第 2 卷．北京：人民出版社，2009：35.

② 根据世界贸易组织（WTO）国际贸易统计数据库相关数据计算。

在世界市场机制的作用下，贸易全球化促进了各国对资源的有效配置。从使用价值上看，各国通过国际贸易互通有无，获得本国所需要的产品；从价值上看，各国出口自身具有比较优势的产品，进口国内生产成本高、比较利益低的产品，有利于劳动消耗的节约和社会福利的增加。世界市场还强化了各国之间的竞争，激励各国不断提高技术水平和劳动生产率。

（二）生产全球化

生产全球化意味着生产过程不再局限在一国的国界之内，而是以国际分工为基础，在全球范围内分工协作，利用不同国家的生产要素优势开展生产活动。当代国际分工主要包括两种形式：垂直型国际分工与水平型国际分工。垂直型国际分工是指国家之间按照不同产业进行劳动分工，如经济落后国家从事劳动密集型产品的生产、发达国家从事技术密集和资本密集型产品生产的分工形式。水平型国际分工是指各国在同一产业或同一部门内部，按照产品生产的不同工艺环节，或按照产品零部件，或按照产品型号进行分工协作最终完成产品生产的国际分工模式。

在经济全球化进程中，跨国公司的出现有力地推动了生产全球化的发展。跨国公司把传统的国际分工变成了企业内部的分工，在全球范围内对生产要素进行直接配置，组织跨国经营，形成全球性的生产网络。2015 年，联合国贸易和发展会议跨国公司指数排名前 100 位的跨国公司平均拥有 500 多个分支机构，分布范围超过 50 个国家。① 它加速了资本的国际流动，推动了国际贸易的增长，增进了国际范围内的分工和协作，促进了技术的转移和扩散，推动了经济全球化的发展。

（三）金融全球化

金融全球化是指资本在世界各国、各地区自由流动，使全球金融市场日趋开放、金融体系日益融合的过程。从 20 世纪 70 年代布雷顿森林体系解体，发达国家逐步放松对资本的管制，到 20 世纪 80 年代，新兴市场国家相继实施引入外资政策，资本流动的全球化进程被持续推动。从国际直接投资规模来看，1970 年全球外国直接投资净流入为 123.6 亿美元，2007 年全球金融危机前达到峰值 31 125.6 亿美元，2022 年为 17 563.1 亿美元（见图 9-2）。全球范围内的资本流动推动了国际金融市场的发展，世界各金融市场相互之间的联系日趋紧密。信息技术特别是互联网技术在经济领域的广泛应用和全球普及，使经济信息在世界各地得以高效快捷的传递，为金融全球化提供了良好的硬件平台。

金融全球化提高了金融市场的效率，带动了国际投融资活动的发展，促进了资金在全球范围内的重新配置。在这一过程中，一方面欧美等发达国家金融中心实现了蓬勃发展，另一方面发展中国家尤其是新兴市场国家获得了大量急需的经济发展资金，推动了地区乃至世界经济的发展。

三、经济全球化的影响

正如社会经济过程是生产力与生产关系的矛盾运动过程，经济全球化以及在此基础上

① 数据来源于联合国贸易和发展会议《2016 年世界投资报告》（英文版）。

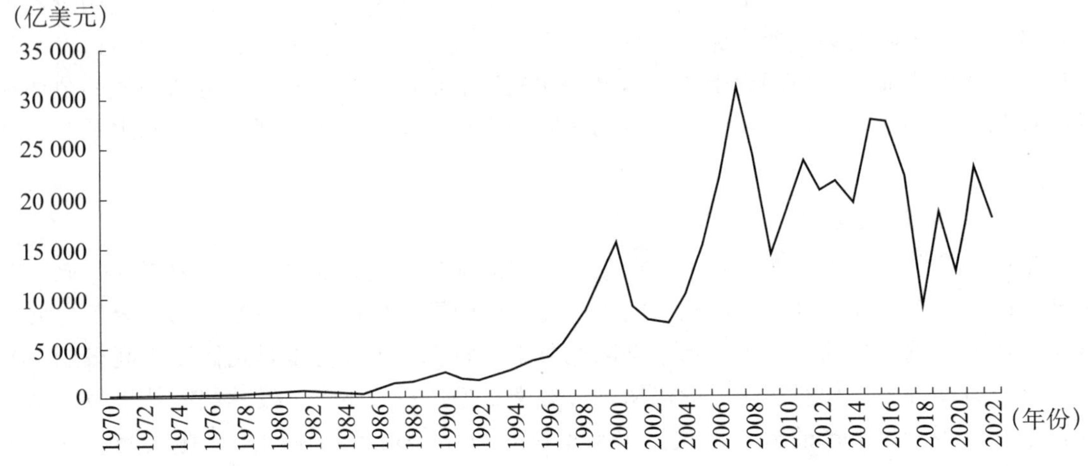

图 9-2　1970—2022 年全球外国直接投资净流入（现价美元）

资料来源：世界银行数据库。

形成的世界经济体系也是如此，具有二重性：一方面是生产的社会化和资源配置的全球化过程；另一方面是社会经济关系在全球范围内的一体化过程。

从生产力发展和资源配置的角度看，经济全球化是社会生产力发展的客观要求和必然结果。生产力的发展为经济全球化发展创造了物质条件，它提高了人类活动能力，使人类活动突破了国家和地域的限制，拉近了人类交往的空间距离，提高了交往的效率，加速了科学的普及、知识的传播、技术的扩散、人员的流动。生产力的发展为经济全球化发展创造了社会条件，促进了国际分工和国际交换的扩展和深化，使各个国家的经济联系和依赖程度日益加深，形成了全球性生产网络、经济组织、经济规则和治理体系。

从生产关系的角度看，历史上的经济全球化，实际上是资本主义生产方式在世界范围内的扩张过程，是以资本主义私有制为基础、以资本获取最大限度利润为动力的，奉行的是弱肉强食的丛林法则，是资本主义主导的经济全球化。

因此，根源于经济全球化所具有的二重性，经济全球化是一把“双刃剑”，必须全面辩证地认识经济全球化的影响。一方面，经济全球化使各类生产要素能够在世界范围内得到更加充分的流动和更为高效的配置，促进了社会生产力的发展，为世界经济增长提供了强劲动力，符合各国共同利益；另一方面，资本主义主导的经济全球化包含着深刻的矛盾和严重的弊端。随着经济全球化的发展，资本主义的矛盾和弊端也在更大范围和更高程度上发展起来，表现为全球范围的阶级对立、贫富分化、失业、生产过剩、生态灾难和金融动荡，并通过世界性的经济危机集中爆发出来，妨碍世界经济健康发展。特别是当世界经济处于下行期的时候，增长和分配、资本和劳动、效率和公平的矛盾就会更加突出。

对于发展中国家来说，经济全球化是机遇，也是挑战。

一方面，经济全球化为发展中国家的经济发展带来了机遇。通过经济全球化过程，发展中国家在资金、技术和管理经验不足等方面得到缓解，世界市场需求带来对外贸易的扩大，为发展中国家的经济增长提供了动力。同时，全球性产业转移浪潮为发展中国家提供了利用发达国家产业转移调整产业结构的机会，加速了发展中国家的工业化进程。自 20

世纪 90 年代以来，产品价值链的全球分解和要素的跨国流动使得发展中国家得以凭借在特定产品生产环节和阶段的比较优势融入全球生产分工体系，与发达国家共同构建全球生产网络，为发展中国家带来了重要的经济发展机遇。

另一方面，经济全球化也给广大发展中国家带来了风险和挑战。西方发达国家凭借科技优势和更高的劳动生产率在全球价值链中占有更高的地位，利用垄断性权力获取高额垄断利润，通过主导经济全球化规则的制定催生了不公正、不合理的国际政治经济秩序，并使发展中国家成为发达国家转嫁国内经济矛盾的外部吸收器。

从经济全球化三方面表现来看：第一，在贸易全球化方面，发展中国家往往处于生产价值链的中低端，发达国家处于生产价值链的中高端。这是由于在国际市场上，商品价值取决于国际社会必要劳动时间，由于商品按照国际价值进行交换，劳动生产率更高的一方在交换中更具优势，会分得更多利益。第二，在生产全球化方面，发达国家垄断资本主导的生产全球化是基于其自身利益的，发展中国家很难从根本上突破比较优势带来的低水平技术锁定效应，难以实现关键核心技术的突破，一些国家的经济安全与经济自主权甚至遭受威胁。国际产业转移还给发展中国家带来严重的资源与生态环境恶化等。第三，在金融全球化方面，发展中国家面临全球性金融动荡的冲击风险。发展中国家国内金融产业发展相对落后，在国际金融市场竞争中处于明显劣势，往往成为国际金融市场波动的受害者。

尽管参与全球化给发展中国家带来了一些风险和挑战，但不能因此而拒绝投入到全球化的历史进程中去。从历史发展的长期趋势看，经济全球化是不以人的意志为转移的客观趋势，是社会化大生产和生产力发展的内在要求。因此，需要自觉参与经济全球化进程，通过得当的经济发展战略和策略，降低不利因素的影响，利用经济全球化进程获得发展机遇，促进自身的经济发展。

四、经济全球化的发展趋势

（一）经济全球化的波折

尽管经济全球化作为一种历史大趋势在总体上不断深化，但这个过程并不是一帆风顺的。经济全球化的深入发展在为世界各国提供发展机遇的同时，由资本主义主导的全球化过程也积累了深层次矛盾，在一定程度上加剧了全球性经济动荡的风险和危害，并带来国家之间和阶层之间不充分、不平衡、不包容发展问题。自 2008 年国际金融危机，资本主义制度性危机集中爆发，进一步暴露了资本主义主导的经济全球化的矛盾和弊端。

当今世界正经历百年未有之大变局，新一轮科技革命和产业变革深入发展，给全球经济带来巨大的发展潜力和前所未有的不确定性。部分传统西方国家经济社会发展陷入低迷，国际产业转移导致的产业空心化和无就业式增长问题日益严重，增长和分配、资本和劳动、效率和公平的矛盾日趋突出，发达资本主义国家在全球经济中的地位、作用和影响力呈衰落趋势。新兴市场国家和发展中国家加速崛起，国际地位和话语权不断提升，国际力量对比发生深刻调整。因此，一直致力于推动并主导全球化进程的一些发达国家开始出现“逆全球化”思潮，单边主义、保护主义不断滋生并加剧，给全球化进程带来挑战。新冠疫情全球大流行进一步加剧了这一趋势。逆全球化破坏国际经济秩序，冲击全球价值链和国际分工体系，世界进入动荡变革期。

但是，经济全球化的发展困境并不是经济全球化本身造成的，而是资本主义基本矛盾的深化造成的。资本主义主导的经济全球化已经不能适应生产力发展的要求，不符合世界人民的共同利益。当今世界，人类经济交往比过去任何时代都更深入、更广泛，各国相互联系和彼此依存都比过去任何时候更频繁、更紧密，站在世界历史的高度审视，经济全球化是不可逆转的历史大势，世界决不会退回到相互封闭、彼此分割的状态，开放合作仍然是历史潮流。面对国际上保护主义思潮上升，要坚定不移地推进经济全球化进程，积极引导经济全球化的走向，推动经济全球化朝着普惠共赢的方向发展。

（二）引导和推动经济全球化健康发展

面对经济全球化所遭遇的波折，我们应当何去何从？是合作还是对立？是开放还是封闭？是互利共赢还是以邻为壑？在这个关键时刻，习近平总书记多次发表重要讲话，创造性提出推动经济全球化健康发展的重要思想，为引导经济全球化朝着更加开放、包容、普惠、平衡、共赢的方向发展提供了中国方案，丰富发展了马克思主义政治经济学关于世界经济的理论。

第一，坚持开放发展理念，拓展经济全球化的新空间。历史和实践证明，在风险挑战面前，各国是休戚与共的命运共同体，各国要以共同利益为重，坚持合作共赢的理念，同舟共济、各尽其责，通过共同开放、共担责任，推动经济全球化朝着更加开放、包容、普惠、平衡、共赢的方向发展。

第二，坚持创新发展理念，培育经济全球化的新动能。新一轮科技革命和产业变革对人类生产生活方式和价值理念等产生了全方位的深刻影响，要顺应数字化、网络化、智能化发展趋势，共同探讨建立面向新一轮科技革命和产业变革的政策制度体系，打破制约创新要素流动的壁垒，实现创新链、产业链、人才链、政策链、资金链的深度融合，让科技创新成果为更多国家和人民所及、所享、所用，让经济全球化获得更大的支持动力。

第三，坚持协调发展理念，推动经济全球化有序进行。以规则为基础加强全球治理是保证经济全球化发展的必要前提。规则应该由国际社会共同制定，各国要秉持共商共建共享原则，推动全球经济治理体系变革，为经济全球化有序发展提供必要保障。

第四，坚持共享发展理念，夯实经济全球化的共赢基础。旧的经济全球化遵循弱肉强食的丛林法则，新的经济全球化倡导包容普惠、互利共赢。各国要着力解决公平公正问题，发挥各自优势，推动包容发展。要创新合作方式，深化合作领域，积极寻求发展利益最大公约数，不断做大“蛋糕”，缩小发展鸿沟、发展赤字，让各国人民共享经济全球化和世界经济增长成果。

第五，坚持联动发展理念，夯实经济全球化的合作基础。经济全球化将世界各国紧密联系在一起，各国要加强宏观经济政策沟通和协调，放大正面联动效应，防止和减少负面外溢效应。要推动全球基础设施互联互通，加大对基础设施项目的资金投入和智力支持。要推动全球价值链、供应链更加完善，扩大各方参与，打造全球增长共赢链。

第二节　经济全球化与中国的对外开放

习近平强调：“一个国家、一个民族要振兴，就必须在历史前进的逻辑中前进、在时代发展的潮流中发展。”[①] 党的十一届三中全会以来，我国确立了对外开放的基本国策，不断提高对外开放水平，全面融入经济全球化进程，在对外开放的艰辛探索中积累的许多宝贵经验，有力地推动了国民经济的发展。进入新时代，中国加快构建开放型经济新体制，更高水平对外开放格局正在形成。

一、坚定实施对外开放基本国策

1978 年，党的十一届三中全会做出改革开放的重大决策，中国进入新的历史发展时期。1984 年，《中共中央关于经济体制改革的决定》明确提出“把对外开放作为长期的基本国策”。20 世纪 90 年代后，面对经济全球化迅猛发展这一新形势，党中央明确提出积极参与经济全球化的战略思想，做出加入世界贸易组织的重大战略决策。改革开放 40 余年来，中国不断扩大对外开放，全面融入了经济全球化的历史大潮，日益走近世界舞台的中央，开放已经成为当代中国的鲜明标识。

（一）实行对外开放的必要性

在经济全球化条件下，为什么要实行对外开放的基本国策？这是因为：

第一，实行对外开放符合社会生产力的发展方向。随着生产社会化日益扩展至全球范围，对于建立在社会化大生产基础上的社会主义经济，对外开放加速了国内生产部门融入国际分工体系，有助于资源优化配置，提高生产效率，进而促进生产力的快速发展。

第二，实行对外开放顺应经济全球化发展的历史趋势。在经济全球化的大背景下，各国经济相互依存程度日益加深，对外开放成为适应这一趋势的必然选择。只有积极参与国际经济体系，才能把握发展机遇，分享经济全球化的红利。

第三，实行对外开放是发展社会主义市场经济的必然要求。市场经济是一种竞争经济。在对外开放的过程中学习发展市场经济的先进经验，参与国际市场竞争，有助于提高我国产业竞争力，促进经济发展方式转变，完善我国社会主义市场经济体制。

第四，实行对外开放是实现社会主义现代化的必要条件。我国目前仍处在社会主义初级阶段，现代化建设仍面临一系列艰巨任务，必须坚定不移地实行对外开放，充分利用国内国际两个市场、两种资源，获取更多发展资源和机遇。

总之，实行对外开放，积极开展国际经济技术交流，发展对外经济关系，在积极参与经济全球化的过程中促进中国经济发展，是尽快发展社会生产力和适应经济全球化的必然选择。

（二）对外开放的主要经验

改革开放以来，我国通过实施对外开放政策，不断提高对外开放水平，全面融入经济全球化进程，在对外开放的艰辛探索中积累的许多宝贵经验成为我国发展对外经济关系的重要指导原则。

① 习近平．让开放的春风温暖世界：在第四届中国国际进口博览会开幕式上的主旨演讲．新华网，2021-11-04.

（1）坚持独立自主和参与经济全球化相结合。党的十九届五中全会上，习近平总书记强调，要处理好开放和自主的关系。改革开放为我国创造了经济发展机遇，也带来了各种风险和挑战。经验表明，独立自主、自力更生是参与经济全球化的重要保障。随着改革的不断深入和开放的不断扩大，在新的历史条件下，要在更高质量和水平上实现开放和自主，坚持独立自主和参与经济全球化的有机结合。

（2）实施互利共赢的开放战略。党的十九届五中全会提出，“实行高水平对外开放，开拓合作共赢新局面。坚持实施更大范围、更宽领域、更深层次对外开放，依托我国大市场优势，促进国际合作，实现互利共赢”。只有让经济全球化惠及所有参与者，才能扩大经济全球化的参与范围、拓展参与深度，促进经济全球化实现持续健康发展。

（3）统筹国内发展和对外开放。改革开放以来，特别是加入世界贸易组织之后，中国国内市场与国际市场联系日益紧密。通过统筹国内发展和对外开放，有效利用国内国际两个市场、两种资源，我国抓住了经济发展的历史机遇，拓展了经济发展空间。在对外开放中努力提高自主创新能力，增强了国际竞争力，促进了经济结构的调整和发展方式的转变。

（4）渐进有序地开放。在实践过程中，中国根据自身总体能力确定经济的总体开放度，实行梯度开放战略，积极稳妥、有步骤、渐进式地推进对外开放，有效降低了经济全球化带来的外部风险和问题，确保国民经济能够平稳运行和持续发展。

（三）对外开放的主要内容

1. *发展对外贸易*

对外贸易是拉动经济增长的重要因素，中国的对外开放首先是通过对外贸易来实现的。改革开放以来，中国对外贸易迅速发展（见图 9-3），对中国乃至世界的经济增长与发展发挥了极大的推动作用。2022 年，我国进出口总值首次突破 40 万亿元人民币，规模再创历史新高，连续 6 年保持全球货物贸易第一大国地位。

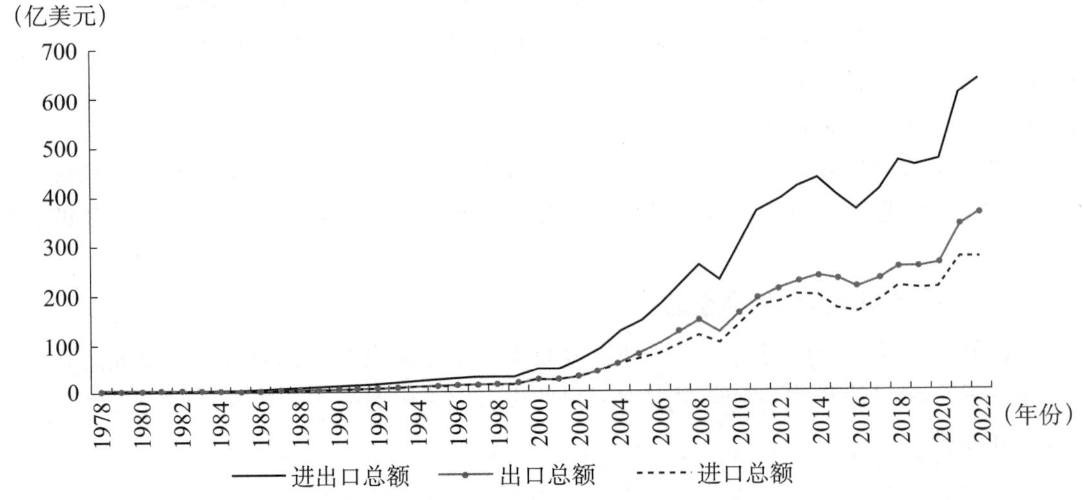

图 9-3　1978—2022 年中国进出口总额、进口总额与出口总额

资料来源：中国国家统计局。

在发展对外经贸关系的过程中，根据不同阶段产业发展水平和国际分工参与程度，贸易发展战略也经历了不断调整的过程。总体来说，中国实行的是进口替代与出口导向相结合的平衡型贸易发展战略。进口替代是指以国内生产的产品来替代进口的产品，实行这一政策的目标是减少进口和外部依赖，节约外汇，平衡国际收支，保护国内幼稚产业，改变发达国家与发展中国家的不平等关系，改善贸易条件，促进工业化。出口导向是指通过扩大出口来带动本国的工业化和经济的持续增长。出口导向战略并不是简单放宽或废除关税、数量限制、外汇管制等进口替代政策与措施，而是把放宽这些限制与各种鼓励出口政策结合起来，通过扩大出口来带动经济发展。

党的二十大报告指出："推动货物贸易优化升级，创新服务贸易发展机制，发展数字贸易，加快建设贸易强国。"中国已经成为国际贸易大国，正在加快建设贸易强国。为此，要进一步推进对外贸易体制和政策方面的改革，努力提高对外贸易效益，改变过分依赖数量扩张和粗放型的贸易增长方式；继续推进市场多元化，改变过分依赖传统市场的市场格局；促进贸易主体多元化，改变过分依赖外商投资企业的局面；推动多种贸易方式共同发展，加快实施自由贸易区战略，改变国际市场开拓不足、国际经贸规则制定参与不够的局面，推动贸易大国向贸易强国转变。

2. 引进和利用外资

引进和利用外资是我国"引进来"战略的主要内容，是对外开放的重要内容之一。改革开放以来，中国积极利用外资，利用外资规模迅速扩大。1983 年我国实际利用外商直接投资为 9.2 亿美元，到 2022 年达到 1 891.3 亿美元，规模超过改革开放初期的 200 倍（见图 9－4），2020 年我国实际使用外商直接投资规模居世界第二位。引进和利用外资有效地缓解了经济发展中面临的资金不足问题，外商投资带来的先进技术和管理经验，加快了经济结构的调整和产业升级，以外商投资企业税收为主的涉外税收占全国税收总额比重稳步上升，外汇储备增加，外商投资企业也创造了更多的就业机会，推动了我国外向型经济的增长，从而有效带动了国民经济的发展。

总体来看，中国在引进和利用外资方面取得了巨大的成就，但在引进外资的过程中也出现了一些值得重视的问题，如外商投资企业利润转移问题、技术转移问题、跨国公司垄断问题、环境污染问题等。因此，必须深化外资利用方面的制度改革，规范与引导外商投资企业的市场行为，将外资优惠政策与可持续发展战略协调起来，推动外资更好地服务于中国社会主义市场经济的发展。

3. 实施"走出去"战略

实行对外开放，不仅要大力引进外国资金、技术和人才，实行"引进来"战略，还要发展对外投资、技术和劳务输出等，实行"走出去"战略。2001 年，"走出去"战略被明确写入《中华人民共和国国民经济和社会发展第十个五年计划纲要》。

"走出去"战略主要包括两方面内容：其一，鼓励和扶持一批有市场竞争优势的国内企业开展海外投资，充分利用国外经济资源实行跨国经营，并最终成长为具有强大国际竞争力的大型跨国公司；其二，鼓励和扶持国内企业，积极参与到国际产业分工和协作网络中去，通过区域经济合作和国际经济合作，加入各种类型的市场战略联盟，减少国际市场的进入壁垒，推动出口贸易和海外投资的发展。

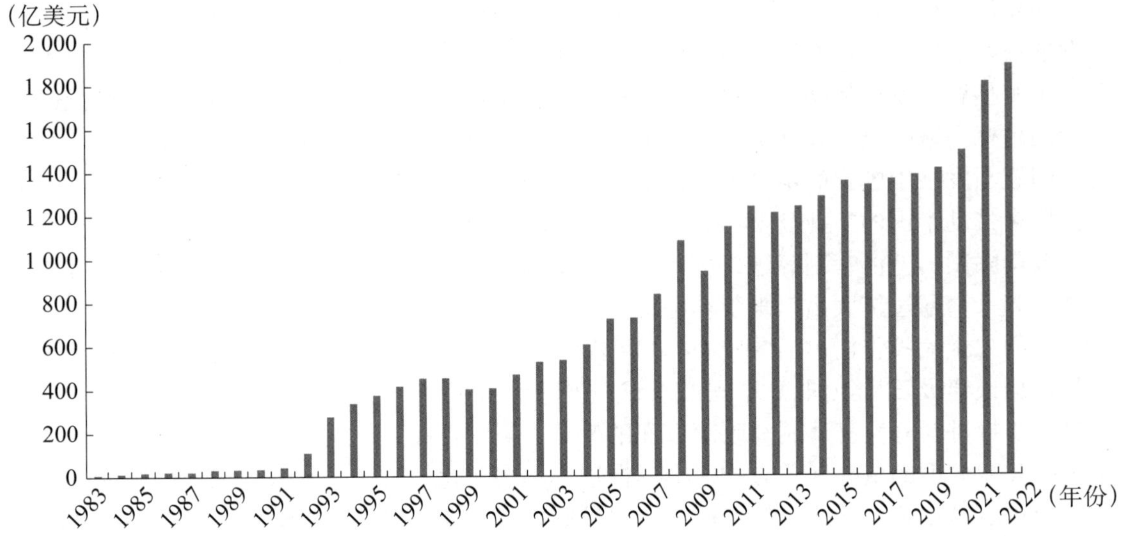

图 9-4　1983—2022 年中国实际利用外商直接投资金额

资料来源：中国国家统计局。

实施“走出去”战略后，中国境外投资从少到多，逐步扩大，流量与存量的全球位次稳步上升，呈现出良好的发展势头（见表 9-1）。从 2002 年中国建立对外直接投资统计制度以来，中国已连续 11 年位列全球对外直接投资流量前三，从 2002 年的 27 亿美元，到 2022 年达到 1 631.2 亿美元，年平均增长率达到 22.8%。2022 年中国对外直接投资流量、存量分别位列全球所有国家（经济体）第二位和第三位。实施“走出去”战略有力推动了国内企业的对外投资活动。截至 2022 年底，中国境内投资者共在全球 190 个国家（地区）设立对外直接投资企业 4.7 万家，遍布全球超过 80%的国家（地区）。

表 9-1　2002—2022 年中国对外直接投资流量、存量

年份	流量			存量	
	金额（亿美元）	全球位次	增长率（%）	金额（亿美元）	全球位次
2002	27.0	26		299.0	25
2003	28.5	21	5.6	332.0	25
2004	55.0	20	93.0	448.0	27
2005	122.6	17	122.9	572.0	24
2006	211.6	13	43.8	906.3	23
2007	265.1	17	25.3	1 179.1	22
2008	559.1	12	110.9	1 839.7	18
2009	565.3	5	1.1	2 457.5	16
2010	688.1	5	21.7	3 172.1	17
2011	746.5	6	8.5	4 247.8	13
2012	878.0	3	17.6	5 319.4	13
2013	1 078.4	3	22.8	6 604.8	11

续表

年份	流量			存量	
	金额（亿美元）	全球位次	增长率（%）	金额（亿美元）	全球位次
2014	1 231.2	3	14.2	8 826.4	8
2015	1 456.7	2	18.3	10 978.6	8
2016	1 961.5	2	34.7	13 573.9	6
2017	1 582.9	3	−19.3	18 989.4	2
2018	1 430.4	2	−9.6	19 822.7	3
2019	1 369.1	2	−4.3	21 988.8	3
2020	1 537.1	1	12.3	25 806.6	3
2021	1 788.2	2	16.3	27 851.5	3
2022	1 631.2	2	−8.8	27 548.1	3

资料来源：《2022年度中国对外直接投资统计公报》。

但“走出去”战略的实践过程中也存在一些问题和风险。比如，国内许多企业因为缺乏核心技术与自主知识产权的核心产品，使得海外投资的国际竞争力不足，部分企业对投资所在国法律缺乏了解导致海外并购活动陷入纠纷而失败，以及投资所在国的政治风险和民族主义威胁也给对外投资的产权安全等方面带来不确定性和风险。因此，在推进“走出去”战略时，需要政府在金融、财税、外汇、对外关系等多方面提供有力支持，建立和完善对外投资政策促进体系，并加快立法进程，建立和完善制度保障体系、监管和调控体系、市场服务体系，推动“走出去”战略顺利实施。

二、在对外开放条件下保障国家经济安全

习近平总书记指出，“越开放越要重视安全，越要统筹好发展和安全”①。安全是发展的前提，发展是安全的保障。经济安全是国家安全的基础，是国家安全体系的重要组成部分。随着中国对外开放程度的不断深化，国家经济安全方面的风险与挑战逐渐增多，如何维护国家经济安全的问题也日渐突出。面对百年未有之大变局，统筹发展和安全，确保国家经济安全是开启全面建设社会主义现代化国家新征程的战略要求，是维护国家经济利益和人民长远利益的重大任务，是推动高质量发展、构建新发展格局的必要保障和重要举措。

具体来说，需要重点做好以下几个方面：一是提升产业链供应链稳定性和产业综合竞争力，增强产业体系抗冲击能力，确保产业链供应链稳定安全。二是确保粮食、能源和战略性矿产资源安全，维护水利、电力、供水、网络、信息等重要基础设施安全。三是统筹金融发展和金融安全，着力加强风险源头管控，防范化解金融风险，特别是防止发生系统性金融风险，切实保障财政金融安全。四是加强环境保护和治理，构筑国家生态安全屏障，确保生态环境安全。五是构建海外利益保护体系，提高海外安全保障能力和水平。六是加强经济安全风险预警、防控机制和保障能力建设。

① 习近平．在经济社会领域专家座谈会上的讲话．北京：人民出版社，2020：8.

三、加快构建更高水平开放型经济新体制

党的十八大以来，以习近平同志为核心的党中央总揽战略全局，推进对外开放理论和实践创新，确立开放发展新理念，实施共建“一带一路”倡议，加快构建开放型经济新体制，倡导发展开放型世界经济，积极参与全球经济治理，我国高水平对外开放不断推进。

2008 年全球金融危机后，对外开放面临的国际国内形势都发生着深刻复杂变化。从国际看，世界正处于大发展大变革时期；从国内看，从高速增长阶段转向高质量发展阶段，各项改革全面推进，经济发展进入新常态。根据对国内外形势的准确判断，党的十八届三中全会提出“构建开放型经济新体制”的新要求。党的十九大报告提出推动形成全面开放新格局，发展更高层次的开放型经济。党的十九届四中全会提出建设更高水平开放型经济新体制。党的十九届五中全会通过的《中共中央关于制定国民经济和社会发展第十四个五年规划和二〇三五年远景目标的建议》把“更高水平开放型经济新体制基本形成”列入“十四五”时期经济社会发展主要目标，提出“全面提高对外开放水平，推动贸易和投资自由化便利化，推进贸易创新发展，增强对外贸易综合竞争力”等要求。党的二十大报告强调坚持对外开放基本国策，坚持经济全球化正确方向，坚持深化改革开放，进一步推进高水平对外开放，不断以中国新发展为世界提供新机遇，推动建设开放型世界经济，更好惠及各国人民。

案例

《世界开放报告 2022》显示，中国坚持高水平对外开放取得进展，开放指数从 2012 年的 0.710 7 提升至 2020 年的 0.750 7，提高了 5.6%，排名从第 47 位提升至第 39 位，成为推动经济全球化的重要力量。从 2008 年到 2020 年，世界开放指数比 2008 年下降了 4.1%，金砖国家开放指数增长 6.3%，“一带一路”经济体开放指数增长 5%。

新时代对外开放具有新的特点：一是坚持主动开放。新时代的开放不是为了开放而开放，而是以开放促改革、促发展、促创新，把开放作为发展的内在要求，更加积极主动地扩大对外开放，从而在经济全球化中赢得经济发展和国际竞争的主动。二是坚持双向开放。双向开放也就是把“引进来”和“走出去”更好结合起来，实现高质量的“引进来”和高水平的“走出去”，着力提高引资质量，坚持引资和引技、引智并举，支持我国企业扩大对外投资，提升在全球价值链中的地位。三是坚持全面开放。推动形成陆海内外联动、东西双向互济的开放格局。四是坚持共赢开放。推动经济全球化朝着普惠共赢方向发展，在开放中创造更宽阔的市场和发展空间，在开放中分享利益和机会。五是坚持包容开放。探索求同存异、包容共生的国际发展合作新途径。从丝路精神到金砖精神，从推动构建新型国际关系到推动共建人类命运共同体，都是生动实践。

“开放带来进步，封闭导致落后”①。改革开放以来，中国积极主动参与全球化进程，

① 中共中央文献研究室．习近平关于社会主义经济建设论述摘编．北京：中央文献出版社，2017：291.

在实现自身发展的同时更多惠及其他国家和人民，为促进经济全球化发展和世界经济增长做出了贡献。中国发展社会主义市场经济和实行改革开放的成功实践，为建设新型经济全球化、构建以合作共赢为核心的新型国际经济关系和公正合理的国际经济新秩序提供了全新选择，展现了光明前景。

第三节　经济全球化与全球经济治理

国际经济关系是国内经济关系的延伸，是社会生产关系的重要内容。全球化的经济需要全球化的治理。在经济全球化遭遇逆流、世界经济复苏陷入低迷的背景下，推进全球经济治理体系改革已是大势所趋。党的十八大以来，中国始终积极参与全球治理、推进全球治理体制变革，推动全球治理体系朝着更加公正合理的方向发展。

一、国际经济关系

（一）发达国家之间的经济关系

发达国家之间表现为既相互竞争又相互合作的经济关系。一方面，发达国家垄断资本为了追逐巨额垄断利润，在国际贸易和国际投资等领域围绕资源、市场和技术等方面展开了激烈竞争，摩擦和冲突不断。另一方面，随着资本主义生产社会化和全球化趋势的发展，发达国家之间相互联系日益紧密。为了解决国际经济利益的矛盾与问题，各国通过国际经济组织和国际经济协调机制调节国际经济关系，协调经济政策，寻求经济合作。

（二）发达国家与发展中国家之间的经济关系

在世界经济体系中，发展中国家一方面作为独立主权国家与西方发达国家发生经济联系，另一方面它们与发达国家的经济关系又是不平等的。

第二次世界大战后，发展中国家纷纷摆脱殖民统治，自主发展民族经济，在一定程度上改变了第二次世界大战前西方发达国家与发展中国家之间剥削与被剥削、控制与被控制的关系。随着经济全球化的发展，发达国家与发展中国家之间的经济联系不断加强，相互依赖程度不断加深，经济上表现出高度的互补性。在经济全球化的过程中，发展中国家引进发达国家相对丰富的资金及其他稀缺的生产要素，引进技术、标准、品牌、国际营销网络、市场竞争制度、先进的管理经验等，与自身丰富的劳动力和自然资源等相结合，推动了发展中国家的经济发展。

但是，发展中国家在经济上仍普遍依附于发达国家。发达国家为维护其在世界经济中的既得利益和支配地位，继续对发展中国家加以思想渗透、经济控制和军事威胁，通过直接投资，以及技术、价格与金融的垄断等更为隐蔽的手法保持对发展中国家的控制和掠夺。因此，增强发展中国家自主发展能力是制约发达国家经济控制的根本保证。随着新兴市场国家的崛起，发展中国家的国际地位和国际影响力有所提升。

（三）发展中国家之间的经济关系

发展中国家之间的经济关系，是在各发展中国家共同寻求发展，共同寻求摆脱发达国家的控制和剥削，解决相同或相近的发展难题过程中逐步形成和发展起来的。

中国作为最大的发展中国家，从新中国成立开始就对广大发展中国家提供无私的援助，推动开展各种形式的南南合作，致力于缩小南北差距，支持和帮助广大发展中国家加快发展。党的十一届三中全会以来，中国进入改革开放新时期，对发展中国家的援助形式不断扩展深化，力度也进一步加强。包括中国在内的广大发展中国家不懈努力，共同推进建立公正合理的国际经济新秩序，改变经济附属地位，加强区域合作特别是南南合作促进优势互补，通过发展中国家内部的产业转移带动后发经济体梯度增长，发展中国家之间的经济合作呈现蓬勃发展的良好态势。

二、全球经济治理

（一）全球经济治理的形成

随着经济全球化的发展，世界日益成为相互联系相互作用的整体，各国之间既要彼此合作，又存在矛盾冲突，因此，需要各国携手合作，制定共同的规则来规范、协调和管理国际经济关系和经济活动，应对不断涌现的全球经济问题，克服全球经济失衡，以保证世界经济的平稳运行，全球经济治理由此产生。

所谓全球经济治理，即国家和非国家行为体按照一系列的国际制度和国际规则对全球或跨国经济领域内的共同问题进行协调和管理的过程。根据规则与制度的不同，全球经济治理主要分为三种形式：正式的、全球多边的国际规则和制度性安排；非正式的、只有部分国家参与的国家集团机制；地区性或区域性的规则和制度性安排。其中，全球金融治理、全球贸易和投资治理、全球能源治理是全球经济治理的重点。

第二次世界大战结束以来，全球经济治理主要经历了三个发展阶段。第一阶段，以布雷顿森林体系成立为标志，全球经济治理开始运行。与其对应的治理机构包括国际货币基金组织、世界银行和关税及贸易总协定，全球汇率合作和贸易合作是这一阶段全球经济治理的主要内容。第二阶段开始于 1975 年，七国集团的诞生标志着全球经济治理的内容扩展到发达国家之间的宏观经济合作。20 世纪 90 年代后期，亚洲金融危机的发生使得国际金融体系改革成为全球经济治理的主要议题。第三阶段，以 20 世纪 90 年代后期二十国集团非正式部长级会议机制成立为标志，全球治理模式从发达国家之间的合作转向发达国家和新兴市场国家之间的合作。2008 年下半年，为了应对国际金融危机的严重影响，二十国集团领导人峰会召开，标志着全球经济治理的深化发展，包括中国在内的新兴市场国家全面参与全球经济治理。

（二）全球经济治理存在的问题

全球经济治理对于维护全球经济稳定、促进经济发展发挥了重要的积极作用。通过多种形式的全球经济治理，摩擦和冲突得到缓解，国际贸易的范围、规模和程度大幅度增加，资本国际流动不断增长，国际分工体系不断深化，世界越来越成为一个紧密联系的整体，各国之间的相互依存程度不断加深。

但近年来，经济全球化面临的挑战日益增多，反映出全球经济治理能力不足的问题，即“治理赤字”问题。具体来说，主要体现在三个方面：一是民主赤字。尽管新兴市场国家和发展中国家整体崛起，国际力量格局发生明显变化，但全球经济治理体系并未深刻反映这一变化，发展中国家在全球经济治理中仍只是追随者，治理权利分配不平衡。二是制度赤字。国际金融危机后，世界经济格局发生深刻变化，一些新的全球治理机制还有待发展和完善，全球治理体系和规则调整十分缓慢。三是责任赤字。发达国家享受了全球治理的主要权利，但在责任面前却极力推脱，大大降低了经济全球化的包容性。

（三）中国积极参与全球经济治理体系改革

习近平总书记指出："世界各国乘坐在一条命运与共的大船上，要穿越惊涛骇浪、驶向光明未来，必须同舟共济，企图把谁扔下大海都是不可接受的。"[①] 随着世界经济发展格局发生深刻变化，全球性挑战日益增多，推动全球治理体系朝着更加公正合理的方向发展符合各国普遍需求。中国积极参与全球经济治理体系改革，推动完善更加公正合理的全球经济治理体系，提出共商共建共享的全球治理观。共商，就是坚持全球事务由各国人民商量着办，强调平等参与、充分协商，以平等自愿为基础，通过充分对话沟通找到认识的相通点、参与合作的交汇点、共同发展的着力点，积极推进全球治理规则民主化；共建，就是各方都是平等的参与者、建设者和贡献者，也是责任和风险的共同担当者，各国共同参与、合作共建，分享发展机遇，扩大共同利益，从而形成互利共赢的利益共同体；共享，就是兼顾合作方利益和关切，寻求利益契合点和合作最大公约数，使合作成果惠及合作双方，实现双赢、多赢、共赢。

坚持多边主义，充分发挥国际性、区域性机制作用。坚定维护多边贸易体制，坚决反对单边主义、保护主义，维护多边贸易体制主渠道地位，积极参与世贸组织改革。积极参与全球经济治理，加强与联合国及其附属机构合作，巩固发展二十国集团贸易投资机制，加强金砖国家经贸合作。深化区域次区域合作，建设性参与亚太经合组织、上海合作组织等区域合作，推动澜湄合作等次区域合作不断深化拓展。加强各国发展战略与区域合作倡议深入对接，加强互联互通，促进产业链、供应链、价值链深度融合，畅通区域经济循环。

推动新兴领域经济治理规则制定。推动投资便利化规则制定，依托世贸组织等机制，推动建立投资便利化多边框架。增强数字经济规则制定能力，加强数字经济领域国际合作，促进建立开放、安全的全球数字经济发展环境。提高参与国际金融治理能力，加强金融监管协调，维护公平开放的全球金融市场。

构建面向全球的高标准自由贸易区网络。实施自贸区提升战略，优化自贸区布局，推进落实《区域全面经济伙伴关系协定》，加快中日韩等自由贸易协定谈判，推动亚太自贸区进程，同更多国家和地区开展自贸协定谈判。提升自贸协定水平，提高货物贸易自由化便利化水平，推进高标准服务投资负面清单谈判，积极参与新议题谈判。用好自贸协定成果，做好自贸协定推广与实施，提高自贸协定利用率。

三、建立国际经济新秩序

国际经济秩序是指在世界范围内围绕国际经济关系所确立的一系列国际行为规则和制

① 中共中央宣传部．习近平新时代中国特色社会主义思想学习纲要：2023年版．北京：学习出版社，人民出版社，2023：280.

度的总和。现行的国际经济秩序是在第二次世界大战后由西方国家主导建立的。在这个体系中，发达国家和发展中国家处于不平等的位置。从20世纪50年代开始，发展中国家一直致力于建立国际经济新秩序，推动国际经济秩序朝着更加公正合理的方向发展。1973年，“国际经济新秩序”这一概念在第四次不结盟国家首脑会议上被首次提出。当前，发展中国家长期以来关于建立国际经济新秩序的目标和主张尽管已经在相当程度上被吸收到现行的国际经济秩序中，但不公正不合理的成分仍然存在。

对于建立国际经济新秩序，中国的主张主要包括以下几点：一是推动建设相互尊重、公平正义、合作共赢的新型国际关系，这是构建国际经济新秩序的基础。二是提出以平等为基础、以开放为导向、以合作为动力、以共享为目标的全球经济治理观，推动国际经济秩序变革。三是推进国际组织变革，增加发展中国家的话语权、参与权和规则共同制定权，构建国际经济新秩序有效平台。

建立国际经济新秩序是一项长期且艰巨的任务。世界正经历百年未有之大变局，世界经济进入动荡变革期，这进一步增加了这一过程的复杂性和曲折性。但要看到，经济全球化的总体趋势不会改变，和平与发展的时代主题不会改变，国际体系变革的方向不会改变。

四、以“一带一路”建设为重要平台推动构建人类命运共同体

党的二十大报告指出：“当前，世界之变、时代之变、历史之变正以前所未有的方式展开。一方面，和平、发展、合作、共赢的历史潮流不可阻挡，人心所向、大势所趋决定了人类前途终归光明。另一方面，恃强凌弱、巧取豪夺、零和博弈等霸权霸道霸凌行径危害深重，和平赤字、发展赤字、安全赤字、治理赤字加重，人类社会面临前所未有的挑战。世界又一次站在历史的十字路口，何去何从取决于各国人民的抉择。中国始终坚持维护世界和平、促进共同发展的外交政策宗旨，致力于推动构建人类命运共同体。”

人类命运共同体，就是每个民族、每个国家的前途命运都紧紧联系在一起，应该风雨同舟，荣辱与共，努力把我们生于斯、长于斯的这个星球建成一个和睦的大家庭，把世界各国人民对美好生活的向往变成现实。“建设持久和平、普遍安全、共同繁荣、开放包容、清洁美丽的世界”[①] 是人类命运共同体的核心内涵。

人类命运共同体理念是马克思主义与中华优秀传统文化的创造性结合。马克思、恩格斯在《德意志意识形态》中指出：“只有在共同体中，个人才能获得全面发展其才能的手段，也就是说，只有在共同体中才可能有个人自由。”[②] 经过40多年改革开放，中国与世界的关系正站在新的起点上。一方面，中国的发展离不开世界，世界的繁荣也需要中国；另一方面，中国有责任也有能力同各国分享发展机遇，中国发展得越好，就越有能力塑造和影响世界，为国际社会做出更大贡献。构建人类命运共同体，深刻揭示了当代中国与世

① 习近平．决胜全面建成小康社会　夺取新时代中国特色社会主义伟大胜利：在中国共产党第十九次全国代表大会上的报告（2017年10月18日）．北京：人民出版社，2017：58－59.

② 马克思，恩格斯．马克思恩格斯文集：第1卷．北京：人民出版社，2009：571.

界的关系，反映了实现中华民族伟大复兴中国梦的迫切需要，客观反映了国际力量对比发生的变化，深刻阐明了中国走和平发展道路的自觉与自信，体现了中国的大国责任与担当，深刻回答了“建设一个什么样的世界、怎样建设这个世界”的问题，为世界更好地发展贡献了中国智慧。

2013年秋天，习近平主席在哈萨克斯坦和印度尼西亚访问时分别提出共建“丝绸之路经济带”和“21世纪海上丝绸之路”倡议，即“一带一路”倡议。“一带一路”倡议是中国参与全球开放合作、改善全球经济治理体系、促进全球共同发展繁荣、推动共建人类命运共同体提出的中国方案。提出共建“一带一路”倡议，破除零和博弈思维，对促进有关国家和地区经济增长、推动全球共同发展具有重要意义。

一方面，共建“一带一路”紧紧抓住发展这个最大公约数，以沿线各国发展规划对接为基础，以贸易和投资自由化、便利化为纽带，以互联互通、产能合作、人文交流为支柱，以金融互利合作为重要保障，积极开展双边和区域合作，带动各国经济更加紧密结合起来。它推动各国基础设施建设和体制机制创新，创造新的经济和就业增长点，增强各国经济内生动力和抗风险能力。另一方面，共建“一带一路”秉承和平合作、开放包容、互学互鉴、互利共赢的丝路精神，倡导共商共建共享的全球治理观，践行多边主义，完善合作理念，强化合作机制，着力构建全球互联互通伙伴关系，打造国际合作新平台。

共建“一带一路”的本质是通过提高有效供给来催生新的需求，实现世界经济再平衡。共建“一带一路”倡议的最高目标，是在“一带一路”建设国际合作框架内，各方携手应对世界经济面临的挑战，开创发展机遇，谋求发展新动力，拓展发展新空间，实现优势互补、互利共赢，不断朝着人类命运共同体方向迈进。

共建“一带一路”的核心内容是促进基础设施建设和互联互通，对接各国政策和发展战略，深化务实合作，促进协调联动发展，实现共同繁荣。具体来说，包括政策沟通、设施联通、贸易畅通、资金融通、民心相通五个方面的内容。政策沟通是共建“一带一路”的重要保障，是携手构建人类命运共同体的重要先导。相关各国就发展战略和对策进行充分交流对接，共同为务实合作及大型项目实施提供政策支持。设施联通是共建“一带一路”的优先方向。通过共同打造若干国际经济合作走廊和通畅安全高效的运输大通道，形成连接沿线国家之间的基础设施网络。贸易畅通是“一带一路”建设的重点内容，着力解决贸易投资便利化问题，消除投资和贸易壁垒，共同商建更为宽泛、兼容的贸易合作体系。资金融通是“一带一路”建设的关键动力，通过推进亚洲货币稳定体系、投融资体系和信用评价体系建设，提供足够的资金保障。民心相通是“一带一路”建设的社会根基，通过广泛开展人文交流，加强沿线各国友好往来，为双多边合作打下广泛的社会基础。“一带一路”建设以来，秉持共商共建共享原则，坚持开放、绿色、廉洁理念，以高标准、可持续、惠民生为目标，取得了一系列进展成效：以发展为中心，政策沟通不断深化；以交通基础设施为突破，设施联通不断加强；以改善营商环境为手段，贸易畅通不断提升；以建设融资平台为抓手，资金融通不断扩大；以人文交流为纽带，民心相通不断促进；以优势互补为基础，产业合作不断深化。下一步，除在政策沟通、设施联通、贸易畅通、资金融通、民心相通等重点领域和方向进一步深化共建“一带一路”合作，顺应世界经济、技术、产业、社会发展普遍规律和时代大势，共建“一带一路”还将稳妥开展绿色、数字、创新、健康等新领域合作，培育合作新增长点，为共建国家人民美好生活注入更多动力、带来更多希望。

在高质量共建“一带一路”的道路上，各方是平等的参与者、贡献者、受益者。作为开放包容的合作平台，“一带一路”建设不排除也不针对任何一方，是各方共同打造的全球公共产品。“一带一路”建设把沿线各国人民紧密联系在一起，致力于合作共赢、共同发展，让各国人民更好地共享发展成果，顺应了人类追求美好未来的共同愿望，已经成为推动构建人类命运共同体的重要实践平台。

案例

“一带一路”倡议的提出，是中国积极参与全球经济治理体系改革的实践，为推进了全球治理体系的变革和完善贡献了中国智慧、中国方案。世界银行 2019 年的研究报告显示，若共建“一带一路”框架下的交通基础设施项目全部得以实施，到 2030 年每年有望为全球产生 1.6 万亿美元的收益，占全球经济总量的 1.3%。未来，更多国家携手高质量共建“一带一路”是大势所趋。

资源链接

视频微课 9－1

视频微课 9－2

思考题

1. 解释下列概念：经济全球化、进口替代、出口导向、全球经济治理、国际经济秩序、人类命运共同体、“一带一路”倡议。
2. 经济全球化的主要表现有哪些？
3. 如何理解经济全球化是一把“双刃剑”？
4. 简述如何引导和推动全球化健康发展。
5. 简述中国对外开放的必要性。
6. 中国对外开放的主要经验有哪些？
7. 试述维护中国国家经济安全的主要对策。
8. 中国关于建立国际经济新秩序的主张有哪些？
9. 试述共建“一带一路”的意义及核心内容。
10. 简述“一带一路”建设与推动共建人类命运共同体的关系。

在线自测

扫一扫　练一练

第二篇

微观经济学

第十章　微观经济学导论

在开始学习具体内容之前，我们先对微观经济学的由来、演变和发展，微观经济学的研究对象，微观经济学的研究目标和研究方法，各章主要内容进行介绍。

第一节　微观经济学的由来、演变和发展

微观经济学是经济学中的一个重要分支，主要关注个体经济单位（如家庭、企业）的决策和市场的运行。微观经济学的起源可以追溯到18世纪的经济学思想发展。早期的经济学家如亚当·斯密强调市场机制和个体的自利行为。正式的微观经济学体系在19世纪后期才逐渐形成。

微观经济学的演变与边际革命密切相关。边际分析强调在决策中考虑额外的单位或变化，这使经济学家更深入地研究了个体和市场行为。20世纪初，阿尔弗雷德·马歇尔提出了供给和需求理论，为解释市场价格和数量的形成提供了框架。20世纪中叶，经济学家开始关注市场结构对市场运行的影响，引入了垄断、寡占等概念。

当代微观经济学涉及更复杂的模型和数学工具，包括博弈论、信息经济学、行为经济学等。这些模型和数学工具帮助经济学家更全面地理解个体和市场行为。微观经济学也在实证研究中取得了重要进展，通过观察和分析实际市场中的行为来验证理论模型的有效性。

第二节　微观经济学的研究对象

微观经济学研究的对象主要包括个体经济单位和市场。个体经济单位包括家庭和企业。微观经济学既研究家庭如何做出消费、储蓄和投资决策，以及家庭成员之间的资源分配，也研究企业的生产、成本、定价和市场竞争行为，包括企业的决策如何影响市场结构和供求关系。

关于市场的研究包括需求和供给、市场结构和价格理论。微观经济学关注市场上商品和服务的需求和供给，研究价格如何形成，以及价格对数量的影响。它也研究市场的不同结构，如完全竞争、垄断、寡占等，以及这些结构对市场运行和效率的影响。在价格理论的研究上，微观经济学通过边际分析研究个体在面临选择时的决策，探讨额外单位的边际效用、边际成本等概念，研究价格变动的需求或供给弹性，即数量对价格变化的敏感程度。此外，一些最新的行为微观经济学研究会谈论人们在经济决策中的非理性行为，以及

心理因素对经济决策的影响。

微观经济学通过对这些个体和市场行为的深入研究，帮助我们理解经济系统内部的运作机制，为政策制定、市场分析和资源配置提供理论支持。

第三节　微观经济学的研究目标和研究方法

一、微观经济学的研究目标

微观经济学研究旨在深入理解和分析个体经济行为以及市场机制的工作原理，进而解释和预测经济现象，为政策制定和经济决策提供科学依据。具体来说，微观经济学试图达成以下几个主要目标：

（1）理解个体选择与市场供求的形成。研究消费者和生产者行为，揭示个体如何在有限资源下做出最优选择，以及这些选择如何汇集成市场上的需求和供给。

（2）分析市场结构与经济效率。通过对完全竞争、垄断、寡占等不同市场结构的研究，评价各种市场结构对资源配置效率的影响，探索促进经济效率的市场策略和政策。

（3）评估价格机制的作用。探讨价格如何在市场中传递信息、协调个体行为、促使市场达到均衡，以及价格变动对经济活动的影响。

二、微观经济学的研究方法

为实现上述目标，微观经济学采用了一系列研究方法：

（1）理论分析。构建数学模型来分析经济行为和市场机制。这些模型基于假设，通过逻辑推理得出可检验的预测。

（2）实证研究。使用统计数据来测试理论模型的预测，评估不同变量之间的关系强度，验证或修正理论假说。

（3）案例研究。深入分析特定市场或个体行为的实例，从中提取经验教训，理解经济原理在实际中的应用。

通过这些方法的综合运用，微观经济学不断深化对经济行为的理解，提高经济预测的准确性，为解决实际经济问题提供理论和方法论的支持。尽管本教材不涉及微观计量和行为实验等高级主题，但所提供的基础知识和理论框架为深入学习微观经济学及其进阶领域奠定了坚实的基础。我们鼓励学生掌握这些基础概念和方法论，以便在未来的学术或职业生涯中进一步探索和应用微观经济学的高级主题。

第四节　各章主要内容

第十一章为需求、供给和市场均衡。本章主要介绍需求函数、需求法则、供给函数、供给法则、市场均衡、供求法则、需求弹性和供给弹性等内容；学习使用需求曲线和供给曲线分析需求变化或供给变化对市场均衡的影响，并进行简单的比较静态分析。

第十二章为消费者行为理论Ⅰ：消费者如何选择。本章主要围绕消费者如何选择，以及如何对价格和收入做出反应，介绍效用函数、无差异曲线、效用最大化的均衡求解、价格变化和收入变化对均衡解的影响、价格变化的分解、市场需求曲线的推导等内容。

第十三章为消费者行为理论Ⅱ：跨时期和不确定性下的消费者选择。本章前半部分介绍跨时期的预算约束线和消费者偏好等内容，分析消费者在跨时期下如何做出最优选择，以及利率对最优选择的影响；后半部分介绍期望效用理论、风险态度、风险厌恶系数等内容，分析消费者在不确定性的情形下如何做出选择，以及金融工具在规避风险和分散风险中的作用。

第十四章为生产者行为理论Ⅰ：生产者如何选择。本章主要围绕生产者如何在既有约束和目标函数下进行生产决策，介绍技术和生产函数、规模报酬、三种常见的生产函数、等产量曲线和利润最大化等内容。

第十五章为生产者行为理论Ⅱ：成本理论。本章主要介绍成本的基本概念、机会成本、隐成本、生产者的短期成本和长期成本等内容，学习成本理论的基本框架，以及从短期成本到长期成本的推导。

第十六章为完全竞争市场。本章主要介绍完全竞争市场约束下厂商的生产决策及均衡特征。重点讨论完全竞争市场中厂商面临的短期需求曲线和长期需求曲线的特征、行业面临的短期需求曲线和长期需求曲线的特征，以及市场长期均衡中零利润和经济租金的含义。

第十七章为不完全竞争市场。本章先介绍完全垄断市场特征及均衡决定、三种价格歧视的含义、垄断产生的原因；接着介绍寡头垄断市场的特征，古诺模型、斯塔伯格模型的求解；然后介绍垄断竞争市场短期及长期的均衡决定；最后讨论各类型市场结构效率的相对大小。

第十八章为一般均衡理论和福利经济学。本章主要介绍一般均衡理论的基本内容以及帕累托最优配置、福利经济学的基本概念和定理。

第十九章为外部性、公共物品与不对称信息。本章主要介绍市场失灵的基本内容和纠正办法，外部性、公共物品和信息不对称的基本概念，外部性、公共物品和信息不对称在现实生活中的体现。

第十一章　需求、供给和市场均衡

在市场经济中，价格机制处于核心地位，而市场均衡价格由消费者需求行为和生产者供给行为的相互作用共同决定。本章首先介绍由需求、供给和市场均衡组成的微观经济循环体系；其次，介绍消费者的需求行为、生产者的供给行为，以及需求和供给共同决定的市场均衡；最后，介绍消费者剩余和生产者剩余，以及需求弹性和供给弹性，并利用比较静态分析方法分析价格管制政策的影响。

第一节　微观经济循环体系

在学习微观经济学伊始，初学者需要大致了解微观经济循环体系的内容。微观经济循环体系的基本要素是需求、供给和市场均衡，微观经济学通过研究消费者和生产者在产品市场和要素市场上的最大化行为，以及市场均衡价格的决定，来说明价格机制的运行机制。下面利用图 11－1 进行简要说明。

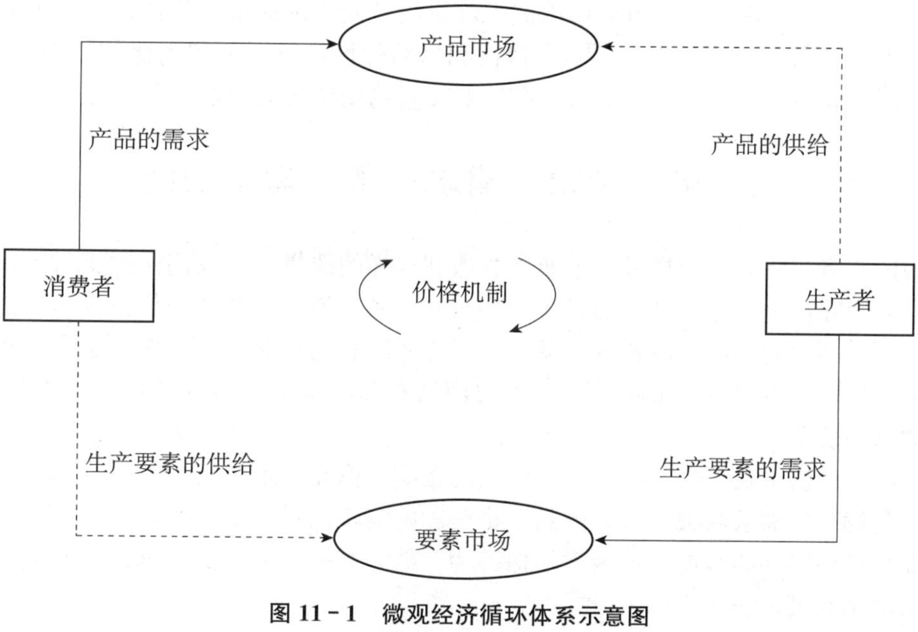

图 11－1　微观经济循环体系示意图

图 11－1 是对微观经济循环体系的直观展示，左右两个方框分别表示消费者和生产者，上下两个椭圆框分别表示产品市场和要素市场，实线箭头表示需求关系，虚线箭头表

示供给关系。在微观经济循环体系中，消费者和生产者均有双重身份：消费者既是产品市场上的需求者，也是要素市场上的供给者；生产者既是要素市场上的需求者，也是产品市场上的供给者。

在图 11-1 上半部分的产品市场上，生产者为了最大化自身利润，将生产出来的手机、汽车等产品供给到产品市场，而消费者为了最大化自身效用，购买所需的手机、汽车等产品。在产品市场上，生产者的供给和消费者的需求，共同决定了每一种产品的均衡价格和均衡数量。微观经济学以需求、供给和均衡价格为出发点，通过建立最优化模型来研究消费者追求效用最大化的行为，并推导消费者的需求曲线，进而汇总得到市场的需求曲线；以生产论、成本论和市场论等研究生产者追求利润最大化的行为，并推导生产者的供给曲线，进而汇总得到市场的供给曲线。均衡价格和均衡数量由产品市场的需求曲线和供给曲线共同决定，在此基础上得出产品市场如何在市场价格机制的作用下，实现经济资源的有效配置。

在图 11-1 下半部分的要素市场上，消费者在要素市场上提供资本、劳动、土地等生产要素，而生产者通过募集资金、雇用工人、租用土地等方式，购买所需的生产要素。在要素市场上，消费者的供给和生产者的需求，共同决定了每一种生产要素的均衡价格和均衡数量。微观经济学在生产要素的需求方面，从生产者追求利润最大化的行为出发，推导出生产要素的需求曲线；生产要素的供给方面，从消费者追求效用最大化的角度出发，推导出生产要素的供给曲线；均衡价格和均衡数量由要素市场的需求曲线和供给曲线共同决定，从而进一步说明生产要素市场均衡价格的决定及资源配置的效率问题。

根据上文介绍的微观经济循环体系，本章第二节介绍需求函数与需求法则，第三节介绍供给函数与供给法则，第四节介绍由需求和供给共同决定的市场均衡，第五节介绍消费者剩余和生产者剩余，第六节介绍需求弹性和供给弹性，第七节利用比较静态分析方法，分析最低限价和最高限价两种价格管制政策对市场均衡状态的影响。

第二节　需求：需求函数与需求法则

作为消费者，我们在购物过程中通常会遇到这样的选择，即我们愿意支付的商品价格是多少，以及在这个价格水平下购买多少数量的商品。消费者在某一价格水平下愿意并且能够购买的商品数量形成了消费者的**需求**。消费者既有购买商品的意愿，也有购买商品的能力，才能形成有效需求。影响需求的主要因素有商品价格、消费者收入、消费者偏好，以及相关商品价格等。

一种商品的需求量受到商品价格等因素的影响，商品需求量与影响需求因素之间的对应关系，我们称作**需求函数**。因为商品价格是影响需求的最主要因素，为了简化分析，若假定除商品价格以外的其他影响因素均保持为常数，则一种商品的需求量只是商品价格的函数，需求函数可以表示为如下形式：

$$Q_D=f(P) \tag{11-1}$$

在式（11-1）中，P 表示商品价格，Q_D 表示商品需求量。

在不影响结论的情况下，通常假定商品需求量与商品价格之间存在线性关系，此时的需求函数为线性函数，可以表示为：

$$Q_D = a - b \cdot P \qquad (11-2)$$

在式（11－2）中，$a>0$，$b>0$，且均为常数。

需求曲线是直观表示商品需求量与商品价格之间函数关系的图形。根据经济学习惯，我们在绘制需求曲线时，通常把商品价格看作是商品需求量的函数，把商品价格放到纵轴，把商品需求量放到横轴，用反需求函数来表示需求曲线。当需求函数为线性时，需求曲线是一条直线，如图 11－2 所示。在图 11－2 中，纵轴是自变量商品价格 P，横轴是因变量商品需求量 Q_D。需求曲线上的每一个点，如点 A、点 B 或点 C，表示一个"商品需求量-商品价格"组合，其经济含义是，在一定价格水平下，消费者愿意购买的最大商品数量；换言之，消费者购买一定数量商品，所能接受的最高商品价格。

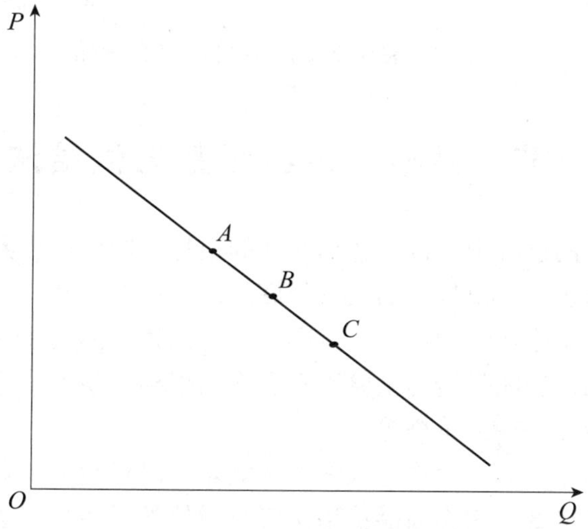

图 11－2　线性需求曲线和需求量的变化

商品价格变化使得商品需求量发生变化，此时为**需求量的变化**，表现为"商品需求量-商品价格"组合沿着特定需求曲线的上下移动。在图 11－2 中，初始"商品需求量-商品价格"组合为点 B，需求曲线从左上方向右下方倾斜，即需求曲线的斜率为负，说明在其他影响因素保持不变的情况下，随着商品价格上升，商品需求量减少，点 B 沿着需求曲线向左上方移动到点 A；随着商品价格下降，商品需求量增加，点 B 沿着需求曲线向右下方移动点 C。**需求法则**指的就是商品需求量与商品价格之间的反方向变化关系。

在商品价格保持不变的情况下，消费者收入、消费者偏好、相关商品价格等其他影响因素的变化，也会使得商品需求量发生变化，此时为**需求的变化**，表现为需求曲线的位置向左或者向右移动。在图 11－3 中，初始需求曲线为 D_0，在商品价格保持不变的情况下，若其他影响因素的变化，如消费者收入增加、消费者对该商品的偏好增强、替代商品价格上升等，导致需求增加，则需求曲线由 D_0 向右移动到 D_1；若其他影响因素的变化，如消费者收入减少、消费者对该商品的偏好减弱、替代商品价格下降等，导致需求减少，则需求曲线由 D_0 向左移动到 D_2。需求变化导致需求曲线位置的向左或者向右移动，使得每一给定价格水平下的商品需求量相应减少或者增加。

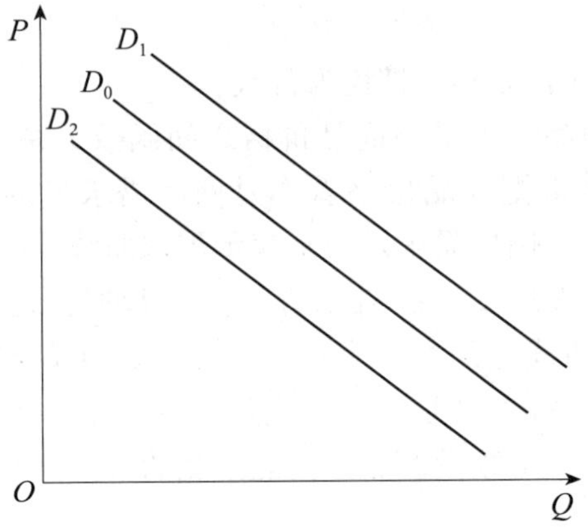

图 11－3　需求曲线的移动和需求的变化

第三节　供给：供给函数与供给法则

生产者在出售商品的过程中通常会遇到这样的选择，即生产者愿意接受的商品价格是多少，以及在这个价格水平下出售多少数量的商品。生产者在某一价格水平下愿意并且能够出售的商品数量形成了生产者的**供给**。生产者既有出售商品的意愿，也有出售商品的能力，才能形成有效供给。影响供给的主要因素有商品价格、生产成本、生产技术、生产者预期、市场结构，以及相关商品价格等。

一种商品的供给量受到商品价格等因素的影响，商品供给量与影响供给因素之间的对应关系，我们称作**供给函数**。因为商品价格是影响供给的最主要因素，为了简化分析，若假定除商品价格以外的其他影响因素均保持为常数，则一种商品的供给量只是商品价格的函数，供给函数可以表示为如下形式：

$$Q_S=f(P) \tag{11-3}$$

在式（11－3）中，P 表示商品价格，Q_S 表示商品供给量。

在不影响结论的情况下，通常假定商品供给量与商品价格之间存在线性关系，此时的供给函数可以表示为：

$$Q_S=d\cdot P-c \tag{11-4}$$

在式（11－4）中，$c>0$，$d>0$，且均为常数。

供给曲线是直观表示商品供给量与商品价格之间函数关系的图形。与需求曲线类似，我们在绘制供给曲线时，通常把商品价格看作是商品供给量的函数，把商品价格放到纵轴，把商品供给量放到横轴，用反供给函数来表示供给曲线。当供给函数为线性时，供给曲线是一条直线，如图 11－4 所示。在图 11－4 中，纵轴是自变量商品价格 P，横轴是因变量商品供给量 Q_S，供给曲线上的每一个点，如点 D、点 E 或点 F，表示一个“商品供给量-商品价格”组合，其经济含义是，在一定价格水平下，生产者愿意生产的最大商品数量；换言之，生产者生产一定数量商品，所能接受的最低商品价格。

商品价格变化使得商品供给量发生变化，此时为**供给量的变化**，表现为“商品供给量-商品价格”组合沿着特定供给曲线的上下移动。在图 11-4 中，初始“商品供给量-商品价格”组合为点 E，供给曲线从左下方向右上方倾斜，即供给曲线的斜率为正，说明在其他影响因素保持不变的情况下，随着商品价格上升，商品供给量增加，点 E 沿着供给曲线向右上方移动到点 F；随着商品价格下降，商品供给量减少，点 E 沿着供给曲线向左下方移动到点 D。**供给法则**指的就是商品供给量与商品价格之间的反方向变化关系。

在商品价格保持不变的情况下，生产成本、生产技术、生产者预期、市场结构等其他影响因素的变化，也会使得商品供给量发生变化，此时为**供给的变化**，表现为供给曲线的位置向左或者向右移动。在图 11-5 中，初始供给曲线为 S_0，在商品价格保持不变的情况下，若其他影响因素的变化，如生产成本减少、生产技术改进、生产者预期未来商品价格要下降等，导致供给增加，则供给曲线由 S_0 向右移动到 S_1；若其他影响因素的变化，如生产成本增加、生产者预期未来商品价格要上升等，导致供给减少，则供给曲线由 S_0 向左移动到 S_2。供给变化导致供给曲线位置的向左或者向右移动，使得每一给定价格水平下的商品供给量相应减少或者增加。

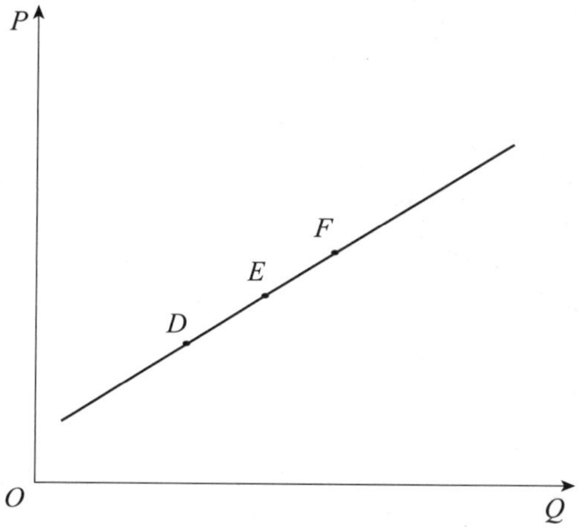

图 11-4 线性供给曲线和供给量的变化

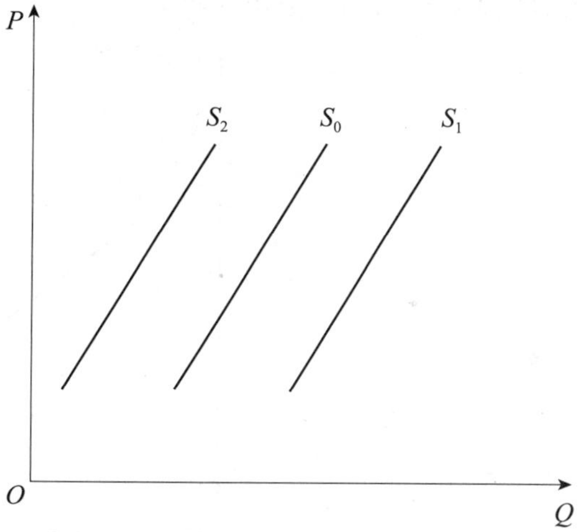

图 11-5 供给曲线的移动和供给的变化

第四节 市场均衡

在某一价格水平下，当消费者购买的商品数量与生产者出售的商品数量恰好相等时，消费者的效用最大化和生产者的利润最大化都得到满足，此时，消费者和生产者均没有动力改变商品价格和商品数量，经济行为处于相对静止的状态，这种经济状态被称为**市场均衡**。市场均衡状态所需要满足的条件是商品需求量与商品供给量相等，此时的商品价格为**均衡价格**，商品数量为**均衡数量**。市场均衡状态也被称为市场出清状态。

微观经济学中通常考虑的市场均衡包括局部均衡和一般均衡。在现实中，商品供求是多个市场联动的，一种商品的价格不仅由商品自身的供求情况决定，还由所有相关商品的价格和供求情况决定，所有相关商品市场的供求和价格达到均衡时的状态被称为**一般均衡**。出于简化的目的，我们通常假定一种商品的价格由商品自身的供求情况决定，着重分析一种商品市场的供求和价格达到均衡的**局部均衡**状态的决定因素。

需求和供给两个方面的力量共同决定市场均衡。由需求函数和供给函数组成的联立方程组，体现了需求和供给两个方面的共同作用。

$$Q_D=a-b\cdot P$$
$$Q_S=d\cdot P-c$$
$$Q_D=Q_S \tag{11-5}$$

通过求解联立方程组，可以得到市场均衡状态时的均衡价格和均衡数量。

$$P_E=\frac{a+c}{b+d} \tag{11-6}$$

$$Q_E=\frac{ad-bc}{b+d} \tag{11-7}$$

上述数学求解过程，对应到几何图形中，就是将图 11－2 的需求曲线和图 11－4 的供给曲线结合起来，放到同一个坐标系中，并找到两条曲线的交点，如图 11－6 所示。图 11－6 可以用来说明市场均衡状态的决定。

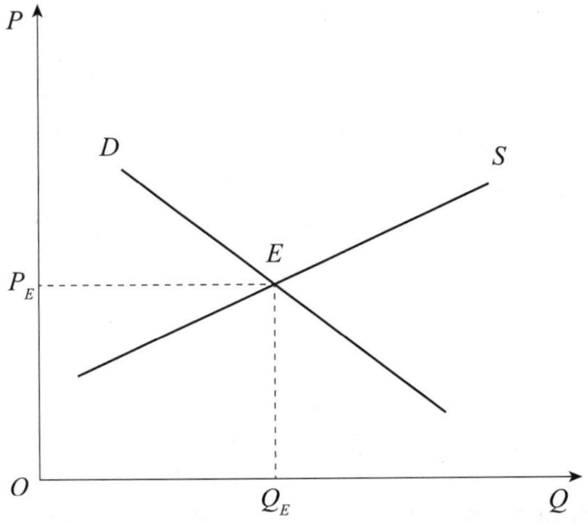

图 11－6　市场均衡状态

在图 11－6 中，直线 D 是需求曲线，直线 S 是供给曲线，需求曲线和供给曲线的交点是均衡点 E。均衡点 E 对应的价格和数量，即为联立方程组求解得到的均衡价格 P_E 和均衡数量 Q_E。

市场均衡状态具有相对静止和稳定性两个特征。**一方面，市场均衡状态是一种相对静止状态**。在均衡价格 P_E，消费者的商品需求量和生产者的商品供给量相等，均为 Q_E。换言之，在均衡数量 Q_E，消费者愿意支付的最高商品价格和生产者愿意出售的最低商品价格相等，均为 P_E。在市场均衡状态，消费者和生产者均没有改变经济行为的动机，处于相对静止状态。

另一方面，偏离市场均衡状态时，在市场机制的作用下会恢复到市场均衡状态。市场均衡是需求和供给两个方面力量共同作用的结果，市场机制具有自动调节作用，使市场均衡具有稳定性。以图 11－6 为例，**当均衡受到干扰使得商品价格低于均衡价格 P_E 时**，消费者的商品需求量大于均衡数量 Q_E 且大于生产者的商品供给量，出现供不应求的商品短缺情况，此时，消费者争相抬高商品价格购买所需的商品，生产者觉得有利可图会增加商品供给量，从而推动商品价格上升到均衡价格 P_E，生产者的商品供给量增加到均衡数量 Q_E，消费者的商品需求量减少到均衡数量 Q_E，达到需求与供给相等的市场均衡状态。同理，**当均衡受到干扰使得商品价格高于均衡价格 P_E 时**，消费者的商品需求量小于均衡数量 Q_E 且小于生产者的商品供给量，出现供过于求的商品过剩情况，此时，生产者争相压低商品价格抛售所生产的商品，消费者觉得物美价廉会增加商品需求量，从而推动商品价格下降到均衡价格 P_E，生产者的商品供给量减少到均衡数量 Q_E，消费者的商品需求量增加到均衡数量 Q_E，达到需求与供给相等的市场均衡状态。

在前面的分析中，商品价格偏离均衡价格使得商品需求量和供给量偏离均衡数量，即需求量和供给量发生了变化，表现为"商品需求量-商品价格"组合和"商品供给量-商品价格"组合分别沿着特定需求曲线和供给曲线的移动。此时，消费者和生产者会在市场价格机制的指引下，分别调整商品需求量和商品供给量，使商品价格回到均衡价格水平，重新达到需求与供给相等的市场均衡状态。

那么，需求的变化或供给的变化，即需求曲线或供给曲线的移动，如何影响市场均衡状态呢？由式（11－6）和式（11－7）可知，均衡价格和均衡数量均由需求曲线和供给曲线的截距和斜率 a、b、c、d 四个参数共同决定，所以当需求和供给发生变化时，均衡价格和均衡数量会发生相应变化。这在图 11－6 中表现为，需求曲线和供给曲线移动时，两个曲线的交点发生移动。下面将分别说明需求变化和供给变化对市场均衡的影响。

需求变化对市场均衡的影响如图 11－7 所示。在图 11－7 中，初始需求曲线为 D_0，供给曲线为 S，初始均衡点为 E_0。在供给不变的条件下，若其他影响因素的变化，如消费者收入增加、消费者对该商品的偏好增强、替代商品价格上升等，导致需求增加，会使需求曲线由 D_0 向右移动到 D_1，导致均衡点 E_0 沿着供给曲线向右上方移动到点 E_1，使得均衡价格和均衡数量均增加；同理，若其他影响因素的变化，导致需求减少，会使需求曲线由 D_0 向左移动到 D_2，导致均衡点 E_0 沿着供给曲线向左下方移动到点 E_2，使得均衡价格和均衡数量均减少。

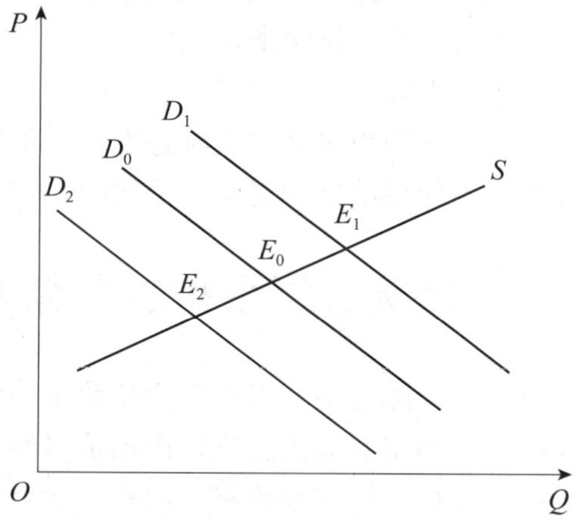

图 11－7　需求变化对市场均衡的影响

供给变化对市场均衡的影响如图 11－8 所示。在图 11－8 中，需求曲线为 D，初始供给曲线为 S_0，初始均衡点为 E_0。在需求不变的条件下，若其他影响因素的变化，如生产成本减少、生产技术改进、生产者预期未来商品价格要下降等，导致供给增加，则供给曲线由 S_0 向右移动到 S_1，导致均衡点 E_0 沿着需求曲线向右下方移动到点 E_1，使得均衡价格下降，均衡数量增加；同理，若其他影响因素的变化，导致供给减少，会使供给曲线由 S_0 向左移动到 S_2，导致均衡点 E_0 沿着需求曲线向左上方移动到点 E_2，使得均衡价格上升，均衡数量减少。

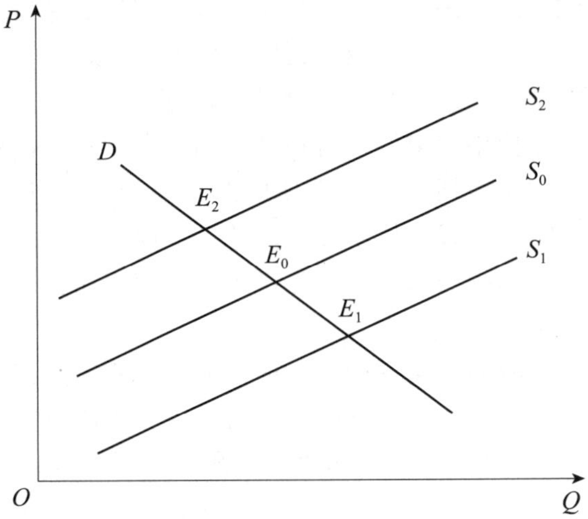

图 11－8　供给变化对市场均衡的影响

综合需求变化和供给变化分别对市场均衡的影响，可得**供求法则**：在其他因素不变的条件下，需求变化导致需求曲线的位置发生移动，使得均衡价格、均衡数量与需求同方向变化，即需求增加（或减少）使得均衡价格和均衡数量均增加（或减少）；供给变化导致供给曲线的位置发生移动，使得均衡数量与供给同方向变化，均衡价格与供给反方向变化。

现实经济中，需求变化和供给变化往往同时发生，此时，需求变化和供给变化对市场均衡的影响需要具体情况具体分析。例如：需求增加或供给增加，均会使得均衡数量增加，但是，需求增加使得均衡价格上升，供给增加使得均衡价格下降，这两种力量的作用方向相反。最终均衡价格上升还是下降，由这两种力量的相对大小决定。当需求增加对均衡价格的影响程度，超过供给增加对均衡价格的影响程度时，均衡价格上升；反之，当需求增加对均衡价格的影响程度，不如供给增加对均衡价格的影响程度时，均衡价格下降。

第五节　消费者剩余和生产者剩余

根据向右下方倾斜的需求曲线，随着消费者购买商品数量的增加，消费者所能接受的最高商品价格是递减的。实际上，消费者只需要支付市场价格便可购买得到商品。对于消费者，只要所能接受的最高商品价格高于市场价格，消费者就会在心理上认为得到了超过实际支付价格的福利。例如：假设一杯奶茶的价格是 10 元，消费者在购买第 1 杯奶茶时获得的心理满足感较大，消费者所能接受的最高价格为 20 元，消费者剩余为 10 元；消费者在购买第 2 杯奶茶时，消费者所能接受的最高价格减少为 15 元，消费者剩余为 5 元；消费者在购买第 3 杯奶茶时，消费者所能接受的最高价格减少为 10 元，消费者剩余为 0。理性的消费者最多会购买 3 杯奶茶，愿意支付的最高商品总价为 45 元，实际支付的商品总价为 30 元，二者的差值即为购买 3 杯奶茶获得的消费者剩余 15 元。因而，消费者购买一定数量商品时，愿意支付的最高商品总价超过实际支付商品总价的部分，就是**消费者剩余**。

消费者剩余可以用需求曲线下方、市场价格线上方的面积来直观表示。在图 11－9 中，商品的市场价格为 P_0，消费者的购买数量为 Q_0，需求曲线下方梯形面积 $OABQ_0$ 表示消费者购买 Q_0 数量商品愿意支付的最高商品总价，矩形面积 OP_0BQ_0 表示消费者实际支付的商品总价，这两块面积的差值为三角形 ABP_0 的面积，即为消费者剩余。

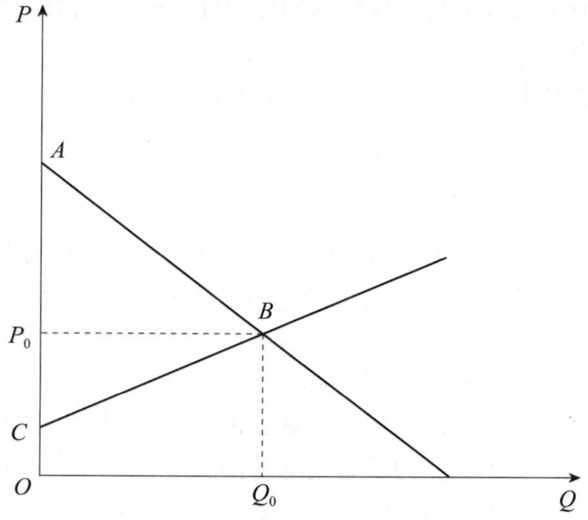

图 11－9 消费者剩余和生产者剩余

对于生产者，只要商品销售价格大于额外生产一单位产品的成本，生产者增加产量就是有利可图的。**生产者剩余**指的是，生产者销售一定数量商品时，商品销售收入超过总生产成本的部分。与消费者剩余是消费者的主观感受不同，生产者剩余实际上是生产者的利润，是实际货币收入的增加。

生产者剩余可以用市场价格线下方、供给曲线上方的面积来直观表示。在图 11－9 中，商品的市场价格为 P_0，生产者的供给数量为 Q_0，矩形面积 OP_0BQ_0 表示生产者收到的销售收入，供给曲线下方梯形面积 $OCBQ_0$ 表示生产者生产并销售 Q_0 数量商品支付的总成本，这两块面积的差值为三角形 CBP_0 的面积，即为生产者剩余。

消费者剩余加上生产者剩余是需求曲线与供给曲线之间三角形 ABC 的面积，表示社会福利。生产者剩余和消费者剩余通常被结合起来用于分析经济效率和社会福利问题。

第六节 弹性：需求弹性和供给弹性

上文的需求法则和供给法则分别揭示了商品价格变化对商品需求量和供给量的影响方

向。在此基础上，我们还想知道商品价格变化对商品需求量和供给量的影响程度，即商品价格变化导致商品需求量和供给量增加或减少了多少？为此我们需要排除因变量和自变量计量单位的影响，引入弹性这一新的概念。

弹性度量的是因变量变化对自变量变化的反应程度。弹性是一个比值，可以用来度量当自变量变化1%时，因变量变化百分之几。

微观经济学主要关注商品需求量变化对影响需求因素变化的反应程度，即需求方面的弹性，以及商品供给量变化对影响供给因素变化的反应程度，即供给方面的弹性。下文以需求方面的弹性为代表，详细介绍需求价格弹性、需求收入弹性和需求交叉价格弹性。

需求价格弹性，通常被简称为**需求弹性**，指的是商品需求量变化对商品价格变化的反应程度，可以用来度量当商品价格变化1%时，商品需求量变化百分之几。需求价格弹性可以用商品需求量变化率与商品价格变化率的比值计算得到。需求价格弹性分为需求价格弧弹性和需求价格点弹性。

需求价格弧弹性指的是，需求曲线上两点之间的商品需求量变化对商品价格变化的反应程度。需求价格弧弹性的计算公式如下：

$$E_D=-\frac{\Delta Q/Q}{\Delta P/P}=-\frac{\Delta Q}{\Delta P}\cdot\frac{P}{Q} \tag{11-8}$$

在式（11－8）中，E_D 为需求价格弹性，ΔQ、ΔP 分别为商品需求量的变化量和商品价格的变化量。根据需求法则，商品需求量与商品价格之间呈反方向变化，$\Delta Q/\Delta P$ 取值为负，为了保证需求价格弹性取值为正，式（11－8）中加上了负号。

假设需求曲线上两点的坐标分别为（Q_1，P_1）、（Q_2，P_2），在式（11－8）中，P/Q 代入不同点的坐标，会使得商品需求量变化量 ΔQ 和商品价格变化量 ΔP 的比较基数不同，导致需求价格弧弹性的数值不同。为了避免这种情况发生，商品需求量变化量和商品价格变化量的比较基数值分别取平均值 $(Q_1+Q_2)/2$ 和 $(P_1+P_2)/2$，需求价格弧弹性的中点公式如下：

$$E_D=-\frac{\Delta Q/[(Q_1+Q_2)/2]}{\Delta P/[(P_1+P_2)/2]}=-\frac{\Delta Q}{\Delta P}\cdot\frac{P_1+P_2}{Q_1+Q_2} \tag{11-9}$$

需求价格弧弹性有五种典型类型：(1) 当商品价格变化1%时，商品需求量变化超过1%，商品需求量的变化率大于商品价格的变化率，说明商品需求量变化对商品价格变化的反应比较敏感，需求价格弧弹性 $E_D>1$，这种类型为**富于弹性**。(2) 当商品价格变化1%时，商品需求量变化不足1%，商品需求量的变化率小于商品价格的变化率，说明商品需求量变化对商品价格变化的反应较不敏感，需求价格弧弹性 $E_D<1$，这种类型为**缺乏弹性**。需求价格弧弹性富于弹性时的需求曲线较平缓，而需求价格弧弹性缺乏弹性时的需求曲线较陡峭。(3) 当商品价格变化1%时，商品需求量变化为1%，商品需求量的变化率等于商品价格的变化率，需求价格弧弹性 $E_D=1$，这种类型为**单位弹性**。单位弹性可以作为富于弹性或缺乏弹性的比较基准，单位弹性的需求曲线也可以作为需求曲线平缓或陡峭的比较基准。(4) 需求曲线水平时，商品价格的小幅提高，导致商品需求量从无穷大减少到0，需求价格弧弹性 $E_D=\infty$，这种类型为**完全弹性**。(5) 需求曲线垂直时，商品需求量是固定值，不随商品价格的变化而发生变化，需求价格弧弹性 $E_D=0$，这种类型为**完全无弹性**。

需求价格点弹性指的是，需求曲线上某一点的商品需求量变化对商品价格变化的反应程度。在式（11－8）中，需求曲线上两点之间的商品价格变化量趋于无穷小时，可以得到需求价格点弹性的计算公式如下：

$$E_D=\lim_{\Delta P\to 0}\left(-\frac{\Delta Q}{\Delta P}\cdot\frac{P}{Q}\right)=-\frac{\mathrm{d}Q}{\mathrm{d}P}\cdot\frac{P}{Q} \tag{11－10}$$

在式（11－10）中，$\mathrm{d}Q/\mathrm{d}P$ 是需求曲线上点的切线斜率的倒数。

需求价格点弹性与需求价格弧弹性一样，也有五种典型类型，如图 11－10 所示。

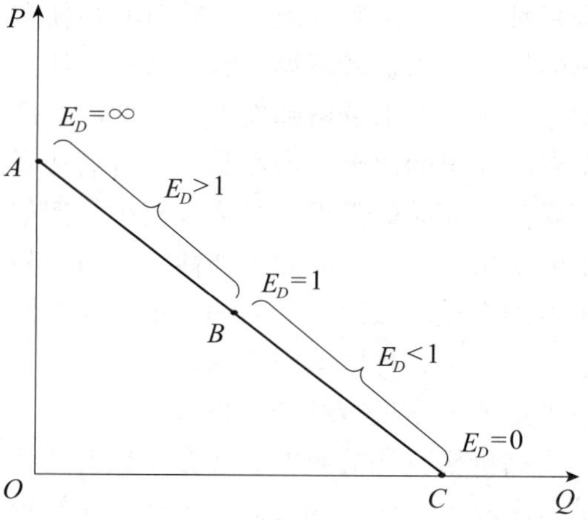

图 11－10　需求价格点弹性的五种典型类型

在图 11－10 中，斜率为负的线性需求曲线上每一点的需求价格点弹性不同，并且需求价格点弹性与需求曲线上点的位置有关。需求曲线与纵轴交点 A 的需求价格点弹性为 $E_D=\infty$，此时为完全弹性。需求曲线与横轴交点 C 的需求价格点弹性为 $E_D=0$，此时为完全无弹性。AC 中点 B 的需求价格点弹性为 $E_D=1$，此时为单位弹性。需求曲线的 AB 段（除了两个端点），需求价格点弹性为 $E_D>1$，此时为富于弹性。需求曲线的 BC 段（除了两个端点），需求价格点弹性为 $E_D<1$，此时为缺乏弹性。综合来看，斜率为负的线性需求曲线上，沿着需求曲线从点 A 移动到点 C 时，需求价格点弹性越来越小，从 $E_D=\infty$ 下降到 $E_D=0$。

那么，现实生活中，哪些商品富于弹性？哪些商品缺乏弹性？为此，我们需要知道影响需求价格弹性的各种因素。

一是消费者的可选择性。当市场供给较为丰富，消费者的选择空间较大时，消费者容易找到替代商品，此时商品的需求价格弹性较大，富于弹性；反之，消费者的可选择性较小时，商品的需求价格弹性较小，商品缺乏弹性。例如，大米、食盐等生活必需品，从人的生存需求角度，每人每天有固定的需求量，生活必需品商品价格变化时，消费者对生活必需品的需求量变化不大，因而生活必需品缺乏弹性。然而，具体到五常大米这一品牌，五常大米价格上涨时，消费者会减少对五常大米的需求量，增加对其他品牌大米的需求量，对五常大米而言，消费者的可选择性较大，五常大米富于弹性。

二是市场竞争的激烈程度。激烈的市场竞争会增加消费者的可选择性，使商品的替代品较多，富于弹性；反之，市场竞争程度不足时，商品的替代品较少，缺乏弹性。

三是消费者调整需求量的时间。由于消费者调整消费习惯需要较长的时间，短期和长期的需求价格弹性不相同。对于大多数商品，特别是非耐用商品，短期需求价格弹性小于长期需求价格弹性。例如，汽油价格上涨，在短期中促使消费者减少开车时间，逐渐减少对汽油的需求量，在长期中促使消费者更换新能源汽车替代燃油车，因而汽油价格上涨对长期汽油需求量的影响较大，汽油的短期需求价格弹性小于长期需求价格弹性。然而，对于汽车、空调等耐用商品，短期需求价格弹性却大于长期需求价格弹性。例如，汽车价格上涨，消费者在短期中会延长汽车的使用年限，不着急购买新车，导致汽车的需求量大幅下降，在长期中随着旧车的报废，消费者不得不购买新车，从而，汽车价格上涨对短期汽车需求量的影响较大，汽车的短期需求价格弹性大于长期需求价格弹性。

四是商品支出占消费者总支出的比重。当商品支出占消费者总支出比重较小时，消费者对商品价格的变化较不敏感，商品的需求价格弹性较小。例如大米、食盐等单价较小的商品，消费者每月在其上的支出较小，商品缺乏弹性。而当商品支出占消费者总支出比重较大时，消费者对商品价格的变化较敏感，商品的需求价格弹性较大。

综上，商品的需求价格弹性是各种影响因素综合作用的结果，因而对商品需求价格弹性大小的判断，需要对各种影响因素进行综合分析。

商品需求量不仅受到商品价格变化的影响，还会受到消费者收入变化和相关商品价格变化的影响。为了度量消费者收入变化、相关商品价格变化导致商品需求量增加或减少了多少，我们分别引入需求收入弹性和需求交叉价格弹性这两个概念。

需求收入弹性指的是，商品需求量变化对消费者收入变化的反应程度，可以用来度量当消费者收入变化1%时，商品需求量变化百分之几。**需求收入弧弹性**的中点公式如下：

$$E_I=\frac{\Delta Q/[(Q_1+Q_2)/2]}{\Delta I/[(I_1+I_2)/2]}=\frac{\Delta Q}{\Delta I}\cdot\frac{I_1+I_2}{Q_1+Q_2} \tag{11-11}$$

需求收入点弹性的计算公式如下：

$$E_I=\lim_{\Delta I\to 0}\left(\frac{\Delta Q}{\Delta I}\cdot\frac{I}{Q}\right)=\frac{\mathrm{d}Q}{\mathrm{d}I}\cdot\frac{I}{Q} \tag{11-12}$$

根据商品需求量对消费者收入变化做出的不同反应，可以将商品分为正常商品和低档商品两大类。其中，正常商品的需求收入弹性 $E_I>0$，当消费者收入增加（或减少）时，消费者对正常商品的需求量增加（或减少）；低档商品的需求收入弹性 $E_I<0$，当消费者收入增加（或减少）时，消费者对低档商品的需求量减少（或增加）。对于正常商品，可以进一步分为必需商品和奢侈商品。当消费者收入减少时，正常商品的需求量会减少，其中，必需商品需求量减少对消费者收入减少的反应较不敏感，必需商品的需求收入弹性 $0<E_I<1$，缺乏弹性；奢侈商品需求量减少对消费者收入减少的反应比较敏感，奢侈商品的需求收入弹性 $E_I>1$，富于弹性。具体到食品这种必需商品的收入弹性，有一个著名的**恩格尔定律**：随着消费者收入的增加，食品支出占消费者收入的比重逐渐减少，这是食品缺乏收入弹性的必然结果。

需求交叉价格弹性指的是，商品需求量变化对相关商品价格变化的反应程度，可以用来度量当相关商品价格变化1%时，商品需求量变化百分之几。**需求交叉价格弧弹性**的计算公式如下：

$$E_{12}=\frac{\Delta Q_1/Q_1}{\Delta P_2/P_2}=\frac{\Delta Q_1}{\Delta P_2}\cdot\frac{P_2}{Q_1} \tag{11-13}$$

在式（11－13）中，ΔQ_1、Q_1 分别为商品 1 的需求量变化量和需求量，ΔP_2、P_2 分别为商品 2 的价格变化量和价格。

需求交叉价格点弹性的计算公式如下：

$$E_{12}=\lim_{\Delta P_2\to 0}\left(\frac{\Delta Q_1}{\Delta P_2}\cdot\frac{P_2}{Q_1}\right)=\frac{\mathrm{d}Q_1}{\mathrm{d}P_2}\cdot\frac{P_2}{Q_1} \tag{11-14}$$

需求交叉价格弹性 $E_{12}<0$，表示两种商品之间存在互补关系，两种商品互称为互补商品。需求交叉价格弹性 $E_{12}>0$，表示两种商品之间存在替代关系，两种商品互称为替代商品。当任意一种商品的价格变化，不会引起另一种商品的需求量变化时，两种商品的需求交叉价格弹性 $E_{12}=0$。

在商品需求价格弹性的不同取值情况下，降价或提价销售策略对商品销售收入的影响，分为五种情况：

（1）针对需求价格弹性 $E_D=0$，即完全无弹性商品，商品销售收入与商品价格同方向变化：由于商品需求量是固定值，若降低商品价格，则商品销售收入同比例减少；若提高商品价格，则商品销售收入同比例增加。

（2）针对需求价格弹性 $E_D<1$，即缺乏弹性商品，商品销售收入与商品价格同方向变化：若降低商品价格，则商品销售收入减少；若提高商品价格，则商品销售收入增加。这是因为商品缺乏弹性，商品需求量变化对商品价格变化的反应较不敏感，因而商品价格下降（上升）带来商品销售收入的减少量（增加量），要大于商品需求量增加（减少）带来商品销售收入的增加量（减少量），最终降价（提价）带来商品销售收入减少（增加）。例如大米等农产品，替代商品较少，缺乏弹性，降价会减少销售收入，造成丰收年份农民收入减少的“谷贱伤农”现象。

（3）针对需求价格弹性 $E_D=1$，即单位弹性商品，无论是降价还是提价，商品销售收入保持不变。这是因为商品价格下降（上升）带来商品销售收入的减少量（增加量），等于商品需求量增加（减少）带来商品销售收入的增加量（减少量），最终降价（提价）并不改变商品销售收入。

（4）针对需求价格弹性 $E_D>1$，即富于弹性商品，商品销售收入与商品价格反方向变化：若降低商品价格，则商品销售收入增加；若提高商品价格，则商品销售收入减少。这是因为商品富于弹性，商品需求量变化对商品价格变化的反应比较敏感，因而商品价格下降（上升）带来商品销售收入的减少量（增加量），要小于商品需求量增加（减少）带来商品销售收入的增加量（减少量），最终降价（提价）带来商品销售收入增加（减少）。例如衣服、家用电器等富于弹性商品，容易找到替代商品，降价会增加销售收入，产生“薄利多销”的效果。

（5）针对需求价格弹性 $E_D=\infty$，即完全弹性商品，商品价格的上升（下降），会导致商品需求量从无穷大减少到 0（从 0 增加到无穷大），从而商品销售收入也从无穷大减少到 0（从 0 增加到无穷大）。

除上文介绍的需求方面的弹性以外，还有供给方面的弹性，度量商品供给量变化对影响供给因素变化的反应程度，包括供给价格弹性、供给交叉价格弹性等。

供给价格弧弹性的计算公式如下：

$$E_S=\frac{\Delta Q/Q}{\Delta P/P}=\frac{\Delta Q}{\Delta P}\cdot\frac{P}{Q} \tag{11-15}$$

供给价格弧弹性的中点公式如下：

$$E_S=\frac{\Delta Q/[(Q_1+Q_2)/2]}{\Delta P/[(P_1+P_2)/2]}=\frac{\Delta Q}{\Delta P}\cdot\frac{P_1+P_2}{Q_1+Q_2} \tag{11-16}$$

供给价格点弹性的计算公式如下：

$$E_S=\lim_{\Delta P\to 0}\left(\frac{\Delta Q}{\Delta P}\cdot\frac{P}{Q}\right)=\frac{\mathrm{d}Q}{\mathrm{d}P}\cdot\frac{P}{Q} \tag{11-17}$$

根据供给价格弹性 E_S 的大小，供给价格弹性有五种典型类型：$E_S>1$ 富于弹性；$E_S<1$ 缺乏弹性；$E_S=1$ 单位弹性；$E_S=\infty$ 完全弹性；$E_S=0$ 完全无弹性。

影响供给价格弹性的因素主要有：一是生产者调整供给的难易程度。生产者越容易调整商品生产量，供给价格弹性越大。二是商品的生产成本。随着产量的增加，增加单位产量所增加的生产成本越来越小，此时，较容易调整供给，供给价格弹性较大；当产量达到一定程度时，增加单位产量所增加的生产成本越来越大，此时，较难调整供给，供给价格弹性较小。三是生产成本结构。生产成本分为可变成本和固定成本，当原材料、人工等可变成本占生产成本的比重较大时，较容易调整供给，供给价格弹性较大；当机器设备、厂房等固定成本占生产成本的比重较大时，较难调整供给，供给价格弹性较小。四是商品的生产周期。商品的生产周期越长，供给价格弹性越小。

第七节　比较静态分析：管制、短缺与过剩

静态分析和比较静态分析是微观经济学中两种常见的经济分析方法。静态分析是在外生变量给定的情况下求解内生变量的分析方法。例如，在需求函数和供给函数给定的情况下，求解内生变量均衡价格和均衡数量，就需要用到静态分析方法。比较静态分析是分析比较外生变量不同取值对内生变量影响的分析方法。例如，当消费者收入、消费者偏好、相关商品价格等其他影响需求因素，以及生产成本、生产技术、生产者预期、市场结构等其他影响供给因素等外生变量发生变化时，需求曲线、供给曲线的位置发生移动，导致内生变量均衡价格和均衡数量的取值发生变化，对新旧均衡状态的分析比较需要用到比较静态分析方法。

现实中，政府出于改进社会福利的目的，通常会采取最低限价、最高限价等价格管制政策，通过调整供求关系对商品价格进行干预。那么，最低限价、最高限价等价格管制政策会对市场均衡价格和均衡数量产生何种影响？下面我们进行详细分析。

最低限价指的是政府利用行政手段规定商品价格不能低于某一价格水平，又被称为支持价格。如图 11－11 所示，最低限价 P_L 高于均衡价格 P_E。当商品价格为最低限价 P_L 时，商品供给量和需求量分别为 Q_S 和 Q_D，出现供过于求的商品过剩情况，此时，市场机制有自发降低商品价格的趋势，但行政干预阻止商品价格低于最低限价。例如，我国实施的粮油收购政策，通过提高粮油收购价格促进农民增收，能够调动农民的种粮积极性，减

少“谷贱伤农”现象产生的影响，推动农业产业发展。再如，世界各国广泛实施的最低工资保障制度，有利于保障低收入劳动力的基本劳动报酬，但也可能会产生低技能劳动力失业等不良后果。

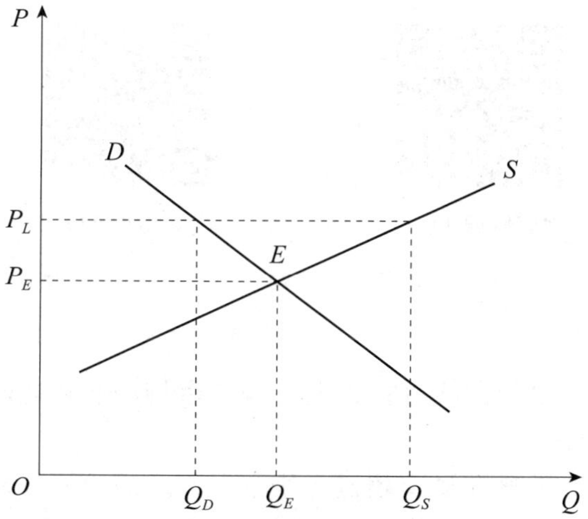

图 11－11　最低限价示意图

最高限价指的是政府利用行政手段规定商品价格不能高于某一价格水平，又被称为限制价格。如图 11－12 所示，最高限价 P_H 低于均衡价格 P_E。当商品价格为最高限价 P_H 时，商品供给量和需求量分别为 Q_S 和 Q_D，出现供不应求的商品短缺情况，此时，市场机制有自发提高商品价格的趋势，但政府干预可以阻止商品的市场价格高于最高限价。最高限价通常用来应对价格的快速上涨，通过限制商品的价格上涨保障物价稳定。例如，我国实施的房地产封顶价政策，在一段时期内，有效限制了房价上涨。但是，最高限价导致商品短缺，会产生黑市交易盛行等不良后果。

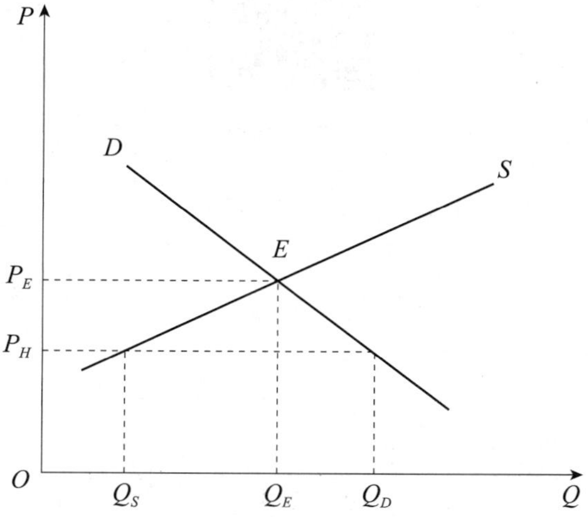

图 11－12　最高限价示意图

综上，最低限价、最高限价等价格管制政策，是政府利用行政手段对市场机制的直接干预。此外，政府也可以利用补贴或征税等手段，发挥市场机制的作用，调整供求关系。

资源链接

视频微课 11－1　　视频微课 11－2

本章习题

1. 请利用需求曲线和供给曲线分析说明：偏离市场均衡状态时，在市场机制的作用下会恢复到市场均衡状态。

2. 消费者对西瓜的需求量在夏季超过冬季，但西瓜的价格在夏季低于冬季，请利用需求曲线和供给曲线分析说明这种现象。

3. 请利用弹性理论解释“谷贱伤农”现象和“薄利多销”销售策略。

4. 请举例说明影响需求价格弹性的因素，以及影响供给价格弹性的因素。

5. 请利用需求曲线和供给曲线，以及比较静态分析方法：（1）分析最低限价、最高限价、补贴和征税对市场均衡状态的影响；（2）从政府与市场关系的角度说明最低限价或最高限价等价格管制政策，与补贴或征税的区别。

在线自测

扫一扫　练一练

第十二章　消费者行为理论Ⅰ：消费者如何选择

在上一章中，我们介绍了需求曲线和供给曲线的基本特征，并分析了市场均衡的决定力量。事实上，这些特征的背后存在微观基础，需求曲线和供给曲线的构造分别来源于对消费者行为和生产者行为的分析。从本章开始，我们将逐步介绍需求曲线和供给曲线背后的微观主体行为，说明为什么需求曲线向右下方倾斜、供给曲线向右上方倾斜。

在这一章，我们介绍消费者如何做出选择。想象你和同学们一起去学校超市买零食，你们会购买完全相同的商品吗？答案通常是否定的。一方面，因为你们来自五湖四海，口味一般不同；另一方面，你们每个月的生活费也不一样。在经济学分析中，我们将这两方面因素抽象为偏好和约束，并利用效用来反映偏好，因此，消费者选择就是在约束条件下追求效用最大化。进一步，我们运用第十一章介绍的比较静态分析方法，讨论消费者如何对价格和收入变化做出反应。

第一节　偏好与效用

一、偏好

我们以对“偏好”的刻画作为分析消费者行为的起点。偏好是“喜爱”程度的反映，是消费者自身意愿的体现。消费者基于偏好做出选择，而不同个体的偏好存在很大差异。假如你是一个北方人，你可能特别喜爱吃饺子，但是你来自南方的同学或许更愿意吃米饭，显然，个体偏好的差异性显著影响着选择。因此，如何刻画偏好、反映偏好是分析消费者选择的前提。我们把消费者选择的全部商品和服务称为消费束（Consumption Bundles），例如，你选择的10个饺子和1盘花生称为A消费束，你的同学选择的1碗米饭和1份炒菜称为B消费束。对于任意两个消费束，消费者能够根据偏好做出排序。

首先，我们引入偏好符号，使不同消费束之间的排序更加清晰。$\succ$、$\sim$和$\succcurlyeq$分别表示三种偏好关系：严格偏好、无差异和弱偏好。具体来说，

$A \succ B$表示“A消费束严格好于B消费束”

$A \sim B$表示“A消费束和B消费束无差异”

$A \succcurlyeq B$表示“A消费束至少和B消费束一样好”

接下来，我们对偏好的几个基本性质进行假定，首先，偏好的完备性和传递性使理性选择成为可能；其次，偏好的非饱和性、凸性和连续性使我们对偏好的刻画得以简化并更加契合现实世界：

（1）完备性：任意两个消费束之间都可以比较。即对于消费束A和B，仅存在“A和

B 中偏好 A”“A 和 B 中偏好 B”“A 和 B 无差异”三种判断。用偏好符号进行表示，即 $A \succ B$、$B \succ A$ 和 $A \sim B$。偏好的完备性是关于偏好最本质的假设，消费者在面临选择的时候有做出比较的能力是进行经济学分析的基础。

（2）传递性：对于消费束 A、B、C，如果“A 和 B 中偏好 A”“B 和 C 中偏好 B”，那么，一定有“A 和 C 中偏好 A”。用偏好符号进行表示，即当存在 $A \succ B$ 和 $B \succ C$ 时，则一定有 $A \succ C$。偏好的传递性反映出消费者选择的内在一致性，使得选择一个最优的消费束成为可能，是一个符合理性的假设。

我们将满足完备性和传递性的偏好视为理性偏好。理性意味着进行选择的能力，只有满足了这两个理性假设，消费者在面对一系列选项时才有能力做出选择。除此之外，为了使分析简化并更加契合现实世界，我们对于偏好通常还做出以下三个假设：

（3）非饱和性：消费者对每种商品的消费都不会达到饱和点，偏好于越多越好。即对于消费束 A 和 B，消费束 A 中除了其中一种商品的数量多于消费束 B，其余完全相同，则消费者更偏好于消费束 A。例如，对于“9 个苹果和 2 个香蕉”的消费束 A 和“9 个苹果和 1 个香蕉”的消费束 B，消费者更偏好于消费束 A。

（4）凸性：消费者寻求消费的多样性，偏好平均优于极端，或至少不差。例如，如果消费者认为“9 个苹果和 1 个香蕉”的消费束 A 与“1 个苹果和 9 个香蕉”的消费束 B 无差异，那么，消费者会更加偏好比消费束 A 和 B 更为平均的诸如“5 个苹果和 5 个香蕉”的消费束 C。

（5）连续性：消费者消费商品出现轻微变化时，“喜爱”程度不会发生显著变化。假如往一杯咖啡中加入一滴牛奶，并不会使你对这杯咖啡的评价发生剧烈变化。

二、效用

效用是偏好的反映。效用指消费者在消费商品时的满意程度，是消费者的一种主观评价，能够反映偏好。如何度量这种“满意程度”？效用能否用具体的数值来衡量？数值的绝对大小是否有意义？基数效用论和序数效用论对于上述问题给出了不同的回答。基数效用论认为，效用大小能够用具体数值来衡量，且数值大小具有意义。例如，对于某个消费者而言，吃一个香蕉和一个苹果能够分别带来 1 单位和 2 单位效用，那么，“吃一个苹果”的效用是“吃一个香蕉”的两倍，是“吃一个香蕉和一个苹果”的效用的 2/3。但是，事实上，要消费者对每一种商品都给出具体的效用数值是很困难的，在现实生活中也难以观察，效用之间的顺序比较更加可行和有意义，这正是序数效用论的观点，也是今天经济学分析使用的方法。在下节中，我们引入的效用函数和无差异曲线，就是基于序数效用论的偏好分析工具。

第二节　效用函数与无差异曲线

一、效用函数

效用函数是分析偏好的重要工具，体现某一消费束给消费者带来的效用水平，满足前述五个假设的偏好都可以用效用函数来表示。我们可以把效用函数视为一种对消费束分配效用水平的数学规则，对更为偏好的消费束分配更高的数值，通常假定效用函数是连续可微的。效用函数帮助我们将偏好转化为易于分析的函数形式，借助效用水平的数值比较来反映偏好。

在前文中，我们定义的消费束包含全部商品，为了简化分析并不失一般性，在下文的分析中仅考虑对两种商品的消费。商品1是我们所关心的“某种商品”，商品2定义为一种复合商品，即“除商品1以外其他所有商品”的总和。用不同下标代表对不同商品的消费，x_1 表示商品1的数量，x_2 表示商品2的数量，此时，可以将消费束记为（x_1，x_2）。

假设函数 $u(x_1, x_2)$ 是我们找到的代表某一个消费者偏好的效用函数，对于消费束（x_1^A，x_2^A）和（x_1^B，x_2^B），如果消费者偏好（x_1^A，x_2^A），那么，通过效用函数反映的充分必要条件是 $u(x_1^A, x_2^A)>u(x_1^B, x_2^B)$。如果消费者认为消费束（$x_1^A$，$x_2^A$）和（$x_1^B$，$x_2^B$）无差异，那么，通过效用函数反映的充分必要条件是 $u(x_1^A, x_2^A)=u(x_1^B, x_2^B)$。

我们通过在效用函数中引入不同的参数来反映效用的不同来源，例如：在个人劳动-闲暇决策中，效用 $=u(c, h)$，其中，c 和 h 分别表示消费和闲暇；在个人跨期消费决策中，效用 $=u(c_1, c_2)$，其中，c_1 和 c_2 分别表示不同时期的消费。

需要特别说明的是，正如我们在第一节中指出的，效用之间的排序比较而非具体数值才是我们关注的重点。因此，效用函数值即效用水平并没有实质意义。如果对效用函数进行某种变换，不会使得消费束的排序发生变化，此时，变换后的函数与原先的效用函数就反映相同信息，代表同一种偏好。例如，给定 $f[u(x_1, x_2)]=u(x_1, x_2)+1$ 和 $u(x_1, x_2)$ 两个函数，如果对于任意消费束 A 和 B，有 $u_A(x_1^A, x_2^A)>u_B(x_1^B, x_2^B)$，此时，一定有 $u_A(x_1^A, x_2^A)+1>u_B(x_1^B, x_2^B)+1$，即 $f[u_A(x_1^A, x_2^A)]>f[u_B(x_1^B, x_2^B)]$，“加上任意数”的 f 变换就是不改变偏好信息的变换。效用函数的单调递增变换反映同一种偏好，单调递增变换的形式包括加上任意数、乘以某个正数、奇次幂变换等。

二、无差异曲线

无差异曲线是图示偏好的一种方法，帮助我们更加方便地描述偏好。正如无差异曲线的字面含义，曲线上每一个点所代表的商品组合对于消费者而言都是无差异的，能够带来相同的效用水平，无差异曲线就如同地图上的等高线。

我们沿用第一节中的例子，“9个苹果和1个香蕉”的消费束 A 与“1个苹果和9个香蕉”的消费束 B 无差异，于是，消费束 A 和消费束 B 位于同一条无差异曲线上，效用记为 u_1。由偏好的凸性可得，“5个苹果和5个香蕉”的消费束 C 能给消费者带来高于 u_1 的效用，记为 u_2，因此，消费束 C 对应一条更高水平的无差异曲线。在图12-1中的“苹果-香蕉”平面中，紧密排列着无数条对应着不同效用水平的无差异曲线（尽管我们只画出三条）。沿着箭头的方向移动，无差异曲线所代表的效用递增，即 $u_3>u_2>u_1$。

无差异曲线和偏好之间的对应关系，使得我们可以从偏好的性质中推导出无差异曲线的基本特征：

（1）由偏好的完备性可得，无差异曲线可以覆盖整个平面坐标系的第一象限；

（2）由偏好的传递性可得，不同偏好水平的无差异曲线不可能相交；

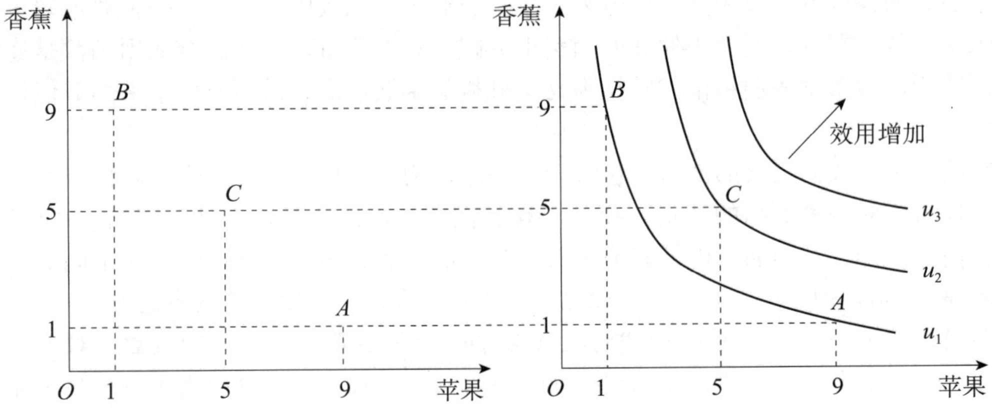

图 12-1　偏好与无差异曲线

（3）由偏好的非饱和性可得，离原点越远的无差异曲线代表的效用水平越高；

（4）由偏好的凸性可得，无差异曲线通常凸向原点；

（5）由偏好的连续性可得，无差异曲线连续，不会发生突然跳跃。

为了更加方便地描述无差异曲线的形状，我们引入边际替代率的概念。**边际替代率**（Marginal Rate of Substitution，MRS）指在效用水平不变的情况下，消费者愿意用一种商品替代另一种商品的比率。边际替代率等于无差异曲线斜率的绝对值，能够衡量消费者的边际支付意愿（以商品 2 的数量为衡量单位）。MRS_{12} 表示商品 1 对商品 2 的边际替代率。

Δx_1 和 Δx_2 分别表示在效用水平不变的情况下，商品 1 和商品 2 的变化量。Δx_1 和 Δx_2 的符号一定相反，因为给定效用水平不变，减少商品 2 的消费带来的效用损失需要用增加商品 1 的消费来弥补。假设 $\Delta x_1>0$、$\Delta x_2<0$，此时，消费者愿意减少 Δx_2 单位的商品 2 来换取 Δx_1 单位的商品 1，即消费者愿意用 $\left|\dfrac{\Delta x_2}{\Delta x_1}\right|$ 单位的商品 2 来换取 1 单位的商品 1。根据定义，有 $MRS_{12}=\left|\dfrac{\Delta x_2}{\Delta x_1}\right|$。假设 Δx_1 是一个很小的变动量，此时，$\left|\dfrac{\Delta x_2}{\Delta x_1}\right|$ 写作 $\left|\dfrac{\mathrm{d}x_2}{\mathrm{d}x_1}\right|$，就是无差异曲线斜率的绝对值。事实上，这才是边际替代率更加精确的定义，也是“边际”的含义所在。

例如，在图 12-2 中，A 点的斜率为-2，边际替代率为 2，消费者愿意用 2 单位的商品 2 来换取 1 单位的商品 1；B 点的斜率为$-1/2$，边际替代率为 1/2，消费者愿意用 1/2 单位的商品 2 来换取 1 单位的商品 1。我们看到，随着消费商品 1 数量的增加，（以商品 2 数量衡量的）消费者的边际支付意愿下降，这就是**边际替代率递减规律**。在图形上，边际替代率递减表现为无差异曲线凸向原点，也如上文所述，是消费者寻求消费多样性的体现。

通过效用函数，可以推导出无差异曲线的斜率，从而计算出边际替代率。

首先，还需要引入边际效用的概念。用 MU_i 表示商品 i 的边际效用，即增加微小数量的商品 i 带来的效用增加，当 Δx_i 是一个十分微小的变化时，$MU_i=\dfrac{\Delta u}{\Delta x_i}=\dfrac{\partial u}{\partial x_i}$。

在这里，我们对边际效用递减规律及其背后的原因展开说明。边际效用递减规律指的

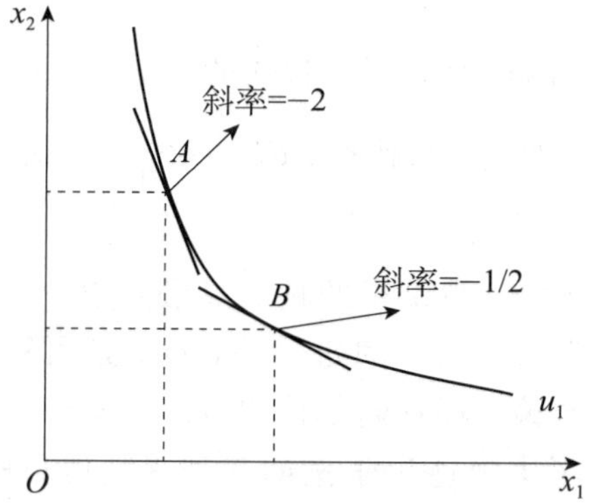

图 12－2　边际替代率

是，在其他条件不变时，消费者连续增加某种商品的消费，所得到的单位效用增量，即边际效用是递减的。理解这一规律并不困难，随着一种商品消费数量的增加，消费者想要得到更多这种商品的愿望就会下降。试想，当你饥饿时，第 1 个馒头对你而言一定“价值非凡”，当已经吃下 5 个馒头填饱肚子之后，再多吃一个馒头就难以再给你带来很大的效用，此时，第 6 个馒头对你而言很可能“一文不值”。另一方面，当馒头满足温饱需求之后，你可能会用它来喂猪，用于喂猪的馒头给你带来的效用显然要小于自己吃。因此，边际效用递减的原因，一是生理和心理的原因，人对重复刺激的反应程度是递减的；二是物品本身用途的多样性，随着消费品数量的增加，消费品流向愈加不重要的用途。

回到边际替代率的计算。当沿着同一条无差异曲线移动时（效用水平相同），Δx_1 和 Δx_2 分别表示商品 1 和商品 2 的微小变化量，必须满足移动前后的效用不发生变化，即

$$MU_1\Delta x_1+MU_2\Delta x_2=\Delta u=0 \tag{12-1}$$

也可以写作：

$$\frac{\partial u}{\partial x_1}\mathrm{d}x_1+\frac{\partial u}{\partial x_2}\mathrm{d}x_2=\mathrm{d}u=0 \tag{12-2}$$

从而得到：

$$MRS_{12}=\left|\frac{\Delta x_2}{\Delta x_1}\right|=\frac{MU_1}{MU_2} \tag{12-3}$$

其中，第一个等号由边际替代率的概念得到，第二个等号根据式（12－1）变形得到，MU_1 和 MU_2 则可以通过效用函数计算得到。

偏好和无差异曲线的联系如何反映在图形上？效用函数又为何能够表示偏好？下面，我们介绍三种特定偏好，分别给出表示具体偏好的效用函数并绘制无差异曲线，更好地理解抽象的“偏好”是如何转化为易于分析的函数和图形形式。

（1）完全替代型偏好。

完全替代型偏好（见图 12－3）是指两种商品之间能够以一个固定不变的比例发生替代，此时无差异曲线是一条斜率不变的直线。例如，对于一个没有品牌偏好的消费者而言，一瓶“农夫山泉”矿泉水和一瓶“哇哈哈”矿泉水能够带来相同的效用，两者对于消费者而言是无差异的，因而总是能以 1∶1 的比例相互替代。

更一般地，完全替代型偏好的效用函数可以表示为：

$$u(x_1, x_2) = ax_1 + bx_2 \tag{12-4}$$

其中，x_1 和 x_2 分别表示两种能够相互替代的商品——商品 1 和商品 2 的数量。b 个商品 1 可以替代 a 个商品 2，即边际替代率 $MRS_{12} = \frac{a}{b}$，无差异曲线的斜率为 $-\frac{a}{b}$。

（2）完全互补型偏好。

完全互补型偏好（见图 12－4）是指两种商品必须以一个固定不变的比例同时使用，此时无差异曲线是一个"∟"形直角。例如，一个镜框必须和两个镜片同时使用，才能构成一副具有视力矫正作用的眼镜，而任何单独的镜框、镜片或不成比例的镜框和镜片都无法发挥作用（当然，此时不考虑那些出于例如美观等其他目的佩戴无镜片眼镜的群体），因而镜框和镜片必须以 1∶2 的比例互补使用。

更一般地，完全互补型偏好的效用函数可以表示为：

$$u(x_1, x_2) = \min\{ax_1, bx_2\} \tag{12-5}$$

其中，x_1 和 x_2 分别表示两种完全互补的商品——商品 1 和商品 2——的数量。a 个商品 2 必须同时搭配 b 个商品 1 使用，否则，效用由 ax_1 和 bx_2 中较小的那个决定。∟形的顶点表示两种商品的适配比例，连接顶点得到一条过原点且斜率为 $\frac{a}{b}$ 的直线。

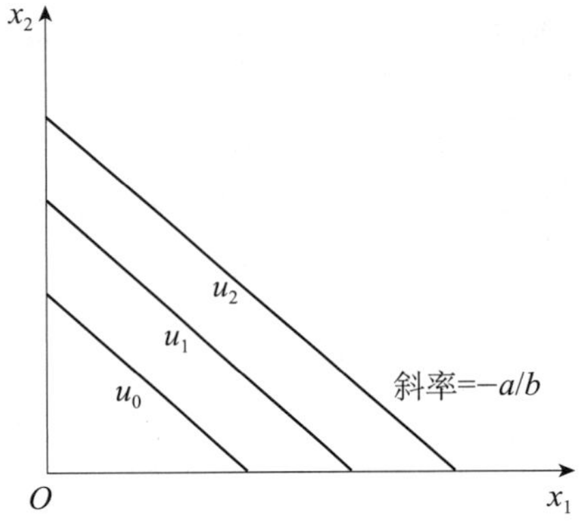

图 12－3　完全替代型偏好

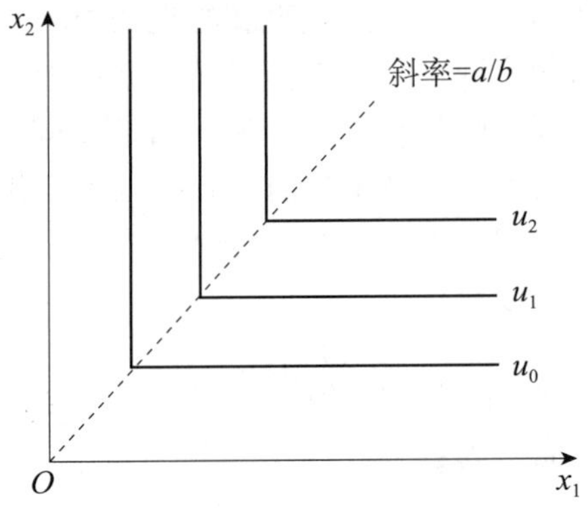

图 12－4　完全互补型偏好

（3）柯布-道格拉斯偏好。

完全替代型偏好和完全互补型偏好是两种最为极端的情况，下面我们要介绍一种替代程度介于两者之间的特殊效用函数形式——柯布-道格拉斯效用函数（Cobb-Douglas Utility）。由于这一函数具有明确的经济含义，在经济学研究中被广泛使用。具体形式为：

$$u(x_1, x_2) = x_1^a x_2^b \tag{12-6}$$

柯布-道格拉斯函数的经济意义体现在参数 a 和 b 上，a 和 b 的相对大小分别表示商品 1 和商品 2 对消费者的重要程度。显然，a 和 b 的数值越大，对应商品的消费给消费者带来的效用就越多。由于效用函数的单调递增变换不改变偏好，通常假设 $a+b=1$ 或作对数变换 $v(x_1, x_2) = \ln(x_1^a x_2^b) = a\ln x_1 + b\ln x_2$ 以简化计算。柯布-道格拉斯函数的具体形状如图 12－5 所示，是介于完全替代型偏好和完全互补型偏好之间的凸向原点的曲线。

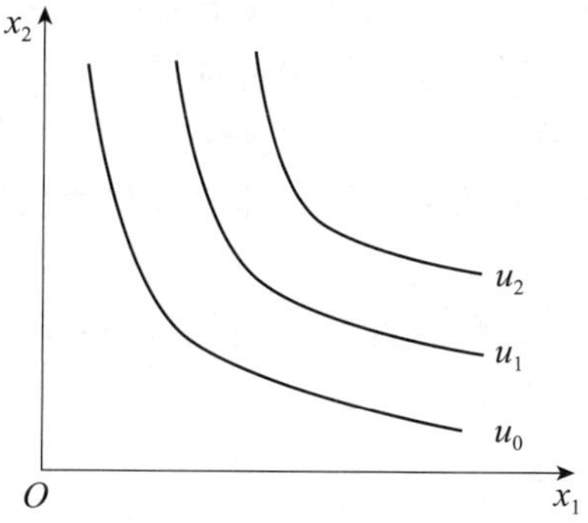

图 12－5　柯布-道格拉斯偏好

第三节　消费者如何选择：约束条件下的效用最大化

介绍完偏好及其表现形式之后，终于来到我们最为关心的问题：消费者如何做出选择？消费者选择就是在约束条件下追求效用最大化。无差异曲线通过对偏好的刻画反映消费者的消费意愿，但是，在市场经济中，消费者行为必然会受到商品价格和自身收入的约束。因此，我们首先引入预算约束线，作为约束条件的图形表示。

预算约束线表示在给定商品价格的条件下，消费者全部收入所能购买到的消费束。依然以对两种商品的消费进行分析，假设某一消费者拥有 100 元的收入，能够用于购买商品 1 和商品 2，其中，商品 1 的价格为 10 元，商品 2 的价格为 5 元。购买 5 个商品 1 和 10 个商品 2 恰好花光所有的收入 100 元，因此，消费束（5，10）在预算约束线上。此时，再增加任何一种商品的消费，例如 6 个商品 1 和 10 个商品 2 就是消费者无法负担的消费水平，即消费束（6，10）在预算约束线以外。

更一般地，x_1 和 x_2 分别为商品 1 和商品 2 的购买数量，给定两种商品的价格分别为 p_1 和 p_2，消费者的全部收入为 I。在预算约束线上，消费者对两种商品的消费金额恰好等于全部收入 I，即：

$$p_1x_1+p_2x_2=I \tag{12-7}$$

对式（12－7）变形得到：

$$x_2=-\frac{p_1}{p_2}x_1+\frac{I}{p_2} \tag{12-8}$$

在二维坐标系中，用 x 轴表示商品 1 的消费，y 轴表示商品 2 的消费。预算约束线的斜率为$-\frac{p_1}{p_2}$，表示为了多消费 1 单位商品 1 所要放弃的商品 2 的数量；纵截距为$\frac{I}{p_2}$，表示消费者将所有收入 I 都用来购买商品 2 所能购买的数量，此时对商品 1 的消费数量为 0；横截距为$\frac{I}{p_1}$，表示消费者将所有收入 I 都用来购买商品 1 所能购买的数量，此时对商品 2 的消费数量为 0。预算约束线以下的部分为消费者能够负担的商品组合，称为预算集。预算约束线和预算集如图 12－6 所示。

到目前为止，我们已经完成了对偏好和约束的刻画，可以开始分析消费者选择。当给定消费者偏好和约束条件，消费者选择就是从预算集中选择最偏好的消费束。我们借助无差异曲线和预算约束线，通过图形来描述消费者选择。

首先，对于给定的消费者偏好，我们可以画出一簇无差异曲线 u_0、u_1、u_2 等，越往右上方效用越大。其次，在给定的约束条件（即收入和商品价格）下，容易画出预算约束线。于是，如图 12－7 所示，对于给定的预算约束线，无差异曲线和预算约束线的切点 E 或（x_1^*，x_2^*）是消费者的最优选择，此时消费者效用为 u_1，u_1 是消费者的最优效用。

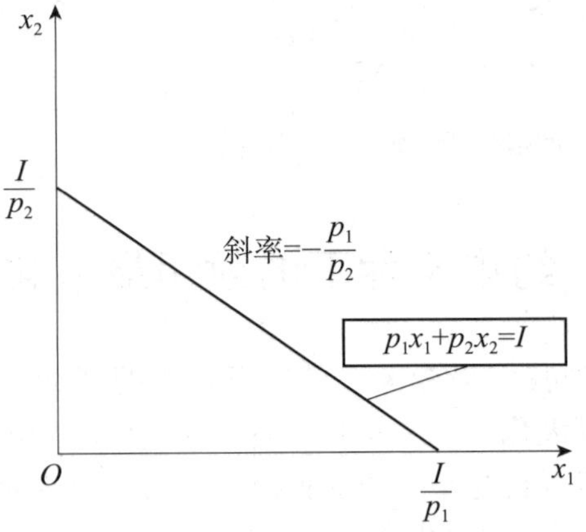

图 12－6　预算约束线和预算集

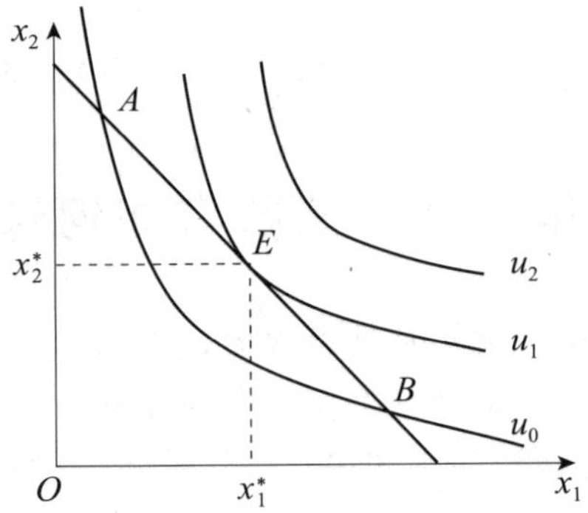

图 12－7　消费者最优选择

为什么消费束（x_1^*，x_2^*）是消费者的最优选择，u_1 是消费者的最优效用？第一，u_1 右上方的无差异曲线（例如 u_2），在预算集之外，是既有约束下无法实现的消费束；第二，u_1 左下方的无差异曲线（例如 u_0）上的消费束 A 和 B，消费者能够买得起，但效用水平低于 u_1，不是消费者的最优选择。事实上，无差异曲线 u_0 之上、预算约束线之下部分都是相较于消费束 A 和 B 而言更优的消费组合。

下面我们介绍如何找到消费者效用最大化的均衡条件。当存在内部最优点时，最优消费选择为无差异曲线和预算约束线的切点 E，此时有，无差异曲线在（x_1^*，x_2^*）处的斜率等于预算约束线的斜率。正如上文中我们介绍的，无差异曲线斜率的绝对值等于两商品的边际替代率 $MRS_{1,2}$；预算约束线斜率的绝对值等于两商品的价格之比$\frac{p_1}{p_2}$。因此，在均衡点 E 有：

$$MRS_{1,2}=\frac{MU_1}{MU_2}=\frac{p_1}{p_2} \tag{12-9}$$

式（12－9）的经济学含义也十分直观。等式左边 $MRS_{1,2}$ 表示以商品 2 衡量的消费者边际支付意愿，即消费者愿意用 1 单位商品 1 交换的商品 2 的数量；等式右边$\frac{p_1}{p_2}$为市场上商品 1 对商品 2 的交换比率，即市场上能够用 1 单位商品 1 购买到的商品 2 的数量。只有当边际替代率和价格比率相等时，才到达最优，否则消费者一定会进行数量调整以获得更高的效用水平。例如，当 $MRS_{1,2}=\frac{1}{2}$，而$\frac{p_1}{p_2}=1$ 时，消费者愿意用 1 单位的商品 1 交换$\frac{1}{2}$单位的商品 2，但此时市场上 1 单位的商品 1 能够购买到 1 单位的商品 2，那么，消费者一定会选择放弃商品 1 以从市场上购买更多的商品 2，从而提高效用水平。

在通过直觉图示理解消费者最优选择之后，接下来，我们用数学语言来描述约束条件下的效用最大化问题，通常通过拉格朗日方法来求解这类问题。

消费者要解决的基本问题是：

$$\max_{x_1,x_2} u(x_1,x_2) \tag{12-10}$$

$$\text{s.t. } p_1x_1+p_2x_2\leqslant I \tag{12-11}$$

式（12-10）中，max 表示求解最大化，max 的下标 x_1 和 x_2 是最优化问题中的选择变量，最优化问题的目标函数即为消费者的效用函数 $u(x_1,x_2)$。式（12-11）陈述最优化问题的约束，“s. t.”是“subject to”的缩写，表示“受限于”。通过求解这一规划，可以得到消费者的最优消费数量 x_1^* 和 x_2^*。

首先，构造拉格朗日函数

$$L=u(x_1,x_2)+\lambda(I-p_1x_1-p_2x_2) \tag{12-12}$$

对两个选择变量 x_1、x_2 和拉格朗日乘子 λ 求一阶偏导，在最优消费处，L 关于这三个变量的偏导数都为 0，即：

$$\begin{cases}\dfrac{\partial L}{\partial x_1}=\dfrac{\partial u(x_1,x_2)}{\partial x_1}-\lambda p_1=0 & ① \\ \dfrac{\partial L}{\partial x_2}=\dfrac{\partial u(x_1,x_2)}{\partial x_2}-\lambda p_2=0 & ② \\ \dfrac{\partial L}{\partial \lambda}=I-p_1x_1-p_2x_2=0 & ③\end{cases}$$

式①和式②相除得到

$$\frac{\dfrac{\partial u(x_1,x_2)}{\partial x_1}}{\dfrac{\partial u(x_1,x_2)}{\partial x_2}}=\frac{p_1}{p_2} \tag{12-13}$$

即我们在上文已经推导过的

$$MRS_{1,2}=\frac{p_1}{p_2} \tag{12-14}$$

拉格朗日乘子 λ 也具有经济学含义，$\lambda=\dfrac{\partial L}{\partial I}$，代表货币的边际效用，也就是增加 1 单位货币能带来的效用增加。由式①和式②可以得到：

$$\lambda=\frac{\dfrac{\partial u(x_1,x_2)}{\partial x_1}}{p_1}=\frac{\dfrac{\partial u(x_1,x_2)}{\partial x_2}}{p_2} \tag{12-15}$$

也可以写作：

$$\lambda=\frac{MU_1}{p_1}=\frac{MU_2}{p_2} \tag{12-16}$$

这意味着，在消费达到最优处，最后 1 单位的货币无论花在商品 1 上还是花在商品 2 上，带来的边际效用都是相同的。

通过一个例子来说明如何求解给定偏好和约束下的消费者选择问题。假定消费者的偏好为柯布-道格拉斯形式 $u(x_1,x_2)=x_1^{0.5}x_2^{0.5}$，商品 1 的价格 $p_1=2$，商品 2 的价格 $p_2=1$，

全部收入 $I=20$。那么，最优化问题可以表示为：

$$\max_{x_1,x_2} u(x_1,x_2)=x_1^{0.5}x_2^{0.5}$$

$$\text{s.t.}\quad 2x_1+x_2\leqslant 20$$

用拉格朗日方法求解。首先，写出拉格朗日函数

$$L=x_1^{0.5}x_2^{0.5}+\lambda(10-2x_1-x_2)$$

对两个选择变量 x_1、x_2 和拉格朗日乘子 λ 求一阶偏导，得到：

$$\begin{cases}\dfrac{\partial L}{\partial x_1}=0.5x_1^{-0.5}x_2^{0.5}-2\lambda=0\\ \dfrac{\partial L}{\partial x_2}=0.5x_1^{0.5}x_2^{-0.5}-\lambda=0\\ \dfrac{\partial L}{\partial \lambda}=10-2x_1-x_2=0\end{cases}$$

容易解得：

$$\begin{cases}x_1=5\\ x_2=10\end{cases}$$

第四节 比较静态分析：收入变化和价格变化对消费者均衡的影响

消费者在预算约束条件下追求效用最大化，做出最优选择。正如我们在第十一章中说明的，比较静态分析研究当经济环境发生变化后选择的变动。通过上文对预算约束线的分析我们知道，价格和收入是影响约束条件的重要变量，当价格和收入发生变化，预算约束线的位置和斜率会随之改变，进而影响消费者均衡。本节我们通过比较静态分析研究消费者如何对价格和收入变化做出反应。

一、收入变化

首先，我们考察收入变化的影响。假定商品 1 和商品 2 的价格不变，只有消费者的收入发生变化，根据前面我们对预算约束线的分析，预算约束线的斜率不会发生变化，横截距和纵截距同时变化，即只发生平行移动。如图 12－8 所示，收入增加使预算约束线向外平移，消费者均衡由 A 点到 B 点，收入增加使得商品 1 和商品 2 的需求都增加，随着收入的增加消费者将扩大商品消费。

给定商品价格不变，将收入变化后的消费者均衡点连接起来，形成的曲线被称为收入提供曲线。**收入提供曲线**反映的是在给定的商品价格（相对价格比率）下，不同收入水平所选择的商品组合，正常商品的收入提供曲线向右上方倾斜。

由消费者的收入提供曲线可以推导出恩格尔曲线。**恩格尔曲线**反映收入与需求量的关系，纵坐标为收入水平，横坐标为对某种商品的需求量。收入提供曲线上的每一个点都表示一组收入水平和对商品的消费，可以与恩格尔曲线一一对应。图 12－9 描绘了如何由收入提供曲线推导出恩格尔曲线，上方为收入提供曲线，下方为恩格尔曲线。

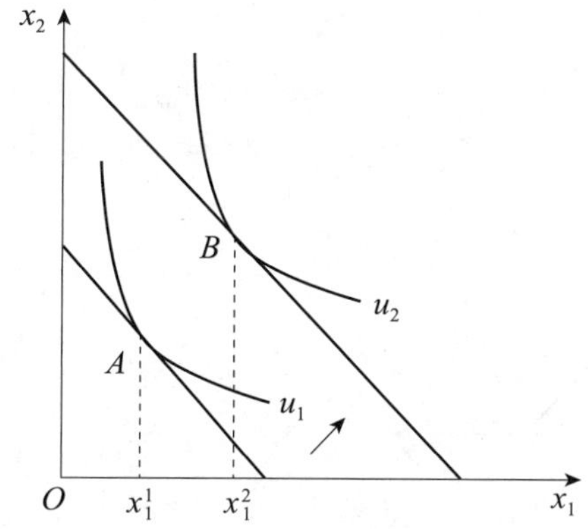

图 12-8　收入变化对消费者均衡的影响

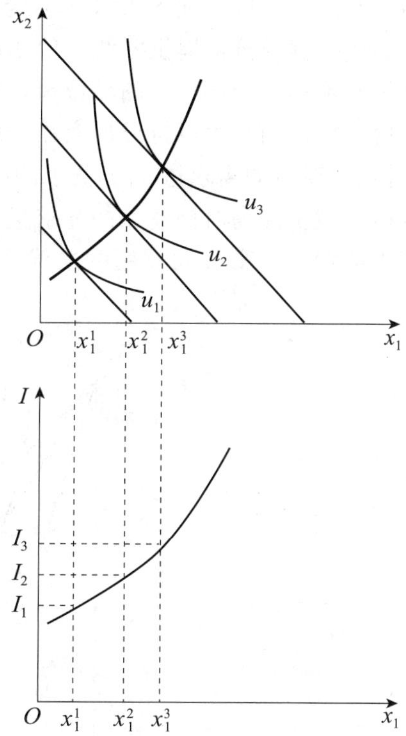

图 12-9　收入提供曲线和恩格尔曲线

二、价格变化

接下来，我们考察价格变化的影响。假定收入和商品 2 的价格不变，只有商品 1 的价格发生变化，商品 1 价格的变动会导致横截距$\frac{I}{p_1}$和斜率$\frac{p_1}{p_2}$同时发生改变。我们以商品 1 价格上升为例，分析消费者需求的变动。如图 12-10 所示，商品 1 价格上升导致预算约束线向内旋转，带来对商品 1 和商品 2 需求的减少。当商品价格上升，消费者会减少对该商品的消费。例如，当猪肉价格上涨，现实中我们通常观察到人们会少吃猪肉。

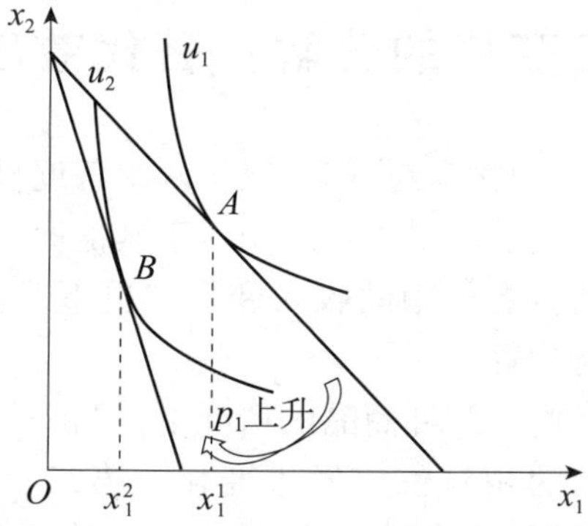

图 12-10　价格变化对消费者均衡的影响

给定商品 2 的价格和收入水平不变，将商品 1 价格变化后的消费者均衡点连接起来，形成的曲线被称为价格提供曲线。**价格提供曲线**反映的是在给定商品 2 的价格和收入，商品 1 在不同价格下所选择的商品数量，普通商品的价格提供曲线向右上方倾斜。

由价格提供曲线可以推导出商品 1 的需求曲线，即给定商品 2 的价格和收入，商品 1 不同价格 p_1 对应的需求量 x_1。需求曲线反映一种商品的价格和需求量的关系，纵坐标为商品价格，横坐标为对该商品的需求量。需求曲线上每一个价格水平对应的商品需求量都是能够给消费者带来最大效用的最优消费量。需求曲线通常向右下方倾斜，如图 12－11 所示。

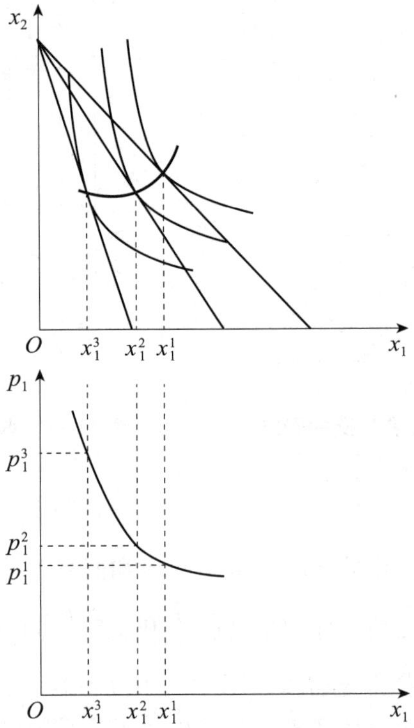

图 12－11　价格提供曲线和需求曲线

第五节　价格变化的分解：替代效应和收入效应

价格变化使消费者均衡发生改变，我们可以从两个角度理解这种改变。以价格上升为例，一方面，某种商品的价格上升使得该商品相对于其他商品而言变得更加昂贵；另一方面，该商品价格的上升使得消费者手中的收入变得"更不值钱"。由此我们可以对价格变化导致商品消费量的变化进行分解。

给定收入水平，在消费者购买两种商品的情况下，当一种商品的价格发生变化，会产生两种变化：第一，两种商品的相对价格发生变化；第二，消费者的实际购买力发生变化。我们将第一种变化产生的效应称为替代效应，将第二种变化产生的效应称为收入效应。

例如，当商品 1 的价格上升，一方面，商品 1 相对于商品 2 的价格上升了，消费者倾向于购买更少的商品 1，即替代效应，因此，替代效应一定为负；另一方面，商品 1 价格的上升使得给定收入水平下，实际购买力改变，导致对商品 1 和商品 2 需求的改变，即收入效应。商品的需求变化等于替代效应和收入效应的总和。

具体而言，对价格变化的分解分为两步：第一步，相对价格发生变化，进行收入补偿，以维持实际购买力不变，即给予消费者足够的补偿使其能够到达原先的消费束；第二步，保持相对价格不变，调整收入到既有水平，得到消费者均衡。在图形分析中，第一步，相对价格发生变化使预算约束线斜率改变，预算约束线发生“转动”；第二步，相对价格保持不变，预算约束线发生“平移”。这种价格变化的分解称为斯勒茨基分解。

和上文一样，我们假设商品 1 价格上升，如图 12 - 12 所示。此时，预算约束线向内旋转，消费者均衡从 A 点移动到 B 点。价格变化对商品 1 的总效应为：

$$\Delta x_1 = x_1^B - x_1^A = x_1(p_1', I) - x_1(p_1, I) \tag{12-17}$$

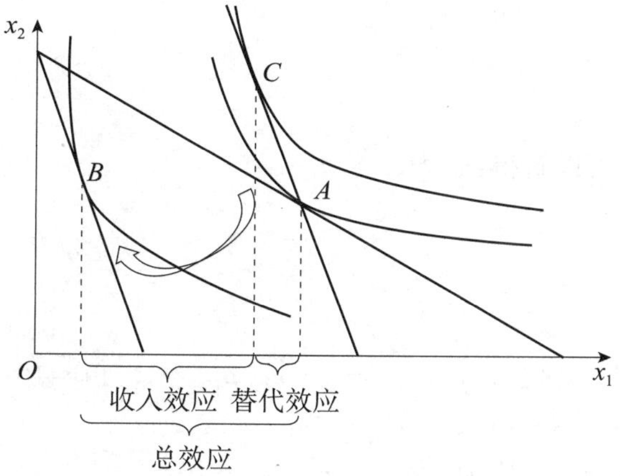

图 12 - 12　斯勒茨基分解

第一步，相对价格变化改变了预算约束线的斜率，但不改变购买力水平，即补偿后的预算约束线经过最初的消费束 A 点，预算约束线围绕点 A 转动。尽管此时 A 点的商品组合依然可以消费得起，但显然不是最优选择。找到右上方和预算约束线相切的无差异曲线以及切点 C，从点 A 到点 C 的移动即为替代效应，表示对价格变动补偿到原有的购买力水平后，消费者的替代选择。记替代效应为 Δx^s，则商品 1 的替代效应为：

$$\Delta x_1^s = x_1^C - x_1^A = x_1(p_1', I') - x_1(p_1, I) \tag{12-18}$$

其中，$I' = p_1' x_1^A + p_2 x_2^A$，表示补偿的收入使得消费者能够消费初始商品组合 A。

在图 12 - 12 中，我们观察到 $\Delta x_1^s < 0$，即替代效应为负。也就是说，如果 $p_1' > p_1$，一定有 $x_1(p_1', I') < x_1(p_1, I)$。

我们看图 12 - 12 中绕点 A 转动后的预算约束线。预算约束线上商品 1 的消费量多于 x_1^A 的消费束，位于原先的预算集内，是价格变动前消费者能够支付得起的消费束。但是，消费者的最优选择是消费束 A。因此，只要消费束 A 能够消费得起，消费者就不可能选择原预算集内的其他消费束。也就是说，转动后的预算约束线上的最优选择，一定位于原预算集之外，是消费束 A 或其左侧的某个点。这意味着，商品 1 的消费量一定小于等于 x_1^A，替代效应引起的需求量变动和价格变动方向相反。

第二步，保持相对价格不变，调整收入到原有水平，得到价格变化后的消费者均衡。对转动后的预算约束线进行平移，使其回到原有的收入水平，即经过原纵截距，此时的预算约束线即为商品 1 价格变化后实际的预算线。从点 C 到点 B 的移动就是收入效应，在价格不变的情况下，只对收入进行调整。商品 1 价格的上升降低了消费者的实际购买力，无差异曲线位于更低的效用水平。记收入效应为 Δx^n，则：

$$\Delta x_1^n = x_1^B - x_1^C = x_1(p_1', I) - x_1(p_1', I') \tag{12-19}$$

于是，我们将价格变化的总效应分解为替代效应和收入效应，即：

$$\Delta x_1 = x_1^B - x_1^A = (x_1^C - x_1^A) + (x_1^B - x_1^C) = \Delta x_1^s + \Delta x_1^n \tag{12-20}$$

我们通过一个例题来说明如何分别求解价格变化的总效应以及斯勒茨基分解下的替代效应和收入效应。采用和第三节的例题相同的设定：效用函数为柯布-道格拉斯形式 $u(x_1, x_2)=x_1^{0.5}x_2^{0.5}$，商品 1 的价格 $p_1=2$，商品 2 的价格 $p_2=1$，全部收入 $I=20$。现在假定商品 1 的价格从 $p_1=2$ 变为 $p_1'=1$。

$$\max_{x_1, x_2} u(x_1, x_2) = x_1^{0.5}x_2^{0.5}$$
$$\text{s. t. } p_1x_1 + p_2x_2 \leqslant I$$

通过拉格朗日方法可以解得：

$$\begin{cases} x_1 = \dfrac{I}{2p_1} \\ x_2 = \dfrac{I}{2p_2} \end{cases}$$

因此，在原价格下，$x_1(p_1, p_2, I)=5$，$x_2(p_1, p_2, I)=10$；价格变化后，$x_1'(p_1', p_2, I)=10$，$x_2'(p_1', p_2, I)=10$。

第一步，价格变化的总效应为：$\Delta x_1 = x_1' - x_1 = 10-5=5$。

第二步，计算斯勒茨基分解下的替代效应和收入效应。为了使消费者能够购买价格变化前的商品数量，需要将收入改变为 $I'=p_1'x_1+p_1x_1=1\times5+1\times10=15$。在购买力水平不变的条件下，消费者对商品 1 的需求为 $x_1(p_1', p_2, I')=7.5$。因此，替代效应为 $\Delta x_1^s = x_1(p_1', p_2, I') - x_1(p_1, p_2, I) = 7.5-5=2.5$。收入效应为 $\Delta x_1^n = x_1(p_1', p_2, I) - x_1(p_1', p_2, I') = 10-7.5=2.5$。显然，总效应等于替代效应与收入效应之和。

第六节　市场需求曲线

根据上节的分析，我们可以推导出两种不同的需求曲线。

第一，收入保持不变时，价格变化对需求量的影响，即总效应。由此推导出的需求曲线被称为马歇尔需求曲线，又称标准需求曲线或非补偿需求曲线。

第二，购买力保持不变时，价格变化对需求量的影响，即替代效应。由此推导出的需求曲线被称为斯勒茨基需求曲线。

对于任何商品，价格变动一定会带来相反方向的替代效应变动，例如，商品 1 的价格上升，替代效应一定是减少商品 1 的消费。因此，斯勒茨基需求曲线一定向右下方倾斜。对于正常商品而言，收入下降会带来需求减少，即收入效应和替代效应都和价格反方向变动，因此，总效应一定和价格反方向变动，此时，马歇尔需求曲线向右下方倾斜，并且比斯勒茨基需求曲线更加平坦。对于低档商品而言，收入下降会带来需求增加，即收入效应和价格同方向变动，收入效应和替代效应方向相反，但通常而言收入效应的幅度小于替代效应的幅度，因此，总效应仍和价格反方向变动，此时，马歇尔需求曲线仍向右下方倾斜，但比斯勒茨基需求曲线更加陡峭。

商品价格发生变动会使均衡点沿着需求曲线移动，而其他因素会带来需求曲线的移动或形状发生改变。下面我们说明消费者需求曲线发生变化的三个因素：

(1) 收入。收入变化会改变预算约束线的位置，使需求曲线移动。例如，对于正常商品而言，收入增加带来需求增加，需求曲线向外移动。

(2) 其他商品的价格。其他商品价格的变化会改变预算约束线斜率，从而使需求曲线发生变化。

(3) 消费者偏好。消费者偏好的变化会改变无差异曲线，从而使需求曲线发生变化。

接下来，我们在消费者个体需求函数的基础上进一步推导出市场需求曲线。

商品的市场需求指在不同的价格水平上，市场中所有消费者对某种商品的需求量。商品的市场需求不仅取决于每一个消费者对该商品的需求数量，而且取决于市场中所有消费者的数量。

假设市场上只有 a 和 b 两个消费者，消费者 a 和消费者 b 的个人需求曲线分别如图 12 - 13 的 (a) 和 (b) 所示，市场需求曲线就是这两个消费者需求曲线的水平加总，即对于每一个价格水平，市场需求总量 $D^d=D_a^d+D_b^d$，如图 12 - 13 (c) 所示。

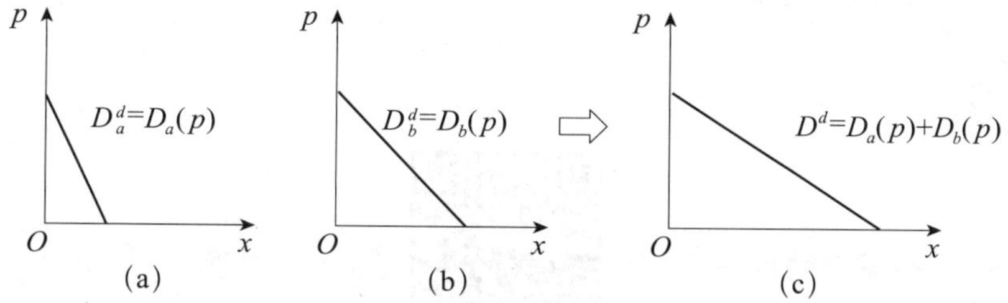

图 12 - 13　从消费者个体需求曲线到市场需求曲线

市场需求函数是市场上所有消费者的个人需求函数的加总。假设市场上有 n 个消费者，那么：

$$D(p)=\sum_{i=1}^{n}D_i(p) \tag{12-21}$$

其中，$D_i(p)$ 表示消费者 i 的个人需求函数，市场需求函数 $D(p)$ 是市场上 n 个消费者的需求函数的加总。

在上文中，我们指出消费者个人需求函数通常向右下方倾斜，因此，水平加总后的市场需求曲线通常也向右下方倾斜，表明随着商品价格的上涨，市场上所有消费者愿意且能够购买的商品数量减少。市场需求曲线上的每个点表示在某一价格水平上可以给消费者带来最大效用水平的市场需求量。

资源链接

视频微课 12－1　　视频微课 12－2

本章习题

1. 为什么效用函数的单调递增变换不会改变边际替代率？

2. 什么是价格变动产生的替代效应和收入效应？请画图说明价格变动的斯勒茨基分解。

3. 论述可能引起市场需求变动的因素。

4. 如果一个消费者对某商品的需求函数为 $x=10+\frac{I}{10p}$，x 表示商品的消费量，I 表示消费者的收入，p 为商品的价格。在初始条件下，$I=120$，$p=3$。现假定商品的价格由 $p=3$ 下降到 $p=2$。

（1）消费者对商品的消费如何变化？

（2）价格变化的替代效应是多少？

（3）价格变化的收入效应是多少？

在线自测

扫一扫　练一练

第十三章　消费者行为理论Ⅱ：跨时期和不确定性下的消费者选择

第十二章介绍了消费者如何在给定预算约束条件下做出最优决策。在本章中，我们在前面内容的基础上重点从两个方面扩展消费者理论：

第一，第十二章只考虑到消费者在一个时期下的决策，没有分析消费者在跨时期下的最优选择问题。然而，人们通常会面临“今天消费多少，明天消费多少”“年轻时期消费多少，为老年时期储蓄多少”等跨时期决策问题。在本章的第一节中，我们介绍跨时期的预算约束线和消费者偏好，分析消费者在跨时期的条件下如何做出最优选择，并且分析利率变化对最优选择的影响。

第二，第十二章没有考虑外部环境的不确定性。然而在现实中，人们的预算约束以及决策行为通常会受到自然灾害、宏观经济波动等因素的干扰。因此，在本章的第二节中，我们引入不确定性因素，介绍期望效用等相关理论，分析消费者在不确定性的条件下是如何做出最优决策的，从定性和定量的角度判断消费者的风险厌恶程度，并且讲述常见的分散风险和规避风险的方法。

第一节　跨时期下的消费者选择

在现实生活中，消费者不仅要决定当期消费多少，而且要考虑未来的消费决策。例如，在老年期，人们失去工资收入，需要依靠年轻时期的储蓄。那么，人们在年轻时期需要考虑当期的消费决策，还需要考虑未来老年时期的消费。本节我们将介绍消费者在跨时期的情况下是如何做决策的。

一、现值和终值

在跨时期决策中，消费者根据当期和未来时期的收入，决定当期和未来时期的消费。在对所有时期的收入进行加总时，我们不能直接将所有收入简单相加。因为货币存在时间价值，今天的一元钱收入和明天的一元钱收入是不相等的，这个差异是货币的时间价值。货币的时间价值是指货币经过一定时间的投资所增加的价值。例如，2024 年 1 月 1 日，有 1 元货币存入银行，年利率为 r。那么，这 1 元货币在 2024 年 12 月 31 日的价值为 $1\times(1+r)$。这个增加的价值 r 就是货币的时间价值。

由于货币存在时间价值，在不同时间点计算所有时期收入和消费是不一样的，因此，我们有必要区分现值和终值的概念。收入贴现到初始时期的价值为**现值**。收入在最后一期的价值为**终值**。例如，假设消费者存活两个时期，利率为 r，第 1 时期的收入为 m_1，第 2 时期的收入为 m_2。第 1 时期收入 m_1 在第 1 时期的现值就是 m_1，在第 2 时期的终值为 $m_1(1+r)$。第 2 时期收入 m_2 在第 1 时期的现值为 $m_2/(1+r)$，在第 2 时期的终值为 m_2。因此，两个时期收入在第 1 时期的现值之和为 $m_1+m_2/(1+r)$，在第 2 时期的终值之和为 $m_1(1+r)+m_2$。具体如图 13 - 1 所示。

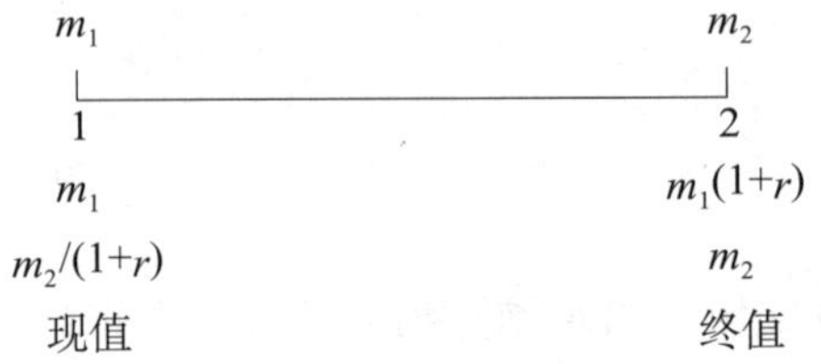

图 13 - 1　两个时期收入的现值和终值

二、两期的预算约束线

人的一生可以根据不同的方式划分为多个时期。为了简化模型，我们考虑消费者只在两个时期进行决策。假设消费者在第 1 期和第 2 期的消费量分别为 c_1 和 c_2，收入分别为 m_1 和 m_2，两个时期的消费价格 p_1 和 p_2 均等于 1，利率为 r。消费者在这两个时期将全部的收入用于消费。

消费者在第 1 期的收入为 m_1，消费量为 c_1，储蓄则为（m_1-c_1）。第 1 期的储蓄以利率为 r 的方式存入银行，其本金和利息在第 2 期被用于消费。那么，消费者在第 2 期拥有的货币量包括第 2 期的收入 m_2 加上第 1 期的储蓄本金和利息 $(m_1-c_1)(1+r)$，即 $m_2+(m_1-c_1)(1+r)$。由于消费者在两个时期将所有的收入全部用于消费，第 2 期的消费 c_2 等于第 2 期拥有的货币量 $m_2+(m_1-c_1)(1+r)$。我们可以得到两个时期的预算约束线：

$$c_2=m_2+(m_1-c_1)(1+r),\quad c_1\geqslant 0,\quad c_2\geqslant 0 \tag{13-1}$$

将式（13 - 1）两边同时除以（$1+r$），并且将 c_1 移到等式左边，我们可以得到两个时期消费和收入的关系为：

$$c_1+\frac{c_2}{1+r}=m_1+\frac{m_2}{1+r} \tag{13-2}$$

在式（13 - 2）中，c_1 表示第 1 期的消费量，$\frac{c_2}{1+r}$表示第 2 期的消费量贴现到第 1 期的现值。$c_1+\frac{c_2}{1+r}$表示两个时期所有消费量在第 1 期的现值之和。同理，$m_1+\frac{m_2}{1+r}$表示两个时期所有收入在第 1 期的现值之和。式（13 - 2）的经济含义是消费者在两个时期所有收入的现值之和等于所有消费的现值之和。

将式（13 - 2）两边同时乘以（$1+r$），可以重新得到两个时期所有收入和消费的关系：

$$c_1(1+r)+c_2=m_1(1+r)+m_2 \tag{13-3}$$

在式（13 - 3）中，$c_1(1+r)$ 表示第 1 期的消费量在第 2 期的终值，c_2 表示第 2 期的消费量在第 2 期的终值。$c_1(1+r)\ +c_2$ 表示两个时期所有消费量在第 2 期的终值之和。同理，$m_1(1+r)+m_2$ 表示所有收入在第 2 期的终值之和。式（13 - 3）的经济含义就是两个时期所有消费量的终值之和等于所有收入的终值之和。因此，不管消费者是以第 1 期的视角，还是以第 2 期的视角，消费者在两个时期的所有收入之和都等于所有消费之和。

式（13－1）表示了两期的预算约束线，我们还可以用图形来展示。假设 x 轴和 y 轴分别表示第 1 期和第 2 期的消费量。两期的预算约束线如图 13－2 所示。预算约束线的禀赋点是（m_1，m_2），表示第 1 期的消费恰好等于第 1 期的收入，第 2 期的消费也恰好等于第 2 期的收入。此时，消费者既没有借贷，也没有储蓄。斜率为 $-(1+r)$，表示第 1 期消费和第 2 期消费的相对价格。纵坐标的截距等于 $m_1(1+r)+m_2$，表示两个时期的所有收入均用于第 2 期消费，第 1 期消费量为 0，第 2 期消费量为 $m_1(1+r)+m_2$。横截距等于 $m_1+\frac{m_2}{1+r}$，表示两期所有收入均在第 1 期消费，第 1 期消费量为 $m_1+\frac{m_2}{1+r}$，第 2 期消费量为 0。

上述预算约束线隐含了一个重要的假设是消费者可以在金融市场中借款。接下来，我们放松这个假设。如果消费者信用不好，无法在金融市场中借款，预算约束线会发生什么样的变化呢？当消费者无法借款时，消费者全部的消费均来源于自己的收入和储蓄，则第 1 期的消费不能超过第 1 期的收入，即 $0\leqslant c_1\leqslant m_1$。因此，预算约束线表示为：

$$c_2=m_2+(m_1-c_1)(1+r),\quad 0\leqslant c_1\leqslant m_1,\quad c_2\geqslant 0 \tag{13-4}$$

式（13－4）的预算约束线如图 13－3 所示。与图 13－2 相比，预算约束线只剩禀赋点（m_1，m_2）之上的半截。

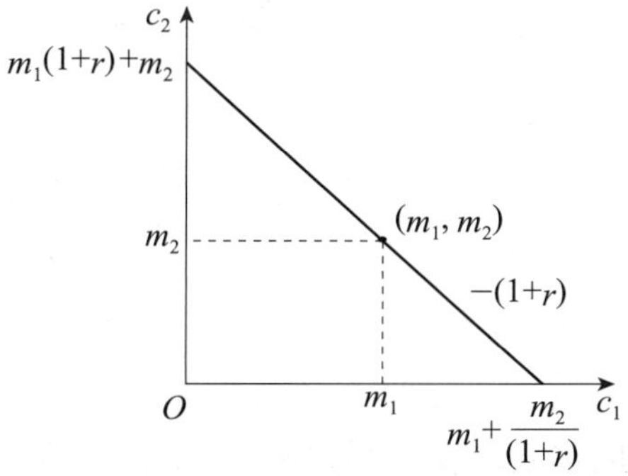

图 13－2 两期的预算约束线

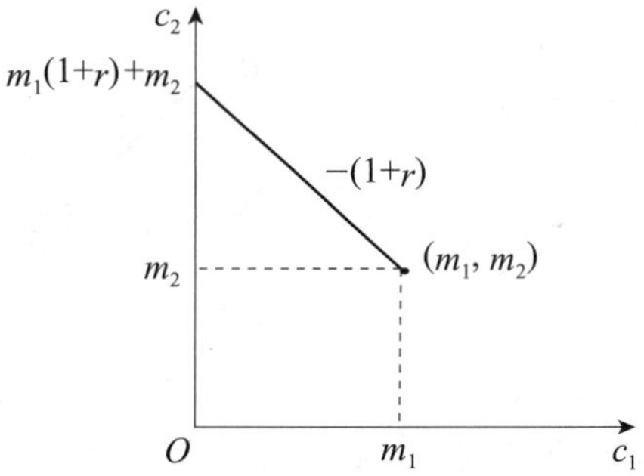

图 13－3 不能借款的两期预算约束线

三、两期的消费者偏好

我们已经分析了两期预算约束线，还需要跨时期的消费者效用函数，就可以计算出消费者在跨时期下的最优选择。每个消费者对当前和未来时期的消费偏好不同，就存在多种形式的效用函数。当期消费对未来时期的消费可能是不完全替代的、可能是完全替代的，也可能是完全不可替代的。依次对应的效用函数分别为柯布-道格拉斯效用函数、完全替代型效用函数、完全互补型效用函数。

四、跨时期的消费者最优选择

在跨时期决策中，消费者考虑今天消费多少、未来消费多少，仍然是在约束条件下追求效用最大化。利用跨时期的效用函数和预算约束线，可以得出消费者在跨时期下的最优选择。我们以柯布-道格拉斯效用函数为例。跨时期的效用函数为$U(c_1, c_2)=c_1^{\alpha}c_2^{1-\alpha}$，预算约束线为$c_2=m_2+(m_1-c_1)(1+r)$。我们可以在图中画出预算约束线和无差异曲线。预算约束线与无差异曲线相切的点是消费者的最优选择（c_1^*，c_2^*）。也就是说，在最优点，预算约束线的斜率等于无差异曲线的斜率。切点可能位于禀赋点上方，可能位于禀赋点下方，也可能恰好与禀赋点重合。根据切点的位置，我们可以将消费者分为：储蓄者、借款者、既非储蓄者也非借款者。

当切点（c_1^*，c_2^*）位于禀赋点（m_1，m_2）上方时，如图 13－4 所示，消费者在第 1 期的最优消费 c_1^* 小于第 1 期的收入 m_1，储蓄（m_1-c_1）获得利息，并用于下一期的消费。第 2 期消费的资金来源包括第 2 期的收入 m_2 和储蓄的本金和利息 $(m_1-c_1)(1+r)$。第 2 期的消费 c_2^* 就超过了第 2 期的收入 m_2。我们称消费者为储蓄者。

当切点（c_1^*，c_2^*）恰好与禀赋点（m_1，m_2）重合时，如图 13－5 所示，消费者在第 1 期的最优消费量 c_1^* 恰好等于第 1 期的收入 m_1，第 2 期的消费也恰好等于第 2 期的收入 m_2。在这个决策中，消费者既没有储蓄，也没有借款。

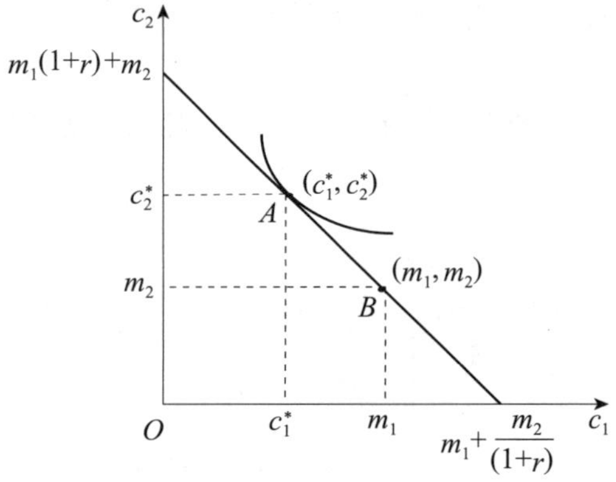

图 13－4　储蓄者

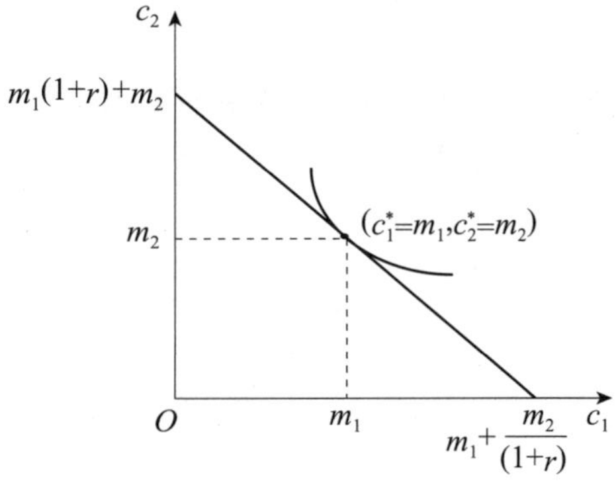

图 13－5　既非储蓄者也非借款者

当切点（c_1^*，c_2^*）位于禀赋点（m_1，m_2）下方时，如图 13－6 所示，消费者在第 1 期的最优消费量 c_1^* 大于第 1 期的收入 m_1，说明消费者需要借款 $c_1^*-m_1$。消费者在第 2 期的收入 m_2 不仅用于消费 c_1^*，还要用于偿还借款 $(c_1^*-m_1)(1+r)$。因此，第 2 期的消费量 c_2^* 小于收入 m_2。我们称消费者为借款者。

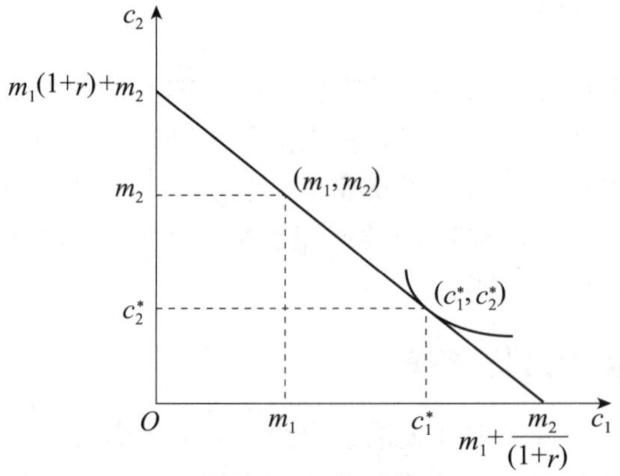

图 13－6　借款者

我们也可以通过严格的数学推导准确地求解出消费者的最优选择。消费者在给定预算约束线为 $c_2=m_2+(m_1-c_1)(1+r)$ 的条件下，追求效用 $U(c_1, c_2)=c_1^{\alpha}c_2^{1-\alpha}$ 最大化。

$$\begin{aligned}&\max U(c_1,c_2)=c_1^{\alpha}c_2^{1-\alpha}\\&\text{s.t}\quad c_1(1+r)+c_2\leqslant m_1(1+r)+m_2\end{aligned}\tag{13-5}$$

建立拉格朗日方程：

$$L(c_1,c_2,\lambda)=c_1^{\alpha}c_2^{1-\alpha}+\lambda[m_1(1+r)+m_2-c_1(1+r)-c_2]\tag{13-6}$$

最优解需要满足的一阶条件是：

$$\begin{cases}\dfrac{\partial L}{\partial c_1}=\alpha c_1^{\alpha-1}c_2^{1-\alpha}-\lambda(1+r)=0\\\dfrac{\partial L}{\partial c_2}=(1-\alpha)c_1^{\alpha}c_2^{-\alpha}-\lambda=0\\\dfrac{\partial L}{\partial \lambda}=m_1(1+r)+m_2-c_1(1+r)-c_2=0\end{cases}\tag{13-7}$$

在两个时期下，消费者的最优决策为：

$$\begin{cases}c_1^*=\alpha\left(m_1+\dfrac{m_2}{1+r}\right)\\c_2^*=(1-\alpha)[m_1(1+r)+m_2]\end{cases}\tag{13-8}$$

从最优解 c_1^* 和 c_2^*，我们可以理解 α 的经济含义。两个时期的收入之和在第 1 期的现值为$\left(m_1+\dfrac{m_2}{1+r}\right)$，而第 1 期的最优消费为 $c_1^*=\alpha\left(m_1+\dfrac{m_2}{1+r}\right)$。可知，$\alpha$ 表示消费者对第 1 期消费的偏好程度，也是第 1 期消费占两期总收入的现值$\left(m_1+\dfrac{m_2}{1+r}\right)$的权重。同理，$(1-\alpha)$ 表示消费者对第 2 期消费的偏好，也表示第 2 期消费占两期总收入的终值 $[m_1(1+r)+m_2]$ 的权重。

来看一个具体例子。假设消费者只存活两期，第 1 期收入 m_1 为 10 元，第 2 期收入 m_2 为 20 元，利率为 10%。假设第 1 期和第 2 期的消费为 c_1 和 c_2，消费者的跨期偏好 $U(c_1, c_2)=c_1^{1/2}c_2^{1/2}$。消费者在两期总收入的终值为 $10\times(1+10\%)+20$，在两期总消费的终值为 $c_1(1+10\%)+c_2$。那么，跨期预算约束线为：$c_1(1+10\%)+c_2=10\times(1+10\%)+20$。我们也可以从现值的角度进行分析。两期总收入的现值为 $10+\dfrac{20}{1+10\%}$，两期总消费的现值为 $c_1+\dfrac{c_2}{1+10\%}$。那么，跨期预算约束线为：$c_1+\dfrac{c_2}{1+10\%}=10+\dfrac{20}{1+10\%}$。

我们建立消费者效用最大化模型如下：

$$\begin{aligned}&\max U(c_1,c_2)=c_1^{1/2}c_2^{1/2}\\&\text{s.t}\quad c_1(1+10\%)+c_2\leqslant 10\times(1+10\%)+20\end{aligned}\tag{13-9}$$

建立拉格朗日方程：

$$L(c_1,c_2,\lambda)=c_1^{1/2}c_2^{1/2}+\lambda[20+10\times(1+10\%)-c_1(1+10\%)-c_2]\tag{13-10}$$

最优解需要满足的一阶条件是：

$$\begin{cases}\dfrac{\partial L}{\partial c_1}=\dfrac{1}{2}c_1^{-1/2}c_2^{1/2}-\lambda(1+10\%)=0\\ \dfrac{\partial L}{\partial c_2}=\dfrac{1}{2}c_1^{1/2}c_2^{-1/2}-\lambda=0\\ \dfrac{\partial L}{\partial \lambda}=10\times(1+10\%)+20-c_1(1+10\%)-c_2=0\end{cases}\tag{13-11}$$

在两个时期下，消费者的最优决策为：

$$\begin{cases}c_1^*=\dfrac{1}{2}\left(10+\dfrac{20}{1+10\%}\right)=14.1\\ c_2^*=\dfrac{1}{2}[10\times(1+10\%)+20]=15.5\end{cases}\tag{13-12}$$

五、利率的变化

以上我们分析了消费者在跨时期决策下的最优选择问题，得到的最优解依赖于利率等外生参数。接下来，我们以利率的变化为例，分析外生参数的变化如何影响消费者的最优选择。

假设第 1 期和第 2 期的价格均为 1，消费者在第 1 期和第 2 期的收入分别为 m_1 和 m_2，消费分别为 c_1 和 c_2，初始利率为 r_a。如果利率下降至 r_b，$r_b<r_a$。利率的变化会对消费者的最优选择产生什么影响呢？利率的变化对储蓄者和借款者有什么不同的影响呢？消费者的处境是变好还是变坏了呢？

如果消费者是储蓄者，当利率为 r_a 时，如图 13－7 所示，预算约束线和无差异曲线的切点为 A 点，位于禀赋点的左上方。如果利率下降至 r_b，横截距变大，纵截距变小。由于禀赋点不受利率的影响，利率下降后，预算约束线围绕着禀赋点逆时针旋转。在新的预算约束线下，消费者的最优选择位于 B 点。相对于 A 点，消费者在第 1 期的消费增加了，而第 2 期消费下降了。这是因为利率下降，储蓄的利息减少，消费者在第 1 期进行更少的储蓄而更多的消费，导致第 1 期的消费增加。消费者在第 1 期减少储蓄，降低了第 2 期的利息收入，导致第 2 期的消费下降。

利率下降，储蓄者的处境是否变好了呢？答案是处境变得更差了。我们可以从两个方面进行分析。一方面，利率下降意味着减少了储蓄利息，储蓄者的总收入（包括两个时期的收入和利息收入）下降，消费量也被迫减少了。另一方面，B 点处于旧的预算约束线内。在利率下降之前，消费者有能力承担 B 点的消费选择，却选择了 A 点的消费选择，说明 A 偏好于 B。然而，利率下降后，消费者的最优选择处于不偏好的 B 点，说明消费者的处境变差了。

如果消费者是借款者，利率下降会产生不同的影响吗？当利率为 r_a 时，如图 13－8 所示，预算约束线与无差异曲线相切于 A 点，位于禀赋点的右下方。当利率下降至 r_b 时，预算约束线也是围绕着禀赋点逆时针选择。在新的预算约束线下，切点位于 B 点。在最优选择 B 点处，消费者在第 1 期的消费增加了。这主要原因是，利率下降意味着借款者需要偿还的利息变少，消费者有意愿在第 1 期增加借款，增加消费。我们难以定性地判断消费者在第 2 期的消费是增加还是减少，取决于第 2 期需要偿还的本金和利息的变化。利率下

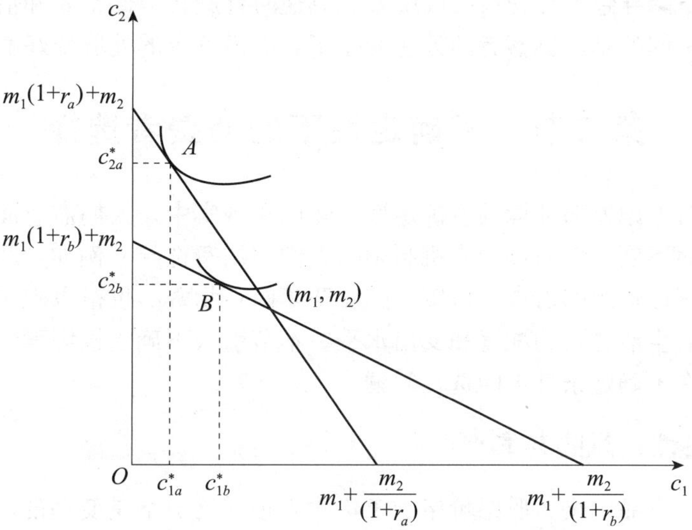

图 13-7 利率对储蓄者最优选择的影响

降后，消费者在第 1 期增加借款数量，消费者在第 2 期偿还的本金和利息之和可能增加，也可能减少。如果在第 2 期需要偿还的本金和利息之和减少，则第 2 期消费增加。但是，如果在第 2 期需要偿还的本金和利息增加了，就有可能挤压第 2 期的消费。

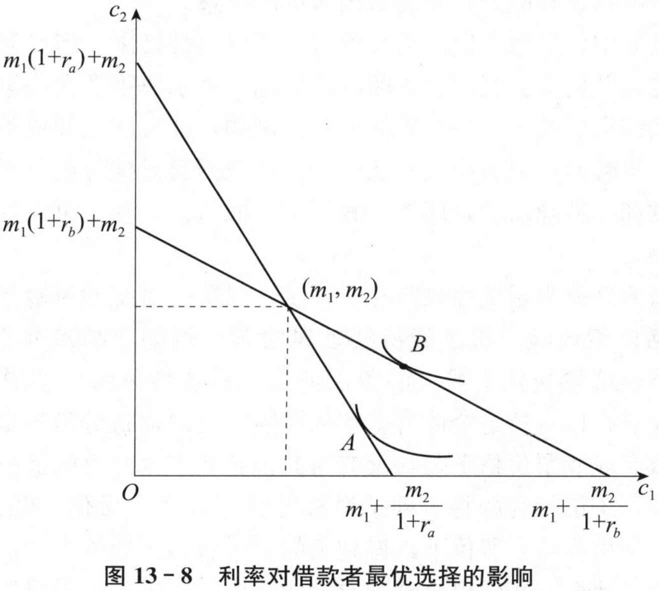

图 13-8 利率对借款者最优选择的影响

不管第 2 期的消费如何变化，利率下降后，借款者的处境是变好了。我们同样可以从两个方面进行分析。一方面，利率下降意味着借款成本下降了，单位资金所需要偿还的利息下降了，对借款者是利好的。另一方面，利率下降后的最优选择 B 点是处于旧的预算约束线之外，是在利率为 r_a 的情况下无法承担得起的消费选择，说明消费者可以承担得起更高的消费选择，处境变好了。

总之，利率下降导致预算约束线围绕禀赋点逆时针旋转。储蓄者和借款者在第 1 期的消费均增加了。不同的是，储蓄者的处境变差了，而借款者的处境变好了。

第二节　不确定性下的消费者选择

第十二章没有考虑外部环境的不确定性。然而在现实中，人们需要面临各种各样的风险和不确定性，而不确定性通过价格机制影响人们的消费选择。例如，新冠疫情爆发突然提高了消费者对医疗资源的需求，口罩、感冒药等医疗物资的价格以超乎人们预期的速度上涨，影响了人们生活物资的配置和支出水平。本节引入不确定性因素，提出期望效用理论，分析消费者在不确定条件下的选择问题。

一、不确定性、风险与彩票

现实生活中，商品价格、股票价格、工资收入很多情况下是变动的，导致人们决策行为产生的结果并非确定的。我们引入不确定性的概念，表示外部环境的变化。**不确定性**是指人们的决策行为可能产生多种结果，而且在决策之前，人们无法准确地预测决策行为会产生哪一种结果。在不确定性的环境中，人们在进行决策时，无法准确地预测决策的结果。例如，在金融投资中，当投资者决定购买股票时，无法准确地预测股票价格未来的趋势，无法提前计算出股票的收益率。不确定性导致某一个决策行为的结果呈现随机性，要求决策者掌握更多的信息和能力，才能做出最优的决策。

在不确定的世界中，虽然人们决策行为可能产生多种结果，但是我们在一些情况下能够判断结果的种类以及概率。我们引入**风险**的概念，表示决策者在决策之前能够准确地预判可能会产生哪些结果以及每一种结果的概率。例如，抽盲盒已经成为当今流行的消费行为。抽取盲盒是有风险的，因为我们不能确定地抽取到自己偏好的款式。但是，盲盒标明一共有 7 种普通款和 1 种隐藏款，那么，我们在抽取盲盒之前，可以准确地知道结果的种类以及相应的概率。

我们可以将风险划分为系统性风险和非系统性风险。系统性风险是指对所有个体均有影响的风险，包括政策风险、宏观经济波动风险等。例如，2008 年金融危机波及全球，导致世界各国实体经济均受到了严重的负面冲击。系统性风险无法通过分散投资进行消除。非系统性风险是指仅对特定个体有影响的风险，可以通过分散投资消除。例如，瑞幸咖啡财务造假导致企业股票价格下跌，没有对其他企业产生严重的负面影响。

在一些情况下，决策行为的每一种结果都可以用货币来量化。例如，在购买股票时，股价上涨得到正的货币收益，股价下跌得到负的货币收益。股价变化产生的每一种结果都可以用货币来量化。那么，我们提出“**彩票**”的概念，表示每一种可能发生的结果可以用货币量化，并且准确地知道每一种结果的概率。假设消费者购买的彩票可能产生两种结果：(1) 彩票为消费者带来的货币财富为 W_1，概率为 p_1；(2) 彩票带来的货币财富为 W_2，概率为 p_2。并且，彩票开奖后只会发生一种结果。我们定义彩票为：

$$L=(p_1,p_2;W_1,W_2) \quad \text{且} \quad p_1+p_2=1,\quad 0<p_1<1,\quad 0<p_2<1 \qquad (13-13)$$

在理论分析时，彩票的应用范围非常广，可以刻画投资者在金融市场中的投资收益，也可以分析农民在农业生产中的收益。例如，农业靠天吃饭，非常容易受到不确定的天气干扰。而且，中国东半部大多为季风气候，夏季湿润多雨，很多农民遭受水灾的困扰。2023年6月，河南省遭遇暴雨袭击，导致小麦田间出现严重的积水。很多麦粒开始发霉，农民面临了巨大的经济损失。我们可以简单地用彩票刻画农民的财产。假设农民种植的农作物价值10万元；发生水灾导致全部农作物被淹死的概率为0.2；天气适宜，农作物正常存活的概率为0.8。农民的财产可以用彩票 $L=(0.8, 0.2; 10, 0)$ 进行刻画。

二、期望效用和期望值的效用

在一个不确定性的环境中，消费者的决策结果呈现一定的随机性，可能会出现多种结果，每一种结果带来的效用水平是不一样的，只有在事后才能知道哪一种结果会发生。那么，消费者在事前根据什么标准进行决策呢？比较每一个决策可能为消费者带来的平均效用是一个评估决策优劣的有效方法。由此，我们提出期望效用的概念，并且假设消费者在不确定的条件下追求期望效用最大化。**期望效用**就是在不确定条件下各种可能结果的效用水平的加权平均值，权重是各种结果发生的概率。假设彩票 $L=(p_1, p_2; W_1, W_2)$，$p_1+p_2=1$，且消费者对财富的效用函数为 $U(W)$，期望效用函数表示为：

$$EU(p_1, p_2; W_1, W_2) = p_1U(W_1) + p_2U(W_2) \tag{13-14}$$

在上述农业的例子中，农民的期望效用可以表示为 $EU = 0.8U(10) + 0.2U(0)$。

如果消费者拥有彩票 $L=(p_1, p_2, \cdots, p_n; W_1, W_2, \cdots, W_n)$。彩票带来的货币财富为 W_i，相应的概率为 $p_i(i=1, 2, \cdots, n)$。期望效用可以表示为：

$$EU(p_1, p_2, \cdots, p_n; W_1, W_2, \cdots, W_n) = p_1U(W_1) + p_2U(W_2) + \cdots + p_nU(W_n) \tag{13-15}$$

期望效用函数进行单调递增变换后仍然可以代表与原函数相同的偏好，而且具有期望效用的性质。

消费者在不确定的条件下追求期望效用最大化。为什么借助期望效用刻画消费者目标函数是合理的呢？期望效用理论假定各种可能的结果是相互独立的，也就是说消费者在一种环境下做出的选择独立于另一种环境下做出的选择。独立性假定在一定程度上是符合现实的。在不确定条件下，外部环境呈现随机性，各种可能环境也具有独立性。例如，在某一个时点上，天气的变化是随机的。假设存在两种气候，即气候适宜和涝灾。明年可能气候适宜，也可能发生涝灾，各种天气的发生是独立的，不可能同时出现气候适宜和涝灾。如果明年的气候适宜，农民的农作物可以存活。如果明年出现涝灾，农作物可能被淹死。农作物可能出现的两种结果是相互独立的，农民在不同天气下做出的选择是相互独立的。

需要与期望效用区分的一个概念是**期望值的效用**，即各种可能结果的加权平均值的效用水平。假设彩票 $L=(p_1, p_2; W_1, W_2)$，且消费者对财富的效用函数为 $U(W)$。彩票各种可能结果的期望值为 $p_1W_1+p_2W_2$。期望值的效用水平表示为：

$$U(p_1W_1 + p_2W_2) \tag{13-16}$$

如果彩票的期望值 $p_1W_1+p_2W_2=W_0$，那么 $U(p_1W_1+p_2W_2)=U(W_0)$。根据效用函数的定义，$U(W_0)$ 的经济含义是消费者的财富水平确定为 W_0，对应的效用水平为 $U(W_0)$。因此，$U(p_1W_1+p_2W_2)$ 的经济含义就是消费者的决策结果是确定获得的财富水

平为 $p_1W_1+p_2W_2$，这个结果带来的效用水平为 $U(p_1W_1+p_2W_2)$。

期望效用理论为分析消费者在不确定条件下的选择问题提供了一个分析框架。值得注意的是，在不确定的环境中，消费者的目标是最大化期望效用，而不是期望值的效用。

三、风险态度与风险厌恶系数

把风险引入消费者理论时，每个消费者对风险的偏好是不一样的，这将影响消费者的决策行为。例如，偏好风险的投资者倾向将资金投资于股票、企业债等风险更高的金融产品。厌恶风险的投资者则倾向将资金投向银行存款、国债等产品。在本节中，我们有必要介绍风险偏好者、风险中性者和风险厌恶者的概念，并且介绍风险厌恶系数，以量化的方式衡量消费者的风险厌恶程度。

我们通过一个例子来理解风险厌恶者、风险中性者和风险偏好者。假设消费者的财富效用函数为 $U(W)$，有两张彩票：$L_1=(0.5，0.5；W_0-h，W_0+h)$；$L_2=(1；W_0)$，我们比较两张彩票给消费者带来的效用水平。彩票 $L_1=(0.5，0.5；W_0-h，W_0+h)$ 是指消费者有 50%的概率获得 W_0-h 元，有 50%的概率获得 W_0+h 元，期望收益是 $(W_0-h)\times 0.5+(W_0+h)\times 0.5=W_0$，方差是 $0.5(W_0-h-W_0)^2+0.5(W_0+h-W_0)^2=h^2$。彩票 $L_2=(1；W_0)$ 是指消费者有 100%的概率获得 W_0 元，期望收益是 $W_0\times 1=W_0$，收益的方差为 0。其中 $0<h<W_0$。我们可以得出，彩票 L_1 和彩票 L_2 的期望收益是相等的，但是彩票 L_1 的风险大于彩票 L_2。

如果消费者更偏好彩票 L_2，彩票 L_1 的效用水平低于彩票 L_2 的期望效用水平，即 $U(L_1)=0.5U(W_0-h)+0.5U(W_0+h)<U(L_2)=U(W_0)=U[(W_0-h)\times 0.5+(W_0+h)\times 0.5]$，说明消费者不希望承担风险，更希望获得一个确定的收益。因此，我们定义，如果 $U(p_1W_1+p_2W_2)>p_1U(W_1)+p_2U(W_2)$，也就是说，获得确定收益为 $p_1W_1+p_2W_2$ 的效用水平，大于在风险条件下获得期望收益为 $p_1W_1+p_2W_2$ 的期望效用水平，即期望值的效用大于期望效用，则消费者是风险厌恶者，如图 13-9 所示。图 13-9 还表明，对于风险厌恶者来说，财富的边际效用递减。

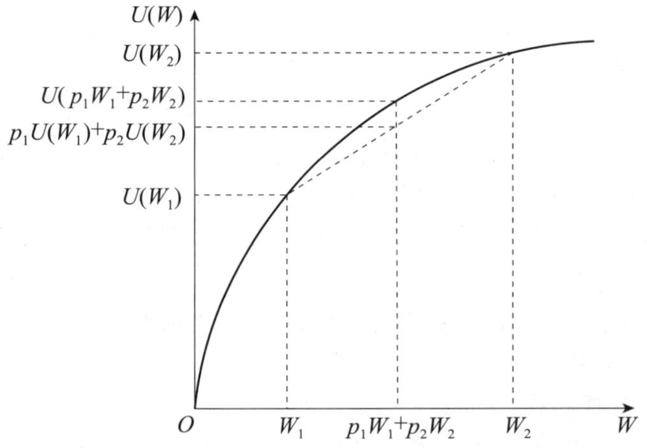

图 13-9　风险厌恶者

如果彩票 L_1 的效用和彩票 L_2 的期望效用相等，即 $U(L_1)=0.5U(W_0-h)+0.5U(W_0+h)=U(L_2)=U[(W_0-h)\times0.5+(W_0+h)\times0.5]$，说明消费者不在乎风险，只关心期望收益。因此，如果 $U(p_1W_1+p_2W_2)=p_1U(W_1)+p_2U(W_2)$，也就是说，获得确定收益为 $p_1W_1+p_2W_2$ 的效用水平，等于在风险条件下获得期望收益为 $p_1W_1+p_2W_2$ 的期望效用水平，即期望值的效用等于期望效用，则消费者是风险中性者，如图 13-10 所示。对于风险中性者来说，财富的边际效用不变。

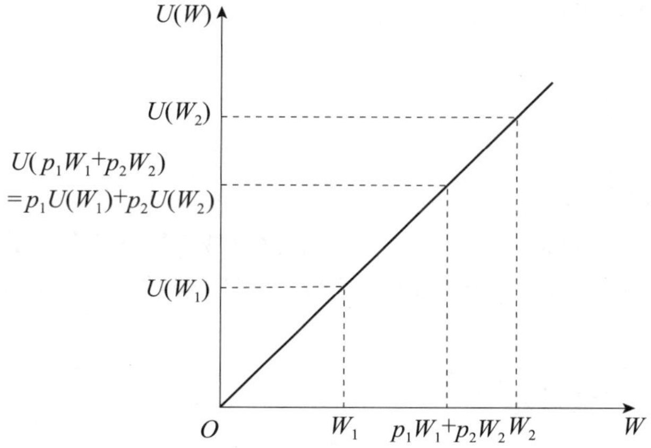

图 13-10　风险中性者

如图 13-11 所示，如果消费者更偏好彩票 L_1，即 $U(L_1)=0.5U(W_0-h)+0.5U(W_0+h)>U(L_2)=U[(W_0-h)\times0.5+(W_0+h)\times0.5]$，说明消费者更希望承担风险，而不是偏好于获得一个确定的收益。因此，如果 $U(p_1W_1+p_2W_2)<p_1U(W_1)+p_2U(W_2)$，也就是说，获得确定收益为 $p_1W_1+p_2W_2$ 的效用水平，小于在风险条件下获得期望收益为 $p_1W_1+p_2W_2$ 的期望效用水平，即期望值的效用小于期望效用，则消费者是风险偏好者。显然，风险偏好者的财富边际效用递增。

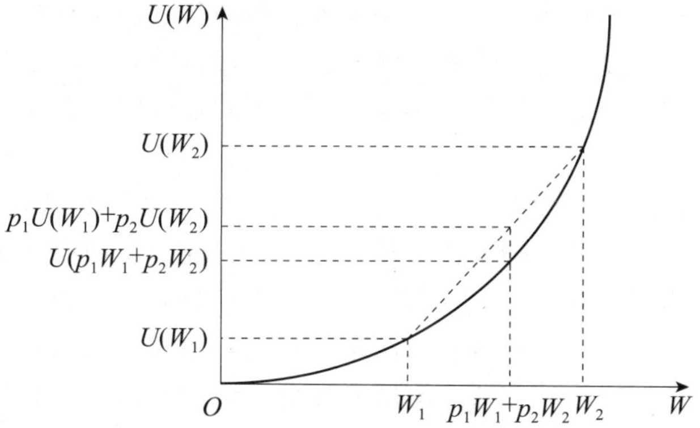

图 13-11　风险偏好者

我们已经通过图形定性地分析了三种风险态度。然而，如何量化消费者对风险的厌恶程度呢？如何比较不同消费者的风险厌恶程度呢？绝对风险厌恶系数和相对风险厌恶系数是一个有效的工具。接下来，我们将介绍两种风险厌恶系数，并且比较它们的差异。

假设财富 W 的效用函数为 $U(W)$，**绝对风险厌恶系数**的定义为：

$$r(W)=-\frac{U''(W)}{U'(W)} \tag{13-17}$$

相对风险厌恶系数的定义为：

$$rr(W)=r(W)W=-W\frac{U''(W)}{U'(W)} \tag{13-18}$$

例如，假设风险厌恶者的财富效用函数 $U(W)=\ln W$，财富的边际效用递减。绝对风险厌恶系数 $r(W)$ 和相对风险厌恶系数 $rr(W)$ 分别为：

$$r(W)=-\frac{-\frac{1}{W^2}}{\frac{1}{W}}=\frac{1}{W} \tag{13-19}$$

$$rr(W)=r(W)W=1 \tag{13-20}$$

当消费者财富 W 增加时，绝对风险厌恶系数 $r(W)$ 是下降的，富裕的消费者有能力承担得起更大的风险。然而，相对风险厌恶系数 $rr(W)$ 保持不变，财富水平 W 与相对风险厌恶系数 $rr(W)$ 无关。

四、风险分散与金融市场

在现实中，风险总是存在于人们的生活中，可能会带来巨大的损失。例如，洪灾、旱灾、地震等自然灾害会对人们的人身和财产带来严重的负面影响；俄乌冲突、贸易战等国际纠纷会严重地影响投资者的投资收益。如何规避风险和分散风险呢？金融工具是一种有效的风险规避手段。接下来，我们将介绍资产组合和保险是如何分散风险的。

消费者通常会购买保险，将风险转移到保险公司。例如，洪灾和旱灾均会破坏农业生产，使农民遭受巨大的经济损失。农民可以利用农业保险转移气象风险。当气象灾害导致农作物死亡时，保险公司可以向购买农业保险的农民给予一定比例的经济补偿，降低农民的经济损失。当然，购买农业保险也是需要成本的，农民需要向保险公司支付保费。购买保险意味着农民放弃气象适宜情况下的一些收入，而获得气象恶劣情况下的一些补偿。为了降低农业保险成本，保障农民的收入，黑龙江和内蒙古推行的大豆完全成本保险和种植收入保险试点、四川省开展的政策性农业保险试点等农业保险试点项目，向参与农业保险的农民提供一定比例的补贴，有助于稳定农民的收益。

除了农业保险，保险公司还推出了各种各样的保险帮助消费者转移人身和财产风险。例如，汽车已经成为大多数家庭的出行工具。为了转移交通事故引起的重大损失，消费者利用机动车辆保险转移交通安全风险。在生活中，人们难以避免重大疾病的发生，消费者也利用医疗保险转移疾病风险。随着收入水平的提高，旅游成为人们生活的一部分，出行险也成为消费者转移意外风险的方式。消费者舍弃一部分收入，而在事故突然发生时获得一笔补偿，能够有效地规避人们遭受意外引起的重大损失。

在金融投资中，投资者通常持有资产组合来分散风险，而不是持有某种单一的金融资产。假设投资者持有由股票 A 和股票 B 构成的资产组合。假设两种股票的收益率均等于 r，方差均等于 s^2，且风险独立。股票 A 和股票 B 资产占总资产价值的比重均为 $\frac{1}{2}$。资产组合的期望收益等于$\frac{1}{2}r+\frac{1}{2}r=r$，与股票 A 和股票 B 的收益率相等。然而，资产组合的方差降低至$\frac{1}{4}s^2+\frac{1}{4}s^2=\frac{1}{2}s^2$。可见，投资者通过持有资产组合，可以实现在期望收益不变的条件下降低风险。

资产组合利用风险对冲来分散风险。如果资产之间的收益是完全正相关的，持有资产组合就等价于持有单一资产，无法通过风险对冲来降低风险。只要资产之间的收益不是完全正相关的，持有资产组合就能够降低风险。资产组合中的资产种类越多，资产之间的收益越接近完全线性负相关，资产组合的风险分散功能就越强。

资源链接

视频微课 13－1

视频微课 13－2

本章习题

1. 在不确定的环境中，有哪些方法可以帮助消费者分散风险和规避风险？

2. 在两期的跨时期决策中，如果消费者是储蓄者，利率上升对消费者的处境有什么影响？

3. 假设消费者的财产有 1 万元，财富的效用函数为 $U(W)=\sqrt{W}$。有 10%的概率会发生火灾将消费者的所有财产摧毁。为了规避火灾风险，消费者打算购买完全保险。当火灾发生时，可以获得 100%的赔偿。消费者愿意支付的保费是多少？

4. 假设消费者存活两期，在第 1 期和第 2 期的收入分别为 5 和 10，两个时期的价格均为 1，利率为 5%。

（1）请写出消费者的预算约束线。

（2）在第（1）问的基础上，假设消费者跨时期的效用函数为 $U(c_1, c_2)=c_1^{0.5}c_2^{0.5}$。求解消费者在跨时期决策下的最优选择。消费者是储蓄者还是借款者？

（3）在前两问的基础上，利率上升到 10%，对消费者的选择有什么影响？消费者的处境是变好了还是变坏了？

在线自测

扫一扫 练一练

第十四章　生产者行为理论Ⅰ：生产者如何选择

消费者和生产者是微观经济学的两大分析对象。在前两章，我们已经对需求端以及消费者行为进行了深入介绍，刻画了市场上的买方目标及其面临的行为约束。在生产者部分，我们主要回答生产者如何选择生产和生产多少的问题。想象你是一家面包店的店主，你需要购买面粉、芝士和香肠等原料，然后将原料做成面包，再在店铺中售卖。在此期间所需要解决的基本问题：一是如何组织生产要素（面粉、芝士和香肠）以得到产出（面包）；二是决定每单位面包的成本和售价，尽量压缩成本，增加利润。

在这一章，我们回答“生产者如何选择生产”的问题。我们将从供给端以及企业行为角度，从市场上卖方行为出发，描述生产者所面临的预算约束，刻画生产者所面临的选择集合。这一章的基本思路是，在一定生产要素投入下，企业能够生产的商品数量并不是无限的，而是具有一定边界。具体而言，我们将企业视作一个能够将投入的生产要素转化为特定产出的“黑箱”，同样生产要素投入下，不同企业的最大产出数量可能不同，我们把企业在一定要素投入下面临的最大生产能力称作生产函数，并通过生产技术刻画企业的生产集合，在此基础上刻画企业生产的可能约束集合。

第一节　生产技术与生产函数

生产技术可以回答企业如何组织生产要素以获得产出，主要刻画企业的生产过程。技术可以帮助我们确定企业生产的边界，以确定企业的生产可能集。企业生产的下界为 0，即选择不生产。为了确定企业生产的上界，方便准确计算一定投入量所对应的最大可能产出之间的数量关系，我们需要引入生产函数这一概念。假设你开了一家咖啡店，需要购买咖啡豆和咖啡机，并雇一些店员帮助你进行咖啡的生产。**生产函数**衡量了在一定的技术条件下，投入的一定量生产要素能够转换成的最大产出。

一个完整生产函数的数学表示是：

$$y = f(x_1, \cdots, x_n) \tag{14-1}$$

其中，x_i 代表第 i 种生产要素的投入数量，（x_1，…，x_n）组成生产要素的投入束。y 代表最大的产出水平。

有了生产函数的概念，我们可以确定企业生产的上界。我们把任何一个投入束（x_1，x_2，…，x_n）和一个产出水平 y 的组合，称作一个生产计划（x_1，x_2，…，x_n；y）。如果这个生产计划在生产函数确定的上界之内，也即 $y \leqslant f(x_1, \cdots, x_n)$，那么这个生产计划就是可行的。所有可行生产计划的集合组成了**技术集**：

$$T=\{(x_1,x_2,\cdots,x_n;y)\mid y\leqslant f(x_1,\cdots,x_n),x_1\geqslant 0,\cdots,x_n\geqslant 0\} \tag{14-2}$$

图 14-1 描绘了不同投入水平下企业的技术集。其中，图中的曲线和横轴包围的部分描述了企业的技术集。集合的上边界是生产函数，描述了特定投入水平下可能的最大产出。

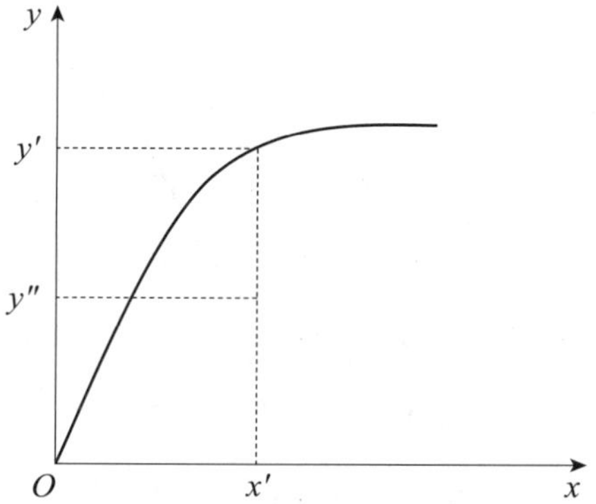

图 14-1 不同投入水平下的技术集

特定要素投入水平下，一个理性的企业应该按生产函数所决定的产量进行生产。图 14-1 中，生产函数描绘了特定可供选择的投入水平下的最大可能产出，是技术上有效率的生产计划，除上边界之外的部分是技术上无效率的生产计划，因此，生产函数是将特定投入转化为产出的最优选择。

第二节 对生产函数的假定与规模报酬

我们已经知道，企业生产的可能集以技术集衡量，其边界由生产函数所决定。但是，理论上，能够描述企业生产边界的函数有无数种形式，我们应该如何定义和抽象生产函数，使之既能够使用经济学和数学工具进行充分刻画，又能够符合现实观察呢？这要求我们根据研究目的对生产函数的形式做出假设。因此，在这一节，我们首先介绍对生产函数的假定以及规模报酬这一生产函数的重要特征，然后介绍三种常见的、符合上述假定的生产函数。

一、对生产函数的假定

在研究生产者行为的过程中，为了便于描述生产者行为，我们对生产函数设置三个假定：

第一，假设生产要素的投入量以及产出量均为非负。在生产函数 $y=f(x_1, x_2, \cdots, x_n)$ 中，一方面，我们要求生产要素 x_i 至少为 0，这一假定可以用谚语“天下没有免费的午餐”来理解，即没有投入就没有产出；另一方面，产出量 y 至少为 0，即允许无为的可能性。

第二，假设生产函数具备单调性或自由处置特征。这一假定意味着生产者持续追加一种生产要素投入不会带来产量的降低，意味着额外对生产要素的追加或者投入至少不会造成损失。这一假定符合我们日常的观察，让我们回到咖啡店的例子，假定一台咖啡机一次搭配 100g 豆子是最优的，能够生产出 50 杯咖啡。单调性意味着即使我们为一台咖啡机搭配了 200g 豆子，不会使产量减少，至少能够生产出 50 杯咖啡。生产函数的单调性如图 14－2 所示。

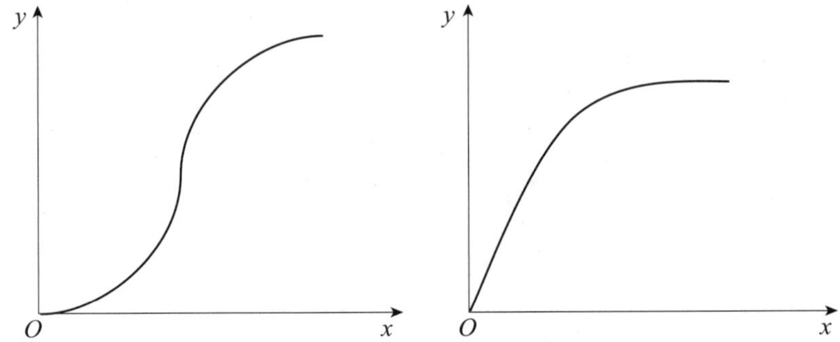

图 14－2　单调性图示

第三，假设技术集是凸集。一方面，凸性假设体现了“极端的”投入组合的生产效率总是低于“平衡的”投入组合。也就是说，如果两种生产要素组合（x_1，x_2）和（z_1，z_2）均能生产出 y 单位的产出，那么（x_1，x_2）和（z_1，z_2）的任意加权平均投入也能至少生产出 y 单位的产出。凸性意味着两种实现生产方式的结合应该比单个生产方式好。这种思想刻画的是，企业在不同的要素组合之间灵活变化、从而寻求最大利润的能力。这种函数形式可以很好地帮助刻画“唯一的最优解”。另一方面，凸性假设意味着按比例 k 成倍扩大或缩小生产要素投入，其产出变动的幅度小于 k 倍。这一属性也被称为规模报酬非递增，关于这一点将会在下文进行介绍。

二、规模报酬

在现实中，企业经常会面临的一种重要决策情形是所有投入要素一起增加时产出的变化。例如，企业将所有生产要素同时扩大一倍，产出也会扩大为原来的一倍吗？或者，当企业规模扩张，拥有了更多的生产要素时，应该将它们放在一起生产，还是分开来生产？答案似乎是模糊的，当生产要素成倍数增长，有两种相反力量会对产出产生影响。一种是生产要素规模的扩大会提升生产专业化，使得产出的增长超出一倍；另一种是生产要素规模的扩张会增加更多成本，例如更大的监督成本和协调成本，使得产出的增长不足一倍。

因此，我们引入规模报酬概念来描述该场景。所有生产要素同等幅度改变和产出变化的大小关系，我们称其为规模报酬。规模报酬实质上是在任一投入束（x_1，x_2，…，x_n）下，比较要素投入扩大为 k 倍后的产出 $f(kx_1, kx_2, \cdots, kx_n)$ 和原产出扩大 k 倍 $kf(x_1, x_2, \cdots, x_n)$ 的大小关系。

若 $f(kx_1, kx_2, \cdots, kx_n)=kf(x_1, x_2, \cdots, x_n)$，则称作规模报酬不变；

若 $f(kx_1, kx_2, \cdots, kx_n)<kf(x_1, x_2, \cdots, x_n)$，则称作规模报酬递减；

若 $f(kx_1, kx_2, \cdots, kx_n)>kf(x_1, x_2, \cdots, x_n)$，则称作规模报酬递增。

三、三种常见的生产函数

在介绍完生产函数假定和规模报酬后，我们接着介绍三种形状良好的生产函数，它们刻画了企业在生产过程中一些最主要的技术特征。为了能够直观地用平面图形展示生产函数的性质，下面的分析均以两种投入要素（x_1，x_2）为例（两种投入要素一般指代资本和劳动）。此外，为了刻画企业生产行为，我们还要引入等产量线的概念。从理论上讲，如果要生产某一个给定的产量水平 y，企业有无数种要素组合。我们就把最大产量为 y 的所有投入束的集合定义为产出 y 的**等产量线**。等产量线描绘的是，在给定的技术水平条件下，生产要素投入量的各种不同组合的轨迹。同一条等产量线上的各点代表投入要素的各种组合，其中的每一种组合所能生产的最大产量都是相等的。而所有等产量线的集合，就是生产函数 $y=f(x_1, x_2, \cdots, x_n)$ 的几何表达。

（一）柯布-道格拉斯生产函数

柯布-道格拉斯生产函数是最常见的用来刻画技术的形式之一，它具备类似于如下的形式：

$$y=f(x_1,x_2)=Ax_1^{\alpha}x_2^{\beta} \tag{14-3}$$

其中，$\alpha>0$，$\beta>0$。这种生产函数之所以被广为使用，是因为它能较好地刻画现实世界中的生产技术。

柯布-道格拉斯生产函数的等产量线如图 14-3 所示。

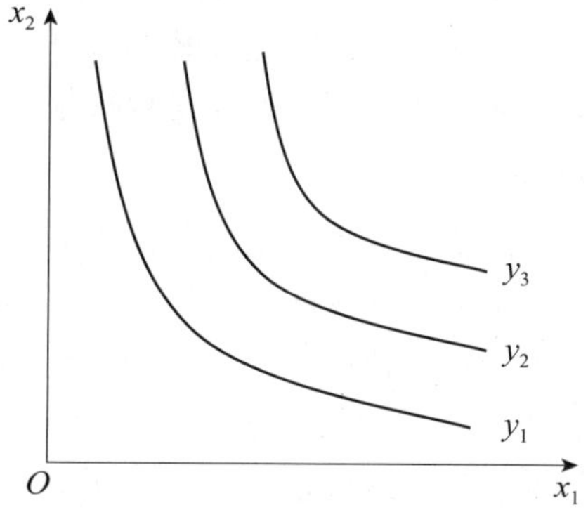

图 14-3 柯布-道格拉斯生产函数的等产量线

在现实中，企业的生产经常具有以下几个特征：

第一，企业经常会使用多种要素生产产品，而且一种要素的边际产出会依赖于其他要素的投入数量。所以柯布-道格拉斯生产函数将不同的要素用乘积的形式表达出来，就可以很好地刻画这一特征。

第二，企业对于某一种要素投入的边际产出是递减的。企业经常面临的问题是，如果给定其他要素的投入数量，持续地增加某种要素的投入数量，这种要素的增加带来产出多大的变化？我们将其他要素投入量不变的前提下，要素 i 的单位变动所引发的产出变化称作要素 i 的边际产出（Marginal Product，MP），数学表达式为：

$$MP_i=\frac{\partial y}{\partial x_i} \tag{14-4}$$

一般而言，要素投入的边际产出是递减的。对于式（14-3），如果我们利用 y 对 x_1 进行求导，就可以得到 x_1 的边际产出，$MP_{x_1}=\alpha Ax_1^{\alpha-1}x_2^{\beta}$，不难发现，如果 $\alpha<1$，那么，随着 x_1 的投入不断增加，MP_{x_1} 会降低，这就很好地刻画了边际产出递减的规律。而我们

可以看到，给定 x_1，MP_{x_1} 会随着 x_2 的增大而增大，也就是说，如果其他要素投入更加丰裕，就会使得 x_1 的边际产出增大，这也很符合现实情况。

第三，每一种投入要素的产出弹性是不同的。回顾我们曾经的“弹性”定义，不难发现，对于柯布-道格拉斯生产函数 $y=Ax_1^{\alpha}x_2^{\beta}$，$\alpha=\frac{\partial y}{\partial x_1}\frac{x_1}{y}$ 和 $\beta=\frac{\partial y}{\partial x_2}\frac{x_2}{y}$ 分别代表的是产出对要素 1 的弹性和产出对要素 2 的弹性，它们度量了产出变动对于要素投入变动的敏感程度。

如果我们将柯布-道格拉斯生产函数取对数，能够更加直观地反映系数与弹性之间的关联：

$$\ln y = \ln A + \alpha \ln x_1 + \beta \ln x_2 \tag{14-5}$$

此时，柯布-道格拉斯生产函数转化为线性形式，常数 α 代表产出相对于要素 1 投入的弹性，常数 β 代表产出相对于要素 2 投入的弹性。

第四，柯布-道格拉斯生产函数能够刻画规模报酬特征。给定生产函数 $y=Ax_1^{\alpha}x_2^{\beta}$，我们可以发现，如果所有的生产要素都同时扩大 k 倍，那么，产出就变成了 $y'=Ak^{\alpha+\beta}x_1^{\alpha}x_2^{\beta}$，此时，规模报酬特征可以用 $\alpha+\beta$ 与 1 的大小关系进行衡量。如果 $\alpha+\beta>1$，则意味着要素同时扩大 k 倍会导致产出变化超过 k 倍，这就是规模报酬递增；如果 $\alpha+\beta=1$，则意味着要素同时扩大 k 倍，产出也会扩大 k 倍，这就是规模报酬不变；如果 $\alpha+\beta<1$，则意味着要素同时扩大 k 倍会导致产出变化小于 k 倍，这就是规模报酬递减。

（二）完全互补型生产函数

现实世界中，企业也经常会面临另一种技术特征，不同的要素之间是完全互补的。例如，现在企业的技术限制是一名工人只能操作一台机器，这就意味着，企业必须在每多买一台机器的同时要多招一名工人，每多招一名工人的同时要多买一台机器，否则，给定机器数量，多招工人也不会增加产出；反过来，给定工人数量，多买机器也不能增加产出。我们经常听到的“木桶原理”说的就是这种情况：木桶所能装载的水量，取决于“短板”，如果不能改变短板，其他的木板再长，也不会增加装载的水量。

这种完全互补型生产函数，表现为要素之间的固定比例的“互补”，它的一般形式为：

$$y = \min\{a_1x_1, a_2x_2, \cdots, a_nx_n\} \tag{14-6}$$

其中，a_1，…，$a_n>0$。例如，$y=\min\{x_1,\ 2x_2\}$ 的等产量线的图像如图 14-4 所示。

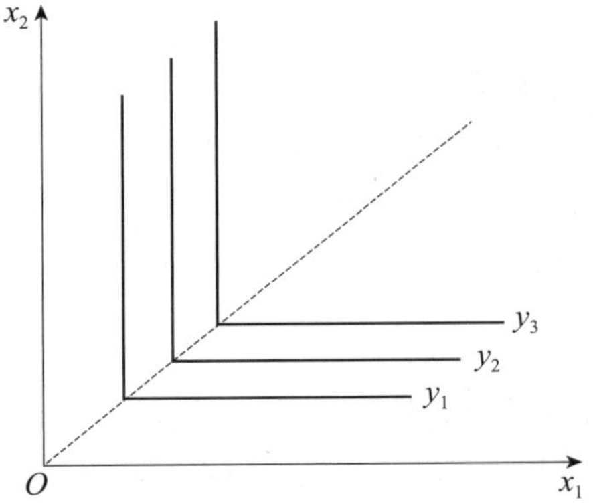

图 14-4　完全互补型生产函数的等产量线

（三）完全替代型生产函数

现实中，企业面临的另一种常见的技术特征是，生产某一种产品，既可以使用一定数量的要素 1，也可以使用一定数量的要素 2，此时，要素 1 和要素 2 之间就是完全替代的。例如，企业要组装一辆汽车，它既可以选择用 10 名安装工人来组装，也可以使用 1 台先进的智能机器人设备来组装，假定组装的效果完全相同，那么，二者就是完全替代的。

这种完全替代型生产函数，表现为要素之间的固定比例的“替代”，它的一般形式如下：

$$y = a_1x_1 + a_2x_2 + \cdots + a_nx_n \tag{14-7}$$

其中，a_1，…，$a_n>0$。

例如，完全替代生产函数 $y=x_1+2x_2$ 的等产量线的图像如图 14-5 所示。

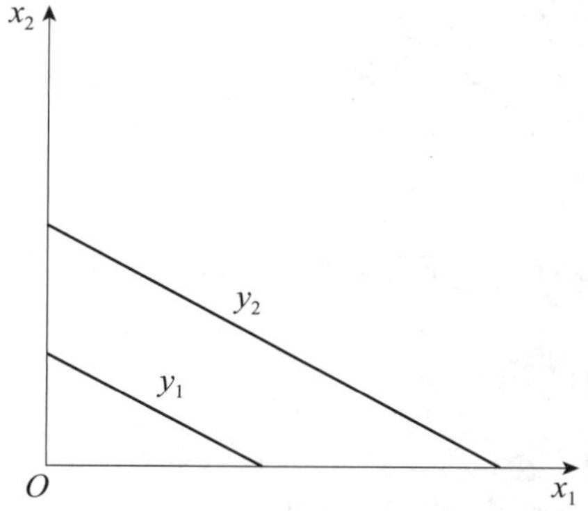

图 14-5　完全替代型生产函数的等产量线

第三节　短期分析：具有一种可变生产要素的生产函数

在这一节，我们主要分析短期限制下企业面临的生产函数特征。我们已经建立了生产技术和生产函数来描绘企业可能的生产集。在现实中，企业投入的生产要素特征有所不同，那么，不同的生产要素投入在不同的情形下面临怎样的约束呢？

在微观经济学中，我们以长期和短期划分企业的生产。长期内，企业的生产要素投入均可变；短期内，企业只有特定的生产要素投入量是可以改变的。一般而言，短期内企业的劳动是可变的，实物资本是不可变的。值得注意的是，短期和长期的划分和时间长短无关，只与是否所有生产要素均可变有关。不妨想象这样一个场景。假设你经营着一家咖啡店，短期内，你可能无法改变特定生产要素的投入量，例如，短期内你可能暂时无法扩大店面，可能被法律要求需要申请特定的执照才能生产某种新产品等。但是，可以改变劳动生产要素的投入量，例如可以雇更多的店员进行咖啡生产。

一、短期生产函数

和本章设定保持一致，我们假设企业投入两种生产要素，即资本和劳动，进行产品生产。资本是固定生产要素，短期内被固定在特定的水平上；劳动是可变生产要素，短期内可以改变。不妨假设第二种投入要素的数量是固定的，第一种投入要素的数量是可变的，此时，生产函数可以改写为 $y=f(x_1, \overline{x}_2)$，进而可以刻画出可变要素的投入数量 x_1 和产出之间的关系。

假设生产函数形如 $y=f(x_1, \overline{x}_2)=x_1^{0.5}\overline{x}_2^{0.5}$，当 x_2 有不同的取值时，x_1 生产要素的投入量和产出之间的关系如图 14－6 所示。

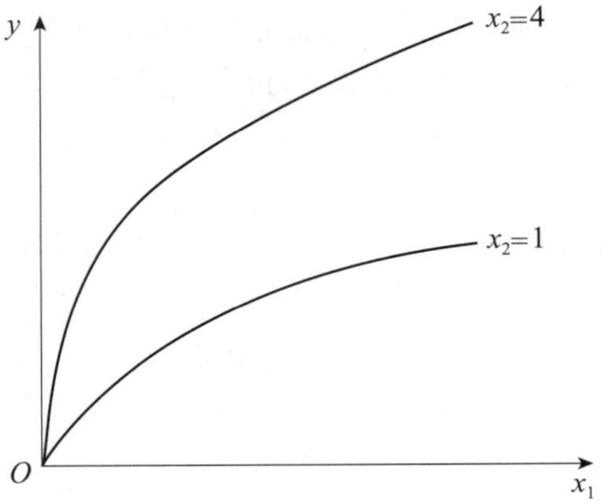

图 14－6　不同固定要素投入下的生产函数

二、边际产出和平均产出

图 14－6 画出了在不同固定生产要素水平下，具有一种可变生产要素的生产函数的形状。可以观察到，短期生产函数的斜率，以及函数上的点与原点连线斜率随着可变要素的变化而变动。在这一部分，我们通过刻画短期生产曲线的斜率以及与原点连线斜率的变动，从边际产出和平均产出两个方面建立生产要素投入量和产出之间的关系。

在一定的固定生产要素投入下，产出随可变生产要素的变动情况如图 14－7 所示。我们可以观察到，随着可变要素 x_1 投入增加，短期生产函数曲线的斜率（也即边际产出或边际报酬）以及曲线上的点与原点连线的斜率（也即平均产出）在不同的时段有不同的特征。就边际产出而言，随着要素投入到 B 点，边际产出逐渐增加，并在 B 点达到最大。在 B 点之后，随着可变要素 x_1 投入增加，边际产出逐渐减少直到为 0。就平均产出而言，C 点为平均产出趋势变动的转折点。在 C 点之前，平均产出随着要素投入增加而增加；在 C 点之后，平均产出随着要素投入增加而减少。

边际产出曲线和平均产出曲线高度相关。一个基本规律是，当边际产出曲线高于平均产出曲线时，平均产出上升；反之，平均产出下降。在 C 点之前，增加一单位可变要素所带来的产出增长大于目前的平均产出水平，也即边际产出大于平均产出，此时增加一单位可变要素会带来平均产出上升。在 C 点之后，边际产出小于平均产出，此时投入的增加会带来平均产出的下降。因此，边际产出曲线会穿过平均产出曲线的最高点。

为什么在现实中，我们会认为边际产出和平均产出曲线均为先升后降呢？可以想象一个种植玉米的生产情形，生产玉米需要的土地（固定生产要素）是 10 亩，此时，农场主需要考虑配备多少斤肥料（可变生产要素）去种植玉米。假设两类生产要素最具备效率的配置（也即肥料的边际产出最高）是 10 亩土地配置 20 斤肥料。当肥料数量从 0 增加到 20 时，一方面，相对于土地，肥料属于稀缺的生产要素；另一方面，能够被利用的

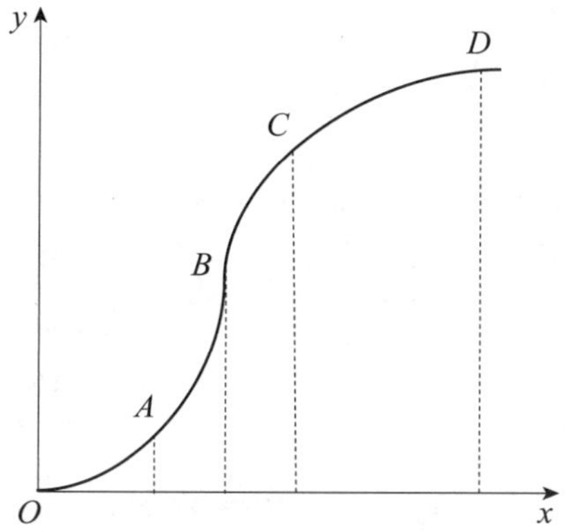

图 14-7 特定固定要素投入下的生产函数

土地数量更多，闲置的土地数量更少，使生产的效率大大提升，边际产出提升。此时，由于单位肥料增加使得产量快速增长，平均产出也处于增长阶段。当肥料数量持续增加到一定界限，比如 25 个单位时，单位肥料增加带来的效率在减弱，此时边际产出下降，但仍高于平均产出，因而平均产出仍处于上升状态。当肥料超过 25 个单位，受制于有限的土地数量，肥料的作用越来越无法充分发挥，使得单位土地的平均产出反而出现下降。

第四节 长期分析：等产量曲线

在上一节中，我们对企业短期生产决策进行了详细讨论，在这一节，我们将考察长期中，在两种生产要素都可变的情形下，如何对企业的生产决策进行刻画。首先，我们建立等产量曲线的概念，来刻画同一产量下厂商可选择的要素投入的组合集；接着，我们从边际报酬和投入要素间的替代两方面分析等产量曲线的特征。

一、等产量曲线

和第二节的分析保持一致，我们以两种投入要素的等产量曲线为例进行说明。与消费部分的无差异曲线的构建过程相似，**等产量曲线**是由生产出同样产量的所有投入生产要素集合形成的曲线。等产量线上的要素投入集合均能得到相同数量的产出，例如在图 14-8 中，点 B 和点 C 的要素投入组合均能得到 y_2 产量。等产量线 y_3 在等产量线 y_2 的上方和右端，意味着获取更高的产出的代价是投入更多的生产要素。例如，试图从等产量线 y_2 的 B 点移动到等产量线 y_3 时，在生产要素 x_1 不变的前提下，可以投入更多的生产要素 x_2 到 D 点；也可以在生产要素 x_2 不变的前提下，投入更多的生产要素 x_1 到 E 点。图 14-8 绘制了三条不同产出下的等产量线，等产量线的集合即为生产函数。可以通过与无差异曲线集合的类比理解等产量线的集合。正如无差异曲线簇代表着效用函数，等产量线簇刻画了生产函数，每一条等产量线对应着不同的产出水平。

等产量线是我们分析厂商生产决策的有力工具，它意味着厂商进行生产具备灵活调整的特征。在产出目标既定的情况下，可以选择不同的生产要素投入组合。例如，拖拉机装

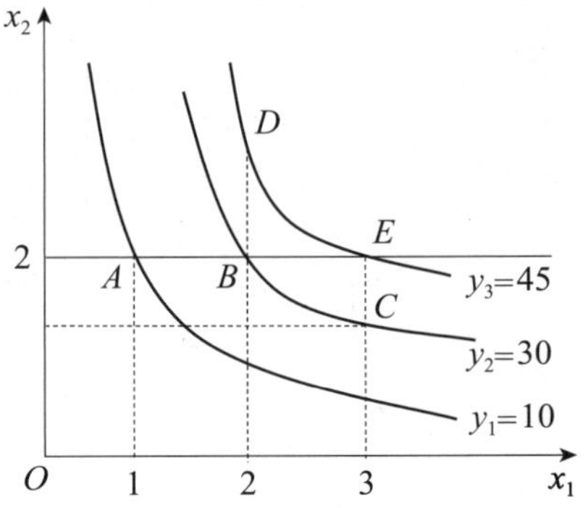

图 14-8　等产量曲线

配厂面临熟练工短缺的情形，既可以通过引入自动装配设备提高产量，也可以通过招聘和培训新进工人进行生产加工。具体选择何种要素投入组合，取决于厂商面临的目标函数，即利润最大化或成本最小化。

二、边际产出递减

在长期分析中，生产要素的投入量均可变，此时，单一生产要素边际产出递减规律是否成立？答案是肯定的，当把某种生产要素的投入固定，边际产出变化和第三节短期生产的分析过程保持一致。无论是长期还是短期分析，边际产出递减规律仍然成立。用图 14-8 来表示，当我们把 x_2 的投入量限制为两个单位时，每新增一单位生产要素 x_1 带来的产量增加数量越来越少，当 x_1 投入量由 1 单位增加至 2 单位时，产量由 y_1 增加至 y_2，增长了 20 个单位。而当 x_1 投入量由 2 单位增加至 3 单位时，产量由 y_2 增加至 y_3，仅增长了 15 个单位。

三、投入要素间的替代

等产量线表明，同一产量水平下，厂商可以选择不同组合的生产要素投入生产。生产一定量的手机，可以选择 10 名工人操控 5 条生产流水线，也可以选择 5 名工人操控 10 条生产流水线，存在要素之间的替代。我们把在保持产出不变的前提条件下，一种生产要素投入量增加一单位导致另一种生产要素数量的减少量，称作**边际技术替代率**（Marginal Rate of Technical Substitution，MRTS）。这跟无差异曲线的边际替代率的定义十分相似。值得注意的是，边际技术替代率描述的是两种生产要素的相互替代情况，始终是一个正数：

$$MRTS=-\frac{\Delta x_2}{\Delta x_1}=-\frac{\mathrm{d}x_2}{\mathrm{d}x_1} \tag{14-8}$$

观察图 14-9 所绘的等产量线，和无差异曲线类似，等产量线是向右下方倾斜的凸函数，这意味着边际技术替代率是递减的。这一规律符合我们在现实中的观察，想象你是一名种植高粱的农民，你需要投入土地和雇用工人进行一定量的高粱种植，当土地很少但工人很多时，大量工人集中在一块土地进行生产，土地是稀缺资源。此时，增加一单位土地使得高粱产出增加很多，对工人的替代性强。但随着土地持续投入，土地的稀缺度下降，能替代的工人数量也逐渐下降。

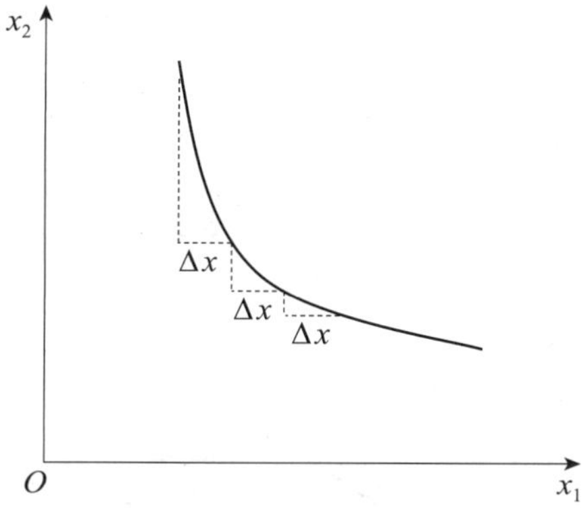

图 14-9　边际技术替代率

边际技术替代率递减规律和边际产出递减规律密切相关。假设保持产出不变，我们增加 x_1 的投入，意味着要减少要素 x_2 的投入。在这个过程中，x_1 投入的增加会带来产出的增长，其具体增额为 $MP_{x_1}\times x_1$，而要素 x_2 投入的减少带来产出下降 $MP_{x_2}\times\Delta x_2$。

由于是在给定产量下进行生产，意味着上述过程沿着等产量线进行移动，产出的变化量为 0，即：

$$MP_{x_1}\times\Delta x_1+MP_{x_2}\times\Delta x_2=0 \tag{14-9}$$

重新整理公式可以得到：

$$\frac{MP_{x_1}}{MP_{x_2}}=-\frac{\Delta x_2}{\Delta x_1}=MRTS \tag{14-10}$$

即，两种生产要素间的边际技术替代率等于两种生产要素的边际产出之比。

第五节　生产者如何决策：投入要素的最佳组合

通过第三节和第四节的分析，我们已经知道，生产函数是用来刻画技术水平的，并在长期和短期内表现出不同的特征。在现实中，企业面临的最常见的问题是：如果要生产一定数量的某种产品，它既可以使用较多的劳动和较少的机器，也可以使用较少的劳动和较多的机器，还可以使用其他的一些要素组合，那么，企业应该怎么样来决策？

市场中理性企业的生产目标是获得最高的经济利润，即利润最大化；或者用最节约的生产要素进行生产，即成本最小化。在这一节，我们主要解决已知生产函数的前提下，企业如何安排其生产以实现利润最大化目标。在第十五章，我们将会介绍成本最小化的相关内容。

一、短期利润最大化

以两个投入要素为例，假设企业处于短期环境中，有投入束（x_1，x_2），且 x_1 为可变生产要素，x_2 为不变生产要素，记为 $\bar{x}_2$，可以将其看作一个常数。用 π 表示企业利润，p 表示产品价格，w_1 和 w_1 表示两种生产要素的价格。假设产品价格和投入要素价格均为外生给定。此时企业的利润最大化问题可以表述为：

$$\max\pi = py - w_1x_1 - w_2\bar{x}_2$$
$$\text{s.t. } y \leqslant f(x_1, \bar{x}_2) \tag{14-11}$$

将目标函数化为 $y=\frac{w_1}{p}x_1+\frac{\pi+w_2\bar{x}_2}{p}$，这一函数称作等利润线，包含了所有利润相等的投入和产出组合。从图形上，我们可以较为直观地分析出使得企业利润达到最大化的生产决策，具体见图 14－10。

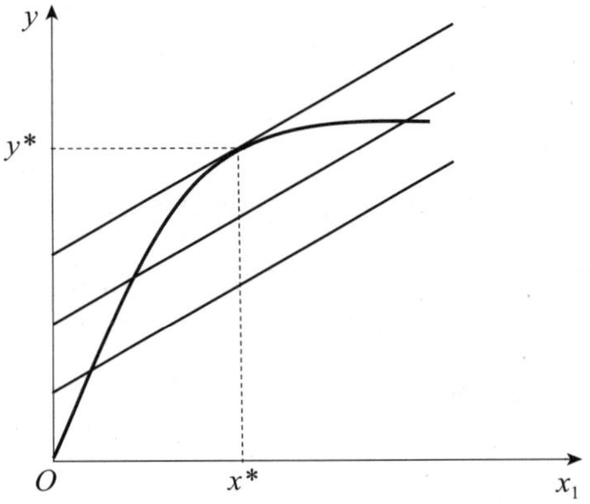

图 14－10　两种投入要素下企业短期利润最大化图解

图 14－10 中，可以得到短期利润最大化的生产计划为：(x_1^*，$\bar{x}_2$，y^*)，且满足生产函数的切线斜率与等利润线的斜率保持一致，由第三节的知识，生产函数的斜率为要素 1 的边际产出，得到：

$$MP_x = \frac{w_1}{p} \tag{14-12}$$

这一结果也可以依靠经济学直觉进行解释，$p\times MP_x$ 为投入要素 1 的边际收益，也即投入要素 1 单位改变量导致收益的增加量。

假如 $p\times MP_x>w_1$，那么利润随着 x_1 增加而增加；

假如 $p\times MP_x<w_1$，那么利润随着 x_1 的增加而减少。

因此，只有当 $p\times MP_x=w_1$，才能达到利润最大化。

二、长期利润最大化

长期内，投入要素均可改变，此时 x_2 不再是常数，利润最大化问题化为：

$$\max\pi = py - w_1x_1 - w_2x_2$$
$$\text{s.t. } y \leqslant f(x_1, x_2) \tag{14-13}$$

将目标函数化为等利润线 $y=\frac{w_1}{p}x_1+\frac{\pi+w_2x_2}{p}$，$x_2$ 只对等利润线的斜率产生影响。我们可以将 x_2 赋予不同的数值，化为多个短期问题，然后利用进行图形分析，具体见图 14－11。

此时，对每一个短期均衡，$MP_x=\frac{w_1}{p}$ 均成立。

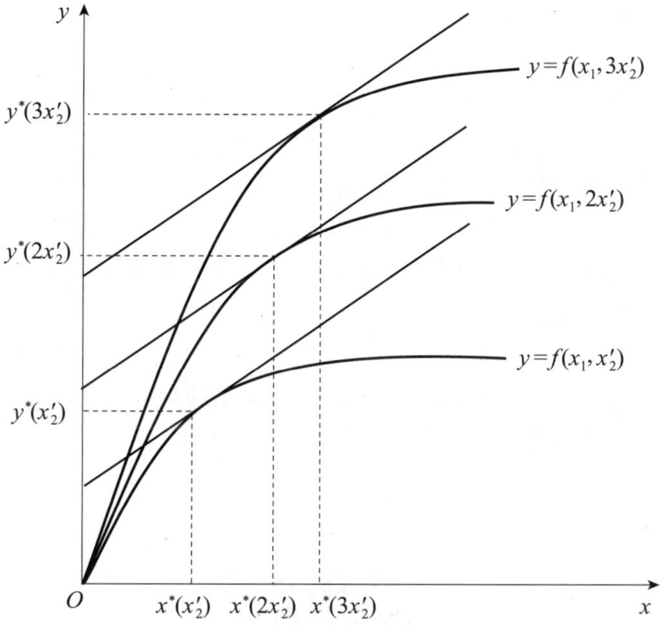

图 14 - 11　两种投入要素下企业长期利润最大化图解

相似地，若 $p\times MP_{x_2}-w_2>0$ 满足，那么利润将随 x_2 的增大而增大；若 $p\times MP_{x_2}-w_2<0$ 满足，那么利润将随 x_2 的减小而增大。因此，只有当 $p\times MP_{x_2}-w_2=0$，才能达到长期利润最大化。

综上，长期利润最大化的成立条件为：

$$p\times MP_{x_1}-w_1=0 \tag{14-14}$$

$$p\times MP_{x_2}-w_2=0 \tag{14-15}$$

资源链接

视频微课 14 - 1　　视频微课 14 - 2

本章习题

1. 论述边际产出递减规律及其在长期生产分析和短期生产分析中的差别。
2. 我们对生产函数的假定是什么？为什么要做这些假定？
3. 厂商在利润最大化目标下的生产决策标准是什么？
4. 是否存在某种投入的边际产出递减但整个生产的规模报酬递增的情形？

5. 假设你是一家智能外卖柜的生产商，你和某家高校谈成合作，将一批智能外卖柜引入校园，智能外卖柜的生产函数为：

$$y=f(k,l)=0.8k^{0.3}l^{0.7}$$

其中，y 是一段时间内高校需要的外卖柜数量，k 表示该段时间内生产外卖柜需要的车床数量，l 表示雇用的工人数量。假定你与高校谈成合作，商议投入 10 架智能外卖柜，并且你能够接受的生产要素投入预算为 10 万元。

假设车床 k 和工人 l 的单位成本相同，均为每小时 100 元。假设你没有学过微观经济学，认为单位成本相同时应该投入同样多的车床和工人。在该情形下，你的生产决策应该是什么？生产的成本为多少？

你公司的财务主管告诉你，你应该选择使两种投入边际产出相同的生产点进行生产，假设你愿意接受他的建议，在该情形下，你的生产决策应该是什么？生产的成本为多少？

试对两种生产方案进行比较。

在线自测

扫一扫　练一练

第十五章　生产者行为理论Ⅱ：成本理论

在本章中，我们将从成本的角度深入分析厂商的行为。本章的内容安排如下：第一节介绍成本的基本概念；第二节从成本最小化的角度来推导和理解成本函数；第三节考察短期各类成本曲线的特征及其相互关系；第四节考察长期成本曲线。

第一节　成本的性质

一、机会成本

（一）什么是机会成本

经济学是探讨人类经济行为、经济现象以及人们如何在资源有限的情况下进行权衡取舍的学科。资源的稀缺性是人类社会的基本特征，不管生产力如何发展、社会如何进步，总有资源是稀缺的。资源稀缺性迫使人们每一次使用资源都必须认真考虑：这样用划算吗？值得吗？事实上，每当人们这样考虑的时候，不论自己是否意识到，都多多少少使用了机会成本的思想。

企业进行一项活动的机会成本是指企业所放弃的使用同样资源在其他任何用途中所能获得的最高收入。

机会成本是从资源稀缺性这一前提出发的，当人们使用一定的资源用于某种用途时，这些资源就不可能被同时用于其他用途。也就是说，人们进行任何一种活动，都是以放弃使用相同的资源在其他活动中所能获得的收益为代价的。这里的代价就是该活动的成本。而这个代价到底应该用什么标准来衡量呢？经济学家指出，它必须以使用相同的资源在其他各种活动中所能获得的最高收益来衡量。这里的最高收益便是机会成本。所有潜在的投资机会中能带来的最高收益才是机会成本。

正如机会成本的定义所强调的那样，机会成本看重的是使用的“资源”。这意味着机会成本绝不只局限于分析厂商行为，而是可以用于分析一切人类选择。比如，一个学生可以选择花一晚上玩游戏，那他的机会成本可以是学习一晚上带来的成绩提升，或者是锻炼一晚上带来的身体改善等。而决定机会成本的因素，既要看这个学生可以做什么，又要看可以做的事情中哪个最重要。

（二）显成本和隐成本

由于资源的稀缺性，生产者对任何资源的使用都是有代价的。从这个意义上讲，厂商的所有生产成本都对应着机会成本。对一个厂商来说，生产所付出的成本不仅仅是从外部购买要素所产生的费用的机会成本，还包括厂商使用自己的资源所产生的机会成本。为了区分这两种成本，经济学家提出了显成本和隐成本的概念。

显成本是需要企业支出货币的投入成本，是企业从外部购买或租用要素的实际支出。例如，宁德时代招聘了一定数量的工人，从供应商那里获得了原材料，并租用了土地，最后生产出动力电池。为此，宁德时代就需要向工人支付工资，向供应商支付原料费用，向政府支付土地租金，这些支出便构成了宁德时代生产的显成本。

企业生产的隐成本指厂商自有的且用于自己生产的那些要素的总价格。或者说，隐成本是指不需要企业支出货币的投入成本。例如，为了进行动力电池生产，宁德时代的董事长曾毓群还动用了自己所拥有的资金和设备，并亲自管理企业和销售产品。曾毓群的管理才能或者“企业家精神”也许才是最宝贵的，即他经营宁德时代的机会成本是他去经营另一家企业所能带来的最高收益。所以，应该把曾毓群使用自有要素所应得的各类收益计入成本。但是，由于事实上这笔成本往往不发生货币支付而被忽视，故被称为隐成本。隐成本必然是在机会成本的意义下讨论的。

二、沉没成本

沉没成本是指已经支付而且无法回收的成本。例如，一次性设备的成本支出、提前预支的人员劳务支出和企业注册手续费用等。这类成本一旦支出便不可能回收，即使厂商停止生产也无法收回沉没成本。所以，厂商在进行决策时需要考虑机会成本，但是不需要考虑沉没成本，沉没成本不应该影响厂商当下和未来的决策。

三、会计利润和经济利润

利润是总收入减去总成本。但会计师和经济学家所关注的成本有所不同。会计师关注的是会计成本，即货币支出形式的显成本。而经济学家利用机会成本的概念，关注的是经济成本，即机会成本形式的显成本和隐成本。

会计利润等于总收益减去会计成本，而经济利润等于总收益减去经济成本。自然地，会计利润永远大于经济利润。经济利润在会计利润的基础上，既要考虑显成本的机会成本，也要考虑隐成本。在经济学分析中，企业所追求的最大利润指的就是最大的经济利润。

第二节　成本函数与成本最小化

厂商行为决策的本质和消费者行为决策的本质是一致的，两者都是在资源约束下最大化目标函数的行动。在消费者行为理论中，我们利用无差异曲线与预算约束线，分析消费者在一定约束条件下追求自身的最大效用的行为。同样地，本节将利用等产量曲线和等成本线，分析生产者追求成本最小化的行为，进而推导短期和长期的总成本。

一、成本方程与等成本线

我们先给出等成本线的定义。**等成本线**是指，如果给定总成本和生产要素的价格，厂商可以使用的两种要素的所有组合。给定要素市场上劳动价格为 w，给定资本价格为 r，厂商给定的总成本支出为 C，则成本方程为：

$$C=wL+rK \tag{15-1}$$

由该方程可得：

$$K=-\frac{w}{r}L+\frac{C}{r} \tag{15-2}$$

该式即为等成本线。这是一条线段，横截距和纵截距分别代表全部购买劳动或资本时的数量。而斜率的绝对值为 $\frac{w}{r}$ 是劳动和资本价格的比值。在图 15－1 中，A 点和 B 点分别代表总成本有剩余和总成本不足。只有在等成本线上的点才是正好花光了总成本。

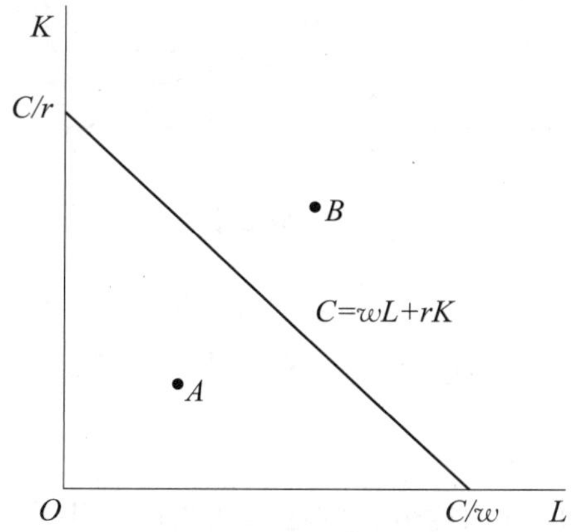

图 15－1　等成本线

二、成本最小化

假定在给定的技术下，厂商使用两种可变要素劳动和资本生产一种产品，且劳动价格 w 和资本价格 r 是给定的。如果企业想要以最小的成本来生产给定的产量 Q，那它应该如何选择最优的要素组合呢？简言之，厂商如何实现给定产量下的成本最小化呢？比如，比亚迪 2023 年计划生产 10 万辆元系列汽车，短期内它所面临的要素价格保持不变，它应该如何安排要素的配置呢？

我们把厂商的等产量曲线和等成本线同时画出，就能确定厂商在给定产量条件下成本最小化的要素组合点。如图 15－2 所示，图中有一条等产量曲线 Q 和三条等成本线 AB、$A'B'$ 和 $A''B''$。唯一的等产量曲线 Q 表示产量是给定的。在既定的产量条件下，厂商应该选择 D 点的要素组合（K_1，L_1），才能实现成本最小化。

我们发现，如果 $MRTS_{LK}>\frac{w}{r}$，厂商就会不断增加劳动投入去替代资本投入，即沿着等产量曲线 Q 由 D 上方的交点不断向切点靠近；如果 $MRTS_{LK}<\frac{w}{r}$，厂商就会不断地增加资本投入去替代劳动投入，即沿着等产量曲线 Q 由 D 下方的交点不断向切点靠近。只要等产量线与等成本线相交，厂商就可以不断以更低的成本来生产相同的产量 Q，直至在 $MRTS_{LK}=\frac{w}{r}$ 时实现成本最小化。

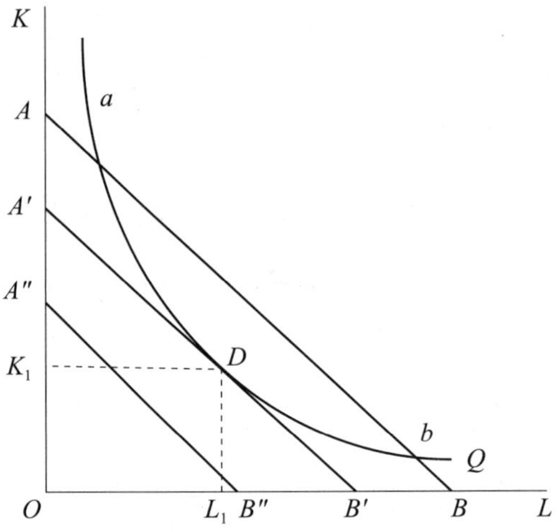

图 15－2　成本最小化

只有在劳动和资本的边际技术替代率与它们的价格之比相等时，厂商才能实现成本最小化。切点 D 就是厂商的生产均衡点。于是，在生产均衡点 D 得出下式：

$$MRTS_{LK}=\frac{w}{r} \tag{15-3}$$

我们同时可以从边际产出的角度分析问题，用边际产出之比替换边际技术替代率，上式改写为：

$$MRTS_{LK}=\frac{MP_L}{MP_K}=\frac{w}{r} \tag{15-4}$$

我们转化一下式（15－4），将要素价格都放在分母。该式的经济学含义是每种要素每单位边际成本对应的边际产出：

$$\frac{MP_L}{w}=\frac{MP_K}{r} \tag{15-5}$$

最后得出结论：为了实现给定产量条件下的成本最小化，厂商的最优要素组合意味着，花费在每一种要素上的最后一单位的成本所带来的边际产出相等。

三、扩展线和生产总成本

（一）扩展线

企业在长期中不可能永远维持某个固定产量不变，所以我们需要考察总成本或总产量变化时的生产均衡点。比如，比亚迪计划在 2023 年之后扩大元系列汽车的产量，把产量提升到 15 万辆、20 万辆等，这样要素配置必然需要随之增加。给定其他条件不变时，企业不论是改变总成本还是产量，都是形成一系列生产均衡点，我们把这些生产均衡点的连线称作扩展线。

图 15－3 中的曲线 OM 就是扩展线。扩展线 OM 上任何一点都满足成本最小化的要求：劳动和资本的边际技术替代率等于它们的价格之比，即

$$MRTS_{LK}=\frac{w}{r} \tag{15-6}$$

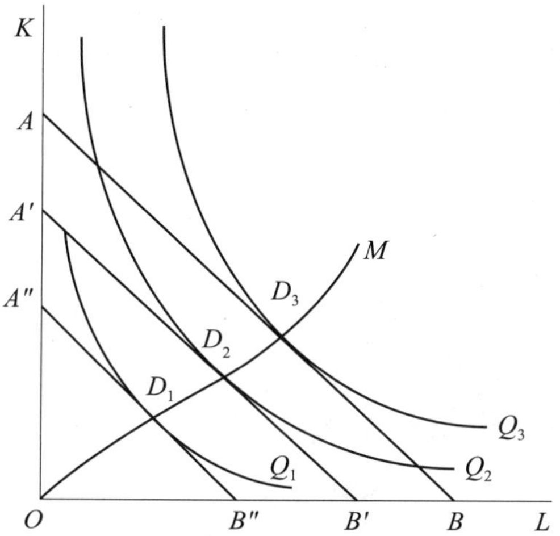

图 15-3 扩展线

我们把其写成边际产出之比：

$$MRTS_{LK}=\frac{MP_L}{MP_K}=\frac{w}{r} \tag{15-7}$$

同时，由于要素价格不变，因此扩展线 OM 上所有点的边际技术替代率都相等。扩展线是厂商在长期扩张或收缩生产时所必须遵循的最优路径。

（二）生产总成本

扩展线是厂商长期生产的最优路径，利用扩展线从成本最小化角度出发，便可以得到长期生产的总成本。在图 15-3 中，我们把扩展线上的 D_1、D_2 和 D_3 三点看成是分别对应三个不同产量的成本最小化的均衡点，于是，均衡点 D_1 表示生产 Q_1 产量的最小成本 C_1，由与等产量曲线 Q_1 相切于该点的等成本线 $A''B''$代表。类似地，均衡点 D_2 表示生产 Q_2 产量的最小成本 C_2，由与等产量曲线 Q_2 相切于该点的等成本线 $A'B'$代表，均衡点 D_3 表示生产 Q_3 产量的最小成本 C_3，由与等产量曲线 Q_3 相切于该点的等成本线 AB 代表。依此类推，在扩展线上的每一个产量水平处，都可以找到相应的长期生产的最小总成本。

由此可得结论：长期总成本表示在每一个产量水平上的最小的生产成本。“最小生产成本”这一性质，是我们通过对扩展线的分析所得到的对长期总成本的初步但也是本质的认识。

四、对偶问题：产量最大化

如果给定目标产量，厂商追求的目标就是成本最小化；反过来，如果给定生产所花费的成本，厂商追求的目标就是产量最大化。比如，比亚迪计划投资 50 亿元在合肥建立新的工厂生产秦系列汽车，给定 50 亿元投资全部花费出去，比亚迪的目标就是如何生产出最大数量的汽车。

可以看出，成本最小化的对偶问题就是产量最大化。因为理性的厂商在产量给定的条件下会追求成本最小化，而在成本给定的条件下会追求产量最大化。下面用图 15－4 来说明，图中有一条等成本线 AB 和三条等产量曲线 Q_1、Q_2 和 Q_3。等成本线 AB 的位置和斜率的绝对值取决于给定的成本 C 和给定的两要素价格之比。在切点 D，劳动和资本的边际技术替代率和价格之比相等，才是生产均衡点。

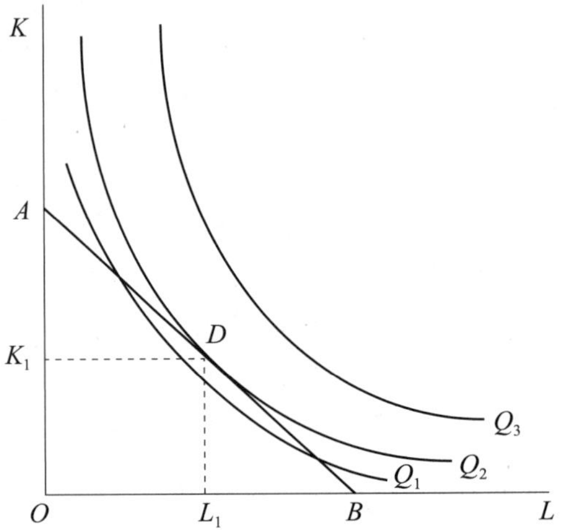

图 15－4　产量最大化

综上，只有在两要素的边际技术替代率和两要素的价格之比相等时，生产者才能实现产量最大化。在生产均衡点 D 有：

$$MRTS_{LK}=\frac{w}{r} \tag{15-8}$$

我们用两要素的边际产出之比来表示：

$$MRTS_{LK}=\frac{MP_L}{MP_K}=\frac{w}{r} \tag{15-9}$$

最后可以得出：

$$\frac{MP_L}{w}=\frac{MP_K}{r} \tag{15-10}$$

这个式子表示：厂商可以通过对要素组合的不断调整，使得劳动和资本最后一单位的成本所对应的边际产出都相等，也就实现了给定成本条件下产量最大化。

第三节　短期成本分析

从本节开始，我们聚焦于厂商的产量和成本之间的关系。首先，我们把目光投向短期内的成本变化。经济学中的“短期”，是指厂商只能调整可变要素投入，而不能调整不变要素投入（如厂房、土地等）。所以，短期和长期并没有严格的区分，只是定义在多少种要素可变的基础上。对于建造难度极大的水电站厂商而言，“长期”可能对应至少 10 年；而对于街边小吃摊卖家来说，“长期”可能就是两三天。短期和长期需要结合具体的厂商具体分析。

一、短期成本的分类

短期内，厂商的成本分为不变成本和可变成本。厂商的短期成本包含七种：总不变成本（*TFC*）、总可变成本（*TVC*）、总成本（*TC*）、平均不变成本（*AFC*）、平均可变成本（*AVC*）、平均成本（*AC*）和边际成本（*MC*）。我们依次介绍这些成本的定义。

总不变成本（*TFC*）是厂商在短期内对不变要素所付出的总费用。总不变成本曲线如图 15－5（a）所示。

总可变成本（*TVC*）是厂商在短期内对可变要素所支付的总费用。例如，阿里巴巴对税收、办公用品、水电费和程序员工资的支出就属于总可变成本。总可变成本曲线如图 15－5（b）所示，它由原点出发倾斜向上。生产开始时成本上升的速度比较慢，随着产量的增加，由于不变要素的制约，成本会快速上升。总可变成本用公式表示为：

$$TVC = TVC(Q) \tag{15-11}$$

总成本（*TC*）是厂商在短期内对全部要素所支付的总费用。它是总不变成本和总可变成本之和。总成本曲线如图 15－5（c）所示，它是把 *TVC* 曲线向上平移总不变成本量。总成本用公式表示：

$$TC = TFC + TVC(Q) \tag{15-12}$$

平均不变成本（*AFC*）是厂商在短期内生产每单位产品所支付的不变成本。平均不变成本曲线如图 15－5（d）所示，它是向右下方倾斜并趋向于零的双曲线。平均不变成本用公式表示为：

$$AFC(Q) = \frac{TFC}{Q} \tag{15-13}$$

平均可变成本（*AVC*）是厂商在短期内生产每单位产品所支付的可变成本。平均可变成本曲线如图 15－5（e）所示。平均可变成本用公式表示为：

$$AVC(Q) = \frac{TVC}{Q} \tag{15-14}$$

平均成本（*AC*）是厂商在短期内生产每单位产品所支付的全部成本。它等于平均不变成本和平均可变成本之和。平均成本曲线如图 15－5（f）所示。平均成本用公式表示为：

$$AC(Q) = \frac{TC(Q)}{Q} = AFC(Q) + AVC(Q) \tag{15-15}$$

边际成本（*MC*）是厂商在短期内增加一单位产量时所增加的总成本。边际成本曲线如图 15－5（g）所示。边际成本用公式表示为：

$$MC(Q) = \frac{\Delta TC(Q)}{\Delta Q} \tag{15-16}$$

或者

$$MC(Q) = \lim_{\Delta Q \to 0} \frac{\Delta TC(Q)}{\Delta Q} = \frac{\mathrm{d}TC(Q)}{\mathrm{d}Q} \tag{15-17}$$

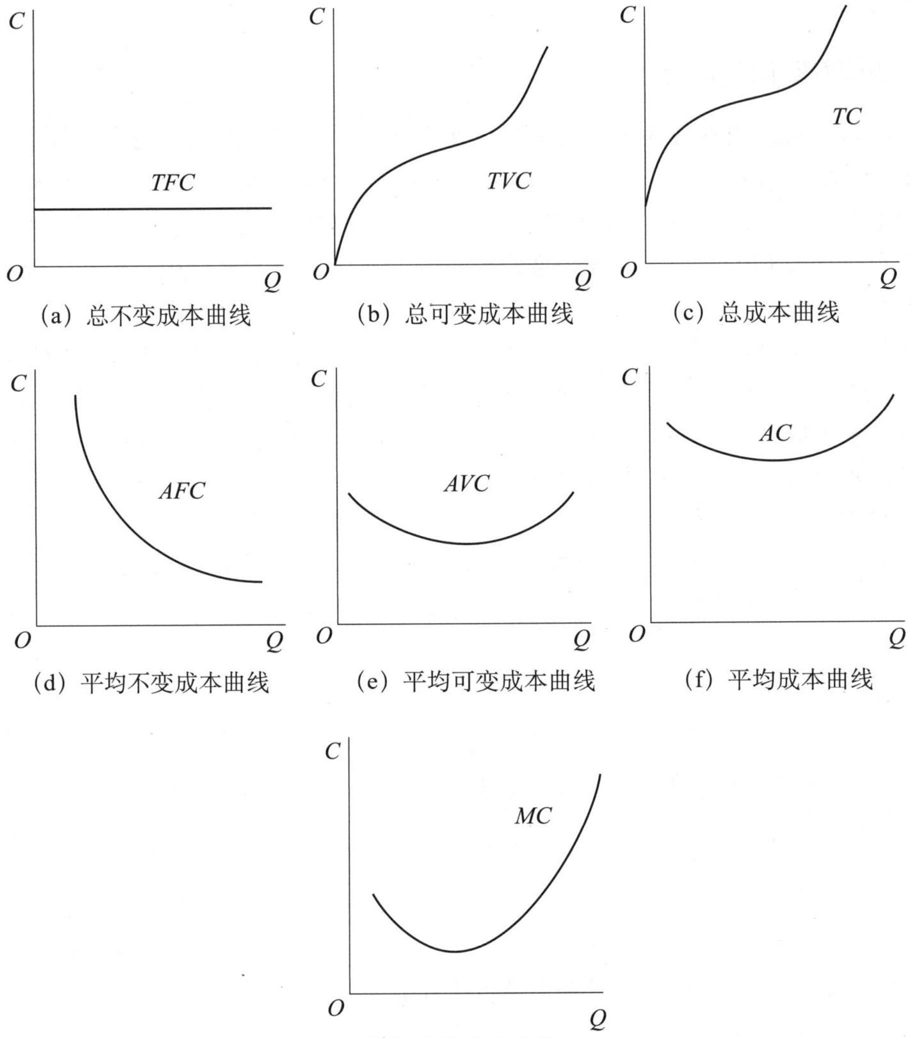

图 15-5　七种短期成本曲线

二、从短期总产量到短期总成本

我们现在由短期生产函数来推导短期总成本函数。假设资本投入量在短期内是固定的，短期生产函数为：

$$Q=f(L,\overline{K}) \tag{15-18}$$

要素市场上劳动和资本价格分别为 w 和 r，则每一产量 Q 对应的短期总成本为：

$$STC(Q)=w\cdot L(Q)+r\cdot\overline{K} \tag{15-19}$$

上式中，$w\cdot L(Q)$ 为可变成本，$r\cdot\overline{K}$为不变成本，两者之和即为短期总成本。

三、短期平均成本曲线和短期边际成本曲线

我们已经引入了短期总可变成本曲线和短期总成本曲线，接下来我们推导短期平均成

本曲线和短期边际成本曲线。

由于 $AFC(Q)=\dfrac{TFC}{Q}$，而 TFC 是常数，因此短期平均不变成本曲线是一条递减的双曲线。

短期平均可变成本在图形上体现为短期总可变成本曲线上的每一点与原点连线的斜率，短期总可变成本曲线先凹后凸，因此短期平均可变成本曲线先下降后上升，具体如图 15 - 6 所示。

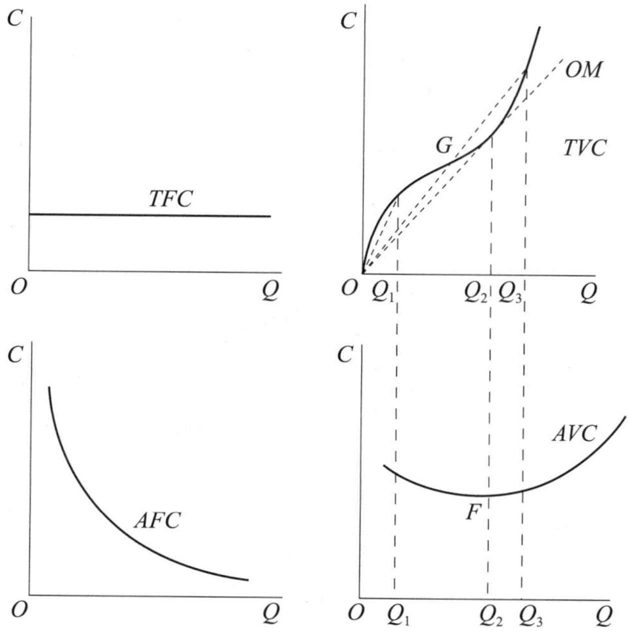

图 15 - 6　从 *TFC* 和 *TVC* 曲线到 *AFC* 和 *AVC* 曲线

类似地，短期平均成本是短期总成本曲线上的每一点与原点连线的斜率，短期总成本曲线先凹后凸，因此短期平均成本曲线先下降后上升。短期平均成本曲线也可以理解为是短期平均可变成本曲线和短期平均不变成本曲线的垂直加总，因为短期平均不变成本曲线是单调递减的，故而短期平均成本曲线和短期平均可变成本曲线都是向下凸的。

边际成本在图形上体现为短期总成本曲线上每一点的斜率，短期总成本曲线先凹后凸，因此边际成本曲线先下降后上升。

综上，短期平均可变成本曲线、短期平均成本曲线和边际成本曲线都是 U 形曲线，表示平均可变成本、平均成本和边际成本都随着产量的增加，先下降后上升。

四、短期成本曲线综合图

在分别推导出七条短期成本曲线后，我们试图把它们画在一张图里。

AVC、AC 和 MC 曲线均是 U 形曲线，均呈现先减小后增大的态势。MC 曲线与 AVC

曲线相交于 AVC 曲线的最低点 F 点，与 AC 曲线相交于 AC 曲线的最低点 D 点。F 点和 D 点分别对应 TVC 曲线和 TC 曲线上与原点连线斜率最小的点。MC 曲线的最低点 A 点对应 TVC 曲线的拐点 G 和 TC 曲线的拐点 E。具体如图 15－7 所示。

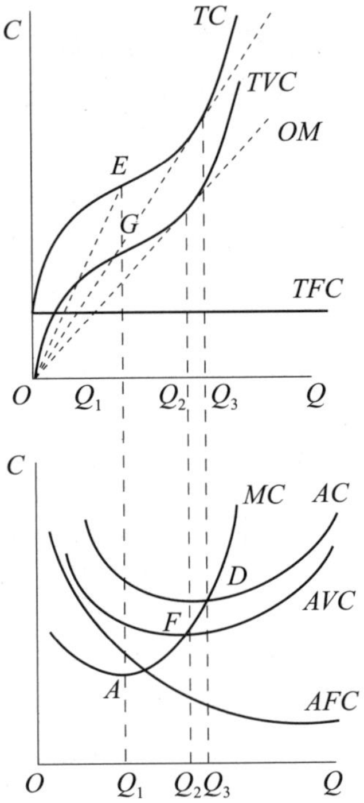

图 15－7　短期成本曲线综合图

第四节　长期成本分析

在分析完短期成本后，我们将转向长期成本的分析。正如之前指出的，短期和长期并没有严格的分界，只取决于我们关注的要素投入数量能否变动。

一、长期成本的分类

在短期中，比亚迪只能选择是否更多地雇用劳动力、购买原材料，而在长期中，可以根据产量的要求调整全部的生产要素投入量，比如在郑州新建工厂，甚至进军氢动力汽车行业。此时所有的成本都是可变的。长期成本可以分为长期总成本、长期平均成本和长期边际成本。比亚迪在长期对全部要素投入量（包括厂房、生产线）的调整意味着它可以决定生产规模。比亚迪的生产规模大致对应着它拥有工厂数量的多少。换句话说，在长期中，比亚迪根据任意产量 Q 选择最优的工厂数量。给定比亚迪在长期内想实现 300 万辆的产量，就可以根据这个目标决定运营 10 个工厂，因为这种情况下总成本最低。

长期总成本 LTC 是指厂商在长期中在每一个产量 Q 上通过选择最优的生产规模所能达到的最低总成本。

二、长期成本曲线

接下来，我们由短期总成本曲线推出长期总成本曲线。

如图 15－8 所示，有三条短期总成本曲线 STC_1、STC_2 和 STC_3，它们分别代表三个不同的生产规模。每条短期总成本曲线的纵截距对应其总不变成本 TFC，因此，STC_1 曲线所表示的总不变成本最小，STC_3 曲线最大。TFC 的高低对应生产规模，比如比亚迪投资的工厂数量。因此，STC_1 曲线生产规模最小，STC_2 曲线位于中间，STC_3 曲线最大。

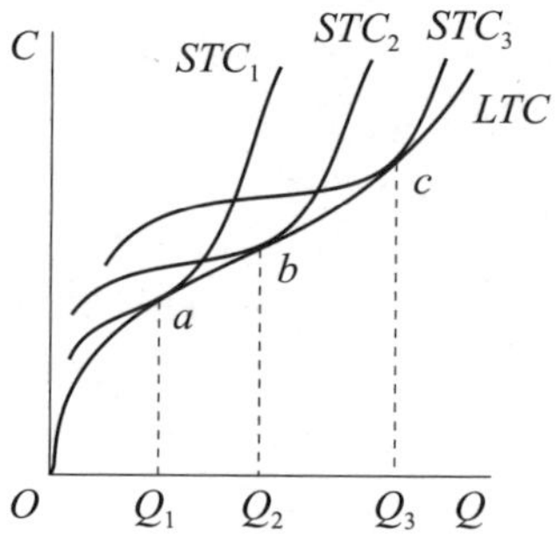

图 15－8 长期总成本曲线

在短期内，如果比亚迪想要生产 Q_2，而它只有 STC_1 或 STC_3 的生产规模。它会发现，STC_1 曲线生产规模过小或 STC_3 曲线生产规模过大。于是，比亚迪只能不太划算地使用更高的总成本来生产 Q_2。而如果在长期，比亚迪可以决定新建或关闭工厂。于是，比亚迪会选择 STC_2 曲线的生产规模进行生产，从而将总成本降到最低。

长期总成本曲线的特点是它的斜率是先减小后增大，它是由无数短期总成本曲线的最优生产规模对应得到的，也就是说，长期总成本曲线是短期总成本曲线的包络线。

资源链接

视频微课 15－1

视频微课 15－2

本章习题

1. 试说明机会成本的经济学含义，并把机会成本的思想应用到一个身边的例子。
2. 资源的稀缺性是指什么？你能举出这世界上有什么资源是不稀缺的吗？
3. 解释边际成本的概念，尝试用其分析一家公司的生产行为。
4. 辨析平均固定成本、平均可变成本和平均成本的区别与联系。
5. 如何理解长期总成本曲线是短期总成本曲线的包络线？

在线自测

扫一扫　练一练

第十六章　完全竞争市场

在前面的章节中，我们讨论了厂商在一定的技术约束条件下如何决定产品的产量和价格，前提假定是厂商处于一个鲁滨孙式的经济环境之中，不需要考虑厂商之间的互动。从本章开始，我们将在一个存在多个厂商的市场中，考察厂商的决策以及市场均衡。解决这一问题不仅需要考虑厂商自身的决策，还需要考虑厂商决策对其他厂商的影响。

第一节　完全竞争市场中厂商面临的需求曲线

一、完全竞争市场的基本特征

完全竞争市场假定市场中存在着大量的生产同质产品的厂商，每个厂商的规模都足够小，以至于其产量对市场价格没有任何影响，所以市场价格完全是由整个市场的供需关系所决定的。可以看出，完全竞争市场最基本的特征是产品的市场价格与每个厂商的产量都无关。厂商是价格的接受者，厂商改变自己的产量无法对市场价格产生实质性影响。

现实世界几乎没有市场或行业能够完全符合完全竞争市场的假定条件。尽管如此，完全竞争市场仍然是经济学中的一个重要概念，它为分析其他市场环境提供了一个基准。同时，完全竞争市场本身也具有相当重要的意义。例如，现实中的普通农产品市场就较为接近完全竞争市场。中国的棉花生产者成千上万，但即便最大的生产商所占据的市场份额也微不足道。在这种情况下，棉花生产者一般是价格的接受者。他们会把棉花价格视为事先给定的，仅仅关心棉花产量问题然后按市场价格出售。

二、厂商面临的需求曲线

厂商面临的需求曲线是指厂商产品价格与需求量之间的关系，这种关系受到厂商所处市场环境的影响。在完全竞争市场中，厂商面临的需求曲线分为三段：若厂商制定的价格高于市场价格，其产品需求量（销售量）为零；若厂商制定的价格等于市场价格，厂商可以自由决定其产品销售量；若厂商制定的价格低于市场价格，厂商能够获得整个市场的商品需求量，此时，厂商面临的需求曲线就是市场需求曲线。

因此，完全竞争市场中厂商面临的需求曲线具有两方面的特征：第一，当厂商的产品定价等于或低于市场价格时，可以自由决定商品的销售量，相反，当厂商的产品定价高于市场价格时，销售量为零。第二，无论厂商生产或出售多少产品，都不会影响到市场价格。厂商的最优决策必然是选择现行的市场价格作为产品定价，因而，厂商是价格的接受者。

三、厂商面临的需求曲线与市场需求曲线的区别

厂商面临的需求曲线刻画的是特定厂商的产量与市场价格之间的关系，其不仅与消费者行为相关，还与其他厂商的决策行为相关。例如，在技术进步等外部冲击下，个别或部分厂商下调了自己的产品价格，则意味着市场价格下降，厂商面临的需求曲线下移。市场需求曲线刻画的则是市场总销售量和市场价格之间的关系，其仅与消费者行为相关。市场需求曲线总是向右下方倾斜的。

第二节　竞争厂商的供给决策与均衡

一、厂商的短期供给决策

现在我们知道了，在完全竞争市场中，厂商作为价格的接受者只能在市场价格处经营。并且，在市场价格处，厂商可以自由决定产量。那么，一个自然的问题是，这些竞争性的厂商将依据何种条件来选择自身的产量？下面我们首先利用一个简单的数学模型来推导竞争厂商的短期产量决策。

由于竞争厂商的产量对价格的影响可以忽略，其利润最大化问题为：

$$\max_{Q} pQ - c_v(Q) - F \tag{16-1}$$

其中，p 表示现行的市场价格，是外生给定的。Q 表示产量，$c_v(Q)$ 表示可变成本函数。F 表示不变成本，在短期内厂商没有时间调整不变成本，因此它也是外生的。由于 p 是不变的，厂商每增加产量 ΔQ 能够获得的额外收益 ΔR 为：

$$\Delta R = p\Delta Q \tag{16-2}$$

稍作变形可得：

$$\frac{\Delta R}{\Delta Q} = p \tag{16-3}$$

当 ΔQ 趋近于 0 时，上式左边就等于厂商的边际收益。它表示产量每增加 1 个单位，厂商所能够获得的额外收益。可见，在完全竞争市场中，厂商的边际收益等于市场价格。厂商的边际成本为 $MC(Q)$，它表示产量每增加 1 个单位，厂商需要付出的额外成本：

$$MC(Q) = \frac{\Delta c_v}{\Delta Q} \tag{16-4}$$

若在产量 Q 处，市场价格大于边际成本：

$$p - \frac{\Delta c_v}{\Delta Q} > 0 \tag{16-5}$$

增加产量 ΔQ 获得的利润可以表示为：

$$\left(p - \frac{\Delta c_v}{\Delta Q}\right)\Delta Q = p\Delta Q - \Delta c_v > 0 \tag{16-6}$$

此时，厂商通过增加产量 ΔQ 所能够获得额外收益 $p\Delta Q$ 大于其付出的额外成本 Δc_v，因而增大产量有助于提高利润。同样地，在产量 Q 处，若市场价格小于边际成本，那么企业通过减少产量也能够提高利润。因此，在均衡时一定有：

$$p = MC(Q) \tag{16-7}$$

上式表明厂商的最优生产决策是在边际收益等于边际成本处生产。换句话说，只要每个竞争厂商都以利润最大化为目标，厂商的边际成本就等于市场价格。这一条件还意味着，市场中即便厂商可能因为技术条件等因素的差异而存在着规模差异，但在最优生产决策下这些厂商必定有着相同的边际生产成本。

二、厂商的短期供给曲线

$p = MC(Q)$ 刻画了在任意价格 p 下，厂商所愿意提供的产量 Q，基本概括了厂商的短期供给曲线。但是，$p = MC(Q)$ 中有部分是不可能成为短期均衡点的。$p = MC(Q)$ 仅仅是厂商利润最大化的一个必要条件而非充分条件。也就是说，如果 $p = MC(Q)$，厂商不一定实现了利润最大化，但如果厂商实现了利润最大化，则一定有 $p = MC(Q)$。

首先，我们可以把 $p = MC(Q)$ 中随产量下降的那一部分排除掉。由于 $MC(Q)$ 是一条随产量先下降后上升的 U 形曲线，很可能与市场价格存在着两个交点。如图 16－1 所示，市场价格与厂商的边际成本曲线存在着 $A(Q_1, p)$ 和 $B(Q_2, p)$ 两个点，我们需要找出其中的稳定均衡点。在 $A(Q_1, p)$ 点上，厂商继续增加产量所额外付出的成本低于额外获得的收益，因而有助于提高厂商利润。那么，厂商将有意愿继续增加产量直至 $B(Q_2, p)$ 点。在 $B(Q_2, p)$ 点处厂商增加产量额外付出的成本要高于额外获得的收益，因而无益于厂商利润的增加，那么，厂商最优的选择是在 $B(Q_2, p)$ 处经营。事实上，A 点是厂商的利润最小化点。遵循上述逻辑，$p = MC(Q)$ 中向右下方倾斜的部分都不可能成为稳定的均衡点，竞争性厂商的短期供给曲线只可能是向右上方倾斜的部分，这也符合供给曲线的一般性质。

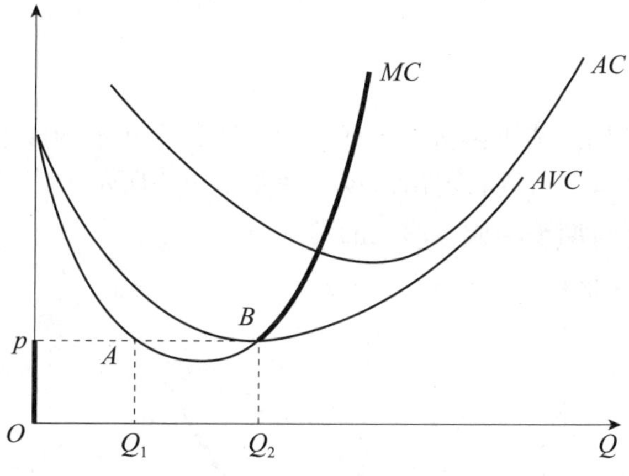

图 16－1　厂商的短期供给曲线

其次，我们还需要剔除 $MC(Q)$ 中低于平均可变成本曲线（AVC）的部分。上面讨论的一个前提假定是厂商进行生产总是有利可图的，即 $p - \Delta c_v / \Delta Q > 0$。但是，还存在一种可能性是，厂商的最佳产量是零产量。

考虑一种情形，厂商即便停产或者零产量也需要付出不变成本 F，例如厂商已经提前购置了生产设备。那么，厂商停产所能够实现的利润是 $-F$。而厂商在任意产量 Q 处经营所能够实现的利润可以表示为 $pQ-c_v(Q)-F$。厂商的最优选择是停产，如果满足：

$$-F > py-c_v(Q)-F \tag{16-8}$$

此时，厂商在任意产量处所实现的收益都要小于其为了生产这些产品而付出的可变成本。厂商将不得不选择停产。因为尽管停产也需要付出不变成本 F，但是如果启动生产将会导致更大的损失。将上式进行化简可得：

$$p < \frac{c_v(Q)}{Q} = AVC \tag{16-9}$$

式（16－9）被称为厂商的“关门条件”。在该条件下，厂商会选择停产以及时止损。“关门条件”在图形中就表现为任意低于平均可变成本曲线 AVC 的点都不可能成为厂商的短期均衡点。

综上，我们首先剔除了 $p=MC(Q)$ 向右下倾斜的部分，其次剔除了其位于平均可变成本曲线以下的部分，在这部分中，厂商的最优决策是零产量，因此供给曲线是位于 $Q=0$ 处的一条竖直线。如图 16－1 所示，加粗的曲线部分表示了厂商的短期供给曲线。

三、厂商的长期供给曲线

无论是在短期内还是在长期内，厂商的产量决策都需要遵循利润最大化的必要条件，因此，厂商的长期供给曲线同样是长期边际成本曲线的一部分。厂商的短期决策与长期决策的区别在于：短期内有一些生产要素的规模是固定不变的，即便厂商的平均成本高于市场价格，但只要平均可变成本低于市场价格就仍然选择继续经营。而长期内所有生产要素都是可以调整的，厂商必须要能够获得非负的利润才会选择继续生产经营。该条件可以表示为：

$$pQ-c(Q) \geqslant 0 \tag{16-10}$$

转换可得：

$$p \geqslant \frac{c(Q)}{Q} \tag{16-11}$$

其中，$c(Q)$ 表示长期总成本函数。上式表明厂商只有在平均成本低于市场价格的情况下才会选择继续生产经营，否则将退出市场。如图 16－2 所示，厂商的长期供给曲线就是向右上方倾斜并且高于长期平均成本曲线的部分。

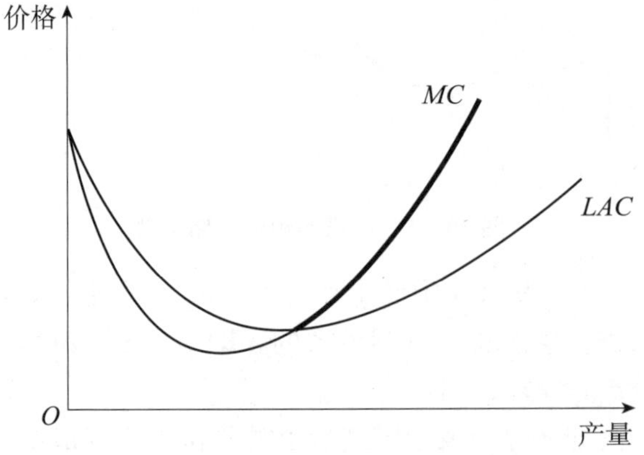

图 16－2　厂商的长期供给曲线

第三节 完全竞争市场的短期供给与短期均衡

在前面章节中我们把研究对象放在一个“市场”或一个“行业”上，这两个名词可以交替使用。如果不同的企业生产同一种产品，我们就认为这些企业是处于同一个市场或同一个行业中。当一个市场（行业）中的企业规模都足够小，以至于它们不能单独地影响价格和市场供给，这个市场就可以被认为是完全竞争的。本节主要探讨完全竞争市场的短期供给和短期均衡。

一、市场的短期供给

市场的短期供给等于市场中所有厂商短期供给的加总。考虑一个由 n 个厂商组成的市场，其中，厂商 i 的短期供给曲线为 $S_i(p)$，则市场的短期供给曲线可以表示为：

$$S(p)=\sum_{i=1}^{n}S_i(p) \tag{16-12}$$

在图形上，市场的短期供给曲线就等于对所有厂商的短期供给曲线进行水平加总，或者说，对每个价格水平下所有厂商的供给量进行加总。

二、市场的短期均衡

在得到了市场的短期供给曲线后，进一步结合市场需求曲线，两者相交就可以得到市场的均衡价格水平。

在市场的短期均衡下，各个厂商都将在边际成本曲线与市场价格线的交点处运营。根据市场中企业的利润水平，可将其划分为三种情况：若厂商运营处的平均成本等于市场均衡价格，则获得零利润。若厂商运营处的平均成本低于市场均衡价格，则是盈利的。若厂商运营处的平均成本高于市场均衡价格，则是亏损的。

需要注意的是，若厂商运营处的平均成本高于市场均衡价格，厂商尽管在短期内是亏损的，但并不一定会选择停产。只要该厂商运营处的平均可变成本小于市场均衡价格，那么维持经营仍然好过停产，因为维持经营可以减少损失。

第四节 完全竞争市场的长期供给与长期均衡

一、市场的长期效应

在短期分析中，我们将市场中所有厂商的短期供给曲线进行水平加总便可以得到市场的短期供给曲线。其前提假定是厂商在短期内没有足够的时间来调整工厂规模、生产设备数量等不变生产要素。但是，在长期内，厂商可以通过调整所有生产要素来使得长期利润最大化。因此，我们还必须要考虑一种额外的长期效应——市场均衡价格对短期不变生产要素的影响。

这种长期效应既可以是现有厂商对不变生产要素持有量的调整，也可以是市场中厂商数量变化所引发的不变生产要素的变化。例如，新的企业进入市场后新建工厂进行生产可以提高产量，市场中的现有厂商新建厂房或新增生产设备也可以提高产量。特别地，在规模报酬不变的假定下，不变生产要素持有量的调整和厂商的进入退出是完全等价的，例如，1 家厂商持有 2 台生产设备，和 2 家厂商分别持有 1 台生产设备可以实现同样的产量，唯一区别是生产设备的产权归属问题。

具体来看，在长期中，如果厂商是亏损的，那么它便没有必要继续待在该市场中。这些厂商会退出市场，因为退出市场可以把亏损降至 0。从不变生产要素持有量的角度来看，如果一些厂房或生产设备在长期能够创造的利润为负，厂商最优的做法是将这些厂房或生产设备出售或用作其他商品的生产等。基于此，我们可以推断出，厂商长期供给曲线合理的部分是价格高于平均成本曲线的部分，这部分供给曲线可以保证厂商在长期内获得正的利润。

反过来看，如果厂商在长期中是盈利的，可以预期到其他厂商也将进入该市场。在位厂商也会新增厂房、生产设备等以实现更大的产量。

当有一定数量的厂商进入或退出市场后，产品的产量会发生变化，从而影响到市场均衡价格。而市场均衡价格的变化又会进一步影响到厂商的利润情况，从而对其进入或退出决策产生影响。那么，市场长期均衡中的价格和产量是多少？又应该有多少厂商呢？

二、市场长期均衡

为了回答上述问题，我们现在考虑市场中所有厂商都具有相同的长期成本曲线的情形。通过对多个厂商供给曲线进行水平加总，可以绘制出包含有不同厂商数量的市场供给曲线，如图 16-3 所示。S_1 到 S_4 分别表示市场中包含 1 家、2 家、3 家和 4 家厂商时的供给曲线。虽然这里我们最多只讨论了 4 家厂商的情形，但很容易扩展到 n 家厂商的情形。

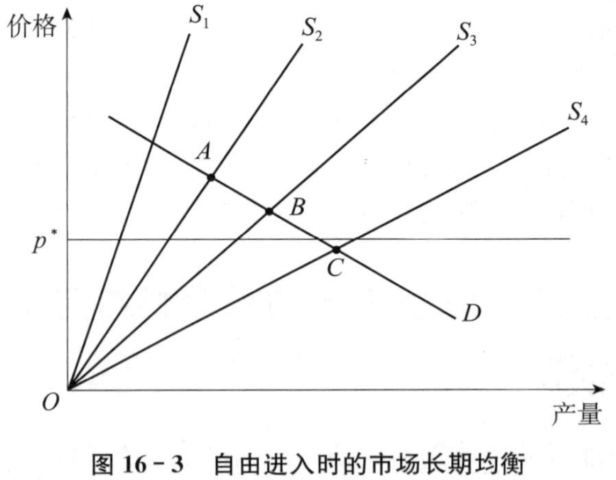

图 16-3　自由进入时的市场长期均衡

因为我们假定厂商具有相同的长期成本曲线，所以在特定价格水平下，两个厂商情形下的供给量是一个厂商情形下的供给量的两倍，三个厂商情形下的供给量是一个厂商情形下的供给量的三倍，以此类推。还可以看到的是，随着厂商数量的增多，供给曲线逐渐变得“平坦”。这是因为厂商数量越多，对价格作出反应的厂商越多，产量对价格的敏感度也就越高，表现为供给曲线的斜率越小。

图 16－3 中的 p^* 表示厂商能够索要的最低价格，该价格等于厂商长期中通过调整所有生产要素所能够达到的最低平均成本。在该市场价格下，厂商获得零利润。如果市场价格低于 p^*，所有厂商都会退出市场。

现在，在图中加入市场需求曲线。观察需求曲线 D 与不同厂商数量的供给曲线的交点。在 A 点处，市场均衡价格高于厂商所能够达到的最低平均成本，市场中在位的 2 个厂商都能够获得正利润，因而必然会有新的厂商进入，A 点不是稳定的均衡点。在 C 点处，市场均衡价格低于厂商所能够达到的最低平均成本，必然有厂商退出，因而 C 点也不是稳定均衡点。因此，市场所能够容纳的最大厂商数量是 3 个，也即 B 点是稳定均衡点。由此得出结论：市场供需均衡点是在厂商利润非负前提下市场需求曲线与不同数量厂商供给曲线的最低可能交点。

三、市场长期供给曲线

上文中我们绘制出了包含不同厂商数量的市场供给曲线，并借助市场需求曲线找到可以实现非负利润的最大厂商数目。这为我们寻找市场长期供给曲线提供了基本的思路，下面将探讨如何从 n 条供给曲线中得到市场长期供给曲线。

根据上文的讨论，我们知道所有供给曲线位于 p^* 以下的部分都不可能是厂商的长期经营点，因而无需给予考虑。另外，我们还知道，由于市场需求曲线是向右下方倾斜的，形如图 16－3 中 A 点之上的所有供给曲线都不可能是长期均衡点，因而也可以给予排除。

根据上述思路，我们考虑市场需求曲线的一种极端情况：垂直的市场需求曲线。以 S_2 与由 p^* 所确定的水平线的交点处作垂线与 S_1 的交点为 Z_1，则 S_1 在 Z_1 右上方的每一点都不可能成为长期均衡点。因为，无论市场需求曲线处于何种状态，只要 1 家厂商能够在该点处获得非负利润，那么市场必然能够同时容纳 2 家厂商获得非负利润，从而吸引第 2 家厂商进入。以 S_3 与由 p^* 所确定的水平线的交点处作垂线与 S_2 的交点为 Z_2，则 S_2 在 Z_2 右上方的每一点都不可能成为长期均衡点。因为，无论市场需求曲线处于何种状态，只要 2 家厂商能够在该点处获得非负利润，那么市场必然能够同时容纳 3 家厂商获得非负利润，从而吸引第 3 家厂商进入，以此类推，就可以得到不同厂商数量下符合长期均衡条件的所有价格和产量的组合。图 16－4 所示的加粗部分展示了市场长期供给曲线上实际可能形成的部分。

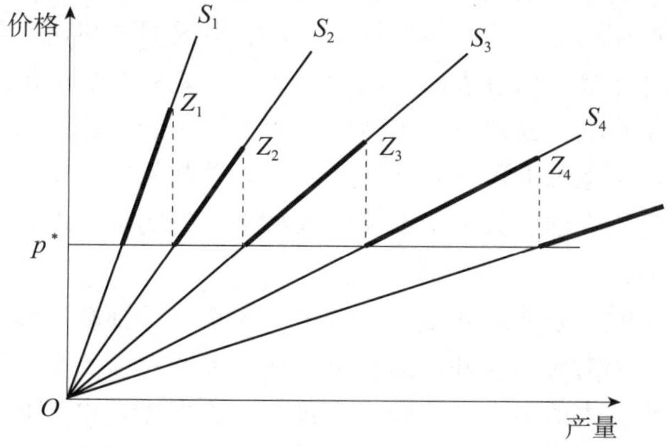

图 16－4　自由进入时的市场长期供给曲线

之所以强调图 16－4 是市场长期供给实际可能形成的部分，是因为在完全竞争市场理想假设下，市场长期供给曲线更加简洁。随着厂商数目的增加，供给曲线将会变得越来越平坦，以至于有理由认为它的斜率为零。此时，市场的长期供给曲线成为一条与厂商最小成本线重合的水平线。这使得每个厂商都只能获得零利润。

这个结论对完全竞争市场的长期均衡具有重要意义。完全竞争市场假定市场可以自由进入和退出，并且每个厂商对市场供给量的影响都足够小。那么，只要在位厂商能够获得正的利润，就会有新的厂商进入。因此，厂商所能够获得的利润会无限接近于零。

第五节　理解市场长期均衡

一、零利润意味着不赚钱吗？

在零利润的长期均衡中，厂商仍然在赚钱，只是它赚的钱恰好能够用于支付生产所需的各种要素的成本。这里的生产要素不仅包括看得见的物质投入，还包括劳动投入的时间、企业家才能等。一个农场主用出售农作物所获的收益减去种子、肥料、土地租金等物质投入，可能会发现自己获得了利润，但实际上他很有可能忘了扣除自己劳动付出的时间成本。

一切生产要素的成本均是按市场价格计算，衡量的是这些生产要素的机会成本，即这些生产要素在其他市场中所获得的最高报酬。当生产要素在该市场中所获得的报酬与其在其他市场中所获得的报酬相等时，便是指零利润。例如，农场主无论是种植苹果、梨还是桃子，可能一年到头到手的盈余都不会差太多，可以认为实现的是零利润，而农场主一年的盈余来源于他劳作时间的机会成本。总而言之，零利润是相对于机会成本而言的。所以在零利润的长期均衡下，市场不会吸引其他厂商进入，在位厂商也没有理由离开。

二、非自由进入的市场能够实现正利润吗？

在上文中，我们得到了一个结论：竞争性厂商在长期均衡中只能获得零经济利润。其前提假设是，市场是可以自由进入的，任何厂商都能够按相同的价格购买不变生产要素，按相同的生产成本生产相同数量的产品。然而，现实情况似乎与这一假设存在着很大的不同，一些市场或行业并非是自由进入的，因为一些生产要素的数量是固定的。

一个典型的例子是石油、铁矿石、天然气等矿产资源开采业。这些矿产资源是采矿业必需的生产要素，但整个地球上可供开采的矿产资源总共就这么多，至少在未来相当长的一段时期内可视为固定不变的。另一个经济学教材常用的例子是农业，可用于耕作的土地的数量也基本是固定的。

还有一个例子是天赋。企业家才能通常会被认为是一种稀缺的资源，不是每个人都具备成为一名优秀企业家的潜质。此外，运动员、演员等职业需要良好的天赋作为基础，即便我们热爱篮球并付出很大的努力（一种可变投入）去训练，也未必有把握进入顶尖的篮球俱乐部工作。

此外，还有一些生产要素的固定供给量不是来源于自然因素而是由法律、规制条例产生的。例如，大多数经济体会利用经营许可证或执照的方式来限制烟草行业的厂商数量。我国在水利、电力等关乎国家经济命脉的行业中普遍采取了进入限制政策，这些行业都不是自由进入的。

上述市场都会因为生产要素的固定供给导致无法自由进入，那么，这些市场是不是能够在长期均衡中获得正的利润？就像我们经常看到的，一些企业家拥有上亿的身价，美国职业男子篮球联赛（NBA）的运动员的薪酬要远高于其他联赛的运动员。实际上，答案是否定的。我们之所以可能得到错误的答案，是没有对生产要素的价值进行准确的定价。

除了自由进入之外，市场中还有一种力量能够驱动经济利润回归零值。理解这种力量之前，我们先要复习一下经济学对成本的定义。生产要素的成本是指按照机会成本来确定的市场价格。一种生产要素的市场价格应该等于它在其他市场中所能够获取的最高报酬。所以，一名企业家在扣除公司的各种投入后发现自己实现了盈利，那么，他很有可能是忘记了扣除自身企业家才能的成本。同样，如果一个农场主在扣除生产成本后发现自己能够盈利，很有可能是忘记了扣除自有土地的成本。现在我们来看，假定一个农场主在一片自有土地上耕作，在扣除各类生产成本（包括劳动成本、与农业生产相关的知识成本等）后年利润可以达到 10 万元，那么他的这片自由土地价值多少。答案是年租金 10 万元。因为其他人如果获得这片土地，只需要雇人来进行农业生产同样可以获得 10 万元的年收入。在竞争机制下，这片土地的年租金将会达到 10 万元。也就是说，农场主的自有土地的机会成本是 10 万元，所以他的经济利润是零。

由于生产要素的固定供给而导致的市场无法自由进入并不意味着新的厂商完全没有机会进入市场，否则我们将无法给予这些固定不变的生产要素正确定价。实际上，即便潜在的厂商无法通过购置新的生产要素来进入市场，但其完全可以通过购买在位厂商的产权来进入市场。那么，在位厂商就不得不考虑将现有生产资料的产权出让能够获得多少收益，这便构成了在位厂商经营的机会成本。在市场竞争机制下，在位厂商在扣除所有可变生产成本后所获的收益必然与潜在进入者愿意为不变生产要素的产权所支付的价格相等，则零利润实现。

资源链接

视频微课 16 - 1

视频微课 16 - 2

本章习题

1. 对于完全竞争市场中的企业而言，市场价格和生产成本存在着怎样的关系？请回答并阐述背后的道理。

2. 给定一个竞争性行业，随着行业企业数量的增加，长期的行业供给曲线将如何变化？请回答并阐述背后的道理。

3. 已知某完全竞争行业的单个企业的短期成本函数为：$STC=0.5Q^3-3Q^2+2Q+5$。请回答以下问题：(1) 当产品的市场价格 $p=50$ 时，企业的短期均衡产量和利润是多少；(2) 当市场价格下降为多少时，企业的最优选择是停产？(3) 求解企业的短期供给函数。

4. 已知苹果市场是完全竞争的，单个农场主种植苹果面临的长期成本函数均为：$LTC=0.25Q^3-3Q^2+10Q$。请回答以下问题：(1) 当苹果的市场价格 $p=25$ 时，农场主长期最优产量、平均成本和利润分别是多少？(2) 在长期均衡下，单个农场主的产量是多少；(3) 当苹果市场的需求函数为 $Q=17-2P$ 时，长期均衡下有多少个农场主种植苹果？(4) 农场主在经过经营核算后发现自己通过种植苹果能够获得正的利润，这是否与完全竞争市场的结论相抵触？

在线自测

扫一扫　练一练

第十七章　不完全竞争市场

在前文中，我们对完全竞争市场进行了分析。然而，在现实中，并不仅仅存在所有厂商都是价格接受者这一种情况，也存在少数厂商市场势力大到影响市场价格的情况。对于这样的市场结构，我们称为不完全竞争市场。按照垄断程度由高到低的顺序，不完全竞争市场可分为三种类型：完全垄断市场、寡头垄断市场和垄断竞争市场。本章一至三节分别对三种类型市场结构下厂商的均衡产量与价格决策进行介绍。第四节对完全竞争市场、完全垄断市场、寡头垄断市场和垄断竞争市场四种市场结构的经济效率进行比较。

第一节　完全垄断

在第十六章，我们介绍了完全竞争市场，在这种市场结构下，市场上存在大量生产同质化产品的厂商，假设你是其中的一家厂商，其他厂商均采取市场价格销售，如果你调整售价至高于市场价格，那么消费者将直接转向其他厂商购买，你将失去所有消费者。因此，完全竞争市场中，厂商只能做市场价格的接受者。

想象与完全竞争市场相对的另一种极端情况，即市场上只有一家厂商，这家厂商独占产品的生产和销售，市场不存在替代性产品，我们称这种市场结构为完全垄断市场。在这种市场结构下，假设你就是垄断厂商，没有其他厂商的竞争压力，你可以自主选择售价或选择产量以实现利润最大化。

一、完全垄断市场下的均衡决定

（一）需求曲线

垄断厂商面临向右下方倾斜的需求曲线。垄断厂商在选择价格或产量时必然会考虑到市场需求状况，因而我们的分析从垄断厂商面临的需求曲线开始。在这里，我们假设消费者是同质的，即对于同一种产品，厂商对所有消费者索取的价格是一致的，不存在针对不同消费者的差别定价。由于市场上仅有一家厂商，市场由该厂商独占，因此市场需求曲线就是垄断厂商的需求曲线。如图 17－1 所示，垄断厂商的需求曲线 D 向右下方倾斜，垄断厂商的销量与价格反向变动。也就是说，假如你是这家垄断厂商，虽然可以自主定价，但并不能漫天要价，定价行为受到市场需求的限制，如果你选择较高的价格，就将面临较少的销量；如果你想要实现更高的销量，就要压低价格。

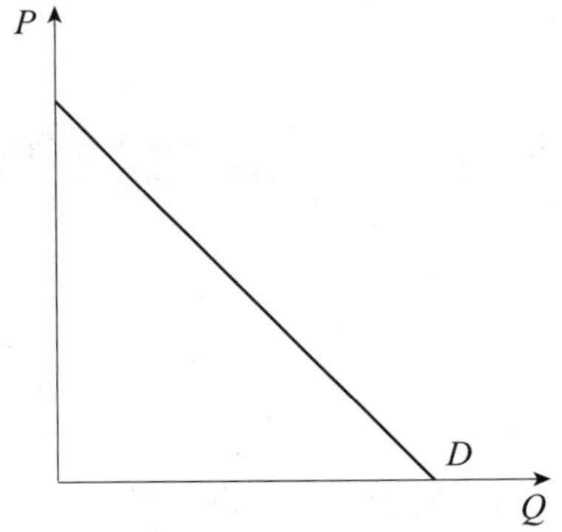

图 17-1　完全垄断市场：需求曲线

（二）供给曲线

垄断厂商不存在规律性的供给曲线。供给曲线描述了在每一个给定的市场价格水平下，厂商基于利润最大化原则所愿意生产的产品数量。然而，在垄断市场上，市场价格不是给定的，而是垄断厂商凭借市场势力自主确定的。因此，我们无法像在完全竞争市场中那样，依据市场需求曲线和成本曲线推导出价格与产量一一对应的供给曲线。垄断厂商选择的通常是一些供给点。

（三）边际收益曲线

我们设反需求函数为 $p(Q)=a-bQ$（$a>0$，$b>0$），则总收益函数 $TR(Q)=QP(Q)=Q(a-bQ)$。总收益函数对 Q 求导，可得边际收益函数 $MR=dTR(Q)/dQ=a-2bQ$，由此可知边际收益曲线斜率为 $-2b$。边际收益曲线 MR 的截距和需求曲线 D 相同（为 a），斜率则为需求曲线 D 斜率（$-b$）的 2 倍。图 17-2 展示了边际收益曲线 MR，即更靠近 P 轴的曲线。边际收益曲线反映了厂商每增加一单位产量所获得的额外收益变动，例如，当垄断厂商选择生产第 m 单位产品，该单位产品为其带来 n 单位的额外收益。该曲线向右下方倾斜，表明随着产量的增加，垄断厂商每多生产一单位产品所带来的额外收益逐渐减少。

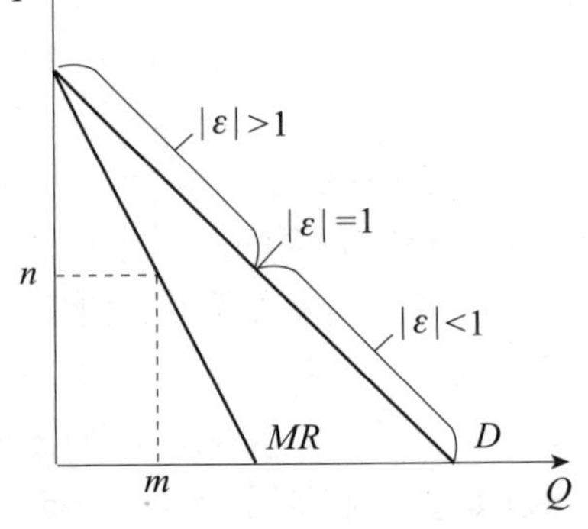

图 17-2　完全垄断市场：边际收益曲线

进一步地，我们对边际收益函数 $MR=dTR(Q)/dQ$ 做简单变换，以探讨垄断厂商边际收益、商品价格及需求价格弹性间的关系。

$$MR = \frac{dTR(Q)}{dQ} = \frac{d[Q\times P(Q)]}{dQ}$$
$$= \frac{dQ}{dQ}P(Q) + \frac{dP(Q)}{dQ}Q$$
$$= P(Q)\left[1+\frac{dP(Q)}{dQ}\frac{Q}{P(Q)}\right]$$
$$= P(Q)\left(1-\frac{1}{|\varepsilon|}\right) \tag{17-1}$$

式（17-1）中，$|\varepsilon| = -\frac{dP(Q)}{dQ}\frac{Q}{P(Q)}$，代表需求价格弹性。结合图17-2和式（17-1）来看，当$|\varepsilon|>1$，边际收益MR为正，即当厂商沿着需求曲线向右下方移动（增产降价），在到达弹性$|\varepsilon|=1$点前，厂商每多生产一单位产品总收益是增加的。当$|\varepsilon|=1$，厂商边际收益MR为0。当厂商继续向右下方移动，来到$|\varepsilon|<1$区域时，厂商边际收益MR小于0，此时厂商每增加一单位产品生产会使总收益减少。因此，当$|\varepsilon|=1$时，即$MR=0$时，厂商总收益达到最大。

（四）垄断厂商利润最大化

垄断厂商追求利润最大化，利润等于总收益减去成本。在线性反需求函数的设定下，总收益函数为$TR(Q)=QP(Q)=Q(a-bQ)$。我们假定成本函数为$C(Q)$，厂商的利润函数就为$\pi(Q)=TR(Q)-C(Q)=Q(a-bQ)-C(Q)$。厂商最大化利润：

$$\max\pi(Q) = TR(Q) - C(Q) \tag{17-2}$$

一阶条件为：

$$\frac{d\pi(Q)}{dQ} = 0 \tag{17-3}$$

即

$$\frac{dTR(Q)}{dQ} - C'(Q) = 0 \tag{17-4}$$

在式（17-4）中，总收益对产量的导数$dTR(Q)/dQ$为边际收益MR，成本对产量的导数$C'(Q)$为边际成本MC，那么式（17-4）可改写为：

$$MR = \frac{dTR(Q)}{dQ} = C'(Q) = MC \tag{17-5}$$

从式（17-5）可知，**垄断厂商利润最大化的条件为边际收益等于边际成本**。结合图17-3来看，垄断厂商以$MR=MC$来决定产量Q^*（均衡产量），当市场供应量为Q^*时，消费者愿意支付的最高价格为P^*（垄断价格）。在均衡产量Q^*上，垄断价格$P^*>MR=MC$，因此，垄断厂商可能获得垄断利润：$(P^*-AC)\cdot Q^*$，即图17-3中阴影部分面积。

结合式（17-1）和式（17-5），可得$MC=MR=P(Q)(1-1/|\varepsilon|)$。从该式中，我们可以看出，由于边际成本$MC$大于0，那么需求价格弹性$|\varepsilon|$必然大于1。也就是说，垄断厂商的生产决策往往在需求富于弹性的区域内。进一步地，上式经过简单变换，可写作$P(Q)=MC/(1-1/|\varepsilon|)$，称为垄断厂商的成本加成公式，加成比例为$1/(1-1/|\varepsilon|)$。其

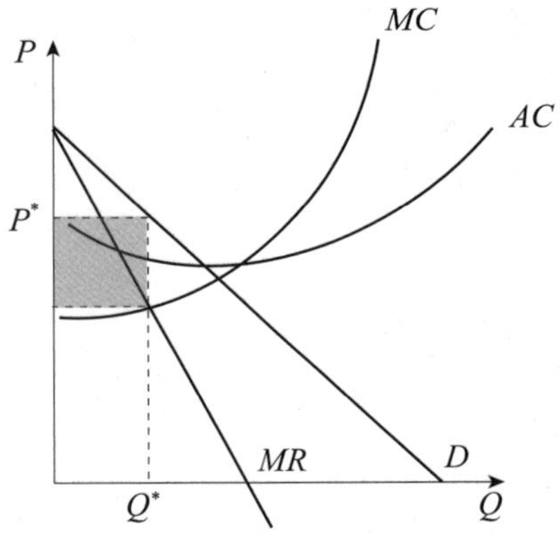

图 17-3　完全垄断厂商的均衡决定及垄断利润

表明，垄断厂商定价策略是在边际成本的基础上进行加成，加成比例取决于需求价格弹性，$|\varepsilon|>1$，加成比例也大于 1。

二、价格歧视

前文中我们假设对于同一种产品，垄断厂商向消费者索取同一价格。然而，现实中，消费者是异质的，不同消费者偏好不同，使得垄断厂商可以通过向消费者索取不同价格以最大程度获得垄断利润，即实行价格歧视。价格歧视包括三种类型，分别是一级价格歧视、二级价格歧视和三级价格歧视。

（一）一级价格歧视

一级价格歧视又称完全价格歧视，是指垄断厂商掌握所有消费者的偏好，并根据每一单位产品消费者愿意支付的最高价格制定价格，进而获取所有消费者剩余。图 17-4 描述了这一行为。垄断厂商销售第 Q_1 单位产品时，消费者愿意支付的最高价格为 P_1，厂商按此价格出售该单位产品。垄断厂商出售第 Q_2 单位产品时，厂商按照消费者愿意支付的最高价格 P_2 出售该单位产品。一级价格歧视的典型例子是部分互联网销售平台运用历史消费数据或个人信息获知用户的消费能力、偏好信息，“看人下菜碟”，对不同用户进行区别定价。比如，有报告指出，我们在使用打车软件打车时，同样的行程，用户使用的手机越贵，被更贵车型接单的概率越高。

在一级价格歧视下，由于垄断厂商对每一单位产品都索取消费者愿意支付的最高价格，因而需求曲线实际上就是边际收益曲线（$D=MR$）。我们在前面指出垄断厂商利润最大化条件是边际成本等于边际收益（$MR=MC$）。结合图 17-4 来看，M 点是垄断厂商利润最大化点，此时，垄断厂商产量为 Q^*，价格为 P^*。在该点上，如果垄断厂商实行一级价格歧视，我们可以得到以下两点结论：第一，垄断厂商获得所有消费者剩余（即阴影部分面积）；第二，在 M 点上，$P=MR=MC$，其中，$P=MC$ 是完全竞争市场上厂商利润最大化的均衡条件，也就是说，厂商达到了完全竞争条件下的均衡条件，实现了完全竞争条件下的均衡产量，此时，资源配置是有效率的。

（二）二级价格歧视

垄断厂商实行完全价格歧视需要了解消费者偏好的充分信息。然而，在现实生活中，

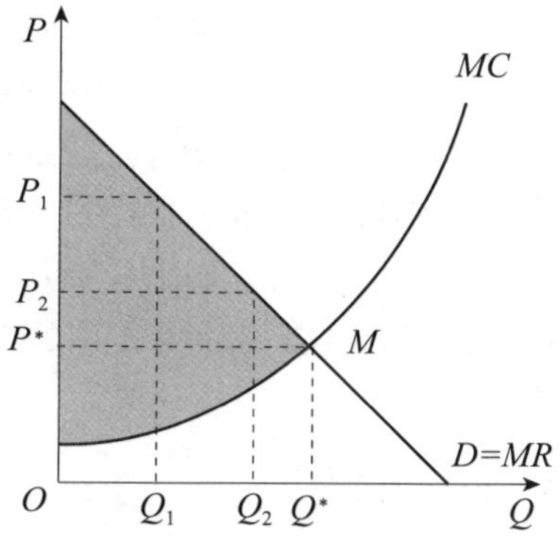

图 17-4　一级价格歧视

对大部分厂商来说，消费者充分的偏好信息很难获得，因而完全价格歧视事实上难以做到，垄断厂商往往实行不完全价格歧视，包括二级价格歧视和三级价格歧视。二级价格歧视是指厂商根据消费量进行分组，对每组设置不同价格，激励消费者进行自我选择。生活中常见的牛奶一箱售价 40 元，2 箱售价 70 元的“量大从优”现象就是典型的二级价格歧视。

厂商为什么要使用多种价格而非单一定价呢？原因在于相较于单一定价，多种价格下垄断厂商能够获取更多消费者剩余及垄断收益，进而赚取更多垄断利润。图 17-5 中，当垄断厂商索取单一价格 P_2 时，垄断厂商垄断收益为 P_2BQ_2O，消费者剩余为 CP_2B。假设垄断厂商对某种产品实行两种价格，当消费者购买量小于 Q_1 时，售价为 P_1，当消费量大于 Q_1 时，售价为 P_2，此时，垄断厂商垄断收益为 P_1AQ_1O 加上 MBQ_2Q_1，消费者剩余为 CP_1A 加上 AMB。相较于单一价格情形，垄断厂商垄断收益增加 P_1AMP_2，恰好是消费者剩余损失部分。

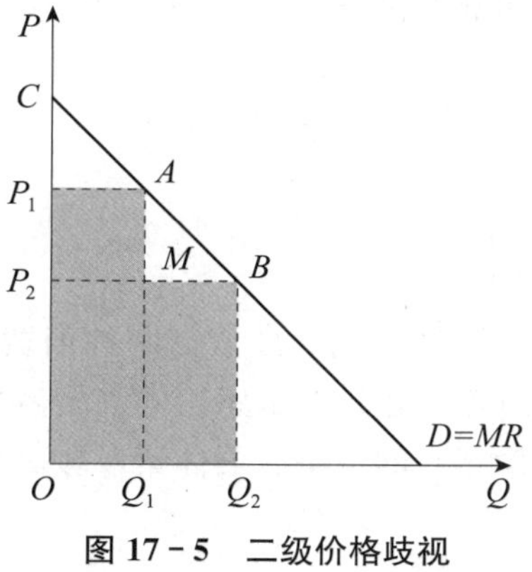

图 17-5　二级价格歧视

（三）三级价格歧视

三级价格歧视指垄断厂商利用年龄等一些可观测的信号对消费者群体进行分类（但厂商无法获取每个类别内部的消费者偏好），对不同类别消费者索取不同的价格。一个典型的例子是旅游景点将游客分为成人、学生、老年人等类别，规定不同的门票价格。

如图 17-6 所示，三级价格歧视下，垄断厂商对于不同类型消费者定价的差异反映了其需求弹性的差异。假设垄断厂商面临不变的边际成本 MC，其面临两种类型的消费者，需求曲线分别为 D_1 和 D_2，需求弹性分别为 ε_1，ε_2，边际收益曲线分别为 MR_1 和 MR_2。垄断厂商利润最大化条件必然满足 $MC=MR_1=MR_2$。这是由于：第一，垄断厂商在边际收益与边际成本相等时利润最大，否则可以通过调整产量来增加利润；第二，厂商从不同类型消费者处获得的边际收益相等时利润最大，如果厂商从消费者类型 1 处获得的边际收益高于消费者类型 2，那么厂商将能够通过将商品更多出售给消费者类型 1 而获取更高利润，这种调整将持续至 $MR_1=MR_2$ 为止。

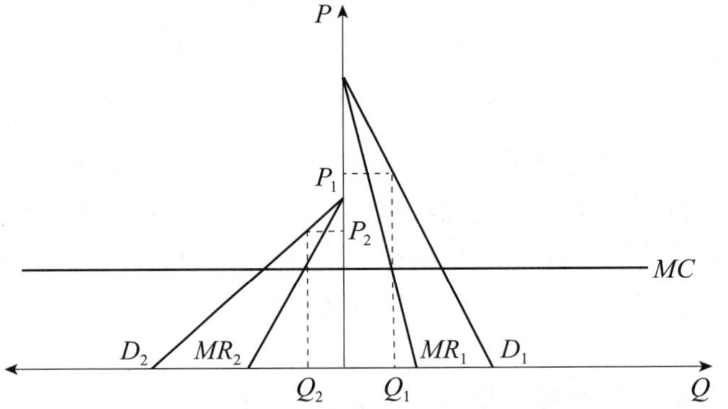

图 17－6　三级价格歧视

利用式（17－1），可将 MR_1、MR_2 写为：

$$MR_1=P_1\left(1-\frac{1}{|\varepsilon_1|}\right) \tag{17-6}$$

$$MR_2=P_2\left(1-\frac{1}{|\varepsilon_2|}\right) \tag{17-7}$$

三级价格歧视下，厂商利润最大化条件为 $MC=MR_1=MR_2$，可得：

$$MC=P_1\left(1-\frac{1}{|\varepsilon_1|}\right)=P_2\left(1-\frac{1}{|\varepsilon_2|}\right) \tag{17-8}$$

上式可推出：

$$P_1/P_2=\left(1-\frac{1}{|\varepsilon_1|}\right)/\left(1-\frac{1}{|\varepsilon_2|}\right) \tag{17-9}$$

上式表明，厂商为了实现利润最大化，会依据两种消费者需求弹性制定不同的价格，往往对于需求弹性较高（对于价格变化较为敏感）的消费者群体索取较低价格，对于需求弹性较低（对于价格变化较不敏感）的消费者群体索取较高价格。

三、垄断的原因

在这一部分，我们分析厂商如何得到以及维持垄断势力。总体来看，厂商对于市场的垄断是通过制造进入壁垒，阻止其他厂商进入实现的。壁垒主要来源于以下三个方面：

第一，厂商垄断关键性生产资源。一个典型的案例是戴比尔斯（De Beers）。戴比尔斯成立于 1888 年，是一家全球知名的钻石生产与供应商。19 世纪末，戴比尔斯开始在全球范围内收购钻石矿产开采权，以实现对于钻石生产源头的控制。由此，在之后的近一个世纪里，戴比尔斯掌控了全球90%以上的钻石供应，实现了对钻石市场的垄断。然而，在现实经济中，如果没有政府通过特许经营等显性或隐性手段的扶持，单家企业很难占有资源的唯一所有权，因而由资源独占形成的垄断事实上较为少见。

第二，制度安排（法律）赋予厂商排他性权力。该种垄断往往是由政府创造的，在现实经济中以两种形式出现。一是专利（版权）保护，政府为了鼓励创新，通过建立专利（版权）制度、出台专利（版权）法等方式保护厂商发明创造，厂商由此获得了一定时间内对于某种产品或技术的独家使用、生产、销售的权利，获得垄断势力。二是政府赋予单家厂商在某行业的特许生产、经营权，例如城市出租车行业，在网约车进入该领域之前，地方政府通常赋予某家公司独家经营权，客观上阻止其他企业进入该市场。

第三，自然垄断。对于一些行业，由于该行业生产具有规模经济特性，即生产规模越大，平均成本越低，致使一家企业大规模供应比多家企业小规模供应更具经济效率，行业内最终会有一家企业凭借经济实力或政府支持，实现独家生产经营而形成垄断。自然垄断通常出现在电力、自来水供应、铁路等公共事业部门。以铁路部门为例，对于同一条线路，乘客越多，铁路建设运营成本越低。与两家公司建设两条铁路分享旅客的状况相比，一家公司建设一条铁路的情形显然平均成本更低，收益更高。

第二节 寡头垄断

在前面的章节中，我们探讨了完全竞争市场和完全垄断市场两种极端的情况。然而，现实中更普遍的情况是，市场结构处于两种极端形式之间。这其中又可分为寡头垄断和垄断竞争两种类型。在本节，我们首先探讨寡头垄断这种市场结构形式。寡头垄断市场中，少数几家厂商控制行业生产和销售，每家厂商产量在行业总产量中均占据较大份额，厂商间产品同质，存在激烈竞争。例如，可口可乐和百事可乐共同占据可乐市场较大份额，形成双寡头；智能手机操作系统市场，谷歌开发的安卓（Android）系统和苹果开发的iOS操作系统占据全球90%以上的市场份额，也是典型的寡头情形。

寡头垄断市场只有少数几家厂商，但每家厂商的作用都举足轻重，其决策都会对市场产生影响，因而每个厂商的选择策略都十分重要。同时，寡头厂商之间相互影响，相互依存，每家厂商做决策时都要考虑对手的决策和反应，这本质上涉及博弈论的内容。为了简化讨论，我们假设市场上仅存在两家厂商，即双寡头情形。厂商通常围绕两个变量展开博弈：价格和产量。对于每种决策变量的博弈，按照决策的次序，可分为同时博弈和序贯博弈。同时博弈是指双方同时展开博弈，每一方都在预期对方决策的基础上做出决策。序贯博弈是指一方先做出决策，另一方根据先动者决策相应地采取对策。

结合厂商决策变量和决策先后分类，厂商共面临四种情形，形成四种寡头垄断模型（见表17-1）：（1）产量决策、同时博弈的古诺模型；（2）产量决策、序贯博弈的斯塔伯格模型；（3）价格决策、同时博弈的伯特兰模型；（4）价格决策、序贯博弈的价格领导模型。上述四种模型属于非合作博弈，市场上的企业相互竞争，以自身利益最大化为原则进行分散决策。现实世界中，还存在合作博弈，也就是说，市场上的厂商联合起来，以共同利益最大化为原则进行决策，然后对共同收益进行分配，这个过程我们称为“合谋”。但是，在一定条件下，合谋企业存在违约冲动。

表 17-1　寡头垄断下的博弈分类

决策变量	决策次序	
	同时	序贯
产量	古诺模型	斯塔伯格模型
价格	伯特兰模型	价格领导模型

下面我们重点围绕厂商的产量决策进行探讨，即对古诺模型和斯塔伯格模型进行介绍。

一、古诺模型

古诺模型又称双寡头模型，由法国经济学家奥古斯汀·古诺（A. Cournot）于 1838 年提出。假想市场上只存在两家厂商，它们生产完全相同的产品。两家厂商围绕产量，也即生产多少，同时展开决策。市场价格为两家企业产量之和的函数，假设两家企业的产量分别为 q_1、q_2，那么市场价格可表示为 $p(q_1+q_2)$。假设你是其中的一家厂商，由于市场价格是由你和另一家厂商产量共同决定，因此，在决定生产规模时，你需要在预期对方产量的基础上，进行自身的产量决策。在我们的模型中，厂商 1 和厂商 2 在做决策时，都会预期对方的产量，表示为 q_1^e、q_2^e（我们用 e 表示预期）。假设厂商 1 和厂商 2 的生产成本函数为 $c(q_1)$、$c(q_2)$。

我们以厂商 1 作为分析的起点，厂商 1 预期厂商 2 生产 q_2^e，如果厂商 1 生产 q_1，那么市场供给量就为 $q_1+q_2^e$，市场价格是供给量的函数，即 $p(q_1+q_2^e)$。利润等于市场价格乘以产量（即收益）再减去生产成本。厂商 1 的利润最大化问题可以表示为：

$$\max p(q_1+q_2^e)q_1-c(q_1) \tag{17-10}$$

对于任一预期的厂商 2 产量 q_2^e，厂商 1 都会做出相应的产量决策 q_1，因而厂商 1 的产量 q_1 实质上是关于厂商 2 预期产量的函数，可以写为 $q_1=f_1(q_2^e)$，我们称之为厂商 1 对于厂商 2 产量的反应函数，可以通过式（17-10）对 q_1 求一阶条件解得。同理，厂商 2 对于厂商 1 产量的反应函数为 $q_2=f_2(q_1^e)$。反应函数的曲线如图 17-7 所示。

那么，市场何时达到均衡呢？事实上，古诺模型下均衡点为厂商 1 反应函数与厂商 2 反应函数的交点 A（如图 17-7 所示），我们将均衡时厂商 1 与厂商 2 的产量组合表示为 $(q_1^*,\ q_2^*)$。此时，均衡点满足 $q_1^*=f_1(q_2^*)$ 且 $q_2^*=f_2(q_1^*)$。这表明，在均衡时，一方面，每一家企业都做出了使自身利润最大化的选择，另一方面，每一家厂商对对方产量的预期都是正确的，即 $q_1^e=q_1^*$，$q_2^e=q_2^*$，我们称之为理性预期。

为了帮助理解，我们举一个简单的例子。

假设果汁市场上仅有两家厂商，分别为厂商 1 和厂商 2。市场价格由两家厂商产量共同决定，反需求函数为 $p=30-0.5(q_1+q_2)$。厂商 1、厂商 2 的成本函数为分别为 $c(q_1)=5q_1$，$c(q_2)=0.5q_2^2$。两家厂商同时做出产量决策，决定生产多少果汁。

我们首先从厂商 1 出发，厂商 1 选择使自己利润最大化的产量水平，用数学语言表示为：

$$\max[30-0.5(q_1+q_2)]q_1-5q_1 \tag{17-11}$$

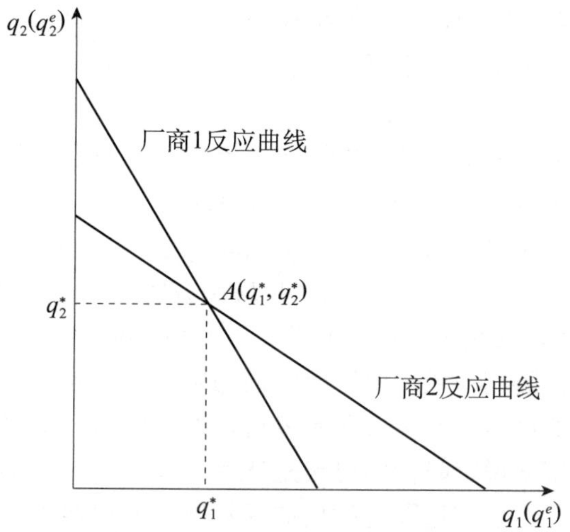

图 17-7　反应函数及古诺均衡

厂商 1 利润最大化的一阶条件是：

$$\frac{\partial \pi_1}{\partial q_1} = 25 - q_1 - 0.5q_2 = 0 \tag{17-12}$$

式（17-12）可进一步写为 $q_1 = 25 - 0.5q_2$，这实际上就是厂商 1 对于厂商 2 的反应函数，体现了厂商 1 利润最大化的果汁生产计划依赖于厂商 2 的产量决策。

同理，对于厂商 2 来说，其也以利润最大化原则选择产量，即

$$\max[30 - 0.5(q_1 + q_2)]q_2 - 0.5q_2^2 \tag{17-13}$$

厂商 2 利润最大化条件为：

$$\frac{\partial \pi_2}{\partial q_2} = 30 - 0.5q_1 - 2q_2 = 0 \tag{17-14}$$

由式（17-14）可得厂商 2 的反应函数为 $q_2 = 15 - 0.25q_1$，厂商 2 的果汁产量也依赖于厂商 1 的产量决策。

将厂商 1 和厂商 2 的反应函数联立起来，可得：

$$\begin{cases} q_1 = 25 - 0.5q_2 \\ q_2 = 15 - 0.25q_1 \end{cases} \tag{17-15}$$

可解得古诺均衡为：

$$\begin{cases} q_1^* = 20 \\ q_2^* = 10 \end{cases}$$

进一步可解得市场价格 $p = 15$，厂商 1 利润 $\pi_1 = 200$，厂商 2 利润 $\pi_2 = 100$。

二、斯塔伯格模型

我们在前面介绍了古诺模型，其特征为厂商同时选择产量，接下来，我们介绍另外一种厂商进行产量博弈的模型，与古诺模型不同的是，该模型下，厂商 1 和厂商 2 依次选择产量，我们称之为斯塔伯格模型，该模型由德国学者斯塔伯格（H. Von Stackelberg）1934 年提出。由于该模型中厂商决策有先后，我们称先做出产量决策的企业为领导者，

随后做出决策的为追随者，因而，斯塔伯格模型又被称为“领导者-追随者模型”。在现实情境中，领导者通常由市场中实力雄厚的大企业充当，其他小企业依据大企业的产量决策相应调整自身产量。

与古诺模型一致，斯塔伯格模型同样假设市场上存在两家厂商，这两家厂商生产一样的产品，均围绕产量做决策。所不同的是，斯塔伯格模型下，厂商做决策的顺序有先后。领导者先走一步，能够首先决定自己的产量，此时，它一定会考虑追随者对自己产量计划的反应，换句话说，领导者是在估计到追随者反应函数的基础上做出使自身利润最大化的产量决策。对于追随者来说，其在领导者宣布产量之后依据利润最大化原则做出产量决策。

对于序贯博弈模型，我们一般采取逆向归纳的思路。逆向归纳是指当博弈参与者决策有先后顺序时，从博弈的最后一个阶段开始分析，逐步向前归纳出各阶段参与者的行为选择。具体到斯塔伯格模型来说，我们的思路是从后决策者，即追随者出发开始分析，首先得到追随者的反应函数。然后将追随者的反应函数纳入先决策者——领导者的利润最大化决策中，求解出领导者的产量决策。

为了帮助理解，这里我们直接使用例子来说明斯塔伯格模型及其均衡解。依然沿用古诺模型案例的设置。设定市场上仅有两家果汁厂商，反需求函数为 $p=30-0.5(q_1+q_2)$。厂商 1、厂商 2 的果汁生产成本函数为分别为 $c(q_1)=5q_1$，$c(q_2)=0.5q_2^2$。我们假设厂商 1 为领导者，先决定产量，厂商 2 为追随者，在厂商 1 宣布产量计划后决定自身产量。

根据逆向归纳的思路，我们从追随者厂商 2 出发开始分析。厂商 2 选择使自己利润最大化的果汁产量，即：

$$\max[30-0.5(q_1+q_2)]q_2-0.5q_2^2 \tag{17-16}$$

根据式（17-16），可得厂商 2 利润最大化条件为 $\frac{\partial\pi_2}{\partial q_2}=30-0.5q_1-2q_2=0$，进一步可得厂商 2 的反应函数为 $q_2=15-0.25q_1$。

接下来我们分析领导者厂商 1 的行为选择。厂商 1 选择最大化自身利润：

$$\max[30-0.5(q_1+q_2)]q_1-5q_1 \tag{17-17}$$

对于厂商 1 来说，厂商 2 是重要竞争对手，故而厂商 1 在计划生产多少时，一定会考虑厂商 2 对于自己生产计划的反应。换句话说，厂商 1 会将厂商 2 的反应函数纳入决策过程，所以，我们将厂商 2 的反应函数代入厂商 1 的利润函数中。厂商 1 所要最大化的利润函数就写为：

$$\max[30-0.5(q_1+15-0.25q_1)]q_1-5q_1 \tag{17-18}$$

利用式（17-18）对 q_1 求导可得：

$$\frac{\partial\pi_1}{\partial q_1}=\frac{35}{2}-\frac{3}{4}q_1=0 \tag{17-19}$$

求解式（17-19）可得，领导者厂商 1 的果汁产量为 $q_1=23\frac{1}{3}$。将该结果代入追随者厂商 2 的反应函数，可解得追随者厂商 2 的果汁产量 $q_2=9\frac{1}{6}$。进一步，可解得市场价格为 $p=13\frac{3}{4}$，厂商 1 利润为 $\pi_1=204\frac{1}{6}$，厂商 2 利润为 $\pi_2=84\frac{1}{36}$。将上述结果与古诺模型进行对比，不难发现，对于厂商 1 来说，在斯塔伯格模型中，先行一步率先决定产量时，产量和利润都有所增加，这便是先行一步给领导者带来的优势。

第三节 垄断竞争

本章前两节的分析都以厂商生产同质产品为前提，本节我们聚焦垄断竞争的市场结构，该市场结构下：(1) 企业间产品相似，但有所差异，即每个厂商都拥有一定独特优势，因而都具备有限的垄断势力；(2) 产品间的差异属非根本性差异，在消费者眼中可以相互替代，因而企业间存在竞争；(3) 企业进入退出市场自由。上述特征的结合，使得市场呈现出既垄断又竞争的特点，称为垄断竞争市场。现实生活中，垄断竞争的一个典型案例是快递市场，市场上存在中通、圆通、韵达、顺丰、京东等企业，他们提供同质的快递服务，企业间围绕市场份额进行激烈竞争，但是在时效、服务质量等方面有所差异，这些差异构成企业的独特优势，企业因此获得一定的垄断势力。比如，顺丰通过自建机场等方式，在运速上具备较强竞争力，因而在时效件上占有较大市场份额，具备较强垄断势力。

垄断竞争市场中，各厂商生产差异化产品，其需求曲线和成本曲线也相应有所区别。但是，为了方便理解，我们在分析垄断竞争市场时，对模型进行合理简化，假定市场中所有厂商的成本和需求曲线相同。如此一来，我们仅需使用一家厂商作为代表进行分析。在本节之后的部分，我们以代表性厂商为对象，分析垄断竞争厂商短期和长期的均衡条件。

一、短期均衡

在短期内，垄断竞争厂商的厂房、机器设备等不变要素的投入量无法变动，即生产规模给定，其通过调整产量和价格达成边际收益等于短期边际成本（$MR=SMC$）的均衡条件。如图 17－8 所示，代表性厂商 j 面临的市场需求为 D（这里 D 仅为代表性厂商 j 面临的需求，其为市场总需求的一部分）。垄断竞争厂商 j 在边际收益曲线与边际成本曲线的焦点处（$MR_j=SMC_j$）实现利润最大化，此时，厂商的均衡产量为 q_j^*，面临的均衡价格为 p_j^*，获得的垄断利润相当于阴影部分面积。在短期内，垄断竞争厂商既可能获得正利润，也可能获得负利润，这取决于均衡价格与短期平均成本的相对大小。

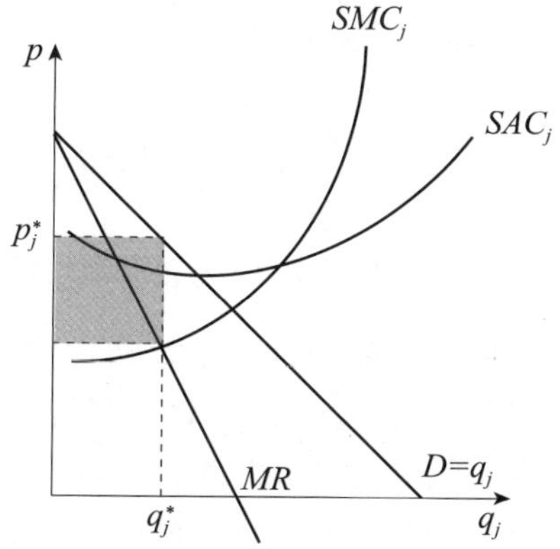

图 17－8 垄断竞争市场的短期均衡

二、长期均衡

在长期中的垄断竞争市场上，厂商不仅可以通过调整厂房、机器设备等不变要素投入改变生产规模，还能选择进入或退出市场。这就意味着，只要有正的垄断利润，就会有新厂商进入市场与原有厂商瓜分市场份额，市场上产品供给量增加，价格降低，垄断利润减少，直到垄断利润消失为止；反之，如果垄断利润为负（即处于亏损状态），一些厂商退出市场，剩余厂商市场份额增加，市场产品供给量减少，价格上升，垄断利润增加，直到亏损消失（垄断利润为0）。也就是说，垄断竞争市场达到长期均衡时，厂商利润为0，那么，在均衡时，厂商的平均成本须与产品价格相等（$P=LAC$）。因此，垄断竞争厂商长期均衡除了要求边际成本等于边际收益（$MR=LMC$）之外，还要求产品价格等于长期平均成本（$P=LAC$）。

图17－9展示了垄断竞争市场上代表性厂商j的长期均衡状况。厂商j在边际收益等于边际成本时（$MR_j=LMC_j$）达到长期均衡，此时产量为q_j^*，价格为p_j^*，并且此时厂商长期平均成本曲线与需求曲线相切，$p_j^*=LAC_j$。值得注意的是：第一，虽然垄断竞争企业长期均衡时盈亏相抵，利润为0，但其此时依然达到了利润最大化的状态，原因在于，如果产量大于q_j^*，那么需求曲线D上的价格将小于长期平均成本，厂商亏损，如果厂商缩小生产规模，产量小于q_j^*，这时需求曲线D上的价格也是小于长期平均成本的，厂商同样亏损，因此，厂商的产量只有处于q_j^*点，利润最大。第二，垄断竞争条件下厂商的资源配置并未达到最优状态，存在生产能力剩余、资源浪费的情况。如果厂商处于完全竞争市场，长期均衡时，企业在平均总成本最低的规模上生产（M点），此时厂商具备最高的经济效率。也就是说，垄断竞争厂商并未在平均成本最低处开展生产，仍有余力充分利用现有设备资源扩大生产，我们将这种情形称为“生产能力剩余”（Excess Capacity）。

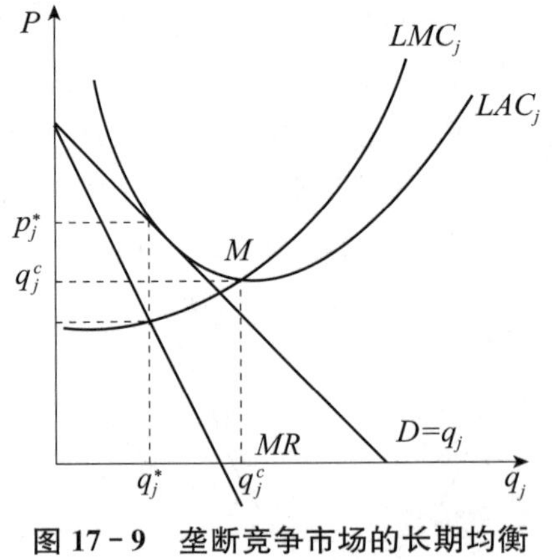

图17－9　垄断竞争市场的长期均衡

对于垄断竞争厂商来说，其通常采取两种竞争策略：价格竞争和非价格竞争。就价格竞争来说，在短期内，一些厂商能够通过降低价格占领市场从而增加收益，但从长期来看，这会导致价格持续下降，直至利润为0。因此，垄断竞争厂商往往采取其他方式，例如改进生产技术（降低产品成本）、推出新产品、投放广告、提高售后服务质量等，以获得独特的市场优势，我们称之为非价格竞争。厂商进行非价格竞争的目的同样是获得最大化利润，在进行非价格竞争时同样遵循边际成本等于边际收益的原则。

第四节 不同市场经济效率比较

迄今为止，我们共介绍了四种市场结构，竞争程度由高到低排列，可分为完全竞争、垄断竞争、寡头垄断和完全垄断。在本节，我们对不同市场结构的经济效率进行比较。这里的经济效率是指资源是否有效配置（利用）。它主要有两个比较标准，分别是：第一，长期均衡下，厂商是否在长期平均成本最低处生产；第二，商品市场价格是否等于边际成本。

在第一个比较标准下，市场经济效率随市场垄断程度的提高而降低。完全竞争市场经济效率最高。完全竞争厂商所面临的需求曲线是水平的，长期均衡时，平均成本曲线的最低点与需求曲线相切，也就是说，厂商在长期成本最低处组织生产，此时，资源利用效率达到最大，产品均衡价格最低（等于长期最低平均成本）且均衡产量最高。不完全竞争市场下，厂商具备一定的市场势力，无须被动接受市场价格，因此，厂商面临向右下方倾斜的需求曲线。并且，市场垄断程度越高，厂商面临的市场需求曲线越陡峭（这是由于随着市场垄断程度的提升，市场中厂商对价格的控制力加大，单位产量变动下厂商价格调整的空间相应扩大）。

对比完全竞争市场，垄断竞争市场中厂商面临的需求曲线较为陡峭，均衡时长期平均成本曲线与需求曲线相切，切点位于长期平均成本曲线最低点左侧，厂商尚有生产能力剩余，经济效率较低，并且均衡产量较低而均衡价格较高。相较于完全竞争市场，完全垄断市场实现长期均衡时，厂商所面临的陡峭的市场需求曲线与长期平均成本曲线相交，均衡产量最低且均衡价格最高。寡头垄断市场由于市场内厂商互动方式较多，没有统一的均衡模型。但作为与完全垄断更为接近的市场，寡头垄断市场下的均衡价格和产量应处于垄断竞争与完全垄断市场之间。

在第二个比较标准下，同样是完全竞争厂商经济效率最高。边际成本反映了社会生产一单位产品所耗费的资源的成本，而市场价格则反映了每一单位产品消费者愿意付出的最高价格，是社会给予产品的价值评判。在市场价格等于边际成本的产量水平下，社会总剩余达到最高。如果市场价格大于边际成本，表明消费者对该产品评价较高，增加生产能够提升社会总剩余；如果市场价格小于边际成本，意味着消费者对该产品的评价较低，减少生产能够提升社会总剩余。在四种类型市场结构下，长期均衡时，仅有完全竞争厂商的市场价格等于边际成本，其余市场结构下产品市场价格均大于边际成本，这意味着，只有完全竞争市场实现了最优社会效益。

资源链接

视频微课 17－1　　视频微课 17－2

本章习题

1. 为什么市场上会出现垄断的情形？垄断厂商的供给如何决定？

2. 价格歧视包括哪些类型？请结合生活中的例子做出阐述。

3. 不完全竞争市场包括哪些类型，它们之间有何不同？

4. 假设垄断竞争市场上代表性厂商的反需求函数为 $p=2\,200a-100q$，长期总成本函数为 $c(q)=5q^3-6\,200+2\,700q$，试求该厂商长期均衡时的产量、价格、利润及 a 的值。

5. 假设市场上仅有两家厂商，二者生产同样的产品。市场反需求函数为 $p=100-q$，两厂商的成本函数分别为 $c_1(q)=0.5q_1^2$，$c_2(q)=20q_2$。

（1）假定两厂商同时选择产量（古诺模型情形），试求两厂商的产量及利润。

（2）假定两厂商联合起来，追求共同利润最大化，试求两厂商的产量及利润。

（3）比较（1）和（2）两种情形下行业总利润水平。

在线自测

扫一扫　练一练

第十八章　一般均衡理论和福利经济学

前述章节的分析均建立在局部均衡分析的基础之上。局部均衡分析的实质是在假设其他市场不变的情况下，研究单个产品或要素的市场均衡。该方法为了简化分析，割断了不同产品或要素市场之间的联系，而这种联系在现实中是十分常见且重要的。本章进一步将包含单个市场的局部均衡分析拓展到包含多个相互联系市场的一般均衡分析，着重研究一般均衡状态是否存在，以及是否具有经济效率。

第一节　一般均衡理论

一、一般均衡状态与局部均衡状态的区别

一般均衡状态与局部均衡状态的最大差别是是否考虑经济由多个市场组成并相互作用。本节选择一种较为常用的方式来分析多个市场的相互作用。首先，区分产品市场与要素市场。其次，分别分析产品市场中和要素市场中的相互作用。最后，分析产品市场与要素市场的相互联系。

为了更好地理解上述过程，考虑一个简化的市场经济情形：经济中有两个出售最终品的产品市场和两个出售投入品的要素市场。不妨假定要素市场一为煤炭市场，要素市场二为原油市场。产品市场一为电力市场，产品市场二为电动车市场。其中，煤炭与原油作为燃料互为替代品，电力与电动车互为互补品，电力生产以煤炭为投入要素。

现在假定，所有市场在初始时刻均处于均衡状态，如图 18－1 所示。图 18－1（a）、图 18－1（b）、图 18－1（c）和图 18－1（d）四个子图分别代表煤炭、原油、电力和电动车市场。在每个子图中，初始状态均由供求曲线 S 和 D 的交点表示，对应的均衡价格和均衡产量分别表示为 P_0 和 Q_0。

假定限制从外国进口煤炭的管制政策使得煤炭的供给下降，我们可以使用图 18－1（a）来考察煤炭市场的局部均衡状态变化。煤炭的供给曲线 S 将左移至 S'。受供给减少影响，煤炭价格将从 P_0 上涨至 P_1，煤炭的需求则下降至 Q_1，局部均衡下煤炭市场新的均衡价格和均衡产量分别为 P_1 和 Q_1。

如果我们要对煤炭供给冲击进行一般均衡分析，就不能仅考虑煤炭市场本身。煤炭市场的价格变化将传导至其他市场，并引起其他市场的均衡状态改变，这一改变反过来又将作用于煤炭市场本身。因此，新的一般均衡状态不同于局部均衡状态。

我们借助图 18－1（a）～图 18－1（d）来进行一般均衡分析。首先考虑另一种要素市场——原油市场，如图 18－1（b）所示。煤炭与原油互为替代品，当煤炭价格因供给下降

而上涨时，对原油的需求将上涨，原油的需求曲线 D 将右移至 D'，均衡价格上涨至 P_1，均衡产量上涨至 Q_1。

其次考虑电力产品市场，如图 18－1（c）所示。煤炭是电力的投入要素。当投入要素价格上涨时，电力的生产成本将上涨，供给量将下降，因此供给曲线 S 将左移至 S'。均衡价格上涨至 P_1，均衡产量下降至 Q_1。

最后考虑电动车产品市场，如图 18－1（d）所示。电力与电动车互为互补品，当电力价格上涨时，电动车的价格也将上涨，需求将下降，因此需求曲线 D 将左移至 D'，均衡价格下降至 P_1，均衡产量下降至 Q_1。

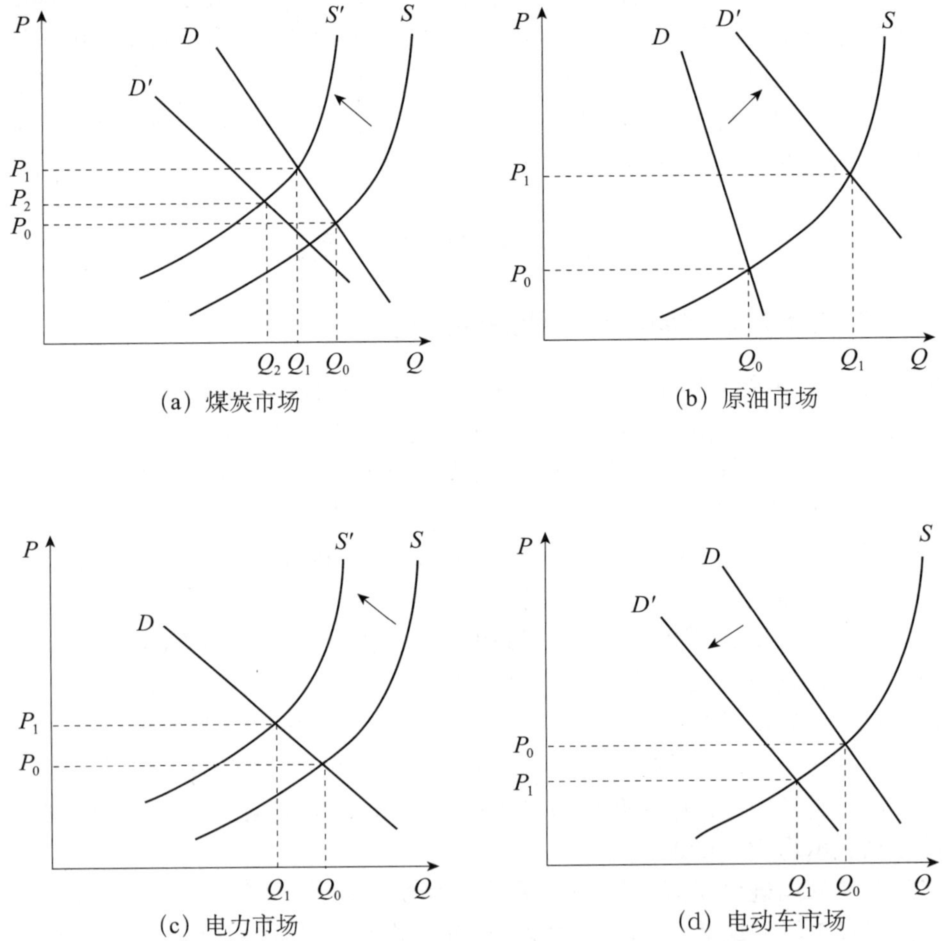

图 18－1　一般均衡分析

综上所述，煤炭市场供给下降的影响会传导至其他市场：原油市场价格和产量提升，电力市场价格上涨、产量下降，以及电动车市场价格上涨、产量下降。由煤炭市场所引起的其他市场的价格变化，又会传导至煤炭市场。首先，原油价格提升将增加对煤炭的需求，原油产量的提升则减少对煤炭的需求，故来自原油市场的反馈效应可能使得煤炭需求曲线左移或右移。其次，电力价格提升将增加对煤炭的需求，电力产量的下降将减少对煤炭的需求，故来自电力市场的反馈效应可能使得煤炭需求曲线左移或右移。最后，电动车价格的下降和产量的下降将减少对煤炭的需求，故来自电动车市场的反馈效应会使得煤炭需求曲线左移。最终的结果是，煤炭需求曲线的变化取决于两方面力量的大小。图 18 - 1（a）中假设了一般均衡下煤炭需求曲线左移至 D'，均衡价格和产量分别变为 P_2 和 Q_2。

由于煤炭价格又发生了变化，会继续影响其他市场，并接受其他市场的反馈。这一过程将循环往复，但效果有所缩减，直到所有市场又重新实现均衡状态，整个经济也因此实现了新的一般均衡状态。

二、一般均衡的存在性

局部均衡分析通常假定，一种商品（产品或劳务）的供给和需求只与该商品本身的价格有关，该商品的均衡价格等于供给和需求曲线交点处所对应的价格。通过一般均衡分析，我们希望能找到包含所有商品的一组均衡价格，使得在均衡价格上，所有商品市场均实现均衡状态。一般均衡的存在性问题等价于一组均衡价格的存在性问题。

法国经济学家瓦尔拉斯（Leon Walras）最早对一般均衡的存在性问题进行了研究，并提出了一般均衡的存在性假说。瓦尔拉斯抽象出“瓦尔拉斯拍卖人”（以下简称拍卖人）这一理论概念来说明经济体系如何达到一般均衡状态：拍卖人报出一组商品的价格，消费者和生产者根据该价格来选择自己的需求和供给。如果所有商品的需求等于供给，则该价格被确定为一般均衡价格。如果存在至少一种商品需求不等于供给，消费者和生产者撤回申报，拍卖人根据需求与供给的差异重新选择报价。例如，若一种商品需求大于供给，则拍卖人会向上修正价格，若一种商品需求小于供给，则拍卖人会向下修正价格。因此，修正后的价格总是比原有价格接近一般均衡价格。重复上述过程，直到所有商品的需求均等于供给，此时的一组价格为一般均衡价格。

后来的经济学家阿罗（Kenneth J. Arrow）和德布鲁（Gerard Debreu）从数学上严谨地证明了瓦尔拉斯所提出的一般均衡存在性假说。

三、经济效率与帕累托最优配置

在前面中我们介绍了局部均衡与一般均衡的区别，并说明一般均衡状态是可能存在的，但是我们仍然会面临一个问题，一般均衡的资源配置状态对于整个社会而言是否是最优的？是否存在其他更好的资源配置状态，使得个体和社会的福利能进一步改善？为了回答这个问题，我们先介绍一个判断经济效率的常见标准，即帕累托最优状态标准，简称帕累托标准。根据帕累托标准，可以界定出“好”与“坏”两种资源配置状态。一个“坏”的资源配置状态意味着在此基础上的资源配置方式改变，能够使得至少有一个人的状况变得更好，而不使其他人的状况变得更差。这种状态改变称为**帕累托改进**。一个“好”的资源配置状态意味着不存在帕累托改进，这种资源配置状态称为**帕累托最优状态**。我们举一个例子来说明两种资源配置状态。假设你有 2 个苹果和 5 个梨，你的同学有 6 个苹果和 3 个梨。如果你减少消费 1 个苹果、增加消费 1 个梨会带来效用的提升。而你的同学增加消费 1 个苹果、减少消费 1 个梨会带来效用提升，那么初始时刻的资源配置就是一个“坏”的资源配置状态，存在帕累托改进。相反，如果苹果和梨在你和你的同学之间的分配达到帕累托最优状态，则任何重新分配，至少会降低其中一人的效用水平。

第二节　纯交换经济的帕累托最优条件

在市场经济中发生了三种基本的经济活动：生产、交换，以及源于这些活动的消费。本节开始论述具有上述经济活动的市场达到帕累托最优状态所必须满足的条件。这些条件被称为帕累托最优条件。它包括纯交换经济的帕累托最优条件、纯生产经济的帕累托最优条件、有交换和生产经济的帕累托最优条件。

本节首先考虑纯交换市场的情形，它被定义为一个没有生产，并且消费者在初始时刻被赋予不同商品束的市场。我们的讨论只涉及两个消费者的最简单的交换经济情形，但所得结论可以推广至多种商品与多个消费者的情形。

假定你和你的一名同学要去参加一个暑期课程，你准备了 10 支笔和 4 个笔记本，而你的同学准备了 3 支笔和 6 个笔记本。因而你们一共为课程准备了 13 支笔和 10 个笔记本，如果你们之间可以交换文具，则你和你的同学都会对能够改善各自处境的交换方案感兴趣。

我们不妨将笔和笔记本两种产品记为 A 和 B，既定数量分别为$\overline{A}=13$，$\overline{B}=10$，两个消费者分别记为 X 和 Y。我们使用埃奇沃斯盒型图来分析两种产品如何在两个消费者之间进行分配，如图 18-2 所示。埃奇沃斯盒型图的水平长度度量了产品 A 的既定数量$\overline{A}$，垂直高度度量了产品 B 的既定数量$\overline{B}$。O_X 为消费者 X 的原点，O_Y 为消费者 Y 的原点。从 O_X 水平向右度量消费者 X 对产品 A 的消费量 A_X，从 O_X 垂直向上度量消费者 X 对产品 B 的消费量 B_X；从 O_Y 水平向左度量消费者 Y 对产品 A 的消费量 A_Y，从 O_Y 垂直向下度量消费者 Y 对产品 B 的消费量 B_Y。

埃奇沃斯盒型图确定了两种产品在两个消费者之间的所有可能的分配情况。我们试图从中寻找帕累托最优的配置状态。为了分析这一点，需要在埃奇沃斯盒型图中加入表示消费者偏好信息的无差异曲线。图 18-2 中 1_X、2_X 和 3_X 为消费者 X 的三条代表性无差异曲线，1_Y、2_Y 和 3_Y 为消费者 Y 的三条代表性无差异曲线。对不同消费者而言，当无差异曲线离原点越远时，无差异曲线上的点所对应的效用水平越高。

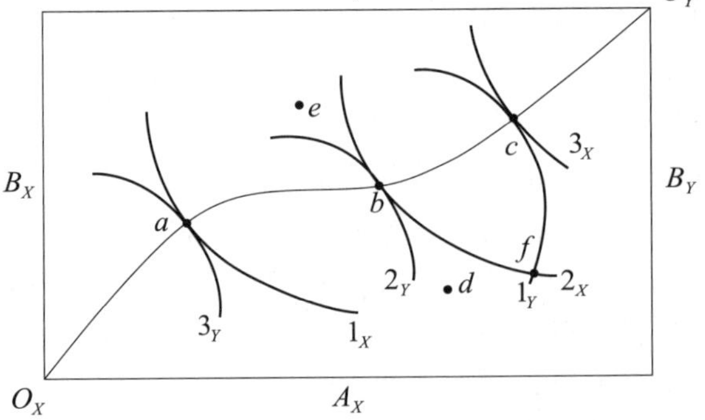

图 18-2　纯交换经济的埃奇沃斯盒型图

如果初始的产品分配状态处于两条无差异曲线的交点 f。容易看出 f 点不是帕累托最优状态，因为存在一个帕累托改进，即从 f 点变动到 c 点，消费者 X 的效用提高了，而消费者 Y 的效用保持不变。若效用函数是连续的，就可以得到结论：埃奇沃斯盒型图中的任意一点，只要其位于两条无差异曲线的交点，则其所代表的产品分配状态不是帕累托最优的。

如果初始的产品分配状态处于两条无差异曲线的切点 b。此时不存在帕累托改进的空间。若效用函数是连续的，可以得到结论：埃奇沃斯盒型图中的任意一点，只要其位于两条无差异曲线的切点，则其所代表的产品分配状态是帕累托最优的。曲线 $O_X acO_Y$ 由所有无差异曲线的切点构成，它刻画了两种产品在两个消费者之间进行分配时的所有帕累托最优状态，又被称为纯交换经济的契约曲线（或效率曲线），但值得注意的是，契约曲线上每一点所代表的产品分配状态之间是无法比较的，我们只能说明不在契约曲线上的点，总存在帕累托改进。

由纯交换经济的帕累托最优状态可以得到帕累托最优条件：

$$MRS_{AB}^{X}=MRS_{AB}^{Y} \tag{18-1}$$

其中，MRS_{AB}^{X}和MRS_{AB}^{Y}分别为对消费者 X 和 Y 而言，产品 A 替代产品 B 的边际替代率，而两种产品的边际替代率实际上就是无差异曲线的斜率的绝对值。因此，若在一个产品分配状态下不同消费者关于两种产品的边际替代率相等，则它一定是两条无差异曲线的切点，也因此是帕累托最优状态。只要两个消费者的边际替代率不相等，就总是存在帕累托改进的空间。

第三节　纯生产经济的帕累托最优条件

本节的讨论与上节类似，考虑纯生产市场的情形，它被定义为一个没有消费，并且生产者在初始时刻被赋予不同要素束的市场。同样地，我们的讨论只涉及两个生产者的最简单的生产经济情形，但所得结论可以推广至多种要素与多个生产者的情形。我们仍然通过一个例子来描述这个场景：假定两个工厂在生产过程中都需要使用要素钢材和木料，其中一个工厂起初拥有 10 吨钢铁和 7 吨木料，而另一个工厂起初拥有 5 吨钢铁和 11 吨木料，因而两个工厂一共拥有 15 吨钢铁和 18 吨木料，如果工厂之间可以交换要素，则两个工厂都会对能够改善各自处境的交换方案感兴趣。

我们不妨将钢铁和木料这两种要素记为 C 和 D，既定数量分别为$\overline{C}=15$，$\overline{D}=18$，两个生产者分别记为 W 和 Z。我们仍然使用埃奇沃斯盒型图来分析两种要素在两个生产者之间的分配，如图 18－3 所示。埃奇沃斯盒型图的水平长度度量要素 C 的既定数量$\overline{C}$，垂直高度度量要素 D 的既定数量$\overline{D}$。O_W 为生产者 W 的原点，O_Z 为生产者 Z 的原点。从 O_W 水平向右度量生产者 W 对要素 C 的消耗量 C_W，从 O_W 垂直向上度量生产者 W 对要素 D 的消耗量 D_W；从 O_Z 水平向左度量生产者 Z 对要素 C 的消耗量 C_Z，从 O_Z 垂直向下度量生产者 Z 对要素 D 的消耗量 D_Z。

埃奇沃斯盒型图确定了两种要素在两个生产者之间分配的所有可能情况。我们试图从中寻找帕累托最优的配置状态。为了分析这一点，需要在埃奇沃斯盒型图中加入表示生产者生产函数信息的等产量曲线。图 18－3 中 1_W、2_W 和 3_W 为生产者 W 的三条代表性等产

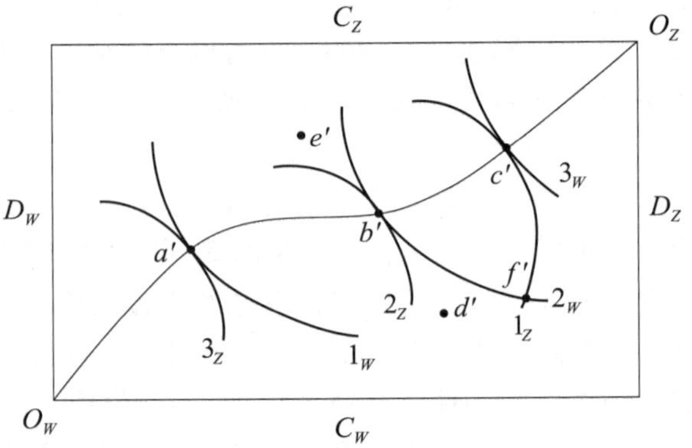

图 18－3　纯生产经济的埃奇沃斯盒型图

量曲线，1_Z、2_Z 和 3_Z 为生产者 Z 的三条代表性等产量曲线。对不同生产者而言，当等产量曲线离原点越远时，等产量曲线的点所对应的产量水平越高。

如果初始的要素分配状态处于两条等产量曲线的交点 f'。容易看出 f' 点不是帕累托最优状态，存在一个帕累托改进，即从 f' 点变动到 c' 点，生产者 W 的产量提高了，而生产者 Z 的产量保持不变。若生产函数是连续的，就可以得到结论：埃奇沃斯盒型图中的任意一点，只要其位于两条等产量曲线的交点，则其所代表的要素分配状态不是帕累托最优的。

如果初始的要素分配状态处于两条等产量曲线的切点 b'。此时不存在帕累托改进的空间。若生产函数是连续的，可以得到结论：埃奇沃斯盒型图中的任意一点，只要其位于两条等产量曲线的切点，则其所代表的要素分配状态是帕累托最优的。曲线 $O_Wa'c'O_Z$ 由所有等产量线的切点构成，它刻画了两种要素在两个生产者之间进行分配时的所有帕累托最优状态，又被称为纯生产经济的契约曲线（或效率曲线）。与纯交换经济的契约曲线相同，纯生产经济的契约曲线上每一点所代表的要素分配状态之间是无法比较的，我们只能说明不在契约曲线上的点，总存在帕累托改进。

由纯生产经济的帕累托最优状态可以得到帕累托最优条件：

$$MRTS_{CD}^{W}=MRTS_{CD}^{Z} \tag{18-2}$$

其中，$MRTS_{CD}^{W}$ 和 $MRTS_{CD}^{Z}$ 分别为对生产者 W 和 Z 而言，要素 C 替代要素 D 的边际技术替代率，而两种要素的边际技术替代率实际上就是等产量曲线的斜率的绝对值。因此，若在一个要素分配状态下不同生产者关于两种要素的边际技术替代率相等，则它一定是两条等产量曲线的切点，也因此是帕累托最优状态。只要两个生产者的边际技术替代率不相等，就总是存在帕累托改进的空间。

第四节　交换和生产经济的帕累托最优条件

第二节讨论了纯交换经济的帕累托最优条件，第三节讨论了纯生产经济的帕累托最优条件，现在要考虑一个更贴近现实的问题：当经济中同时存在生产和交换活动时的帕累托最优条件是什么？值得注意的是，简单地将纯交换经济的帕累托最优条件和纯生产经济的帕累托最优条件并列起来无法得到交换和生产经济的帕累托最优条件。本节给出了一种分析交换和生产经济的帕累托最优条件的方法。首先，我们假设经济中包含两个消费者 X 和 Y，两个生产者 W 和 Z。消费者选择对两种产品 A 和 B 的消费量，生产者选择对两种要素 C 和 D 的消耗量以生产两种产品 A 和 B。为了简化，我们假定生产者 W 生产产品 A，生产者 Z 生产产品 B，且消费者的效用函数（无差异曲线簇）和生产者的生产函数（等产量曲线簇）是给定不变的。其次，我们从生产经济开始讨论，接着过渡到交换经济。最后，我们推导出交换和生产经济的帕累托最优条件。

一、生产可能性曲线

已知图 18-3 中契约曲线 $O_W a'c'O_Z$，代表了两种要素在两个生产者之间的所有帕累托最优分配的集合。但生产的契约曲线还有另外一层含义：该曲线上的每一点都代表了一定量投入要素在最优配置时所能生产的一对最优的产品 A 和 B 的产量。因为契约曲线上的每一点都是两个生产者 W 和 Z 的等产量曲线的切点，同时处于两个生产者各自的等产量曲线上，从而代表了一对产品 A 和 B 的产量。这一对产品 A 和 B 的产量也是帕累托最优时的产量，这意味着无法在不减少其中一种产品产量的基础上提高另一种产品的产量。

现在考虑所有最优产量组合的集合，如图 18-4 所示。图 18-4 中横轴表示在生产帕累托条件下产品 A 的最优产量，纵轴表示在生产帕累托条件下产品 B 的最优产量。将生产契约曲线上的每一点所代表的产品 A 和 B 的产量对应到图 18-4（例如图 18-4 中 b'' 和 c'' 分别对应图 18-3 中的 b' 和 c'），就可以得到生产可能性曲线（或产品转换曲线）PP'。

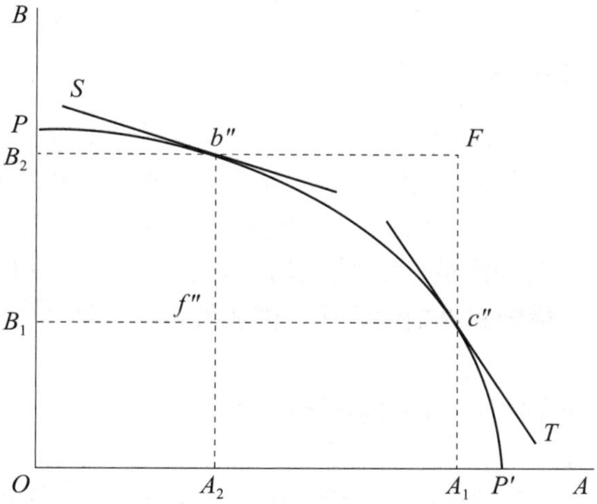

图 18-4 生产可能性曲线

生产可能性曲线 PP' 有四个特点：一是向右下方倾斜。这意味当一种产品产量下降时，另一种产品的产量却上升了。它的经济学含义是：两种产品的最优产出之间存在一种转换关系，即可以通过减少某种产品的产出数量来增加另一种产品的产出数量。我们将生产可能性曲线的斜率的绝对值定义为产品的边际转换率（MRT）：

$$MRT = \lim_{\Delta A \to 0} \left| \frac{\Delta B}{\Delta A} \right| = \left| \frac{\mathrm{d}B}{\mathrm{d}A} \right| \tag{18-3}$$

其中$\left|\frac{\Delta B}{\Delta A}\right|$衡量了1单位产品A转化为产品B的比率。该比率的极限则被定义为产品A对产品B的边际转换率。

二是向右上方凸出。它的经济学含义是：边际转换率递增，背后的原因在于，要素的边际报酬是递减的。我们通过一个具体的例子来理解这一经济含义。图中，c''点处产品A的最优产出量要高于b''，因此在c''点处减少一单位产品A所释放的要素C和D要多于在b''点处减少一单位产品A所释放的要素C和D。同时，c''点处产品B的最优产出量要低于b''，因此在c''点处增加一单位产品B所消耗的要素C和D要少于在b''点处增加一单位产品A所消耗的要素C和D。于是，c''点处产品A对产品B的边际转换率要高于b''点处产品A对产品B的边际转换率，边际转换率是递增的。

三是生产可能性曲线PP'右下方为生产无效率区域，右上方为生产不可能区域。以f''点为例，它对应图18-3中的f'点，此时存在一个帕累托改进，使得不改变产品B产量的同时，提高产品A产量，使得两种产品的产量组合从f''点移至c''，同理也存在一个帕累托改进，使得不改变产品A产量的同时，提高产品B产量，使得产量组合从f''点移至b''。因此f''点处经济没有达到其可能有的最大产出，即生产是缺乏效率的。而F点处的产量是无法实现的，因为生产可能性曲线PP'上的任意一点都不再有帕累托改进的空间。

四是生产可能性曲线的移动通常取决于要素数量和生产技术。当我们研究生产可能性曲线上点的移动时，实际上是假定了要素数量和生产技术是固定的。如果要素数量或者生产技术发生了变化，生产可能性曲线就会发生移动。

二、生产和交换的帕累托最优条件

利用生产可能性曲线，我们可以将生产活动与交换活动结合在一起，来讨论生产和交换经济的帕累托最优条件。为了实现该目标，我们将分析交换经济的埃奇沃斯盒型图纳入生产可能性区域之中，如图18-5所示。具体的做法是选择生产可能性曲线上一点Y，该点处最优的两种产品A和B的产量分别为此前设置的两种产品的既定数量$\overline{A}=13$，$\overline{B}=10$。从Y点出发，分别做关于横轴和纵轴的垂线，围成的矩形区域$X\overline{A}\,\overline{B}Y$恰好为交换经济的埃奇沃斯盒型图。

我们首先给出生产和交换经济的帕累托最优条件：

$$MRS_{XY}=MRT_{XY} \tag{18-4}$$

不妨以b点为例来说明上述条件。b点为两条无差异曲线的切点，因此切线T的斜率等于b点处产品A替代产品B的边际替代率MRS。切线T和生产可能性曲线在Y点处的切线S不一定平行，这说明产品的边际替代率和边际转换率不一定相等。若产品的边际转换率大于边际替代率，则说明生产者通过减少1单位产品A的生产可以增加的产品B的产量，要大于消费者通过减少1单位产品A的消费愿意增加的产品B的消费。此时生产者所生产的高出消费者需求的部分就可以通过帕累托改进来额外配置。同理可知，若边际转换率小于边际替代率，也会存在帕累托改进的空间。因此，只有当切线T与切线S平行时，即产品的边际转换率等于边际替代率，经济才会实现帕累托最优。

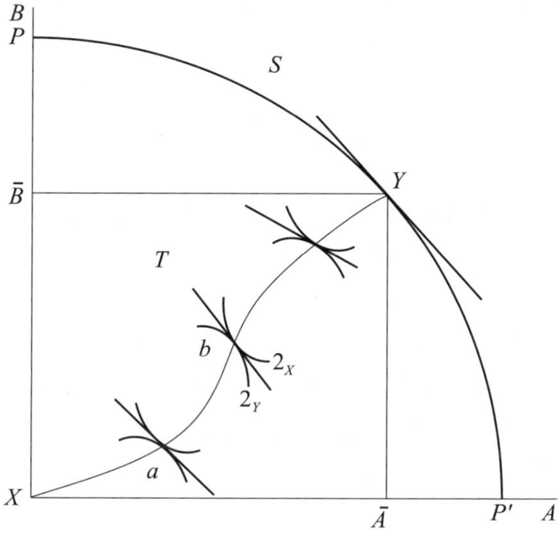

图 18－5 生产和交换经济的最优

第五节 完全竞争市场中的帕累托最优配置

在第二、三、四节的基础上，我们可以回答第一节提出的问题：完全竞争经济中的一般均衡状态是否满足帕累托最优配置的条件从而对整个社会而言是帕累托有效率的？我们需要借助福利经济学的两个基本定理：福利经济学第一定理和第二定理。

福利经济学第一定理声称：在一定的条件下（完全竞争、完全信息、无外部性、无规模经济等），任何的竞争性市场均衡都是帕累托最优的，或者说，任何的竞争性市场都将导致资源的帕累托最优配置。福利经济学第一定理说明完全竞争市场的一般均衡状态可能也是帕累托最优的状态，但该结论只能保证将帕累托最优作为一种社会福利的判断标准时，满足一定条件的竞争性市场均衡是最优的，无法保证在其他的社会福利判断标准下，竞争性市场均衡是最优的。一个典型的例子下，竞争性市场均衡可能导致人们的福利两极分化，即使这种状态是帕累托最优的，但如果以社会公平为社会福利的判断标准，它就不是社会最优的状态。

福利经济学第二定理声称：在一定的条件下（包括消费者的效用函数和生产者的生产函数具有凸性等），任何帕累托最优配置都可以通过一组竞争性的市场价格，及某个恰当的收入分配状态来实现。福利经济学第二定理具有较强的政策含义。它说明，政府可以在多种帕累托最优配置中选定最符合“社会最优”的一种，并通过市场竞争机制和恰当的收入分配状态（可以通过改变初始的收入分配状态实现）来实现它。

现在考虑在完全市场竞争经济中，帕累托最优的资源配置状态是如何实现的。完全竞争市场在一些假定条件下会导致一般均衡的资源配置状态，即存在一组产品和要素的价格，使得所有产品和要素的需求和供给都恰好相等。不妨假设一组均衡价格为：P_A，P_B，…；P_L，P_K，…。其中，P_A，P_B，…分别表示产品 A，B，…的均衡价格；P_L，P_K，…分别表示要素 L，K，…的均衡价格。在完全竞争市场中，消费者和生产者均是价格的接受者，他们在既定的市场价格下实现自己的效用最大化和利润最大化。对于消费者而言，当其实现效用最大化时，任意两种产品的边际替代率都等于这两种产品的价格比率。由于产品价格是既定的，不同消费者对于产品的边际替代率都相等，这也是纯交换经济的帕累托最优条件。

对于生产者而言，在完全竞争市场下，当其实现利润最大化时，任意两种要素的边际技术替代率都等于这两种要素的价格比率。由于要素价格是既定的，不同生产者对于要素的边际技术替代率都相等，这也是纯生产经济的帕累托最优条件。

当综合考虑消费者和生产者时，两种产品的边际转换率可以写成两种产品边际成本的比率，在完全竞争市场下，生产者利润最大化时的产品边际成本比率恰好等于价格之比。因此两种产品的边际转化率等于两种产品的价格比率，从而等于消费者的边际替代率，这也是有生产和交换经济的帕累托最优条件。

资源链接

视频微课 18 - 1　　**视频微课 18 - 2**

本章习题

1. 局部均衡分析与一般均衡分析的关键区别在什么地方？

2. 什么是帕累托最优？满足帕累托最优需要具备什么条件？

3. 为什么完全竞争的市场机制可以实现帕累托最优配置？

4. 假设某经济有 A 和 B 两种产品，产品 A 的需求和供给函数分别为：$Q_A^D=10-2P_A+P_B$，$Q_A^S=-6+2P_A$，产品 B 的需求和供给函数分别为：$Q_B^D=20+P_A-P_B$，$Q_B^S=-8+4P_B$。

（1）试求 $P_A=1$ 时，产品 B 市场的局部均衡。

（2）试求 $P_B=1$ 时，产品 A 市场的局部均衡。

（3）试求一般均衡价格和产量。

5. 假设某人生产与消费粮食和蔬菜。他每周一共工作 100 小时，将这些时间花费在生产粮食和蔬菜上是无差异的。此人的粮食和蔬菜的产量分别为 $F=L_F^{0.5}$，$C=L_C^{0.5}$，其中 L_F 和 L_C 分别为花费在生产粮食和蔬菜上的时间。此人的效用函数为 $U=(F\cdot C)^{0.5}$。试计算：

（1）在无法与外界进行交易的情况下，他将如何配置时间，此时的粮食和蔬菜产量是多少？

（2）若可以与外界进行贸易，交换价格比为 $\frac{P_F}{P_C}=\frac{1}{2}$，给定（1）中的产量，他将如何选择消费？

在线自测

扫一扫　练一练

第十九章　外部性、公共物品与不对称信息

在前几章中，我们分析了市场机制是如何实现帕累托最优的，并且，当允许对市场机制进行恰当调整时，任何有效率的配置都可以通过市场来实现。然而，这些结论同时依赖于一些非常重要的假定，例如价格是外生给定的、市场是完全竞争的。当这些假定被违背时，市场机制没有实现资源的有效配置，就会出现市场失灵。

第一节　外部性

本节将讨论一类重要的市场失灵——外部性。在先前的讨论中，一个重要的假定是市场中的决策主体，即消费者和企业，只通过市场交易和市场价格相互影响。例如，第 i 个人对某种商品 P 的消费会影响第 j 个人，但是这种影响只通过商品 P 的价格实现。但是，现实中的观察告诉我们，消费者或者企业的行为不仅仅通过价格互相影响，这种相互的影响被称为外部性。在本节中，我们将会看到，外部性将影响市场进行资源配置的效率，导致市场的失灵。

一、外部性的定义和分类

经济活动中的外部性包括两种：正外部性和负外部性。负外部性给他人或者企业带来损失，而正外部性则带来好处。在现实生活中，外部性的例子比比皆是。我们首先来考虑一个负外部性的例子。假设电力行业是一个完全竞争的市场环境，此时电的价格和产量完全由市场需求和供给所决定。如图 19－1 所示，在 R_1 点，向下倾斜的市场需求曲线和向上倾斜的供给曲线相交，看不见的手有效地配置了资源，从而决定了均衡价格和均衡产量。在这一点，边际成本等于边际收益等于价格，生产者和消费者实现了最优。但是，图 19－1 没有考虑的现实是，2022 年我国发电量中 70%左右仍为火力发电，而在火力发电厂发电的过程中，还会产生各种各样的排放物，这些排放物包括燃料燃烧过程中排出的尘粒、二氧化硫、二氧化氮，电厂各类设备运行中排出的废水、粉煤灰渣，电厂运行时发出的噪声。作为电的副产品，发电厂对公众施加了一个外部性，而在这个例子中，这种外部性给公众带来了福利的损失，但是发电厂并不需要为这个负外部性付费。自由市场配置资源的方式并没有考虑到具有外部性的情况。

外部性的存在使火电厂发电的总成本不仅包括企业自身的生产成本，还包括污染带来的外部成本。如果我们考虑到这种负外部性，就意味着我们将得到一个新的边际成本曲线，不仅包括企业的边际成本，还包括污染的外部边际成本，我们可以称之为社会边际成

本（Social Marginal Cost，SMC）。在考虑社会边际成本的情况下，我们将得到一个新的均衡，位于 R_2 点，如图 19－2 所示。可以观察到，当考虑发电所带来的社会成本之后，发电的边际成本变得更高了（*SMC* 线位于 *MC* 线的上方），此时均衡的价格是 $R_2>R_1$，均衡的产量是 $Q_2<Q_1$。由于我们包含了外部成本，产品的价格比之前市场均衡的价格更高，但产量却更低。也就是说，当一个商品的生产会产生负外部性并且其外部成本被生产者所忽略时，市场的产出会超过社会最优条件所需要的产量。

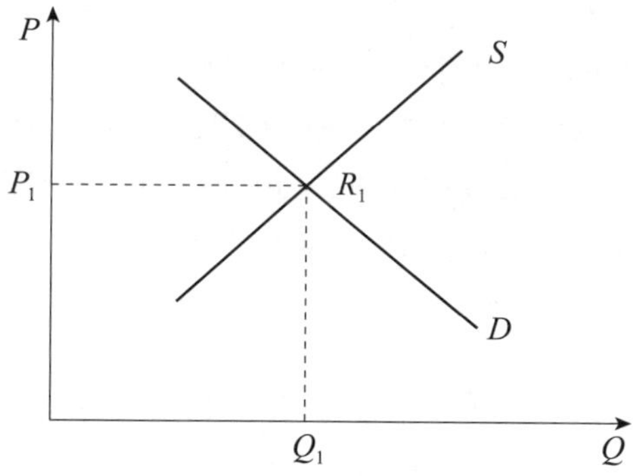

图 19－1 无外部性的电力市场

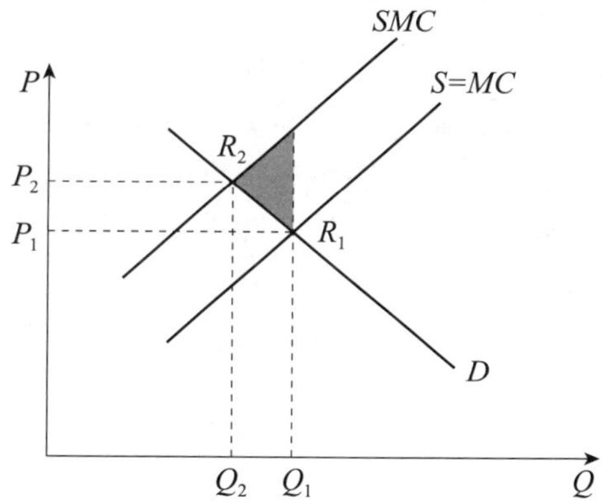

图 19－2 考虑外部性的电力市场

那么，为什么外部性会导致市场失灵？在 R_2 点，电力的价值等于生产电力给社会带来的成本，然而电力实际的产量却在 R_1 点，两点之间的价格差距意味着消费者对电力价值的判断低于其真实价值，而电力价格的偏低也意味着消费者购买了更多的电力。无效率水平的高低，取决于价格能够正确反映真实的总成本时，多少人从愿意购买转变为不愿意购买，即 Q_1 点与 Q_2 点之间的距离。从图中可以看到，这部分损失的大小由社会边际成本线 *SMC* 和需求曲线 *D* 之间的垂直距离衡量：垂直距离越大，市场产出对最优产出的偏离就越大。当我们将产量、损益放到一起观察时，我们可以得出外部性带来的无效率程度的确切大小。在图中，就是由 *SMC*、需求线 *D* 以及 Q_1 与 Q_2 区间围成的三角形区域。这一区域表示了生产过剩带来的社会成本（由 *SMC* 线反映）超过消费者购买这些过剩产品的福利（由 *D* 线反映）的部分，这个三角形区域是每单位过剩产出造成的社会成本超过消费者福利的总和。

同样，也存在一些与负外部性相反的情形。当一个经济行为产生了溢出收益时，就产生了正外部性。正外部性一个最为经典的例子是教育，也被称为人力资本的正外部性。人力资本是指体现在劳动者身上的资本。如劳动者的知识技能、文化技术水平与健康状况等。人力资本的外部性主要有两类回报：第一类回报是通过工人作用的，被称为生产外部性。经济学家很早就认识到，受教育程度高的工人会提高其他受教育程度低的工人的工资。更正式地说，生产外部性通过供给效应来提高这些工资：由于受教育程度高的工人与受教育程度低的工人分享知识，创造了受教育程度低的工人的额外就业机会。因此，当受教育程度低的工人与受教育程度高的工人相互作用时，他们的生产力和创造力就会提高，从而可以赚取更高的工资。第二类回报是通过居民作用的，被称为人力资本的消费外部性。人力资本外部性通过需求效应提高了这些受教育程度低的人的收入：需要低技能的额外就业是由受教育程度高的个人的需求造成的，那些受教育程度低的人的收入会因此上升。

让我们利用图形的方法来说明这一点。假定教育市场也是一个完全竞争的市场，个体在作出教育决策时，一方面要考虑接受教育的成本，同时也要考虑接受教育之后的回报。如图 19－3 所示，在完全竞争的市场条件下，R_3 是在市场机制下达成的市场均衡。然而，在有正外部性的情况下，看不见的手不能产生社会有效的效果，因为从社会的角度看，教育的均衡位于 R_4 点。在这一点上，增加一单位教育的社会边际收益等于生产这一单位的边际成本。但这与自由市场上的均衡产量不同，教育只会生产到它的边际成本等于对教育的私人需求的数量，而不是社会需求。这是因为该行业只能把它的产出出售给教育的买者，在实践中它不能对那些享受了教育外部收益（例如更低教育程度的工人）的人收费。我们同样可以看到正外部性带来的无谓损失，这种损失是需求曲线（边际收益）和社会边际收益（SMB）之差，其中社会边际收益是私人边际收益加上外部边际收益。与上一个例子类似，阴影部分的三角形是这种正外部性带来的无谓损失。

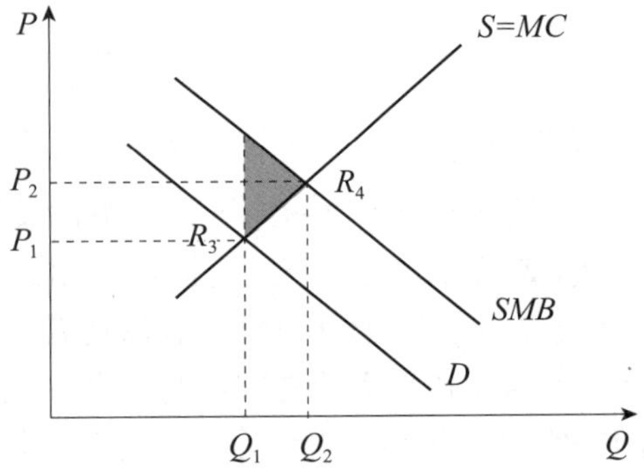

图 19－3　考虑外部性的教育市场

二、改善外部性的办法

在上一小节中，我们已经分析了外部性会导致市场失灵。简要概括起来，即当市场中存在负外部性时，市场生产和消费过剩；而市场中存在正外部性时，市场生产和消费不足。一个自然而然的问题是，我们应该采取什么样的措施，使社会达到一个更有效率的结果？在一些情况下，外部性可以通过市场机制来解决，但是在绝大多数情况下，则需要政府的干预。无论是私人解决还是政府的干预，这些措施的内在逻辑都是一致的，就是外部性的内部化。当市场上的个人或者公司因为一些公共或私人的激励而把他们行为的所有成本和收益都考虑进来时，经济学家就说他们实现了外部性的内部化。

下面我们回到火电厂的例子，去进一步讨论外部性内部化的市场和政府机制。我们假设火电厂周围存在一条河，河边有一个养鱼厂，火电厂向河中排出的污染物严重影响了河中的水质，使养鱼厂面临着鱼苗死亡的风险。当养鱼场的渔民诉诸法律时，却被告知火电厂目前所排放的污染物是符合国家标准的（虽然对鱼苗的生存产生了影响）。此时，对整个社会而言，该如何消除这种外部性呢？

（一）市场机制

1. 谈判

一种可能的情况是，火电厂可以花费 200 万元安装清洁设备，但是火电厂并不必要这么做，因为目前的排污水平是符合国家标准的。对于渔民而言，他们会预期，如果发电厂安装了排污设备，他们未来将会有 400 万元的收益。在这个例子中，如果火电厂和渔民没有沟通，那么火电厂肯定是不会自掏腰包安装清洁设备的，此时的均衡结果并不是社会有效的，因为整个社会福利还有 200 万元（400－200）的提升空间。因此，一种可能是，如果渔民愿意支付 200 万元给火电厂安装清洁设备，渔民还会得到 200 万元的预期收益。这就是通过谈判把外部性内部化。

2. 科斯定理

在这个例子中，发电厂并不是“坏的”，这种负的外部性在经济生活中是非常普遍的。诺贝尔经济学奖获得者罗纳德·科斯在 1960 年发表的题为《社会成本问题》的论文中指出，以外部性为基础的市场失灵不是作恶企业在把成本转嫁给无辜企业，这类市场失灵的根源在于产权没有界定。对火电厂和养鱼场的例子而言，问题出现的原因在于没有清晰界定对河中清洁水源的法律权利，换句话说，是没有界定清楚向河水中倾倒废水的权利。这一创造性的观点被归纳为科斯定理：如果产权明确，只涉及少量的当事人，而交易成本又比较低的情况下，私人交易是市场有效配置的做法。在这一过程中不存在外部性，因为交易的各方已经充分考虑了所有的成本和收益，因此谁拥有产权并不重要。

（二）政府机制

我们已经知道了在交易成本较低时，利用谈判和界定产权，市场可以自发地消除外部性。然而，在现实生活中，这种方案在绝大多数条件下都不适合，例如存在很多个利益相关方的时候。那么，此时政府会是一个比市场更有效的方案吗？一般而言，政府解决外部性时主要有两种方案：一种是数量机制，即政府直接管制资源的配置，例如直接规定环境排放标准，或者规定排放的配额。另外一种是价格机制，即政府为私人机构提供激励来内化外部性。

1. 数量机制——命令控制

回到污染的例子。政府该如何通过数量机制降低污染呢？一般而言，要么直接限制产量水平，要么强制性地使用某种技术。然而，这种方式也并不都是有效的，因为上级政府和企业之间存在严重的信息不对称，这一全新的概念我们会在后面详细介绍。例如，新千年以来，伴随着经济高速增长，中国的能源消耗也大幅增加，成为世界上最大的能源使用国。随着能源消耗的攀升和环境问题的显现，中央在“十一五”计划中提出要降低单位 GDP 能耗 20%左右，并于 2006 年启动了“千家企业节能行动”管制政策，以期通过提高企业能源效率的方式减少能源消耗。但是，复旦大学和美国杜克大学的研究团队却发现，虽然该计划导致受监管的公司减少了能源使用，但这种减少是由于产量下降而不是能源效率提高所致。也就是说，该计划导致在一定程度减少受监管企业对能源的使用，然而这种减少的背后却是受监管的企业通过将生产转移到不受监管的关联企业，其结果是关联企业在产出和能源的使用上大幅增加，这样的行为让受监管企业避免了监管背景下近 40%的产出减少。

2. 价格机制——市场激励

在解决外部性方面，最著名的市场激励型措施就是纠正性税收和补贴。回到火电厂和渔民的例子，由于发电具有负外部性，实际产量高于社会有效需求水平，因此我们希望限制电厂的生产，这样可以使发电量达到社会有效水平。我们可以通过对电厂的产品征税来实现这一目标，这种政府税收被称为纠正性税收（Corrective Tax），或者庇古税（Pigouvian Tax），以纪念第一个系统论述这一税收作用机制的经济学家阿瑟·庇古（Arthur Pigou）。这种纠正性税收旨在引导产生负外部性的市场主体减少产量以达到社会最优水平。

假如我们知道外部性的存在，同时又知道外部性的大小，事实上很多时候我们可以做到这一点，例如火电厂和渔民的例子。那么我们可以向火电厂征税，税收的份额只需刚好等于社会边际成本即可，如图 19－4 所示。在庇古税的作用下，这时社会边际成本曲线会下降至企业边际成本曲线，社会达到了最优产量水平。庇古税消除外部性的原因很简单，厂商在做决策时，必须要考虑税收的影响，因此税收协调了火电厂和社会的激励，将外部性内部化之后，导致了有效的市场结果。

对于负外部性的处理同样可以用在对正外部性的解决上。政府可以通过纠正性补贴或者庇古补贴来内化外部性。纠正性补贴是指引导产生正外部性的经济主体将其产量提高到社会最优水平。我们考虑上一节中教育的例子，与治理负外部性的思路类似，我们首先要确定正外部性的大小，然后给予与正外部性大小相同的补贴（见图 19－5），就可以将均衡产量提高到社会最优水平。

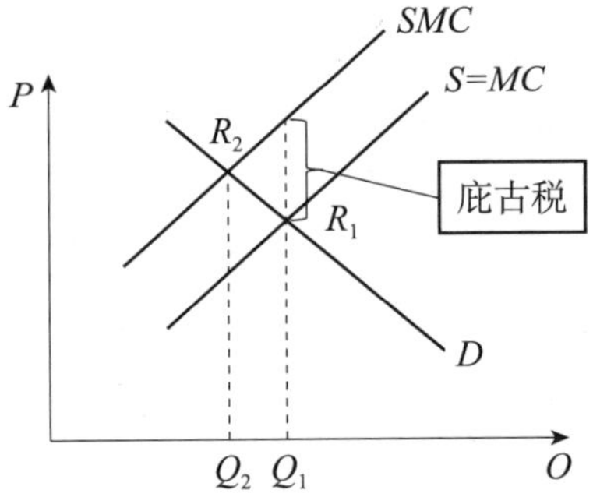

图 19－4　电力市场中的庇古税

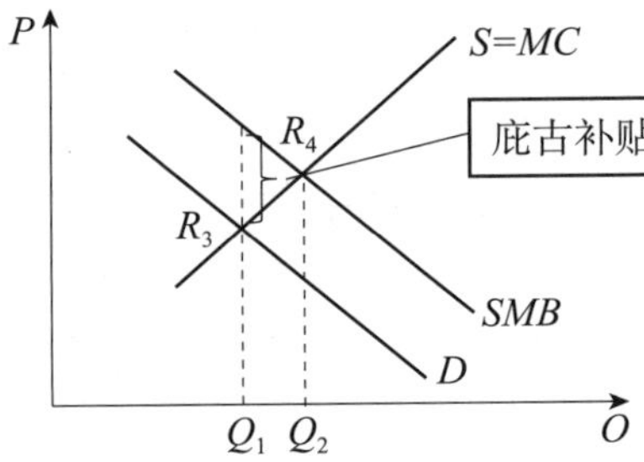

图 19－5　教育市场中的庇古补贴

第二节　公共物品

一、公共物品的定义和特征

我们每个人在过马路的时候都要遵守交通信号灯的指示，当红灯亮起的时候，所有人都会看到，换句话讲，一个人看到红灯亮起的时候，并不会阻止其他人也看到，也不会影响其他人是否看到红灯。我们会发现，生活中会有很多类似这种物品，例如路灯、广播、公路等，我们将这一类物品称为公共物品。为了更加精准地定义公共物品的特征，我们将公共物品与私人物品进行比较，会发现有两个明显的特征可以很好地区分这两种类型的物品：排他性和竞争性。

（一）排他性

私人物品具有排他性，意味着当人们没有对这一物品支付费用时，将无法消费这一物品，私人物品的这种性质称作排他性。公共物品具有非排他性，即只要它们被生产出来，就无法阻止别人去消费。

（二）竞争性

私人物品在消费上还具有竞争性，意味着它们无法被多人同时消费，而公共物品具有非竞争性，即一个人对这一种物品的消费，不会影响其他人的消费。

因此，公共物品和私人物品的区别就在于，公共物品具有非排他性和非竞争性，而私人物品具有竞争性和排他性。根据竞争性和排他性强度的不同，我们可以将商品进行如表 19－1 所示的分类。

表 19－1　四种类型的物品

		排他性	
		高	低
竞争性	高	一般私人物品（衣服、食物、家具）	公共资源物品（森林、河流、草原）
	低	俱乐部物品（有线电视、付费电视、WiFi、会员音乐）	公共物品（公路、国防、水利设施）

在表 19－1 中，左上角是一般私人物品，具有高度的竞争性和排他性。假如你在路边买了一截甘蔗，那一截甘蔗就不可能被其他任何一个人所消费，换句话说是你的消费行为阻止了其他任何一个人消费这一截甘蔗的可能。在我们的日常生活中，绝大多数商品都具有类似的性质，因此在前几章为需求和供给建立模型时，我们讨论的范畴仅限于这种私人物品。

表 19－1 的左下角的商品具有高度的排他性，但是具有较低的竞争性，被称为俱乐部物品（Club Good），这也被经济学家称作是“人造稀缺”的商品。比如，当你遇到合适的学习资料时，你习惯于将其存入网络云盘，你对网络云盘的使用并不会阻止其他消费者使用网络云盘，因此网络云盘是一个非竞争性的物品。但是网络云盘的使用依赖于消费者对其进行付费，如果不对其付费，将无法使用网络云盘服务。因此，网络云盘是具有可排他性的。当我们将网络云盘作为私人物品进行出售时，你会发现并不那么容易。由于其具有非竞争性，因此多提供一单位该服务的边际成本是很小的，几乎为零，但是网络云盘服务的提供需要大量的固定成本，例如需要搭建服务器和储存空间。如果以边际成本水平出售网络云盘服务，则永远不可能补偿网络云盘开发商前期付出的巨大固定成本。然而，消费者对这一类物品通常具有正的消费意愿，因此俱乐部产品往往存在于寡头垄断或者完全垄断市场中。

表 19－1 的右上角是公共资源物品（Public Resources），具有非排他性但是有竞争性。比如，高速公路服务区的停车位，当一辆车停在特定的停车位上，这一停车位就不能再被另外的消费者所使用。

最后一种物品是位于表 19－1 右下角的公共物品，既没有排他性也没有竞争性。我们来考虑一个全球变暖的例子。2015 年 12 月 12 日，《联合国气候变化框架公约》近 200 个缔约方在巴黎气候变化大会上达成《巴黎协定》。这是继《京都议定书》后第二份有法律约束力的气候协议，为2020年后全球应对气候变化行动作出了安排。按规定，《巴黎协定》将在至少55个《联合国气候变化框架公约》缔约方（其温室气体排放量占全球总排放量至少约55%）交存批准、接受、核准或加入文书之日后第30天起生效。全世界任何一个国家的公民并没有缴纳税收去支持这种类似的环保项目，但是我们每一个人都在享受这种收益。与此相类似的例子还有国防、北斗导航系统等。

在市场机制中，我们惊讶地发现，市场机制仅能有效地提供像私人产品这样的产品和服务，即在消费时是排他性的和竞争性的。让我们来举一个村口装路灯的例子。村委会决定向村民集资给村口安装一个路灯，一个很明显的事实是，路灯会照亮村里的路，使每一个走夜路的村民都降低了摔跤的风险，由于路灯的收益是面向所有村民的，具有非竞争性和非排他性，即使不出资也能享受路灯带来的照明服务，因此最终的结果是没有任何村民愿意出资安装路灯。这种现象在经济学中被称为"搭便车"（Free Riding）。这种现象在我们的生活中比比皆是，例如需要小组完成的作业中，我们都想和班级第一名组成小组，因为第一名总是认真完成作业，我们即使"划水"，也可以得到一个较好的分数，这种在完成小组作业过程中"划水"的同学就是典型的搭便车者。因为搭便车问题，自利的力量将使非排他性产品的生产变得无效。即使消费者能够从产品生产的增长中获得收益，但没有一个人愿意为之支付更多的钱，因此也就没有生产者愿意供应，导致在市场经济下，非排他性产品会遭遇无效的低产问题，这也就是为什么市场机制在提供公共物品时会遇到失灵的情况。

二、公共物品的供给

从上面的分析可以看出，公共物品既可以由私人供给，也可以由政府供给。那么当某种公共物品存在时，究竟该由谁来提供呢？这要取决于各自的局限。

（一）私人供给

公共物品私人供给最著名的例子就是罗纳德·科斯的"灯塔"。科斯灯塔的例子是这样的：一座灯塔位于海岸线上，用于指引船只航行。灯塔具有公共物品的特征，因为船只的使用是非排斥性的，一艘船只受益不会排除其他船只的受益，而且船只无法被排除使用。根据传统的理论观点，灯塔是一个典型的公共物品，因为私人企业在没有排他性和竞争性的情况下无法为其提供融资。然而，罗纳德·科斯提出了不同的观点，他认为灯塔并不一定需要由政府提供。科斯观察到，在一些地方，灯塔实际上是通过私人供给来维护和运作的。科斯详细研究了19世纪英国和美国的灯塔运营，发现私人供给是一种有效的方式。科斯指出，私人供给的关键在于建立适当的产权安排和激励机制。

另一种私人供给公共物品的模式是俱乐部模式。在这种情况下，一群人组建一个俱乐部，以俱乐部的名义提供公共物品。任何消费该公共物品的人都必须缴纳会费并加入俱乐部。一个典型的例子是羽毛球馆，它是一种特定形式的俱乐部。在一定范围内，羽毛球馆具有非竞争性特征，有意愿打羽毛球的人可以通过缴纳会费成为会员，并以会员的身份来享受俱乐部提供的服务。许多俱乐部采用这种类型的公共物品供给方式。这种俱乐部模式最早由布坎南发现并证明。他认为，在俱乐部形式的公共物品供给中，个体面临权衡：由于公共物品供给具有一定的固定成本，随着新成员加入，平均成本逐渐降低，即每个人从其他人共同分担固定成本中受益；但是，随着新成员加入，可能导致对该公共物品消费的拥挤，从而使个人每次消费公共物品的边际成本递增。边际成本的递增最终可能抵消固定成本共担所带来的好处。一旦前者超过后者，供给公共物品就不划算了。因此，存在一个最优的俱乐部规模问题。

公共物品私人供给存在的问题主要体现在两个方面：首先，存在搭便车问题。当公共物品由私人提供时，将面临搭便车的难题。以路灯为例，如果张三提供路灯，李四和王五可以免费享用路灯服务。如果李四和王五一直这样做，张三就没有动力提供路灯这一公共物品了。其次，还存在拥挤问题。在俱乐部的例子中，如果俱乐部盲目扩张，会员人数增加过多，就会导致俱乐部拥挤。此时，原先的会员可能会退出，转而加入其他更舒适的俱乐部。俱乐部之间的竞争以及会员通过行动表达偏好，可以限制俱乐部的盲目扩张，这被称为“用脚投票”。每个人加入俱乐部都需要权衡得失，结果将导致一个最优的俱乐部规模。

（二）政府供给

在绝大多数情况下，由于存在严重的搭便车问题，公共物品的提供必须要由政府介入来提供。那么一个关键的问题就在于，政府不但要决定要不要提供公共产品，还要决定到底提供多少。例如，清运垃圾是一项公共物品，但是多长时间清运一次？一个月两次？半个月两次？隔一天一次？标准的成本收益分析法也同样适用于公共物品的定价，政府应该扩大生产直至边际收益等于边际成本。换句话说，如果生产下一个单位的边际收益超过了边际成本，那么这一单位公共物品就应该被生产。那么公共物品供给的问题就在于如何确定生产一单位公共物品的边际收益，因为边际成本往往是比较确定的。

什么是一单位公共物品的社会边际收益呢？这一单位公共物品对所有消费者都产生效用，而非仅对一个消费者，因为它的消费具有非排他性和非竞争性。公共物品的这一特征告诉我们一个重要的事实：在公共物品的特殊例子中，一单位公共物品的社会边际收益等于一单位该公共物品带给享用它的所有消费者的个人边际收益的总和。或者从一个微观的角度来考察，如果一个消费者被迫在消费一单位公共物品之前就付费（该产品具有排他性），那么单位该公共物品的社会边际收益等于每个消费者对该单位公共物品支付意愿的总和。使用这一原理，每个月每多清运一次垃圾的社会边际收益等于这条街所有住户从增加一次清运中所获得的个人边际收益的总和。

为什么是这样呢？因为公共物品具有消费的非竞争性，一个住户从更加清洁的街道获得的收益并没有减少另一个住户从同样洁净的街道获得的收益。由于人们可以在同一时间消费同一单位公共物品，每多一单位公共物品的社会边际收益就是所有享用该公共物品的人的个人边际收益的总和。公共物品的有效值就在这样一个点上，在该点公共物品的社会边际收益等于提供它的边际成本。

下面我们用图示的方法来展示公共物品的有效供给。我们假设这条街道只有两个住户，分别是李明和王军。图 19-6 展示了李明从垃圾清运中获得的个人边际收益曲线，他愿意为每个月清运一次垃圾的街道支付 25 元，增加一次则加付 18 元，以此类推。图 19-7 展示了王军从垃圾清运中获得的个人边际收益曲线。图 19-8 表示垃圾清运的社会边际收益曲线，它是李明和王军个人边际收益曲线的垂直加总。为使社会福利最大化，政府应该使垃圾清运到每增加一单位的社会边际收益不再大于边际成本的水平上。假设垃圾清运的边际成本为每次清运 6 元，那么这个街道应该每个月清运 5 次，因为清扫次数从 4 次增加到 5 次，社会边际收益为 8 元，但是从 5 次增加到 6 次只产生了 2 元的社会边际收益。

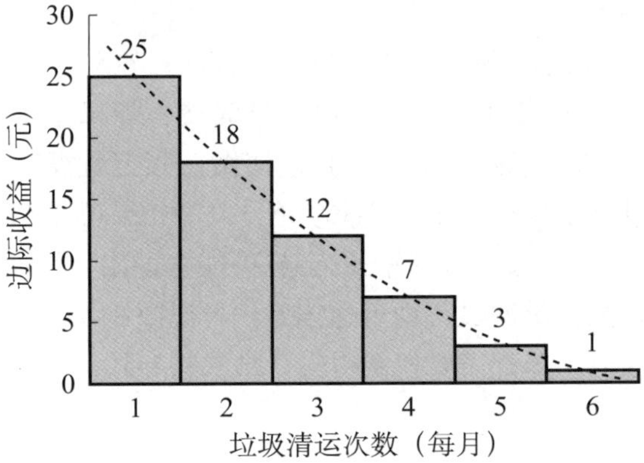

图 19-6　李明的个人边际收益曲线

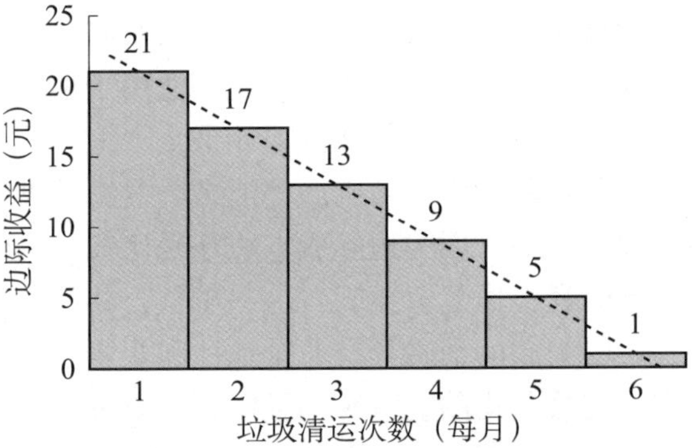

图 19-7　王军的个人边际收益曲线

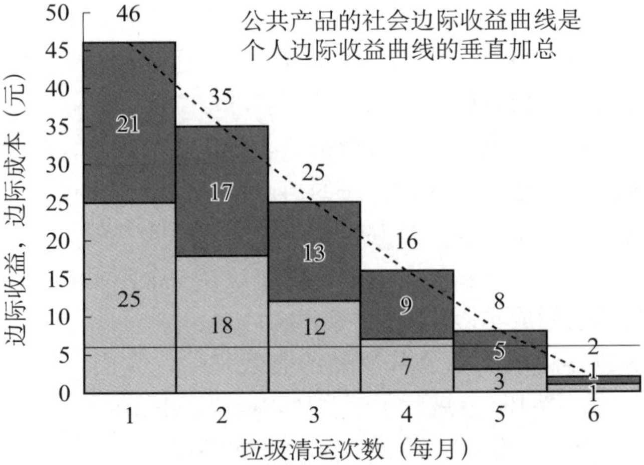

图 19-8　社会边际收益曲线

假定该街道的清扫量小于有效值，并且李明和王军都被要求为最后一次清扫付费，那么这两个人肯定都不愿意出钱！李明个人只能从增加一单位的垃圾清运中获得相当于 3 元的效用，因此他当然不愿意为又一单位的清运支付 6 元的边际成本，王军个人也只能获得相当于 5 元的效用，他肯定也不愿意付费。问题的关键在于增加一单位公共物品的社会边际收益总是大于任何个人的边际收益。这就是为什么没有一个人愿意为公共物品付费的原因。

三、公共资源

另外一种和公共物品相关的是公共资源。公共资源是非排他性的，所以每个人都尽可能多地进行消费，例如公厕里的卫生纸。不幸的是，公共资源是具有竞争性的，当你多消费了一单位，就意味着别人要少消费一单位，这相当于你为别人施加了一个重要的负外部性。

一个经典的例子是渔业资源的管理。假设有一个共享的渔场，多个渔民可以在其中捕捞鱼类。初始时，渔场中有足够的鱼类供给所有渔民，每个渔民可以捕捞到自己的份额而不会造成资源枯竭。然而，由于每个渔民都追求利益最大化，他们可能会选择过度捕捞，以获取更多的收益。在这个情景中，每个渔民只考虑自己的捕鱼量和收益，而忽视了共同利益，即保持渔场资源的可持续性。结果，随着渔民们竞相增加捕鱼量，渔场中的鱼类数量逐渐减少，甚至可能导致资源的枯竭。这被称为“公地悲剧”。“公地悲剧”是经济学中的一个重要概念，用来描述在共享资源管理中可能发生的问题。它指的是当个人追求自身利益而忽视共同利益时，共享资源可能会被过度利用或破坏的情况。这种情况发生的原因在于缺乏明确的产权和适当的激励机制。在没有明确界定每个渔民的捕鱼权益的情况下，渔民们没有足够的动力来保护资源，因为他们无法从自己的努力中获得直接的收益。相反，他们更倾向于通过过度捕捞来获取短期利益。为了解决“公地悲剧”，经济学家提出了多种解决方案。其中一个常见的方法是通过建立合适的产权制度来解决资源管理问题。例如，可以将渔场划分为私人所有的区域，并将捕鱼权益分配给不同的渔民，使其有动力来管理和保护自己的捕鱼区域。另外，也可以通过合作组织、配额制度或者税收机制等方式来管理共享资源，以确保资源的可持续利用。

第三节　不对称信息

在本节中，我们将接触到一类因为信息所导致的市场失灵的情况。在之前的讨论中，我们假定决策者对市场具有完全信息。到目前为止，在我们的分析中，消费者完全了解其所购买的商品的所有属性。同样地，在要素市场上，厂商也完全知晓雇员们的工作能力和努力程度。也就是说，市场信息完全（Complete Information），所有的经济决策者都掌握了市场的一切信息。然而在现实经济中，交易的信息并非是无偿且被所有参与交易的人共同知道的。经济学家需要用额外的经济学工具去理解在信息不完全的经济中经济决策和行为的发生。在本节中，我们将要讨论这些工具。特别地，我们将会关注存在信息不对称（Asymmetric Information）的市场。信息不对称将会对市场产生深刻的影响。从整个社会的角度来说，这种影响是消极的。理论上，如果信息不对称的程度足够大，即使交易发生对所有人都是有利的，市场也很有可能完全消失。有趣的是，市场消失不仅使得信息弱势方受到损失，也使得拥有更多信息的一方受到损失。在下面的内容中，我们将进行更深入的解释。假定信息不对称消除了通过市场交易而形成的消费者剩余和生产者剩余，那么必然有很多途径减缓信息不对称带来的影响。

一、逆向选择

本小节将介绍美国经济学家乔治·阿克洛夫（George A. Akerlof）的一篇经典论文。他于1970年在哈佛大学《经济学季刊》上发表了论文《柠檬市场：质量的不确定性和市场机制》。正是凭借这篇论文，乔治·阿克洛夫与迈克尔·斯彭斯（A. Michael Spence）和约瑟夫·斯蒂格里茨（Joseph E. Stiglitz）分享了2001年诺贝尔经济学奖。

柠檬市场，在美国俚语中是“残次品”的意思，阿克洛夫利用汽车二手车市场的例子分析了信息不对称导致的市场失灵。我们都知道，二手车市场上的汽车各有各的车况，例如真实公里数、是否经历过大的维修、是否是泡水车、故障车等。但是，对于每辆车的真实情况，二手车交易商是完全清楚的，但是购买二手车的消费者却不完全清楚。换句话说，假定二手车市场上只有两种类型的车——好车和坏车，而这两种车在外观上是完全一样的，只有二手车交易商了解车子的真实情况。

我们假定存在如下一种情况，对于每一个二手车交易商而言，他们对每一辆车有一个自己的心理价位，经济学术语称作保留价格，这是他们能够接受卖出的最低价格。二手车交易商对好车的保留价格是2 000元，对坏车的保留价格是1 000元。同时我们假定每一个潜在的消费者对不同类型的车也有不同的支付意愿，他们愿意为坏车支付1 200元，愿意为好车支付2 400元。问题的关键在于，消费者无法准确判断面前的车子是好车还是坏车。

为简化分析，我们假定市场上好车与坏车的数量大致相等。在这种情况下，买方以0.5的概率买到坏车，以0.5的概率买到好车。由于我们假定所有人都风险中性，所以潜在的买方根据期望值确定它的价值为$0.5\times1\ 200+0.5\times2\ 400=1\ 800$（元）。

也就是说，对一辆二手车，买方愿意支付的价格不超过1 800元。一旦卖方意识到买方只愿为二手车支付1 800元，好车就会离开市场。随着好车离开市场，买方不再愿意为二手车支付1 800元，因为市面上剩下的全是坏车。因此，在均衡状态下，二手车市场上将没有好车，这一结果显然是无效率的，因为好车的潜在买方和卖方无法进行交易。这就是不对称信息导致的市场失灵。

这种信息不对称的例子被称为逆向选择。当一个人拥有了某个物品的隐藏特征信息，并根据这个私人信息决定是否参与交易时，就出现了逆向选择。值得注意的是，在二手车市场的例子中，最终好车完全退出了市场，意味着即使在交易中占信息优势的人，也会在不对称信息中遭受损失。

在二手车的例子中，卖方比买方拥有更多的信息。下面我们来分析另外一种情况，即买方比卖方拥有更多的信息，最经典的例子来自保险市场。一般而言，保险购买者比保险公司拥有更多信息，例如购买医疗保险的消费者往往比保险公司更了解自己的身体情况，购买车险的消费者也比其他人更了解自己汽车的车况。通过下面的例子，我们将详细阐述这种信息不对称带来的市场失灵。

二、道德风险

另外一个信息不对称问题是道德风险。当一方在经济事务中因观测不到另一方的行为而产生信息差距时，道德风险（Moral Hazard）就会产生。其中，“行为”这个词很重要。道德风险描述的是在进入某种经济关系后，一方所采取的行动，比如一份保单卖出去后、一份合同被签署后、一个雇员被解聘后等。例如，当你购买了车险之后，你可能会进行一些危险驾驶的行为，因为此时你不需要承担自己行为的成本，于是就倾向于冒更多的风险，相当于保险补贴了冒险行为。在医疗保险领域，有些患者和医疗保险提供商可能会合谋欺诈保险公司。这种情况包括虚报医疗服务、夸大医疗费用、提供虚假的医疗诊断或治疗，以获得不应得的医疗保险支付。一个极端的例子是，一名患者可能与医生合谋虚报症状，以获取更多的医疗服务或药物。这种行为不仅涉及患者和医生的不诚信，还会导致医疗保险公司支付不必要的费用，最终会影响到其他被保险人的保费水平。

三、委托代理理论

（一）委托代理的定义

亚当·斯密（Adam Smith）曾描述18世纪公司的管理者：“无论如何，由于这些公司的董事们是他人钱财而非自己钱财的管理者。因此，很难想象他们会像自己照看自己的钱财一样的警觉。所以，在这类公司的管理中，疏忽和浪费总是或多或少地存在。”这种行为在经济学中被称为“委托代理问题”。委托代理问题泛指任何一种涉及不对称信息的交易，交易中有信息优势的一方称为代理人，另一方称为委托人。

一个常见的委托代理问题的例子是公司雇用一位代理人来代表其进行业务谈判。假设某公司想与另一家公司进行收购谈判，但由于时间和资源的限制，公司决定委托一位专业的代理人来代表他们进行谈判。在这种情况下，公司是委托人，代理人是被委托人。代理人被授权代表公司进行谈判，以便达成最佳的收购协议。代理人的职责可能包括与对方公司的代表进行会谈、就收购价格和条件进行讨价还价、提供专业建议等。但是在这样一个委托代理的框架里，会出现严重的信息不对称的问题，委托人通常无法全面了解代理人的行为和决策过程，而代理人则可能拥有更多的信息和专业知识。这种信息不对称可能导致委托人无法准确评估代理人的行动，可能导致代理人滥用职权。并且，委托代理问题还存在一些其他影响市场效率的问题：第一，代理成本。委托代理关系涉及代理人的费用。代理人可能需要支付费用或提取佣金来代表委托人的利益。这些费用可能会增加委托人的成本，并降低他们的收益。第二，利益冲突。代理人可能面临利益冲突的情况。他们可能被其他利益相关者的利益所影响，而不仅仅是委托人的利益。这可能导致代理人偏向于追求自身利益，而不是委托人的最佳利益。第三，代理风险。委托代理关系存在代理风险，即代理人可能不按照委托人的意愿行事。代理人可能因为个人动机、错误判断或其他因素而采取不利于委托人的行动，从而导致委托人遭受损失。第四，信息滞后。代理人可能无法及时获得委托人的意见和决策，从而导致在紧急情况下无法迅速做出适当的反应。

为了减轻这些负面影响，委托人和代理人之间需要建立明确的委托关系，并制定有效的监督机制和激励措施，以确保代理人按照委托人的最佳利益行事。此外，合理的合同和法律制度也可以帮助规范委托代理关系，并为委托人提供一定程度的保护。

（二）通过信号缓解信息不对称

既然委托代理中的问题是由于信息不对称造成的，那么我们就可以设计一种机制，使信息从拥有信息的人流向不拥有信息的人。这里我们介绍一个信号传递的例子。交易中的一方可以向另一方传达一些无法通过其他方式轻易获知的信息，也正是通过“信号传递”，市场中的信息不对称问题可以得到解决。“信号传递”由经济学家迈克尔·斯彭斯在20世纪70年代初首次正式提出，它的基本思想是：特定主体的某些行为相当于一种信号，传达出一些关于信号发出者的特定信息，这种信息难以通过其他方式传递。如果信息接收者确实能从中获得有关信号发出者的一些有用信息，这种信号才是有效的。要保证信号的有效性，不同类型的信号发出者通过发送信号获得的净经济效益必须是不同的。也就是说，对于一类信号发出者而言，发出信号的成本要低于另一类信号发出者。

教育是最经典的关于信号传递的例子。假如雇主想招聘一个能力强、工作效率高的劳动者，并愿意支付更高的工资。但是，由于存在信息不对称，雇主无法在就业市场上分辨真正能力强的雇员。高生产率的应聘者应该拿出一些有分量的证明，大学文凭就是这种证明。大学教育是有成本的，更重要的是这种成本对于不同的人是不同的。这里提到的成本不仅仅是从钱的角度上说，而且有更加丰富的含义。完成大学学业还需要付出很多必要的努力，这也是一种成本。能够付出这些努力的同学，身上都会具有某些特定的品质，比如较强的组织能力、坚持不懈的毅力、专注力以及快速接受新知识的能力等。

一个高生产率的员工身上拥有的优秀品质恰恰正是要相对顺利地完成大学学业所需要的，而不具备这些品质的学生一般难以获得大学学位。因此，要向雇主证明你是一个高生产率的劳动者，大学学位会很有说服力。你为大学学位付出的努力和成本表明了你具备的品质，而如果没有大学文凭，这些品质将难以得到直接体现。也就是说，完成大学学业的你实际上已经向雇主发出了一个信号，表明你会是一个拥有高生产率的员工。

资源链接

视频微课 19－1

视频微课 19－2

本章习题

1. 什么是外部性？
2. 解释逆向选择和道德风险的概念，并各提供一个实际例子说明这两种情况。

3. 讨论外部性与公共物品之间的关系。

在线自测

扫一扫 练一练

第三篇

宏观经济学

第二十章　宏观经济学导论

在完成西方经济学微观部分的学习之后，我们转向西方经济学宏观部分的学习。在此之前，我们对宏观经济学的由来、演变和发展，宏观经济学的研究对象，宏观经济学的研究目标和研究方法，以及各章主要内容进行介绍。

第一节　宏观经济学的由来、演变和发展

微观经济学关注经济个体的决策和行为，而宏观经济学则更多着眼于整体经济活动的运行以及宏观经济总量的变化。它研究的是经济整体运行的规律和机制，旨在帮助人们理解与解释整个经济体系的运行状态和发展趋势。

宏观经济学的起源可以追溯到19世纪末20世纪初，随着经济运行的日趋复杂化，经济学家开始关注整体经济状况以及宏观经济政策在宏观经济稳定中的作用。1936年，英国经济学家约翰·梅纳德·凯恩斯在《就业、利息和货币通论》一书中提出了宏观经济学的核心理论框架，主张通过总需求的调节来实现经济稳定，宏观经济学的雏形基本形成。凯恩斯提出的宏观经济理论和思想，在资本主义世界得到了广泛的应用。与此同时，伴随着社会和经济的不断发展，一些新现象的出现也对早期的宏观经济理论提出了挑战。这其中，20世纪70年代出现的滞涨问题更是使得许多经济学家对当时的宏观经济理论进行重新认识和反思，以弗里德曼为代表的货币主义学派、以卢卡斯为代表的理性预期学派逐渐形成，成为推动宏观经济学发展的重要力量。20世纪80年代之后，凯恩斯学派和非凯恩斯学派开始相互融合借鉴，经济运行的微观基础也逐渐被引入宏观经济学的分析框架，新凯恩斯主义成为重要的宏观思潮，宏观经济学也得以进一步完善和发展。

第二节　宏观经济学的研究对象

宏观经济学以整个国民经济为研究对象。在长期框架下，宏观经济学更为关注经济增长以及通货膨胀问题。在短期框架下，宏观经济学关注更多的是经济波动、就业和通货膨胀的关系等。除了实体经济变量之外，宏观经济学的研究对象也包括财政政策、货币政策等政策变量，注重考察宏观经济政策在减少经济波动以及维护物价稳定方面的作用。同时，伴随经济全球化的深入，开放条件下的宏观经济分析也越来越引起经济学家的关注，宏观经济学的研究对象也陆续涵盖国际收支、国际资本流动、国际贸易、开放条件下宏观经济政策的作用等更多开放元素。

第三节　宏观经济学的研究目标和研究方法

宏观经济学的研究目标旨在理解与认识宏观经济运行的规律和逻辑，在此基础上进一步解释甚至预测经济现象，为政策制定和经济决策提供科学依据。具体来说，宏观经济学试图达成以下几个主要目标：

（1）理解宏观经济运行的规律和逻辑。研究经济长期增长的动力以及短期经济波动的原因，讨论产品市场和货币市场的均衡条件，分析总需求和总供给的作用机制与影响，考察开放条件下宏观经济运行的特殊性。

（2）分析宏观经济现象。围绕现实中经济增长、经济周期、通货膨胀等宏观经济现象进行分析，对这些经济现象进行解读的同时，为下一步的政策分析奠定基础。

（3）评估宏观经济政策的作用。考察财政政策和货币政策在宏观经济运行中的作用与影响。当经济运行出现扰动时，研究何种宏观经济政策可以更好地减少经济波动以及维护物价的稳定。

为实现这些目标，与微观经济学类似，宏观经济学也有一系列的研究方法：

（1）理论分析。构建数学模型来分析宏观经济的运行。这些模型基于假设，通过逻辑推理得出可检验的预测。

（2）实证研究。使用统计数据来测试理论模型的预测，评估不同变量之间的关系强度，验证或修正理论假说。相对微观经济学而言，宏观经济学研究使用的数据更为宏观，时间维度也相对更长。

（3）案例研究。深入分析特定的宏观经济现象，从中汲取经验和教训，理解宏观经济理论在实际中的应用。

第四节　各章主要内容

本书的宏观经济学部分共包含九章。

第二十一章为国民收入核算。主要介绍国民收入、通货膨胀和失业等重要宏观经济变量，以及宏观经济中几个主要的恒等式。

第二十二章为经济增长理论。主要讨论经济增长的意义和源泉，以及相关的经济增长理论，特别是对新古典增长理论的内容、不足和发展进行了介绍。

第二十三章为货币政策。主要围绕货币政策进行分析，重点阐述货币政策工具的分类、货币政策的目标以及货币创造的过程。

第二十四章为财政政策。主要介绍财政政策的类型，财政政策带来的乘数效应和挤出效应，围绕财政政策效果的争论以及李嘉图等价等内容。

第二十五章为产品市场和货币市场均衡。主要分析产品市场均衡和货币市场均衡的条件，IS-LM 曲线的推导以及具体的含义；同时，在此基础上，进一步分析财政政策和货币政策对于产品市场和货币市场运行的影响。

第二十六章为总需求和总供给。重点介绍总需求和总供给的含义，总需求曲线和总供给曲线的形状，长期总供给曲线和短期总供给曲线的差异，AD-AS 模型以及围绕这一模型对宏观经济波动所进行的分析。

第二十七章为失业、通货膨胀与菲利普斯曲线。重点介绍失业和通货膨胀的类型及成因，并基于菲利普斯曲线对失业和通货膨胀之间的关系进行了讨论。

第二十八章为开放宏观经济分析。研究视角转向开放经济，重点针对开放经济中的国际收支、汇率决定理论以及蒙代尔-弗莱明模型进行讨论。

第二十一章　国民收入核算

宏观经济学中，国民收入核算是一个十分重要的概念和工具，它旨在衡量一个国家或地区在一定时期内所创造的总收入和总支出。国民收入核算不仅是经济发展和社会福利研究的基础，也是政府制定经济政策和评估经济状况的重要依据。因此，深入研究国民收入核算、认识和了解宏观经济及其运行状况，对于提高我们对经济运行规律的认识和把握具有重要意义。本章将聚焦于国民收入核算这一工具，介绍宏观经济中一些基本的概念和指标，以及与基本指标相关的宏观经济问题，从而为读者进行宏观经济分析和理解相关决策提供坚实的基础。

第一节　国民收入账户

一、国民收入账户的概念

我国国家统计局网站上曾发表过这样一组数据：

2012 年以来，我国国内生产总值（GDP）稳居世界第 2 位，占世界经济总量比重逐年上升。2021 年我国 GDP 达 17.7 万亿美元，占世界比重达到 18.5%，比 2012 年提高 7.2 个百分点。

我国经济总量与美国的差距明显缩小，且远远高于日本等世界主要经济体。2021 年我国 GDP 相当于美国的 77.1%，比 2012 年提高 24.6 个百分点，是日本的 3.6 倍、印度的 5.6 倍。

这段文字中提及的国内生产总值就是国民收入账户中的一个项目。简单来说，国民收入账户是指一定时期内投入的生产资源所产出的最终产品和服务的市场价值或由此形成的收入。它描述了一国一定时期内的生产水平。

二、收入衡量指标

国民收入账户主要有以下项目：国内生产总值、国民生产总值、国民收入和个人收入等。了解这些衡量指标是很重要的，因为经济学家和出版物经常提到这些指标。下面对这几种收入衡量指标进行简单介绍：

国内生产总值（简称 GDP），指在一定时期内在一国境内生产的最终产品和服务的市场价值总和。在本章第二节会对 GDP 做详细的介绍。

国民生产总值（简称 GNP），指在一定时期内一国国民生产的产品和服务的市场价值总和。它包括本国公民在国外赚到的收入，但是不包括外国人在本国赚到的收入。对于大部分国家来说，国民是大部分国内生产的承担者，因此 GDP 和 GNP 很接近。

国民生产净值（简称 NNP），是国民总收入减折旧，即 GNP 减折旧。折旧是固定资本的消耗，它不是新创造的价值，而是以前创造的价值在生产中发生的转移。

国民收入（简称 NI），指一国居民在物品与服务生产过程中赚到的总收入。广义的国民收入泛指 GDP、GNP 等经济活动总量。狭义的国民收入指一个国家在一年用于生产产品和服务的各种生产要素所得到的全部收入，即工资、利润、租金和利息的总和。

个人收入（PI），指家庭和非公司制企业所得到的收入。国民收入并不会全部成为个人收入。个人收入不包括留存收益，还需要减掉间接税、公司所得税和对社会保障的支付。此外，人们会以各种形式从政府那里得到转移支付，也可以通过持有的政府债券得到利息收入。

个人可支配收入（DPI），指家庭和非公司制企业在完成它们对政府的义务后剩下的收入。与个人收入相比，个人可支配收入减去的部分主要是个人税收和一些非税收支付（比如交通罚单）。

各个衡量指标虽然有着细微的差别，但是它们几乎都能够说明相同的经济状况。在宏观经济学的文献中，除非特别加以标明，国民收入指的是 GDP。在这种情况下，一个国家的总收入、总支出和总产出是相等的。

第二节　国内生产总值

一、国内生产总值概念

在宏观经济学的所有概念中，国内生产总值是最重要的指标。它指的是在一定时期内一国境内生产的所有最终产品与服务的市场价值总和。作为国民经济账户的基本概念，国内生产总值可以用作衡量一国的经济总支出。

针对这一概念，需要做出以下几点说明和阐释：

第一，GDP 表示的是市场价值。对于现实经济中的不同种类的产品和服务，其实物量是无法加总的。为了解决这一问题，人们使用了市场价值。一种产品的市场价值可以用这些最终物品的单位价格乘以产量来表示。假如某国一年生产液晶电视机 2 000 万台，每台电视机售价 1 000 美元，那么该国一年生产的液晶电视机的市场价值即 200 亿美元。

第二，GDP 衡量的是最终产品与服务的市场价值，中间产品和服务的价值不计入 GDP，否则会造成重复计算。最终产品与服务指的是生产后由其最终使用者购买的产品和服务。中间产品和服务则是指用于再出售而供其他产品使用的产品和服务。例如，在一家服装制造厂内，生产的一件衣服是最终产品，而衣服上的纽扣则是中间产品。

第三，GDP 是一定时期内所生产的而非所售卖的最终产品和服务的市场价值。假如某汽车公司一年生产了 1 000 万元的产品，其中只卖掉了 900 万元产品，那么未售卖的 100 万元产品仍会被纳入 GDP 的核算范围，它可以被看作企业家的存货投资。另外，GDP 并不包括针对过去生产的产品的交易。像二手车、二手房之类的交易，其产品的价值都不包括在 GDP 中。

第四，GDP 是一国（或地区）的范围内生产的最终产品和服务的市场价值。例如，当一个美国公民在日本工作时，他的产出是日本 GDP 的一部分，而不是美国 GDP 的一部分。而当一个日本企业家在美国开设工厂时，这家工厂的产出应该计入美国的 GDP，而不是日本的 GDP。所以，GDP 是一个地域概念，而不是一个国民概念。

第五，GDP 是某一既定时期内生产的所有最终产品与服务的市场价值。这个时期通常是一年，或者是一个季度，因而 GDP 是流量而不是存量。今年公布的 GDP 数字并非从新中国成立到现在生产产品和服务的市场价值总额，它仅仅包括该时期内新生产出来的产品和服务。

第六，GDP 衡量的是在经济中生产并在市场上合法出售的所有物品和服务的价值。对于住房存量提供的住房服务的市场价值，也包括在 GDP 中。对于租赁住房来说，其租金属于 GDP 的范畴。对于自有房产而言，政府会通过估算房产租金价值来把这种自有房产的价值纳入 GDP 的核算范围。

对于家务劳动、自给自足的生产而言，它们仅局限于家庭内部，并没有进入市场，所以不计入 GDP。此外，一些非法生产和销售的东西，比如毒品，也不计入 GDP。

值得注意的一点是，通过 GDP 来衡量社会经济福利存在着一定的局限性。GDP 反映产量的变动，但是产量的变动不等同于社会福利的变动。对于闲暇的福利、每个人的精神满足程度、环境质量和收入分配状态等，并没有体现在 GDP 中。

二、国内生产总值衡量

一般来说，衡量 GDP 主要有两种方法：收入法和支出法。

（一）收入与支出的等价性

GDP 同时衡量两件事：经济中每个人的总收入，用于产品和服务产出的总支出。它之所以可以同时衡量两件事，是因为在一个经济体中，总收入和总支出实际上是相等的。

为什么收入和支出是相等的？这是因为每次交易都有买者和卖者两方，卖者销售最终产品的收入，就等于买者在这些产品上的支出。例如，企业生产并以 50 元的价格卖出了一条裤子，这 50 元既是购买裤子的消费者的支出，又是生产和经营裤子的企业的收入。因此，这一笔交易对经济中的收入和支出有着相同的贡献。这一笔交易是这样，千千万万最终产品的交易都是这样。

说明收入和支出相等的另一种方法是利用循环流量图，如图 21－1 所示。

经济中有两类主体：家庭和企业。有两个市场：产品和服务市场，生产要素市场。家庭在经济中既是产品和服务的需求者，又是生产要素的供给者。企业在经济中既是产品和服务的生产者，又是生产要素的需求者。生产要素指的是经济体用来生产产品和服务的资源，包括劳动、土地和资本等。

循环流量图显示了这一经济体中家庭和企业之间发生的经济交易。家庭通过供给拥有的生产要素获得要素收入，同时在产品和服务市场上购买所需要的产品和服务，形成消费。企业则在生产要素市场上用货币购买或租用生产要素，并通过生产产品和服务获得收入。这样，家庭的收入总是等于企业的支出，而企业的收入也总是等于家庭的支出。总收

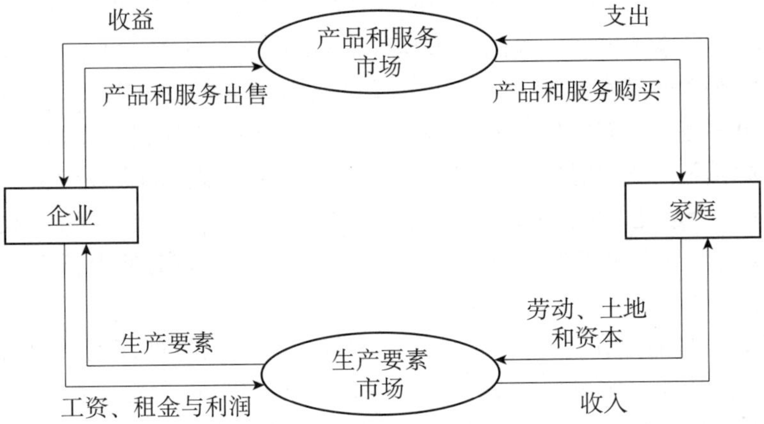

图 21-1　循环流量图

入与总支出相等。

（二）支出法

支出法是通过对一定时期内整个社会购买的各项最终产品和服务的支出进行加总，计算这一时期生产的产品和服务的市场价值。在现实生活中，产品和服务的最后使用主要包括居民消费、企业投资、政府购买和净出口这几项。所以，用支出法核算 GDP（用 Y 表示），就是核算一个经济在一定时期内消费（C）、投资（I）、政府购买（G）和净出口（NX）这几方面支出的总和。用公式可以写成：

$$Y=C+I+G+NX$$

下面对这四部分内容进行详细介绍：

消费是指家庭用于产品和服务的支出。这一部分主要包括汽车和家电等耐用消费品、食物和衣服等非耐用消费品以及医疗和旅游等服务支出。购买新住房的支出不包括在内。

投资是指用于对未来生产更多产品和服务的产品的支出，主要包括资本设备、存货和建筑物支出。新住房的购买作为建筑物支出的一部分，也属于投资支出。

政府购买是指各级政府用于产品和服务的支出，比如员工薪水、道路建设和开办学校等方面的支出。但是另一部分政府支出如转移支付，不属于政府购买的范畴。转移支付只是将收入从一些人或者组织转移到另一些人或组织手中，并没有交换现期生产的产品和服务。例如，当政府向被解雇的工人支付失业保险补助时，并不是因为他们提供了服务、创造了价值，而是因为他们需要救济。

净出口是指进出口的差额，等于外国对国内生产的产品的支出减去国内对外国生产的产品的支出。净出口的“净”字就体现了出口减去进口这一事实。当出口额大于进口额时，净出口为正；当进口额大于出口额时，净出口为负。

（三）收入法

收入法是通过核算生产产品和服务时所使用的生产要素的成本，来核算所生产的产品和服务的市场价值。根据不同的来源，收入数据主要包括劳动的工资、资本的利息、土地的租金和企业家的利润。严格来看，最终产品和服务的市场价值除了这些生产要素构成的成本之外，还包括间接税、转移支付和折旧等内容。企业转移支付和间接税虽然不是生产要素创造的收入，但要通过产品价格转嫁给消费者，所以也应该算作成本。折旧来自资本使用和报废导致的资本价值的损耗。

整体来看，核算 GDP 的收入法的公式可以表示为：

GDP＝工资＋利息＋租金＋利润＋折旧＋间接税和企业转移支付

三、名义 GDP 与实际 GDP

GDP 是经济中产品与服务总产出的价值，因此一国 GDP 的变动由两个因素造成：一是产品与服务的产量变动；二是产品与服务的价格变动。为了更好地区分这两种影响，需要对名义 GDP 和实际 GDP 加以区分。

名义 GDP 是用生产产品和服务的现期价格计算出的最终产品和服务的市场价值。而实际 GDP 是用过去某一时期的价格作为基期价格计算出的最终产品和服务的市场价值。也就是说，实际 GDP 体现的是价格不变而产量变动时的产出变动。因此，实际 GDP 比名义 GDP 提供了一个更好的经济福利的衡量指标。下面以一个例子来做更准确具体的说明。

假设某国生产的最终产品以上衣和裤子为代表。那么在这个经济中，

GDP＝上衣的价格×上衣的产量＋裤子的价格×裤子的产量

表 21－1 说明了该经济中 2021 年与 2023 年这两种物品的价格与产量。

表 21－1 名义 GDP 和实际 GDP

年份	上衣价格（美元）	上衣产量（万件）	裤子价格（美元）	裤子产量（万件）
2021	40	5	50	8
2023	50	6	60	10

则有：

2021 年名义 GDP＝40 美元/件×5 万件＋50 美元/件×8 万件＝600 万美元

2023 年名义 GDP＝50 美元/件×6 万件＋60 美元/件×10 万件＝900 万美元

以 2021 年为基年，则两年实际 GDP 为：

2021 年实际 GDP＝40 美元/件×5 万件＋50 美元/件×8 万件＝600 万美元

2023 年实际 GDP＝40 美元/件×6 万件＋50 美元/件×10 万件＝740 万美元

可以看出，2023 年的名义 GDP 和实际 GDP 并不相同，两者之前的差距反映了 2021 年至 2023 年价格变动的程度。为了更好地衡量产品与服务的价格水平，这里引入了 GDP 平减指数的概念。

GDP 平减指数的计算公式如下：

$$\text{GDP 平减指数}=\frac{\text{名义 GDP}}{\text{实际 GDP}}\times 100$$

由于基年的名义 GDP 和实际 GDP 是相同的，因此基年的 GDP 平减指数总是等于 100。以后各年的 GDP 平减指数则反映了相对于基年价格的现期物价水平。例如，在上述

例子中，2021 年的 GDP 平减指数为 100，2023 年的 GDP 平减指数为 122。

第三节　通货膨胀和价格指数

一、价格水平的衡量

本章第二节中介绍的 GDP 可以用于衡量一个经济中产品和服务的总产出。对于宏观经济学来说，如何描述和衡量整体的产品和服务价格的变动情况也是一件很重要的事情。对此，宏观经济学中引入了价格水平这一概念。所谓价格水平，是指经济中特定范围内的产品和服务价格的总体水平。它是衡量货币购买力的指标，通过价格水平，可以把货币数字转变成有意义的购买力衡量指标。

在宏观经济学中，价格水平通常用价格指数来表述。价格指数是指同一组产品和服务在某一年的费用额同它在某一设定的基准年度（基年）的费用额的比率。价格指数其实是一个加权平均数的概念，因为不同产品和服务的购买量和价格不完全相同，所以在计算中会带有不同的权重。基年的价格指数通常定为 100，以后的价格指数则会根据这一组产品和服务价格的变化而相应地变动。

在宏观经济学中，常用的价格指数有三种：

（1）GDP 平减指数，这已在本章第二节做过介绍。GDP 平减指数反映了经济体总体价格水平发生的变动，较为全面，所有计入 GDP 的产品和服务都会计算在 GDP 平减指数中。

（2）生产者价格指数（简称 PPI），是通过计算生产者在生产过程中获得的产品和服务价格水平变动而得到的指数。

（3）消费者价格指数（简称 CPI），是通过计算普通消费者日常购买产品和服务价格水平变动而得到的指数。

编制 CPI 通常包括四个基本步骤：

（1）通过对消费者购买的产品和服务进行调查，进而确定消费者购买的一个“商品篮子”。

（2）调查和记录不同时期篮子中每种产品和服务的价格。

（3）计算不同时期这一篮子产品和服务的费用额。

（4）选择基年并计算消费价格指数。该指数的计算公式如下：

$$\text{CPI}=\frac{\text{当年价格下“商品篮子”的费用额}}{\text{基年价格下“商品篮子”的费用额}}\times 100$$

下面以一个例子来做更准确具体的说明。

表 21 - 2 说明了某一经济中 2021 年与 2023 年鸡蛋和面粉两种产品的价格。

表 21 - 2　鸡蛋和面粉的价格

年份	鸡蛋（元/斤）	面粉（元/斤）
2021	3	1
2023	5	2

假定确定的“商品篮子”是10斤鸡蛋和50斤面粉，基年为2021年，则有

$$CPI_{2021}=\frac{10\times 2021\text{年鸡蛋价格}+50\times 2021\text{年面粉价格}}{10\times 2021\text{年鸡蛋价格}+50\times 2021\text{年面粉价格}}\times 100$$

$$=\frac{10\times 3+50\times 1}{10\times 3+50\times 1}\times 100=100$$

$$CPI_{2023}=\frac{10\times 2023\text{年鸡蛋价格}+50\times 2023\text{年面粉价格}}{10\times 2021\text{年鸡蛋价格}+50\times 2021\text{年面粉价格}}\times 100$$

$$=\frac{10\times 5+50\times 2}{10\times 3+50\times 1}\times 100=187.5$$

通过上述计算可以知道，在“商品篮子”保持不变的情况下，在2021年购买这样价值100元的一篮子产品和服务，在2023年会多花87.5元。

统计部门在编制CPI时，总是尽力想把消费者购买的所有产品和服务都包括到“商品篮子”中，并且希望这一篮子中产品的权重能很好地体现消费者购买这一产品的多少。但是由于CPI本身的局限性，它并不是衡量消费者生活费用的完美指标。计算CPI时假设一篮子商品和服务是不变的，所以当篮子中某产品的性能、质量有所变动而价格未变或者引入了新产品时，CPI就难以反映居民生活所受的影响。

这三种价格指数既相互有联系，又有一定的区别。CPI和PPI的主要区别是衡量的主体不同。CPI和GDP平减指数之间主要存在两个差别：

第一，GDP平减指数反映了国内生产的所有产品和服务的价格，而CPI反映的只是消费者购买的产品和服务的价格。像企业或政府购买的产品和服务的价格变动，并不会反映在CPI中，但是会反映在GDP平减指数中。另外，消费者购买的国外产品和服务的价格变动，由于不属于本国的GDP，不会反映在GDP平减指数中，但是会反映在CPI中。

第二，CPI给不同产品的价格分配固定的权重，这一篮子产品和服务的构成是固定的，只是偶尔改变。而GDP平减指数分配变动的权重，随着GDP组成部分的变动，产品和服务的组合会自动随着时间的推移而变动。

二、通货膨胀的衡量

通货膨胀是宏观经济运行中一种常见的现象。它指的是一个经济体在一定时期内产品和服务的价格普遍、持续地上升的情况。所以，只有一种产品的价格上升时并不是通货膨胀，只有当大多数产品和服务的价格持续上升时才称为通货膨胀。然而，面对数以千计的产品和服务，以及价格的复杂变动，如何准确地衡量这种价格上涨呢？这就需要借助于前面提到的价格指数。

利用价格指数不仅有助于了解当前的价格水平，而且可以追踪一段时间内价格的变化情况。借助价格指数，通货膨胀可以更为精确地定义为：在一定时期内价格水平持续显著上涨。而量化通货膨胀的具体程度，则可以使用“通货膨胀率”这一指标，通货膨胀率通常被定义为某一时期价格水平与前一时期相比的增长率，计算公式如下：

$$\text{第二年的通货膨胀率}=\frac{\text{第二年的价格指数}-\text{第一年的价格指数}}{\text{第一年的价格指数}}\times 100\%$$

第四节 失业

经济学的基本问题是如何有效地配置稀缺资源，实现经济的快速增长，提高每一个社会成员的福利。劳动力资源是一个经济体的最重要资源之一。失业意味着劳动力处于一个没有利用的闲置状态，并且还会带来其他的经济和社会问题。失业状况反映了经济体利用劳动力资源的情况，因而衡量宏观经济运营状况的另一个重要指标就与失业状况有关，如何衡量失业也成为一个重要的问题。

美国劳工统计局每个月都会对大约 6 万个家庭进行定期调查，了解这些家庭在过去一个月内的就业情况，这种调查称为现期人口调查（或者当前人口调查）。根据调查的结果，劳工统计局将受调查家庭中的成年人（16 岁以上）分为三类：

（1）就业者：这一类人包括调查时正处于工作岗位的工作者。工作者可以是作为有报酬的雇员在工作的人，也可以是在自有企业中工作或者在家族企业内从事无报酬工作的人。这类人还包括拥有工作但因假期、疾病或恶劣天气等原因未处于工作岗位的非工作者。

（2）失业者：这一类人包括在某个年龄以上且有工作能力，在调查时没有工作并且在之前 4 周内努力寻找工作的人，还包括被解雇的正在等待召回的人。

（3）非劳动力：这一类人主要包括因某些原因未能加入就业行列的潜在劳动者，例如全日制学生、家务劳动者、年老退休者，还包括想要找工作但最后放弃寻找工作的人。

衡量经济中的失业并不是一件容易的事情。在劳动力年龄界限的定义、满足寻找工作的频率标准等方面，不同的国家之间存在着差异。此外，各国的失业数据来源也并不一致，一些国家会通过统计领取失业救济金等社会保险的数据来获取失业的信息，也有一些国家采用住户调查的方式获得信息，这些方法都存在着一定的局限性。

另外，对于失业量的衡量，也常存在着高估和低估的现象。一方面，有一些人实际上并没有努力寻找工作，但是为了得到失业补贴而表示在寻找工作，发生高估问题。另一方面，有的人愿意工作，但是因长期找不到工作而放弃了努力。由于他们停止了找工作的行为，因而没有被统计为失业者，发生低估问题。

就业者、失业者和非劳动力三者之间的流转关系如图 21－2 所示。

根据以上分类，可以定义以下指标：

（1）劳动力被定义为就业者与失业者之和，即：

$$劳动力数量=就业者数量+失业者数量$$

（2）失业率被定义为失业者数量占劳动力数量的百分比，即：

$$失业率=\frac{失业者数量}{劳动力数量}\times 100\%$$

（3）劳动力参与率是与失业率相关的另一个指标，它指的是成年人口中劳动力数量所占的百分比，即：

$$劳动力参与率=\frac{劳动力数量}{成年人口数量}\times 100\%$$

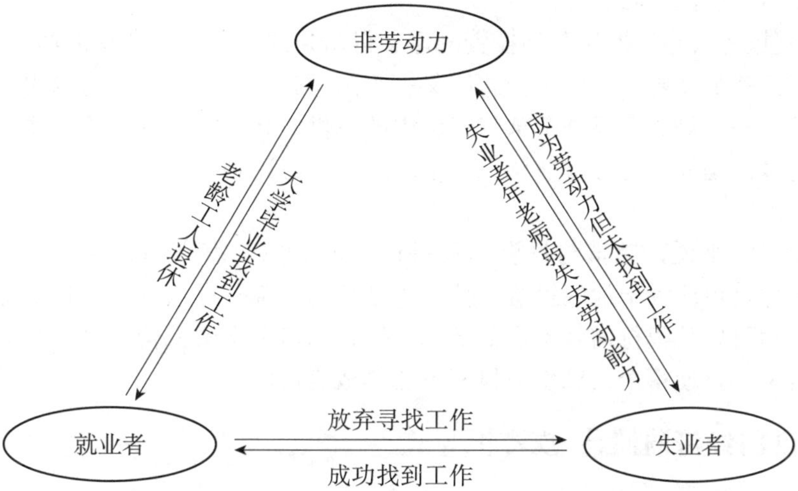

图 21-2　就业者、失业者和非劳动力之间的流转关系

在实际经济中，任何时刻都会有一定比例的人口处于失业状态，这是受劳动市场中多种因素影响的结果，如季节性的工作需求、技术革新和劳动力的流动性。基于这种观察，经济学家引入了“自然失业率”的概念。所谓自然失业率，是指经济处于长期均衡状态，实现潜在产出水平的失业率。此时，劳动市场上的供求关系稳定，既不会引发通货膨胀，也不会导致通货紧缩。自然失业率可以看作是劳动市场的“基线”，有助于更好地理解失业的动态变化，并提供了一个探讨失业与通货膨胀之间关系的出发点。

与自然失业率相对应，自然就业率可以理解为 1 减去自然失业率，它反映了经济处于长期均衡状态下，劳动力市场中参与工作的人口比例。达到自然就业率意味着经济运行在其潜在产出水平上，此时资源的分配和利用都是有效的。

第五节　重要的恒等式

在本章第二节分析的基础上，可以得到国民收入构成的基本公式，进而得到一个重要的恒等式——储蓄-投资恒等式。

一、两部门经济的储蓄-投资恒等式

在两部门经济中，假设一个国家只有企业与居民两个部门，不存在税收，也没有政府支出和进出口。在这种情况下，国民收入的构成情况如下：

从支出的角度看，由于把企业库存的变动作为存货投资，因此国内生产总值等于消费加投资，即 $Y=C+I$。

从收入的角度看，总收入的一部分用来消费，剩余部分用作储蓄，所以国民收入的构成可以表示为：Y=工资+利息+租金+利润=消费+储蓄，即 $Y=C+S$。

由公式 $C+I=C+S$，可以得到：

$$I=S$$

这就是储蓄-投资恒等式。

储蓄-投资恒等式是根据储蓄和投资的定义得出来的。国内生产总值等于消费加投资，国民收入等于消费加储蓄，国内生产总值又等于国民收入。于是，就可以得出储蓄和投资的恒等关系。这种恒等关系就是两部门经济中的总供给和总需求的恒等关系。只要遵循这些定义，无论经济是处于充分就业状态、通货膨胀状态还是处于均衡状态，储蓄和投资都一定相等。

对于整个经济来说，储蓄与投资是相等的，但对每个家庭和企业而言，这就未必正确。一个人的储蓄可能大于他的投资，他可以把超出的部分存入银行；他的储蓄也可能小于他的投资，他可以从银行借到不足的部分。银行和其他金融机构允许一个人的储蓄为另一个人投资筹资，这使得个人储蓄与投资不相等成为可能。

二、三部门经济的储蓄-投资恒等式

所谓三部门经济，是指在居民和企业之外，再加上政府部门的经济活动。一方面，政府通过向居民和企业征税等方式获得收入；另一方面，政府还存在政府购买和转移支付等支出。把政府经济活动考虑在内后，国民收入的构成将发生以下变化：

从支出的角度看，国内生产总值等于消费、投资和政府购买的总和，即 $Y=C+I+G$。

从收入的角度看，与两部门经济类似，国内生产总值依然是工资、利息、租金和利润的总和。因为考虑了政府的经济活动，所以经济中总收入要有一部分先纳税，再用于消费和储蓄。但是，居民一方面要纳税，另一方面又会得到政府的转移支付收入。政府的净收入等于税金减去转移支付。这样，国民收入的构成可以表示为：$Y=C+S+T$。

由公式 $C+I+G=C+S+T$，可以得到：

$$I+G=S+T$$

或

$$I=S+(T-G)$$

其中，$(T-G)$ 可以看作政府储蓄，因为 T 是政府净收入，G 是政府购买性支出，二者差额即政府储蓄。当政府储蓄大于 0 时，代表政府有预算盈余；小于 0 时，代表政府存在预算赤字；当 $T=G$ 时，政府预算平衡。这样，$S+(T-G)$ 可以看作私人储蓄和政府储蓄的总和即储蓄值。该等式依然意味着储蓄和投资的恒等。

三、四部门经济的储蓄-投资恒等式

与三部门经济相比，四部门经济增加了国外部门。考虑了对外贸易后，国民收入的构成将发生以下变化：

从支出的角度看，国内生产总值等于消费、投资、政府购买和净出口的总和，即 $Y=C+I+G+(X-M)$。其中，$X-M=NX$，X 表示出口，M 表示进口。

从收入的角度看，四部门经济与三部门经济相比，增加了本国居民对外国人的转移支付。例如，向外国人捐款，使用的钱是居民收入的一部分，但是不计入个人消费和储蓄。这样，国民收入的构成可以表示为：$Y=C+S+T+K_r$。

由公式 $C+I+G+(X-M)=C+S+T+K_r$，可以得到：

$$I+G+(X-M)=S+T+K_r$$

或

$$I=S+(T-G)+(M-X+K_r)$$

其中，S 可以看作居民私人储蓄，$(T-G)$ 可以看作政府储蓄，$(M-X+K_r)$ 可以看作外国对本国的储蓄。M 表示外国通过向本国出口产品和服务获得的收入，X 表示外国因进口本国产品和服务的支出，K_r 也是外国从本国获得的收入，因此 $(M-X+K_r)$ 即外国对本国的储蓄。上述等式依然满足储蓄和投资的恒等关系。

综合两部门经济、三部门经济和四部门经济来看，不论在哪种情况下，储蓄-投资恒等式总是成立的。值得注意的是，储蓄-投资恒等式是从国民收入会计的角度得出的，就整个经济而言，实际的储蓄和投资总量相等。

资源链接

视频微课 21－1　　视频微课 21－2

思考题

1. 简要说明国民收入核算中收入和支出的恒等关系。
2. 为什么经济学家在判断经济福利时，使用实际 GDP 而不是名义 GDP？
3. 比较消费价格指数和 GDP 平减指数。
4. 通常根据就业情况把成年人分成哪几类？他们之间的流转关系是怎样的？
5. 解释投资和储蓄之间的关系。

在线自测

扫一扫　练一练

第二十二章　经济增长理论

经济增长在一个国家或地区的发展中扮演着至关重要的角色。它不仅意味着经济总量的扩大，还意味着人民生活水平的提高、就业机会的增加以及社会福利的改善。在实际情况中，一些国家或地区能够实现持续的经济发展，而其他地方则经济增长缓慢甚至停滞不前。针对这一问题，经济增长理论试图通过研究一个国家或地区长期内经济总量的增长问题，深入探讨经济增长的机制和影响因素，从而解释上述现象出现的原因。本章将聚焦于经济增长这一议题，进一步探讨经济增长的重要性和推动力，并介绍两种经典的经济增长理论，以加深对经济增长的规律和特点的理解，从而为制定经济政策和推动经济发展提供重要的指导和参考。

第一节　经济增长的重要性

在宏观经济学中，经济增长通常被定义为产量的增加。具体理解，经济增长是指一个经济体所生产的产品和服务在一个相当长的时期内持续增加，即实际总产出的持续增长。同时，经济增长也可以指人均实际产出的持续增加。

经济增长的快慢通常用国内生产总值或人均国内生产总值来衡量。经济增长得快慢体现了一个国家或一个地区在一定时期内产出的增长速度，也是衡量一个国家总体经济实力增长速度的标志。图 22-1 显示了中国 2001—2022 年的经济增长，表明了这些年来我国综合经济实力的提升。

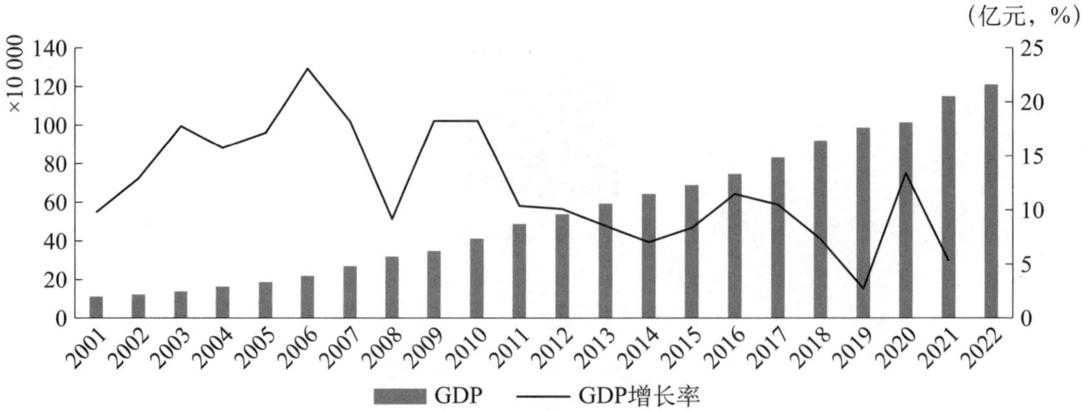

图 22-1　中国 2001—2022 年 GDP 增长情况

注：数据来源于历年中国统计年鉴。

在收入方面，各国有很大差异。表 22-1 给出了 2022 年世界上 10 个人口较多的国家的 GDP 和人均 GDP 情况。从表中可以看出，各国在 GDP 和人均 GDP 方面存在着巨大的差异。2022 年，美国 GDP 为 254 397 亿美元，巴基斯坦的 GDP 为 3 746 亿美元，前者约为后者的 68 倍。美国人均 GDP 为 76 348 美元，而巴基斯坦的人均 GDP 仅为 1 658 美元，前者约为后者的 46 倍。由于人口数量的不同，各国的人均 GDP 和 GDP 在全球所处的位置也有所不同。2022 年，印度的 GDP 约为尼日利亚 GDP 的 7.2 倍，但人均 GDP 仅为尼日利亚人均 GDP 的 1.08 倍。

表 22-1　2022 年部分国家 GDP 和人均 GDP 的差异

国家	GDP（亿美元）	人均 GDP（美元）	国家	GDP（亿美元）	人均 GDP（美元）
美国	254 397	76 348	印度尼西亚	13 191	4 798
俄罗斯	22 404	15 444	孟加拉国	4 602	2 731
中国	179 631	12 814	印度	34 166	2 379
墨西哥	14 658	10 868	尼日利亚	4 726	2 202
巴西	19 200	8 995	巴基斯坦	3 746	1 658

注：数据来源于世界银行。

但是，由于经济增长率不同，各国的人均 GDP 水平及其排名也在随时间不断发生变化。经济落后的国家不一定会永远贫穷，比如，新加坡在 1960 年时人均 GDP 很低，但是现在却很高。2022 年，新加坡的人均 GDP 为 82 808 美元，处于亚洲第一位。同样，发达国家也不能保证它们一直处于前列，它们可能会被一些目前不如它们富裕，但经济快速增长的国家所超过。

为什么经济增长如此重要？这是因为人均收入增长率之间的不同，即使是很小的差别，如果长期持续下去，都将给居民生活水平带来巨大影响。表 22-2 显示了不同人均收入增长率的持续增长对于生活水平的复利效果。

表 22-2　不同人均收入增长率的复利效果

人均收入增长率	生活水平提高百分比		
	25 年后	50 年后	100 年后
1%	28.2%	64.5%	170.5%
2%	64.1%	169.2%	624.5%

此外，经济增长一般被认为是整体经济景气的表现。经济增长可以提高生活水平，减少贫穷，增强国家综合国力，提高国际竞争力。对于一个国家而言，发展的重要目标就是实现强国富民。因此，经济增长非常重要。

第二节　经济增长的源泉

经济增长的直接原因可以通过生产函数来解释，假定经济的生产函数为：

$$Y = AF(L, K, H, N)$$

其中，Y 表示总产出；L 表示劳动；K 表示资本存量；H 表示人力资本量；N 表示自然资源量；A 表示技术水平，它随着技术进步而上升；F（）是一个能够表示这些投入是如何结合起来进行生产的函数。

生产函数具有规模收益不变的特性，即当所有的投入增加一倍时，产出也会增加一倍。据此，在数学上，对于任何一个正数 x，可以将生产函数改写为：

$$xY = AF(xL, xK, xH, xN)$$

特别地，当 $x=\frac{1}{L}$时，上式变为：

$$\frac{Y}{L} = AF\left(1, \frac{K}{L}, \frac{H}{L}, \frac{N}{L}\right)$$

其中，$\frac{Y}{L}$是人均产量，它同时也是生产率的衡量指标。生产率是指单位劳动投入生产的物品和劳务数量。根据经济学十大原理之一：一国的生产水平取决于它生产产品和服务的能力，因此，生产率的提高是生活水平提高的关键因素，经济增长的关键是提高生产率。这个公式说明，生产率取决于技术水平（A）、人均物质资本$\left(\frac{K}{L}\right)$、人均人力资本$\left(\frac{H}{L}\right)$和人均自然资源$\left(\frac{N}{L}\right)$。下面将对四个因素进行介绍：

（1）技术水平。技术知识是指关于生产产品和服务的最好方法的知识。技术水平的提高可以提高生产效率。先进的技术可以使生产过程更加自动化、高效化，从而提高单位时间内的生产量，降低生产成本，进而提高竞争力，推动经济增长。技术知识对于其他资源具有替代作用，技术的进步可以减少对原料、劳动力、时间和资本等的占用。

（2）人均物质资本。人均物质资本是指一个国家或地区的用于生产产品和服务的长期存在的生产物资形式（如机器、设备和厂房等）除以总人口得到的平均值。人均物质资本的高低直接影响着一个国家或地区的生产能力和经济增长潜力。较高的人均物质资本意味着更多的生产设备和资源可供利用，有利于提高生产效率和产出水平。这种情况下，人们可以更好地满足自身需求，经济发展更具活力。资本实际上是一种生产出来的生产要素，它是过去生产过程的产出，也是后来生产过程的生产投入。

（3）人均人力资本。人均人力资本是指一个地区或国家中每个人所拥有的人力资本的平均水平。人力资本是指个体通过教育、培训、经验和健康等因素所积累的知识、技能和能力的总和。这些因素能够提高个体的生产效率和创造力，从而对经济增长和社会发展产生积极影响。高水平的人均人力资本意味着人们拥有更多的知识和技能，能够更好地适应经济发展的需求，从而推动经济增长和创新能力的提升。不同于物质资本，人力资本是蕴含在人身上的各种生产知识、劳动与管理技能。但它和物质资本一样，都能够提高一国生产产品和服务的能力，促使国民收入增长。

（4）人均自然资源。人均自然资源是指一个国家或地区自然界提供的可以用于生产和生活的物质总量除以人口数量得到的平均值。自然资源包括土地、水资源、矿产资源、森林资源等。自然资源在长期内通常看作给定的。自然资源的差别能够导致各地生活水平的一定差异，高水平的人均自然资源意味着资源丰富，为经济发展提供了广阔的空间和基础。这些资源可以用于农业生产、工业制造、能源开发等，推动经济增长和就业机会的增加。比如，中东地区的一些国家正是因为本国范围内储油量丰富才如此富有。但是丰富的自然资源并不是生产率高的必要条件。比如，日本是一个面积小、自然资源不多的国家。但是借助于国际贸易，它可以大量进口它所需的自然资源，自然资源的贫乏并不妨碍它是世界上最富裕的国家之一。技术的进步和发达的交通削弱了自然资源的限制作用。

综合考虑上述因素，总产出取决于技术的进步以及物质资本和人力资本的投入。总产出和资本投入量以及技术进步之间都是正相关的关系。换句话说，经济增长的源泉可被归结为物质资本和人力资本的增长以及技术的进步。

政府在经济增长中起着至关重要的作用，其政策对经济增长具有重要的影响。政府可以通过制定和实施各种经济政策，直接或间接地对上述四个因素造成影响。

(1) 提高教育水平。与物质资本一样，教育——人力资本投资——对一个国家的长期经济繁荣十分重要。通过加大对教育、培训的投入，政府可以提供更好的教育资源和条件，提高教师的专业水平，为学生提供优质的教育教学环境。这有助于推动人力资本的培养和发展，提高人们的受教育水平和技能水平，从而提升人均人力资本水平，实现社会进步和经济可持续发展。例如，提供普遍的义务教育和职业培训可以提高劳动者的技能水平，促进劳动生产率的提高，从而推动经济增长。

(2) 对外开放。对外开放的政策可以带来技术和知识的流动。通过开放的国际交流与合作，国内企业可以获得来自外部的先进技术，提高本国企业的技术水平和生产效率，推动产业升级和创新发展，有助于缓解国内自然资源和技术水平方面的劣势。对外开放扩大了市场规模，通过扩大进出口贸易，可以使本国企业和产品面对更大的市场需求，有助于提高企业的生产规模和效率。对外开放也能够促进资源的优化配置，提高资源配置的效率，使资源得到更加有效的利用。

(3) 吸引外资。外资的流入可以提供大量的资本投资，这些资本可用于建设基础设施、扩大生产能力、改善技术水平等，从而促进产业升级。吸引外资同样能够推动技术的学习与创新。外资企业通常具有先进的技术、管理经验和创新能力，与本地企业进行合作或竞争，可以促进技术的转移和创新，提高本地产业的竞争力和创造力。外资企业的设立和扩大生产规模需要大量的劳动力，提供了更多的就业机会，同时还可以通过培训和技能转移提高劳动力的素质，有助于进一步提高人们的收入水平。

第三节　新古典增长理论

一、基本假设

构建新古典增长模型的目的就是研究在一个封闭的、没有政府部门的经济中，储蓄、人口增长和技术进步是如何影响产出水平和产出增长率的。新古典增长模型有如下几个假设：

（1）经济由一个部门组成，这个部门只生产一种产品，这种产品既可以作为消费品满足消费需求，也可以作为资本品满足投资需求。

（2）该经济体不存在经济贸易，是完全的封闭经济，且政府部门被忽略。

（3）社会储蓄函数为 $S=sY$，其中 s 为储蓄率。

（4）生产的规模报酬不变，即投资增加一倍，产出也会相应同比例增加一倍。

（5）劳动力按照一个不变的比率 n 增长，即人口增长率被看作一个外生变量。

（6）该经济的技术进步和资本折旧速度都由外生因素决定。

在这些假设的基础上，下文将模型构建的过程分为两个部分，先分析没有技术进步的新古典增长模型，再论述存在技术进步的新古典增长模型。

二、构建模型

（一）没有技术进步的新古典增长模型

在没有技术进步的情况下，设经济的生产函数为：

$$Y = F(L,K)$$

其中，Y 表示总产出；L 表示劳动；K 表示资本存量。根据生产的规模报酬不变假设，则有：

$$\lambda Y = F(\lambda L,\lambda K)$$

该关系式对任意 $\lambda>0$ 都成立。特别地，取 $\lambda=\frac{1}{L}$，则上式变为：

$$\frac{Y}{L} = F\left(1,\frac{K}{L}\right)$$

假设全部人口都参加生产。用 y 表示人均产量，即 $y=\frac{Y}{L}$，k 表示人均资本，即 $k=\frac{K}{L}$，那么上式说明人均产量只取决于人均资本。据此，可把生产函数进一步表示为人均形式：

$$y = f(k)$$

其中有 $f(k) = F(1,k)$。

根据“该经济体不存在经济贸易，是完全的封闭经济，且政府部门被忽略”的假设，只需考虑消费需求和投资需求。所以，国民收入可以表示成：

$$Y=C+I$$

采用人均的形式，分别用 y、c 和 i 表示人均资本、人均消费和人均投资，则有：

$$y=c+i$$

又因为假设储蓄率为 s，所以消费率为（$1-s$）。进而可得：

$$i = y - c = sy = sf(k)$$

根据这些，可以得出新古典增长模型的基本方程式：

$$\Delta k = sf(k) - (n+\delta)k$$

其中，人均折旧为 δk，δ 是折旧率。装备新增劳动力的资本为 nk，n 是人口增长率。人均折旧与装备新增劳动力的资本之和被称作资本广化，它指的是使人均资本 k 保持不变的投资水平。人均资本的增加量为 Δk，又被称作资本深化，即意味着人均占有的资本存量上升。因此，新古典增长模型的基本方程式又可以表述为：

资本深化 = 人均储蓄(投资) − 资本广化

没有技术进步的新古典增长模型的图形如图 22－2 所示。

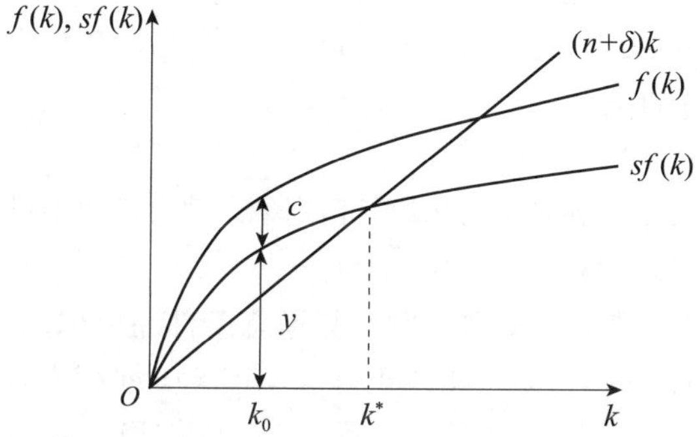

图 22－2　没有技术进步的新古典增长模型

(二)存在技术进步的新古典增长模型

在存在技术进步的情况下，经济的生产函数可以写成：

$$Y = F(AL, K)$$

其中，AL 被称为有效劳动。当作为技术状态的变量 A 逐渐增大时，说明存在技术进步。与没有技术进步的情况类似，用 y 表示人均有效劳动产量，即 $y=\frac{Y}{AL}$；用 k 表示人均有效劳动资本，即 $k=\frac{K}{AL}$。据此，同样可把生产函数进一步表示为：

$$y = f(k)$$

在这种情况下，人均有效劳动的投资与前面相同：$i=sf(k)$。人均折旧为 δk，装备新增劳动力的资本为 nk。新古典增长模型的一个重要假设是，该经济的技术进步和资本折旧速度都由外生因素决定，即假定变量 A 按照一个固定的比例 g 增长。

综合这些因素，在存在技术进步的情况下，新古典增长模型的基本方程式变化为：

$$\Delta k = sf(k) - (n + \delta + g)k$$

存在技术进步的新古典增长模型的图形如图 22－3 所示。

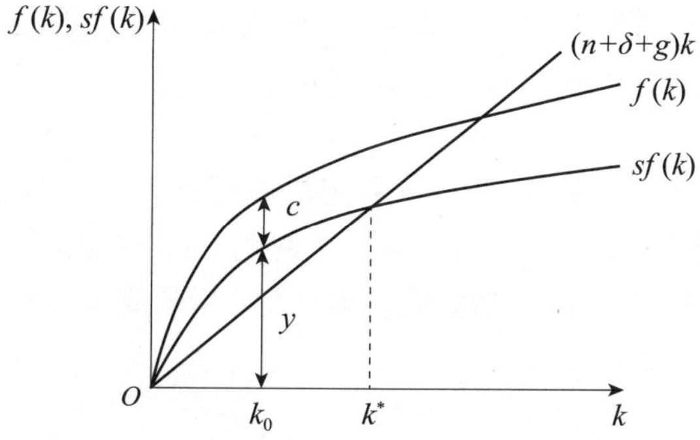

图 22－3　存在技术进步的新古典增长模型

三、稳态分析

在新古典增长模型中，存在一种长期均衡状态，被称为稳态。达到稳态时，包括资本存量和产出在内的有关内生变量都达到均衡值并维持在均衡水平不变。根据上述说明，在新古典增长模型中，经济达到稳态的条件是 $\Delta k=0$。据此，在没有技术进步的新古典增长模型中，该模型稳态的条件是：

$$sf(k)=(n+\delta)k$$

对于存在技术进步的新古典增长模型而言，该模型稳态的条件是：

$$sf(k)=(n+\delta+g)k$$

以没有技术进步的新古典增长模型为例，其稳态条件还可以用图形来表示，如图 22－4 所示。当经济在 D 点上运行时，$sf(k)$ 曲线正好与 $(n+\delta)k$ 线相交，说明两者相等，$\Delta k=0$。此时，人均资本保持不变。这一常数被定义为 k^*，称作稳态资本存量。只要 $k<k^*$，投资就会超过折旧，人均资本 k 就会增加，继续趋近于 k^*。而当 $k>k^*$ 时，折旧就会超过投资，人均资本 k 就会减小并逐渐趋近于 k^*。因此，无论人均资本是过多还是过少，都存在着一种力量使其收敛于一个平衡增长路径——稳态。也就是说，新古典增长模型所确定的稳态是稳定的。稳态一定会出现，并且是唯一的。

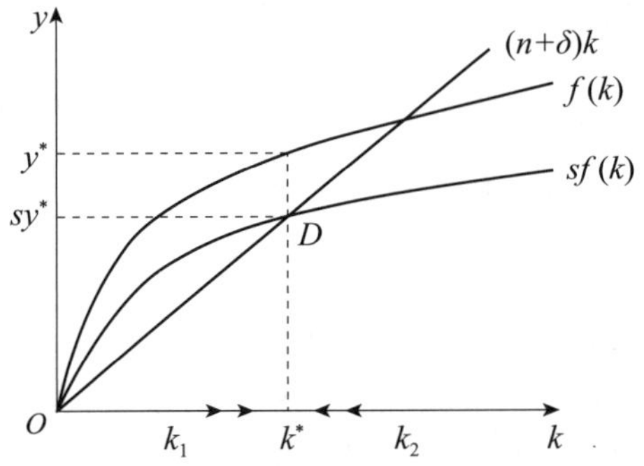

图 22－4　新古典增长模型的稳态

下面考虑当经济达到稳态时，新古典经济增长模型中相关内生变量的增长率。

根据图 22－4，D 点处是经济达到的稳态。此时，对应的人均资本、人均产量和人均储蓄（投资）的稳态值分别为 k^*、y^* 和 sy^*。因为 k^* 和 y^* 都是常数，所以稳态时的人均资本增长率 g_k 和人均产量增长率 g_y 为 0，即

$$g_k=g_y=0$$

此外，已知人口增长率被看作一个外生变量，记作 n。根据公式 $K=L\cdot k$，求导可知：$g_K=g_k+n=n$。同理，$g_Y=g_y+n=n$。这说明，在不考虑技术进步的情况下，总资本和总产出的稳定增长率均独立于储蓄率，等于人口增长率 n，即

$$g_K=g_Y=n$$

上述结论总结如表 22－3 所示。

表 22-3 没有技术进步的新古典增长模型的稳态增长率

内生变量	符号	稳态增长率
人均资本	$k=\frac{K}{L}$	0
人均产量	$y=\frac{Y}{L}$	0
总资本	K	n
总产出	Y	n

在存在技术进步的新古典增长模型中，与没有技术进步的情况类似，达到稳态时的有效人均资本 k^* 和有效人均产量 y^* 又都是不依赖于时间的常数，所以它们的稳态增长率也为 0。

此外，已知人口增长率和技术进步的速度都被看作外生变量，分别记作 n 和 g。对于人均资本和人均产量而言，根据求导的法则，则有：

$$g_{人均资本}=g+g_k=g$$

$$g_{人均产量}=g+g_y=g$$

同样可以推导出总资本和总产量的稳态增长率，可表达为：

$$g_K=n+g+g_k=n+g$$

$$g_Y=n+g+g_y=n+g$$

存在技术进步的新古典增长模型的稳态增长率结论总结如表 22-4 所示。从表中可以看出，技术进步可以使得人均产量持续增长，并且一旦经济达到稳态，人均产量的增长率就只取决于技术进步的速度。

表 22-4 存在技术进步的新古典增长模型的稳态增长率

内生变量	符号	稳态增长率
有效人均资本	$k=\frac{K}{AL}$	0
有效人均产量	$y=\frac{Y}{AL}$	0
人均资本	$\frac{K}{L}=Ak$	g
人均产量	$\frac{Y}{L}=Ay$	g
总资本	$K=kAL$	$n+g$
总产量	$Y=yAL$	$n+g$

四、模型的应用

（一）储蓄率对经济稳态的影响

我们已经知道，不同的储蓄率对应着不同的稳态。图 22-5 显示了储蓄率是如何影响产量的。经济最初位于图中 C_1 点的稳态。当储蓄率从 s_1 提高到 s_2 时，稳定状态从 C_1 变动到 C_2。此时，稳态的人均资本从 k_1 变动到 k_2，人均产出从 y_1 变动到 y_2。这说明，储蓄率的增加会提高稳态时的人均资本和人均产出。

但是，因为达到新的稳态之后，稳态中的产量增长率是独立于储蓄率的，所以储蓄率的变化不影响经济的增长率。从这一点来说，储蓄率的变动只有水平效应，没有增长效应。

（二）人口增长对经济稳态的影响

新古典增长模型假设劳动力按照一个不变的比率 n 增长，即人口增长率被看作一个外生变量。但是当把 n 看作一个参数时，就可以说明人口增长对产量增长的影响。

图 22－6 显示了人口增长是如何影响产量的。经济最初位于图中 A_1 点的稳态。当人口增长率从 n_1 提高到 n_2 时，稳定状态从 A_1 变动到 A_2。此时，稳态的人均资本从 k_1 变动到 k_2，这说明，人口增长率的提高降低了人均资本的稳态水平。同时，人口增长率的提高可以增加总产量的稳态增长率。该图表明，有着更高人口增长率的国家，在长期里会有更低的资本水平和人均收入水平。

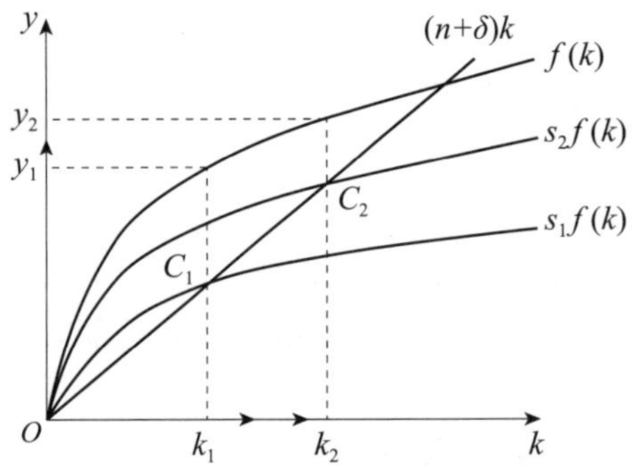

图 22－5　储蓄率对经济稳态的影响

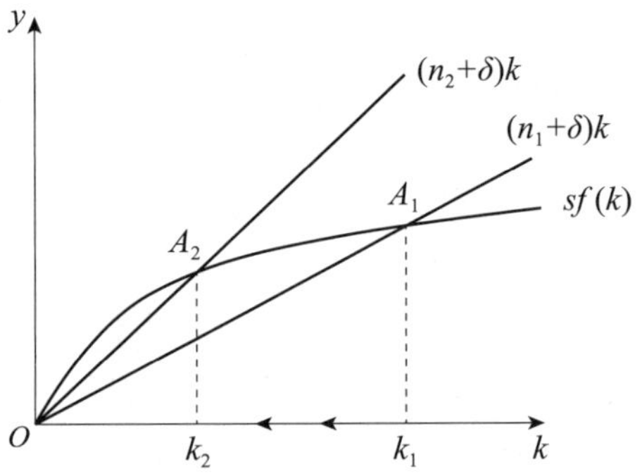

图 22－6　人口增长对经济稳态的影响

（三）黄金律

根据前面的介绍可以得知，不同的储蓄率 s 会导致不同的稳态。那么何时才是一个“最好的”稳态？最好的稳态必然是经济福利最高的稳态，又因为经济福利取决于人们的消费水平，所以“最好的”稳态就是人均消费最大化的稳态。

为了达到人均消费最大化，在选择合适的储蓄率时，存在着两种相反的影响作用。根据消费的公式 $c^*=(1-s)f(k^*)$，当储蓄率 s 增加时，一方面，会通过增加 k^* 和 y^* 使 c^* 增加；另一方面，这会减少收入中的消费份额（$1-s$），从而减少 c^*。为了找到最大的 c^*，可以借助新古典增长模型的图形来说明和推导资本的黄金律水平。

以没有技术进步的新古典增长模型为例。图 22－7 中，横坐标表示人均资本，纵坐标表示人均产量、人均储蓄和人均消费。不同的储蓄率决定了不同的储蓄曲线，也对应着不同的稳态人均资本。在稳态时，人均消费在图形上可以表示为曲线 $f(k)$ 和直线 $(n+\delta)k$ 之间的垂直距离。因此，寻找人均消费最大化的问题可以转换为寻找曲线 $f(k)$ 和直线 $(n+\delta)k$ 之间的最大垂直距离。为此，需要做直线 $(n+\delta)k$ 的平行线与曲线 $f(k)$ 相切，切点处到直线 $(n+\delta)k$ 之间的垂直距离最大。从图中不难看出，这时应该选择 k_{gold}。k_{gold}

被称为资本的黄金律水平，它是稳态时使得消费水平最大化的 k。此时对应的 c_{gold} 是人均消费处于稳态时的最大值。曲线 $f(k)$ 的斜率与直线 $(n+\delta)k$ 的斜率相等，即

$$f'(k_{gold})=n+\delta$$

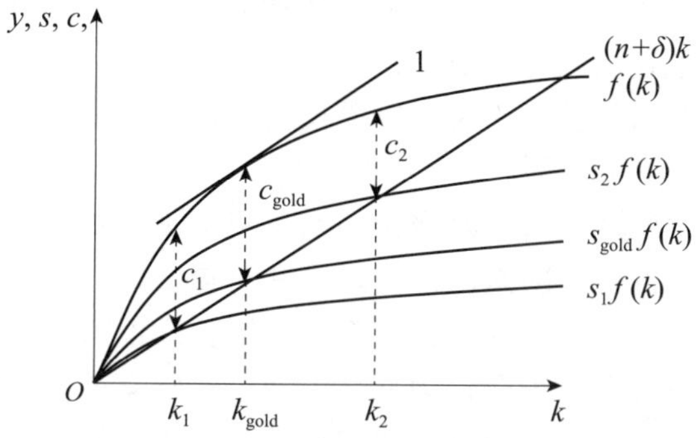

图 22-7　资本的黄金律水平

该式就是资本的黄金律水平需要满足的经济学条件。但是一般经济并不会自动向黄金律稳态转化。要想达到这一稳态，需要政策制定者调整储蓄率 s。这种调整会得到新的更高消费水平的稳态。与资本的黄金律水平对应的储蓄率被称为储蓄率的黄金律水平，在图 22-7 中表示为 s_{gold}。

在调整储蓄率向黄金储蓄率 s_{gold} 过渡的过程中，会出现两种情况：

一是原本的储蓄率过低，需要提高储蓄率。在这种情况下，稳态时的人均资本和人均产出会缓慢上升。但在储蓄率变动的瞬间，产出无法做出调整。投资会瞬间上升，与此同时，消费会有一个瞬间的下降。

此后，经济将逐渐向稳态缓慢过渡。最终产出、投资和消费三者都会收敛于一个更高的水平。也就是说，低储蓄率国家面临着长期利益和短期利益之间的取舍。从短期来看，提高储蓄率会使得这一代人经历一次消费的下降；但是从长期来看，下一代将享受到更高的消费。储蓄率过低的调整情况如图 22-8 所示。

二是原本的储蓄率过高，需要降低储蓄率。在这种情况下，稳态时的人均资本和产出会缓慢下降。但是在储蓄率下降的瞬间，产出无法改变。投资会瞬间下降，消费会瞬间上升。

此后，经济也将逐渐向稳态缓慢过渡。最终会达到一个产出和投资收敛于更低水平，消费收敛于更高水平的状态。储蓄率过高的调整情况如图 22-9 所示。

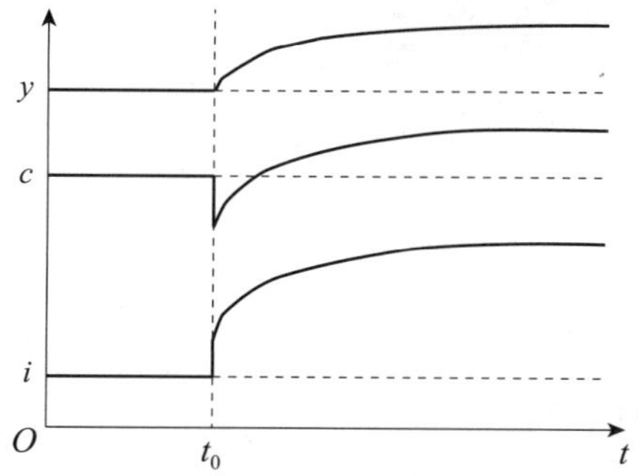

图 22-8　储蓄率过低的调整情况

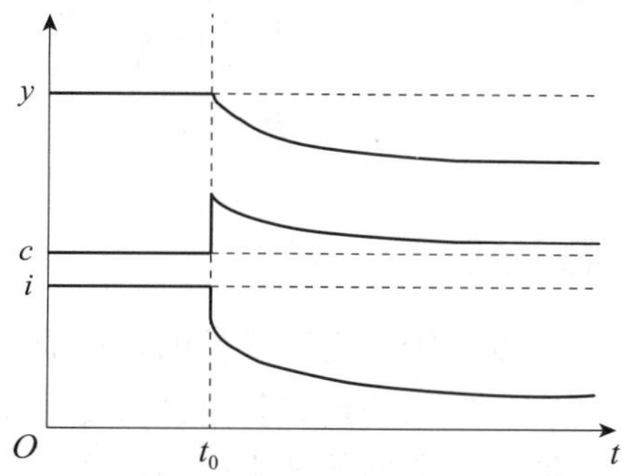

图 22-9　储蓄率过高的调整情况

第四节　新古典增长理论的缺陷和发展

新古典增长理论建立在一系列简化假设的基础上，对于不同意这些假设的经济学家来说，该模型存在各种概念和经验上的缺陷：

（1）忽视技术进步的内部动力。新古典增长理论将技术进步视为外生变量，忽视了技术进步的内部动力和创新的驱动因素。

（2）忽视制度和制度变迁。新古典增长理论忽视了制度对经济增长的影响。然而，制度安排、政府政策和法律框架等因素对经济发展具有重要作用。

（3）规模报酬不变的假设与实际不符。新古典增长理论假定经济中的生产函数具有规模报酬不变的性质。但对大多数工业化国家来说，这些国家的生产资料配置比较合理，各部门间相互协调能力较强，生产资源的总体利用效率高，可能会产生少量投入大量产出的结果。而一些发展中国家由于不具备工业化国家的生产条件，可能会出现规模报酬递减的情况。

在对新古典增长理论的不足之处进行批判和发展的基础上，西方经济学家们再次掀起一股增长理论热。为了弥补这些不足，经济学家们提出了一系列拓展和发展的理论，如内生增长理论。内生增长理论尝试把传统理论中某些变量内生化，把效用函数作为目标引入到增长模型之中，强调技术进步、人力资本和创新等内生因素对经济的推动作用。通过投资于研发、教育和知识积累等活动，人们可以提高技术水平和生产力，从而推动经济增长。这一理论突出了内部因素的重要性，为解释经济增长提供了更全面和准确的框架。后续理论的发展对于完善经济增长理论，更好地解释和预测经济增长现象具有重要意义。然而，需要指出的是，经济增长是一个复杂的现象，没有单一的理论可以完全解释其机制和影响因素，因此这些理论应当被视为相互补充的研究视角，以增进对经济增长的深入理解。

资源链接

视频微课 22－1　　视频微课 22－2

思考题

1. 举例说明影响经济增长的直接原因和根本原因。
2. 新古典增长理论的基本公式是什么？它有什么含义？
3. 说明新古典增长理论中储蓄率和人口增长对经济的影响。
4. 说明新古典增长理论的局限性和后续的发展。

在线自测

扫一扫　练一练

第二十三章　货币政策

货币，对于我们的生活来说，无处不在。每当你拿出现金购买一杯咖啡，或者使用银行卡完成线上购物，你都在与货币有关的经济系统中扮演一个角色。而在这背后，有一个强大的力量正在努力确保这整个系统的稳定运行——这就是货币政策。货币政策是中央银行用来控制一国货币供应量的工具，以实现一系列宏观经济目标，如稳定物价、促进经济增长等。探讨货币政策的重要性不仅是为了理解这些工具如何影响我们日常的经济生活，而且还能帮助我们深入了解经济如何工作。

我们可以把一个国家的经济比作一台巨大的机器。这台机器有很多旋钮和按钮，每一个都能对机器的运行产生影响。货币政策，就像这台机器上的一个主要旋钮，能够影响整个国家的经济健康。过多的货币供应可能导致通货膨胀，物价飞涨；而供应不足则可能导致经济衰退，失业率上升。因此，如何调节货币供应，使其恰到好处，是中央银行最重要的任务之一。

那么，中央银行是如何执行货币政策的呢？答案远比我们想象的复杂。货币政策的工具和目标是众多并且相互关联的。为了深入理解，我们需要从货币的基础开始。这涉及银行的运作、货币乘数的概念，以及货币如何在经济中流动。接着，我们会探讨中央银行如何使用各种工具来调节货币供应，以实现宏观经济目标。最后，我们将探索货币政策的目标，这将帮助我们更好地理解为什么中央银行会采取特定的策略和行动。

本章将分为三个部分进行探讨：

第一节，我们将详细探讨货币、银行和货币乘数，这将为我们理解货币是如何在经济体系中被创造和流通的奠定基础。

第二节，我们将深入了解货币政策工具，中央银行如何通过开市操作、存款准备金率和再贴现率等工具来影响货币供应。

第三节，我们将探讨货币政策的目标，了解中央银行为什么要实行货币政策，以及它追求的具体目标是什么。

第一节　货币、银行和货币乘数

一、货币的基本概念

货币，这个看似平凡却蕴含着复杂意义的词汇，是现代经济社会的核心。它就像是一根神奇的魔棒，无声无息地隐藏在我们生活的每一个角落，支配着我们的消费、收入和决策。

在我们的日常生活中，货币扮演着极其重要的角色。它是一种交换媒介，让我们能够将手中的物品与他人进行交换，以获得我们所需的其他物品或服务。它是一种计价单位，让我们可以衡量商品和服务的价值，从而进行公平的交易和比较。它也是一种价值储藏的工具，让我们可以将一部分财富储存起来，以备将来之需。

货币的起源可以追溯到很久以前，人们开始以物易物，用自己不需要的东西交换别人拥有的物品，但是这种方式存在着很多不便和效率低下的问题，于是人们开始使用一些具有普遍接受度的物品作为交换媒介，这就是货币的起源。随着社会的发展和经济的繁荣，货币的形式也不断变化，从贵金属、金银到纸币、电子货币等，它的本质始终是代表了一定量的财富或价值。

货币的流通量和供应量对于经济有着重要的影响。如果货币供应量过多，就会导致物价上涨，也就是通货膨胀；反之，如果货币供应量不足，就会导致经济萎缩，也就是通货紧缩。因此，政府和中央银行需要通过货币政策进行调整，以保持货币供应量的适度性和稳定性。

在现代经济中，货币已经高度电子化，电子支付成为我们日常生活中不可或缺的一部分。通过手机银行、支付宝、微信等支付工具，我们可以随时随地进行支付和转账，方便快捷。但是，电子支付也带来了一些风险和安全问题，比如账户被盗、信息泄露等，因此我们需要加强安全意识和防范措施，以保护我们的财产和隐私。

总之，货币是一种神奇而复杂的事物，它是现代经济社会的核心和基石。它不仅是我们进行交换和储藏价值的工具，更是我们理解经济和社会运行的关键。从货币的起源和发展历程中，我们可以看到人类社会的发展和进步，也可以看到经济规律和政策的影响与调控。因此，我们需要认真理解和对待货币，以更好地掌握经济和社会的脉搏，实现个人和社会的繁荣发展。

（一）货币的基本功能

在经济生活中，货币有交换媒介、计价单位和价值储藏手段三种基本功能。

1. 交换媒介

货币作为一种一般等价物，可以代表其他商品或服务的价值，从而方便地进行交换和交易。它是商品和服务的价值表现形式，使得买卖双方可以不必直接交换物品，而是通过货币作为媒介进行交易。货币的交换媒介功能可以简化交易和交换的过程，降低交易成本，提高经济效率和效益。

2. 计价单位

货币是商品和服务的计价单位，可以用来衡量商品和服务的价值。将货币作为计价单位，可以方便地进行价格的计算和比较，从而进行购买和销售的决策。同时，货币的计价单位功能也为经济发展和价格稳定提供了基础。计价单位功能使得商品和服务的价值表现形式统一，避免了价格混乱和波动，促进了经济稳定和发展。

3. 价值储藏手段

货币是一种具有储藏价值的资产，可以用于价值的储存和转移。通过货币的存储和转移，可以方便地进行财富的积累和转移，以满足不同的经济需求。此外，货币的价值储藏功能也为经济活动提供了流动性和灵活性，使得投资者可以方便地进行资产配置和投资决策。价值储藏手段使得货币成为一种可靠的价值储存工具，增强了货币的流动性和稳定性，为经济的发展提供了支撑。

（二）货币的种类

根据发展的阶段不同，货币主要分为商品货币和法定货币两种。

1. 商品货币

商品货币是指被设计成固定充当一般等价物的，且通过与商品的内在联系进行价值计量的货币。它具有以下特点：

首先，商品货币本身是一种商品，具有独特的价值和实用性。例如，黄金是一种商品货币，它不仅具有美丽的外观和作为珠宝等方面的实用性，还具有极高的导电性和抗腐蚀性等物理特性。

其次，商品货币具有货币的功能，可以作为交换媒介、计价单位和价值储藏手段。

再次，商品货币的价格与所代表的商品价值保持一定的比例关系。这是因为商品货币与商品内在价值相联系，其价值随着商品供求关系的变化而变化。

最后，商品货币的发行量有自然限制，即其发行量受到该商品供给量的限制。这是因为商品货币是一种有限的资源，其供给量与需求量之间的关系会直接影响货币的价值和购买力。

例 23.1 在小农生产主导我国农村经济的历史时期，小麦和小米等“细粮”在我国北方部分地区曾充当过商品货币。在当时，使用一定数量的细粮可以交换馒头、面条乃至猪肉等一系列其他农产品以及一些手工业制品。时至今日，在这些地区仍存在“换××”的方言用来代指买某种东西。这其实是一种商品经济不发达背景下使用商品货币的痕迹留存。

从历史发展角度看，商品货币是人类社会最早的货币形式，起源于商品交换的需要。随着社会和经济的发展，交换的规模和复杂性逐渐增加，需要一种更为稳定、方便的交换媒介，于是商品货币应运而生。但随着经济的进一步复杂化，商品货币的局限性逐渐显现，如携带不便、分割困难等。于是，法定货币应运而生，为现代经济活动提供了强大的支持。

2. 法定货币

法定货币是一种由国家法律规定的、具有强制通用力的货币形式。它通常由国家政府或中央银行发行，并被广泛应用于商品交换和价值储藏。法定货币的发行者和流通范围都是由国家法律规定的，并且在法律上具有强制通用力。

这种强制通用力主要表现在国家政府通过法律手段要求公众接受其发行的货币，并将其作为商品交换和价值储藏的主要形式。这种强制力使得法定货币具有了货币的价值贮藏和交换媒介功能。

同时，法定货币的具体发行和流通过程也由国家法律进行规定和监管。国家政府或中央银行会根据国家的经济和财政状况，制定货币的发行量和流通范围。同时，国家法律也会规定法定货币的合法使用范围和流通方式，并严格限制非法使用和伪造法定货币的行为。

例 23.2 美元作为全球最主要的储备货币和国际交易媒介，其信用基础是其被广泛接受和信任的关键所在。美元作为信用货币，其价值并不直接依赖于任何贵金属，而是基于发行国（美国）的信用和经济实力。当市场对美国的经济和政治稳定性有信心时，就会对美元保持信任，进而促进美元在国际市场上的流通和使用。由于美元在国际贸易中的广泛使用，许多国家和企业都大量持有美元资产。如果美元信用出现问题，这些持有者可能会遭受损失，进而影响全球经济的稳定。

（三）现实中的货币

在对现实生活中货币存量的描述中，最容易被提及的两个概念是货币 M1 和货币 M2，这是两种不同的货币供应量指标，它们在货币政策、经济分析、投资等领域具有不同的意义和作用。下面将分别对货币 M1 和货币 M2 进行介绍。

1. 货币 M1

货币 M1 是指狭义的货币供应量，是指流通中的现金、活期存款，以及其他具有现金性质的存款。其中，流通中的现金是指银行体系以外各个单位和居民个人持有的现金；活期存款是指随时可提取、随时可使用的存款类型；其他具有现金性质的存款包括旅行支票、储蓄存款、定期存款等。

货币 M1 具有以下几个特点：

（1）流动性高。货币 M1 是流动性最高的货币供应量指标，可以随时用于商品交换和支付，因此也被称为“流通中的现金”。

（2）范围较小。货币 M1 只包括流通中的现金和活期存款，其他类型的存款并不包括在内。因此，货币 M1 的范围相对较小。

（3）反映即期消费和投资。货币 M1 可以反映即期消费和投资的情况，因为它是流动性最高的货币供应量指标，可以直接用于购买商品和服务。

在货币政策中，中央银行会关注货币 M1 的增长情况，因为货币 M1 的增减变化可以反映经济的活跃程度和货币政策的实施效果。如果货币 M1 的增长较快，说明经济的活跃程度较高，消费和投资需求较强，此时货币政策可能会适度宽松；如果货币 M1 的增长较慢，说明经济的活跃程度较低，消费和投资需求较弱，此时货币政策可能会适度紧缩。

2. 货币 M2

货币 M2 是指广义的货币供应量，除货币 M1 外，还包括定期存款、储蓄存款，以及其他具有货币性质的存款。其中，定期存款是指有一定期限的存款类型，储蓄存款是指居民个人和企业存款中未纳入货币 M1 的部分，其他具有货币性质的存款包括机构性的货币市场基金等。

货币 M2 具有以下几个特点：

（1）范围广泛。货币 M2 除了包括货币 M1 外，还包括定期存款、储蓄存款和其他具有货币性质的存款，因此货币 M2 的范围相对较广泛。

（2）流动性较低。相对于货币 M1，货币 M2 的流动性较低，因为定期存款和其他具有货币性质的存款需要一定时间才能提取和使用。

(3) 反映长期消费和投资。货币 M2 可以反映长期消费和投资的情况，因为定期存款和其他具有货币性质的存款具有一定的期限，需要在一定时间后才能提取和使用。

在货币政策中，中央银行会关注货币 M2 的增长情况，因为货币 M2 的增长情况可以反映经济的整体运行情况和货币政策的长期效果。如果货币 M2 的增长较快，说明经济的整体运行情况良好，消费和投资需求较强，此时货币政策可能会适度宽松；如果货币 M2 的增长较慢，说明经济的整体运行情况不佳，消费和投资需求较弱，此时货币政策可能会适度紧缩。

此外，货币 M2 还可以用于经济分析和预测，因为它的变化可以反映市场利率的变化、通货膨胀的情况以及经济的增长速度等。在投资领域，货币 M2 也可以作为投资者分析和预测市场走势的一个参考指标。

（四）货币数量方程与货币中性

至此，我们了解到了关于货币的一些基本知识。然而，在正式开始认识货币政策之前，我们还必须了解到在宏观经济中，货币作为经济活动中的流通媒介和价值尺度，其数量及其变化是如何影响经济活动的。货币数量方程和货币中性的概念可以帮助我们理解货币供应增加对总体经济的影响。

货币数量方程是宏观经济学中的基本恒等式。它揭示了货币供应量与其他宏观经济变量之间的关系。这一方程可以简单地表示为：

$$MV=PY$$

其中：M 代表货币供应量；V 代表货币的流通速度，即一个时期内货币平均流通的次数；P 代表价格水平；Y 代表实际总产出或称为实际 GDP。

这一恒等式告诉我们，在一个给定的时期内，货币的供应量乘以货币的流通速度应等于总产出乘以其价格。

货币中性是指在某些条件下，货币供应量的变化不会影响实际经济变量，如实际 GDP、就业、真实利率等。简而言之，货币只影响名义变量（如价格、名义工资、名义利率等），而不影响实际变量。这一理念的起源可以追溯到古典经济学家。他们认为，经济的实际部分（生产、就业等）由实际变量（如技术、劳动、资本等）决定，而不是由货币决定。货币中性是货币数量方程中描述的长期经济情形。如果货币供应量翻倍，而货币的流通速度和实际总产出保持不变，那么根据货币中性，我们期望价格水平也翻倍，实际 GDP 不会受到影响。

实证研究大多支持长期货币中性的观点。也就是说，长期中，货币供应的变化只影响价格水平，而不影响实际变量。但在短期内，由于黏性价格、信息不对称等各种因素的存在，货币非中性现象可能出现。

货币中性提供了宏观经济政策的重要指导。如果货币是中性的，那么通过调控货币供应量来刺激经济增长或降低失业是没有意义的。相反，货币政策应更多地关注如何维持价格稳定。然而，考虑到短期的货币非中性，中央银行在实践中经常通过货币政策来对抗经济周期。

二、认识银行系统——简单的资产负债表

在上文中，我们已经认识货币的概念，这里将对“货币是怎么来的”即货币的供给问题继续深入讨论。

货币供给是指一国在某一时间点所持有的货币总量。根据货币供给的定义，它包括所有的流通中的货币，包括现金、活期存款、定期存款、货币市场基金等。而银行系统是货币供给的重要渠道。

货币供给的增加可以来自中央银行的货币政策操作，也可以来自商业银行的贷款和投资。中央银行是银行的银行和政府的银行，负责制定和执行货币政策，监管金融机构，维护金融稳定。商业银行则是银行系统的主体，它们向客户提供各种金融服务，并从客户那里吸收存款。其他金融机构包括投资银行、保险公司、基金公司等，它们为投资者提供不同类型的金融产品和服务。商业银行通过发放贷款来创造货币，当贷款被用于支付商品或服务时，这些货币就会进入流通领域，从而增加货币供给。此外，商业银行还可以通过购买有价证券等方式来扩张其资产规模，从而增加货币供给。

银行系统的运行对于货币供给的影响非常大。中央银行的货币政策操作可以通过调节利率、货币供应量等来影响经济中的货币供给。商业银行的贷款和投资也会影响货币的流动性和供应量。如果商业银行过度放贷，则可能会导致货币供应量过多，引发通货膨胀；如果商业银行过于谨慎，贷款规模过小，则可能会导致货币供应量不足，抑制经济增长。

在讨论这些复杂的过程之前，这里将通过一个简单的资产负债表理解银行系统是如何实现对货币供给的影响的，并引入货币乘数的基本概念。

（一）准备金与银行资产负债表

回想一下银行在我们日常生活中最基础的两项功能——存款和贷款。银行接受了一些存款，并且将其中的一些存款贷出去，而没有被贷出去的那一部分存款就是准备金。

银行持有准备金的动机主要来自以下两个方面：第一，一般情况下，银行需要将其吸纳的存款的一部分作为准备金，以确保其有足够的资金来应对客户的提现和清算需求。此外，准备金还可以用于银行的其他用途，例如用于贷款投放、投资或作为银行的内部储备等。第二，准备金的管理和使用对银行的运营与风险管理具有重要意义。持有准备金可以保障银行的资金安全，避免因突发事件或风险事件导致资金链断裂。准备金的使用也可以帮助银行进行风险管理和贷款审批。例如，银行可以利用准备金来保证贷款的质量和安全性，减少发生不良贷款的风险。

准备金分为法定准备金和自由准备金两种。法定准备金是银行按照法律规定必须持有的准备金，其数额通常由中央银行规定。中央银行可以通过调整准备金的数额来调节商业银行的信贷规模和货币供应量，进而影响整个经济的运行。例如，中央银行可以提高准备金率，减少商业银行的信贷规模和货币供应量，抑制通货膨胀；反之，中央银行可以降低准备金率，增加商业银行的信贷规模和货币供应量，促进经济增长。自由准备金则是银行自主决定持有的额外准备金。银行需要根据自身的经营情况和风险状况等因素来合理确定自由准备金的数额，并在风险控制和资金运用效率之间进行权衡。法定准备金和自由准备

金在总存款中所占的比例被称为准备金率，而法定准备金在总存款中所占的比例被称为法定准备金率。

理解了准备金这一核心概念，我们就可以构建起一个简单的银行资产负债表模型，从而更加清晰地理解银行“创造货币”的过程。假设全国第一家银行的准备金率为10%，初始存款为100万元人民币，那么银行的资产负债表如表23-1所示。

表23-1　一个简单的银行资产负债表

资产		负债	
贷款	90万元	存款	100万元
准备金	10万元		

想一下上文中介绍的狭义货币供应量，即货币M1的定义。经过了银行存贷的过程，现在整个经济中的总货币供给不再是开始的100万元，而是被贷出的90万元现金与100万元活期存款之和，即190万元。但是需要注意的是，货币的增加并不意味着社会财富增加了。银行贷出的90万元从银行的角度来看，其获得了价值90万元的债权资产，但是从贷款人角度来看，他也背负了90万元的负债。从社会整体来看，只是货币流动性即货币流通的效率增加了，总财富并没有发生变化。

（二）基础货币与货币乘数

让我们继续来探讨货币创造的过程，假设贷款人用90万元购买了一系列产品与服务后，这些货币又最终被其拥有者存入了第二家银行，第二家银行有着与第一家银行同样的准备金率，我们可以得到第二家银行的资产负债表，如表23-2所示。

表23-2　另一个简单的银行资产负债表

资产		负债	
贷款	81万元	存款	90万元
准备金	9万元		

此时，经历了二次存贷过程后，整个经济中的总货币供给不再是190万元，而是被贷出的81万元现金与190万元活期存款之和，总计271万元。

如果这一过程可以无限持续下去，第N个银行的资产负债表如表23-3所示。

表23-3　第N个银行的资产负债表

资产		负债	
贷款	$100\times(100\%-10\%)^{N}$万元	存款	$100\times(100\%-10\%)^{N-1}$万元
准备金	$10\times(100\%-10\%)^{N-1}$万元		

不难发现，这一时期全社会的总货币可以使用等比数列求和的方式计算出来，即：

$$
\begin{aligned}
\text{全社会总货币} &= 100+100\times(100\%-10\%)+100\times(100\%-10\%)^2 \\
&\quad +100\times(100\%-10\%)^3+\cdots \\
&= 100\div 10\% \\
&= 1\,000\ (\text{万元})
\end{aligned}
$$

即 100 万元最终产生了 1 000 万元的货币供给，我们将 100 万元的“初始的”货币称为**基础货币**，将一单位基础货币产生的货币量称为**货币乘数**。显而易见，在上述这个简单的例子中，货币乘数为 10，即准备金率的倒数。一般的，可以根据实际的准备金率，对这一结果进行灵活调整。假设准备金率为 r，则此时的货币乘数可写作：

$$mm=\frac{1}{r}$$

让我们回到更加现实的环境中来，具体来说，基础货币不可能全部被用于存款，必然有一部分被作为现金持有。那么，此时的货币乘数将发生什么变化呢？其实，此时的货币乘数仅需要做一个简单的修正即可：

$$mm=\frac{C+D}{C+R}=\frac{C/D+1}{C/D+R/D}=\frac{cd+1}{cd+r}$$

其中，cd 为通货存款比 C/D。

我们将看到这一结果与之前讨论的无现金持有的情况没有本质区别。让我们回到一直在讨论的无现金持有情况，不难发现，随着存贷过程的持续进行，每个银行所能提供的贷款额度都比上一个环节的银行少。这是因为此环节的银行所乘的乘数是一个小于 1 的常数，在第 n 个环节的银行可以提供的贷款为 $100\times(100\%-10\%)^n$，随着存贷过程的持续，n 趋近于无穷，此时银行可以提供的贷款也无限趋近于 0。此时我们可以看到，全社会所有银行的准备金可以计算为：

$$\begin{aligned}\text{全社会总准备金}&=10+10\times(100\%-10\%)+10\times(100\%-10\%)^2\\&\quad+10\times(100\%-10\%)^3+\cdots\\&=10\div10\%\\&=100\text{（万元）}\end{aligned}$$

我们会发现这正是基础货币的数额，也就是说，在全社会不持有现金的情况下，基础货币最终全部转化为准备金。此时全社会无人持有现金，全社会的货币在完成流通后全部以存款的形式存在。

现在我们回到持有现金的情况。忽略掉货币的具体流通过程，根据货币的狭义定义，这一时期流通的全社会总货币为现金通货与活期存款之和，即 $C+D$。这与前一种情况存在的唯一的不同在于，基础货币里作为通货存在的现金依然在社会中流通。

而基础货币此时也可以清晰的分成两部分，第一部分与不持有现金的情况一致，是完全转化成准备金的初始存款，而第二部分即基础货币中没有被存入银行，作为通货流动的现金部分，二者之和为 $C+R$。

以上讨论反映了这样一个本质：只要我们可以清晰地将货币的各部分识别出来，任何一个社会的货币乘数都可以使用“货币乘数＝整个社会货币供应量÷基础货币”这个公式进行计算。

例 23.3 资产负债表和挤兑

在金融的大舞台上，资产负债表就像是一个演员的名片，它展示了演员的过去、现在和未来。而当这名演员遭遇粉丝突然的大规模“退粉”——挤兑时，情节就会变得非常曲折，甚至有可能成为悲剧。

想象一下，你是一个演员，你的粉丝代表银行的存款者。你每天都需要展示自己的风采，确保粉丝对你充满信心。但是，如果你突然出现负面新闻，你的粉丝可能会纷纷离开。这就好比银行的存款者因为某些原因对银行失去了信心，纷纷取出存款，形成挤兑。

那么，这与资产负债表有什么关系呢？你的名片（资产负债表）上列出了你所有的赞助商和代言合同（资产），以及你欠下的债务和合同责任（负债）。当粉丝大规模“退粉”时，你可能需要迅速通过卖掉一些资产来平息风波。但问题是，在这种紧急情况下，很多人可能不愿意和你合作，你可能只能低价出售这些资产，导致你的名片上的“光环”大打折扣。

就这样，因为一场意外的“退粉”事件，你可能会失去大量资产，甚至面临破产的危机。同样，当银行遭遇挤兑时，它可能需要火速出售资产以支付存款者，但在紧急情况下，这些资产的价格可能会大打折扣。

总而言之，挤兑就像是一场突如其来的风暴，而资产负债表则是船只在风暴中的表现。只有资产负债表良好，银行才能安然度过风暴，否则就可能沉没在金融风暴中。

第二节　货币政策工具

如前所述，我们已经理解了银行系统对货币供给影响的全过程。基础货币和货币乘数是宏观经济学的核心概念，它们描述了中央银行如何通过调控基础货币来影响整个经济的货币供应量。理解这两个概念对于理解宏观经济运行和制定有效的货币政策具有重要意义。

例如，如果中央银行决定增加基础货币供应量，那么商业银行的准备金和流通中的现金将相应增加。商业银行可以通过贷款等方式将这些资金释放出去，从而增加整个社会的货币供应量。这个过程会以货币乘数为倍数放大，最终导致整个经济中的货币量增加。

相反，如果中央银行减少基础货币供应量，那么商业银行的准备金和流通中的现金将相应减少。商业银行需要收回贷款以减少其资产负债表上的风险，这将导致整个社会的货币供应量减少。这个过程同样会以货币乘数为倍数放大，最终导致整个经济中的货币量减少。而中央银行如何通过基础货币和货币乘数展开具体的货币政策正是本节所要讲述的内容。

从前文的分析中不难发现，从供给侧影响一定时期内社会总货币存量的因素主要有两个：一是基础货币的多少；二是货币乘数。因此，中央银行通过货币政策来实现对总货币供给的调节也主要通过这两条路径展开。

一、对基础货币进行操作的货币政策

对基础货币进行操作的货币政策主要有两种，即**公开市场操作**和**再贴现政策**，下面将具体介绍这两种对基础货币进行操作的货币政策。

（一）公开市场操作

公开市场操作是指中央银行通过在公开市场上买卖证券（主要是政府债券）来控制货币供应量，以达到调节市场利率和货币政策目标的一种政策手段。它是现代各国中央银行最常用的货币政策工具之一。公开市场操作主要包括买进和卖出证券。当中央银行需要增

加货币供应量时，可以通过买进证券来实现；相反，当中央银行需要减少货币供应量时，可以通过卖出证券来实现。这些证券主要是政府债券，因为政府债券具有信誉高、流动性好、市场交易活跃等特点。

公开市场操作的一般实施步骤如图 23 - 1 所示。

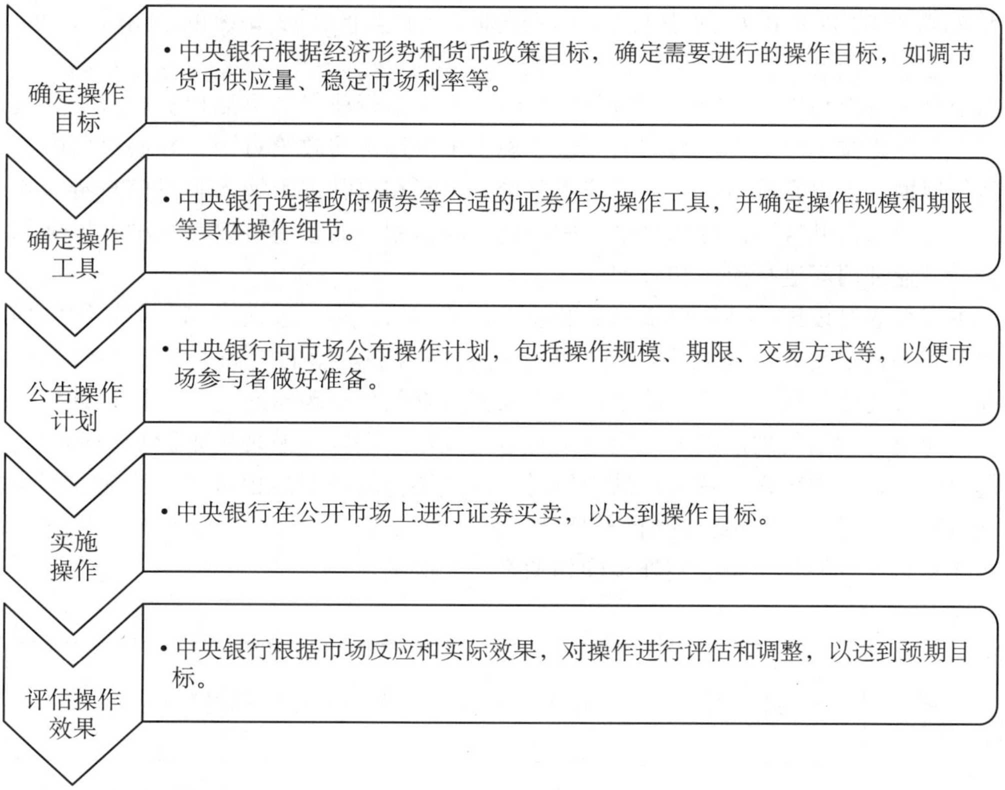

图 23 - 1　公开市场操作的实施步骤

虽然公开市场操作这一策略背后的经济学原理既简单又高效，但这种政策并不是万金油，而是优缺点并存的，如表 23 - 4 所示。

表 23 - 4　公开市场操作政策的优缺点

优点	缺点
灵活性和可调性：公开市场操作可以根据经济形势和货币政策目标进行灵活的调整，以达到预期效果。	市场影响：公开市场操作可能会对市场产生一定的干扰和影响，导致市场波动和不稳定。
透明度高：中央银行向市场参与者公布操作计划，有利于提高市场透明度，增强市场信心。	时滞效应：公开市场操作的实施需要一定的时间，因此其效果可能会出现时滞效应。
效果持久：公开市场操作通过影响市场利率和货币供应量来影响经济活动，其效果较为持久。	局限性和技术要求：公开市场操作的实施受到市场规模、交易机制等因素的限制，可能无法完全实现货币政策目标。此外，公开市场操作需要对市场动态进行及时准确的判断，并采取相应的操作措施，因此需要较强的技术能力。

（二）再贴现政策

再贴现率是中央银行与商业银行之间的借贷利率。当商业银行向中央银行寻求短期流动性支持时，中央银行会收取这一利率。它像是中央银行的“批发价”，而商业银行再根据市场条件和自身成本，设置其零售给普通消费者的存贷款利率。再贴现率的调整能够影响商业银行的借贷成本，进而影响整个金融市场的货币供应和利率水平。

当中央银行提高再贴现率时，商业银行因从中央银行获得的再贴现资金减少，其市场信贷规模亦随之减少；反之，则扩大。这体现了中央银行的政策意图，并通过影响商业银行的信贷规模，借以影响整个货币与信用总量。由于在再贴现中纳入了对信贷资金投向的要求，因此通过再贴现不仅可从总量上控制货币与信用，而且还可以在某种程度上引导信贷资金在产业部门间进行流动和分配。

中央银行通过设定再贴现率来影响商业银行的借款成本，进而影响商业银行的信贷规模。再贴现率通常高于市场利率，当中央银行提高再贴现率时，商业银行的借款成本增加，商业银行的信贷规模收缩；反之，当中央银行降低再贴现率时，商业银行的借款成本降低，商业银行的信贷规模扩大。中央银行也可以通过调整再贴现量来影响商业银行的信贷规模。例如，当中央银行减少再贴现量时，商业银行的信贷规模收缩；反之，当中央银行增加再贴现量时，商业银行的信贷规模扩大。

具体而言，再贴现政策的实施步骤如图 23 - 2 所示。

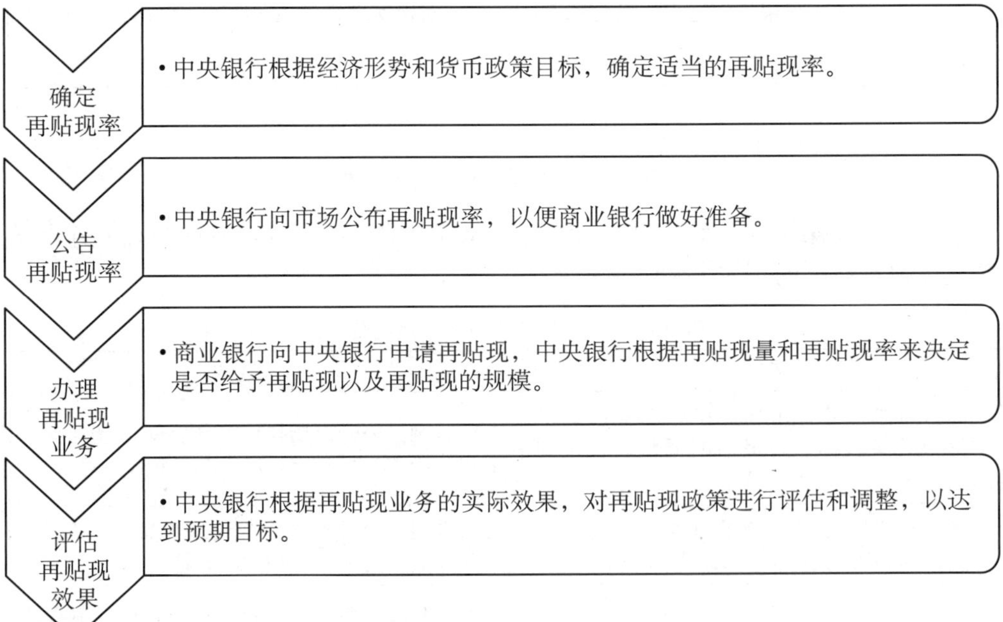

图 23 - 2　再贴现政策的实施步骤

再贴现政策也有自己的政策特点，其优缺点如表 23 - 5 所示。

表 23-5 再贴现政策的优缺点

优点	缺点
快速注入流动性：当商业银行面临短期流动性问题时，再贴现可以迅速获得资金，增加货币供应量。再贴现政策为商业银行在面临短期资金压力时提供了一个安全的“救生圈”。这确保了在某些突发情况下，银行不会因为流动性问题而陷入危机。	主动性较差：再贴现的主动权在商业银行，而不在中央银行，这就可能使中央银行的再贴现政策落空。商业银行是否愿意到中央银行申请再贴现，或者再贴现的利率是多少等，都完全取决于商业银行的意志。如果商业银行考虑到自身利益而没有将贴现的票据直接申请再贴现，或者再贴现的利率过高，都会使中央银行的再贴现政策落空。
快捷调节短期利率：通过调整再贴现率，中央银行可以有效地影响市场短期利率，从而达到调控经济的目的。	风险性：再贴现的利率低于一般贷款利率，使商业银行从再贴现中得到的好处比在一般放款中得到的好处多得多。因此，商业银行可能过多地使用再贴现来扩大自己的资产业务。如果这样的话，一方面会扩大信用规模，增加货币供应；另一方面也会使经济关系复杂化，给中央银行的宏观调控带来困难。
	有限的长期效果：再贴现政策主要针对短期流动性问题，对于长期的经济调控效果有限。

二、对货币乘数进行操作的货币政策

中央银行主要通过**准备金率政策**对货币乘数进行操作。准备金率政策可以被比喻为金融体系的“水闸”，调控着货币市场的液态程度。准备金是银行为确保其存款和其他短期负债的流动性而持有的货币资金，这是它们在中央银行或自己的金库中的现金存款。准备金率则是中央银行规定的，商业银行应持有的最低准备金与其存款总额之间的比率。

最常见的准备金率政策是对法定准备金率进行强制规定和调整。简单来说，如果威胁性通货膨胀抬头，中央银行便提高准备金率，使商业银行的贷款能力下降，全社会贷款总量和投资总量减少，信用紧缩，这种方法是一剂“猛药”，它使得只是由于流动性偏多而造成的有上涨趋势的货币总量回归到合理的水平。

中央银行提高法定准备金率时，商业银行可提供放款及创造信用的能力就下降。因为法定准备金率提高，货币乘数就变小，从而降低了整个商业银行体系创造信用、扩大信用规模的能力，其结果是社会的银根偏紧，货币供应量减少，投资及社会支出都相应缩减。反之，降低法定准备金率时，商业银行创造信用、扩大信用规模的能力增强，货币供应量增加。调节作用的发挥程度取决于整个商业银行体系的信用扩张能力、利率的弹性以及货币乘数的弹性等状况。

准备金率政策的实施流程如图 23-3 所示。

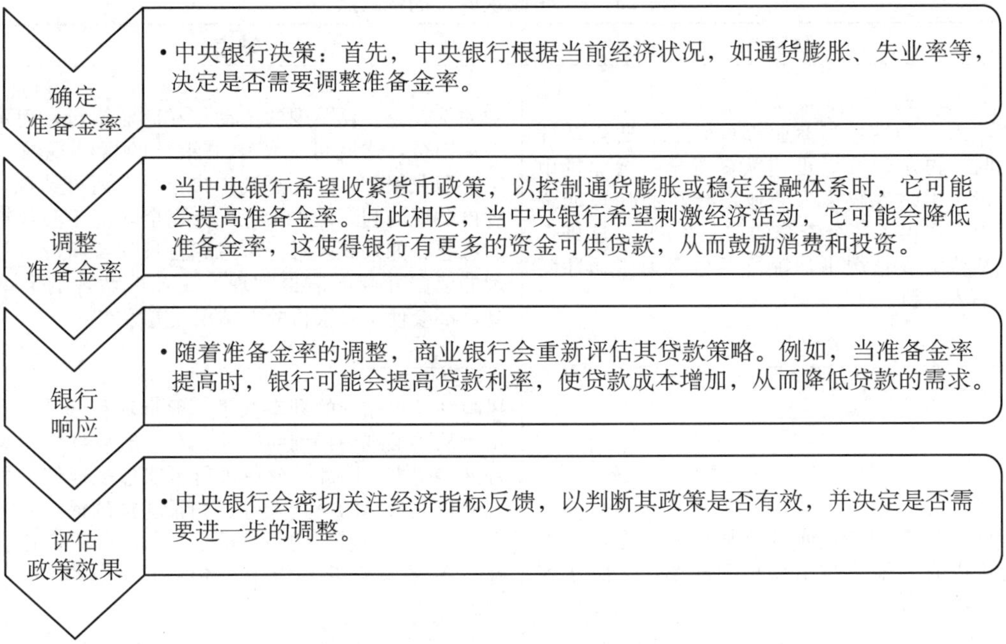

图 23－3　准备金率政策的实施步骤

准备金率政策的优缺点如表 23－6 所示。

表 23－6　准备金率政策的优缺点

优点	缺点
直接性：中央银行变动货币准备金率，直接影响可供借贷资金的数量，改变利率，进而影响投资和社会的有效需求。	过于猛烈：准备金率政策对货币流动的限制过于突然和猛烈，因此准备金率不宜频繁变动。
主动性：中央银行可根据不同情况灵活运用，货币政策作用迅速，一剂药方就可以对整个经济产生影响。	主观性较强：准备金率确定的标准主要依据中央银行的主观意向，所以其伸缩性操作容易受到政治压力和行政权力的干扰。
效果显著：准备金率的变动对货币流动的影响比较显著，即准备金率调整会产生明显的收缩或扩张效果。	时滞性较强：准备金率政策对货币流动的影响较慢，因此需要与其他货币政策工具相配合，以较快地实现目标。

三、零利率与非常规货币政策

传统的货币政策并不是在所有情况下都有效，在一些极端情况下，当传统的货币政策工具，如公开市场操作和再贴现政策，已经不能满足货币政策的需要时，中央银行可能需要使用一些非常规的货币政策工具。最常见的极端情况是在低利率甚至零利率的环境中，中央银行可能会遇到所谓的“利率零下限”情况。这种环境下，消费者和企业可能对未来持悲观态度，推迟消费和投资，导致经济增长缓慢；同时，银行可能对放贷持谨慎态度，从而压制了货币供应增长。

面对零利率的挑战，中央银行需要采取非常规货币政策来刺激经济。以下是几种主要的非常规货币政策：

（1）量化宽松政策：中央银行通过直接购买长期资产，如长期国债、企业债甚至股票，来增加货币供应量和降低长期利率。这旨在降低企业融资成本和刺激投资。

（2）正面信用引导：中央银行提供资金支持，鼓励银行向特定部门或企业发放贷款，如支持绿色投资或小微企业。

（3）负利率政策：尽管存在利率零下限问题，但一些中央银行仍尝试将政策利率降至负值，以刺激银行放贷和促进经济活动。

（4）口头干预：中央银行通过公开言论和承诺，影响市场预期，如承诺在一定时期内维持低利率。

非常规货币政策在某些环境下可能是必要的，但它们也带有一定的风险和挑战，其优缺点如表 23－7 所示。

表 23－7　非常规货币政策的优缺点

<table>
<tr><th>优点</th><th>缺点</th></tr>
<tr><td>强大的刺激效果：在零利率环境下，非常规货币政策可能是刺激经济增长的唯一方法。</td><td>资产泡沫风险：过度的货币刺激可能会导致资产价格过高，增加金融市场的风险。</td></tr>
<tr><td rowspan="2">提高市场信心：非常规货币政策表明中央银行下决心支持经济，可以提振市场信心。</td><td>损害银行盈利：长时间的低利率或负利率可能会压缩银行的净息差，影响其盈利能力。</td></tr>
<tr><td>增加不平等：非常规货币政策可能会推高资产价格，使持有大量资产的人受益，而对于普通工薪阶层的效果可能有限。</td></tr>
</table>

综上所述，非常规货币政策是一把双刃剑，其效果取决于实施环境、操作方式及市场反应。中央银行在采取非常规货币政策时，必须仔细权衡其利弊，并随时调整策略以达到货币政策的目标。

第三节　货币政策的目标

当我们置身于繁荣与萧条的经济循环中，货币政策无疑成为引导经济航船的关键锚。它是中央银行的主要手段，目的在于确保经济的平稳运行，避免过度的通货膨胀和高失业率。但货币政策的目标并非一成不变，它取决于所处的经济环境、国家的特定需要以及政策制定者的偏好。

首先，我们要明白几种常见的货币政策目标。是追求价格稳定，即控制通货膨胀，还是更关心经济增长和就业？不同的目标可能会导致不同的政策选择。其次，知道目标还不够，我们还需要了解如何达到这些目标。

利率是中央银行的主要操作工具之一。通过调整利率，中央银行可以影响借贷、投资和消费，进而对经济增长和通货膨胀产生影响。那么，中央银行是如何决定利率的呢？泰勒规则为此提供了一个框架，它是一个简单但强大的原则，告诉我们如何根据通货膨胀和产出缺口来调整名义利率。

在本节中，我们将深入探讨这些货币政策目标及实施手段，让我们一同揭开货币政策神秘的面纱，理解其背后的经济学逻辑。

一、三种常见的货币目标

货币政策是中央银行为了达成某些经济目标而对货币供应或利率进行调整的政策。随着经济学的发展和各国经济状况的变化，货币政策的目标有所不同。然而，在大多数国家，中央银行的货币政策目标大致可以概括为以下三个：价格稳定、经济增长与高就业以及金融市场的稳定。

价格稳定：价格稳定意味着通货膨胀率保持在一个较低并且稳定的水平。注意，价格稳定并不是指价格完全不变，而是变化的速度较慢。价格稳定有利于经济增长，因为它能提供一个可预测的经济环境，这有助于消费者、生产者和投资者做出决策。过高的通货膨胀会导致货币购买力下降，影响长期投资计划和资源分配。

让我们想象一下，如果你的月薪是固定的，而物价却飞速上涨，这意味着你的实际购买力在下降；反之，如果通货紧缩，虽然物价下跌，但人们可能会推迟消费，预期将来的价格会更低，从而阻碍经济增长。

经济增长与高就业：通常所说的经济增长是指国内生产总值（GDP）的增长，高就业指的是劳动力市场中的失业率保持在一个较低的水平。经济增长可以带来更高的收入水平和更好的生活质量。而高就业则意味着劳动力资源得到了充分利用，减少了社会的经济损失。中央银行通常会通过调整货币政策来应对经济下滑或是失业率的上升。

经济增长与高就业大多数情况下是一个问题的两个方面，稳定的经济增长可以提供更多的就业机会，增强国家的财富和提高人民的生活水平。2008 年金融危机后，许多国家的失业率飙升。为应对这一情况，美国联邦储备系统采取了量化宽松政策，大量购买政府债券，以刺激经济和创造就业。

金融市场的稳定：金融市场的稳定意味着资本市场、货币市场和其他金融市场能够平稳、有序地运作。稳定的金融市场对于经济增长和投资至关重要。金融危机或市场的大幅波动可能导致投资者信心下降，影响长期投资和资源分配。中央银行经常会出台货币政策来稳定金融市场，确保金融体系的流动性。

金融市场是现代经济的心脏。若它受到冲击，则可能会导致信贷紧缩、投资下降，甚至触发全球性的金融危机。1997 年，东南亚金融危机爆发，原因之一是资金短缺和金融体系脆弱。这也提醒我们，金融市场的稳定对于一个国家甚至全球都至关重要。

在实际应用中，这三个目标可能会相互影响。例如，为了刺激经济增长和提高就业率，中央银行可能会降低利率，但这可能会导致通货膨胀上升，从而与价格稳定的目标产生冲突。因此，货币政策往往需要在不同的目标之间进行权衡，这需要中央银行具备高度的判断能力和经济智慧。

综上所述，货币政策的目标是多方面的，且相互关联。在制定货币政策时，中央银行必须考虑到所有这些因素，并努力达到最佳的经济效果。

二、以利率为操作工具的货币政策与泰勒规则

上文已经介绍了货币政策的主要目标，现在将回到货币政策制定者面临的一个更加现实的问题上——我们需要使用哪个具体指标来兼顾三个相互影响的货币政策目标？在我们常见的经济学指标当中，利率是一个比较好的能与三个货币政策目标产生紧密联系的变量，具有重要的分配和实际影响。这里我们将探究利率是如何成为货币政策的核心，以及泰勒规则如何为中央银行提供了一个行动指南。

当我们说到利率，其实是指一种价格，即货币的价格。具体来说，它是借款者为获得现在的资金而支付给贷款者的价格。利率高意味着借款成本高，这可能会抑制消费和投资，从而降低总体经济活动；反之，利率低则可能鼓励企业和个人进行更多的投资和消费，刺激经济增长。

中央银行通常通过影响短期利率（如超额准备金利率）来实现其货币政策目标。这样的利率调整会影响整个经济的利率结构，从短期国债的利率到普通消费者的抵押贷款利率。

例如，当经济增长过快，通货膨胀压力上升时，中央银行可能会提高利率。这将增加借款的成本，导致企业减少投资和扩张，而消费者可能会减少购房和其他大额支出。结果，总体需求减少，经济增长放缓，通货膨胀压力缓解。相反，当经济衰退时，中央银行可能会降低利率以鼓励消费和投资，从而刺激经济。

具体到实施规则上，泰勒规则是以利率为操作工具的货币政策的一个典型代表。在许多中央银行中，泰勒规则已成为指导货币政策的一个重要参考。它是由经济学家约翰·泰勒于 1993 年提出的，建议中央银行应该如何调整名义利率以应对通货膨胀和产出差距。

泰勒规则的基本公式为：

$$i = r^* + \alpha(\pi - \pi^*) + \beta y$$

其中：i 是建议的名义利率；r^* 是长期实际利率的中性水平；π 是当前通货膨胀率；π^* 是通货膨胀率的目标水平；y 是产出差距，即实际产出与潜在产出之间的差距；α，β 都是正常数。

这个规则强调，当通货膨胀率超过目标或当经济产出超过潜在产出时，中央银行应该提高利率，防止经济过热；反之，则应降低利率，防止经济衰退。

2008 年金融危机后，许多国家的经济产出低于其潜在水平，而通货膨胀也低于目标水平。按照泰勒规则，这就意味着中央银行应该大幅降低利率。实际上，美国联邦储备系统确实采取了这样的政策，将联邦基金利率降至接近零的水平。

尽管泰勒规则为货币政策提供了明确的指导，但它也有局限性。首先，潜在产出和长期实际利率的中性水平都是不可预测的，只能估算。此外，该规则可能不适用于所有情境，尤其是在金融危机或其他非常规情境下。

总而言之，利率是中央银行的主要工具，影响着经济的各个方面。而泰勒规则提供了一个有用的框架，指导中央银行如何根据经济状况调整利率。然而，制定货币政策时，中央银行仍然需要考虑各种因素，并根据实际情况灵活调整。

资源链接

视频微课 23－1　　视频微课 23－2

思考题

1. 简要描述货币乘数是如何产生的，并解释其对经济的影响。

2. 银行为什么会对货币供应有影响？考虑存款准备金率时，如果中央银行调高了该准备金率，对货币乘数和货币供应量会产生怎样的影响？

3. 列举并简要描述中央银行常用的三种货币政策工具。

4. 当经济出现通货紧缩时，中央银行应该使用哪些货币政策工具？为什么？

5. 货币政策的主要目标是什么？这些目标之间是否可能存在冲突？

在线自测

扫一扫　练一练

第二十四章　财政政策

财政政策，或者称为政府的财政手段，同样是庞大经济“机器”的一个关键旋钮。每当你走在街上，看到新建的公路或学校，每当你收到个人所得税税务退款，你其实都在亲身体验财政政策的实际效应。这是政府通过其收入和支出来实现经济目标，诸如刺激经济增长、减少失业或控制通货膨胀的策略和措施。

但政府如何确定支出的方向和税收的额度？财政政策是如何产生影响，又如何与货币政策相互作用？这背后有一系列的经济学原理和模型来指导决策。例如，凯恩斯主义者认为在经济萎靡时，增加政府支出或减少税收可以刺激总需求，进而促进经济增长。但是，每一个决策都伴随着权衡和潜在的长期影响。

为了探索这个复杂但至关重要的主题，我们将在本章深入讨论财政政策的核心概念和理论。

首先，我们会详细探讨财政政策的两个主要工具：政府购买和税收政策，并研究它们如何直接或间接影响经济。其次，我们将深入研究财政政策的乘数效应和挤出效应。最后，我们将讨论关于财政政策的不同观点，以及著名的“李嘉图等价”，这是一个关于政府债务如何影响私人储蓄和投资的争论点。

第一节　认识财政政策：政府购买与税收政策

当总支出不足以达到总收入水平时，政府可以通过增加公共支出来刺激总需求，从而使总支出曲线向上移动。这正是许多国家在 2008 年金融危机后所采取的政策。例如，为了应对金融危机，我国政府在 2008 年末推出了 4 万亿元人民币的经济刺激计划。在现实世界中，政府和中央银行将实施相应的政策，以保持经济的稳定增长，避免严重的衰退或通货膨胀。在本节，我们将具体探究这些财政政策的原理、实施过程以及最终效果。

一、财政政策——政府购买

政府购买，通常指的是政府为了满足公共服务需求而购买商品和服务。这包括基础设施建设（如公路、桥梁）、医疗、教育、社会保障和其他公共服务。

凯恩斯的消费函数为我们展示了在一定的背景下消费与收入间的非线性关系，但这只是总需求的一部分。总需求除了私人消费外，还包括投资、政府购买以及净出口。这里我们将着重关注政府购买，探讨其在财政政策框架中的地位与作用。

政府购买，一般包括政府对商品和服务的支出，不包括转移支付，例如社会福利和退休金。政府购买在总需求中的份额，尽管因国家而异，但在多数经济体中均占有重要地位。

政府购买对经济活动产生直接影响。假设在一个简化的经济模型中，无外部交易和投资，那么总需求即为私人消费加政府购买。此时，如果政府购买增加，总需求直接增加。

考虑到日常生活中的一个实例——公路建设。当政府决定建设一条公路时，它会与私人承包商签订合同，支付它们为建设工程提供材料和劳务所需款项。这一支付即是政府购买，而承包商则会使用这些资金支付工人的工资和购买建筑材料，这便是私人消费。

但政府购买的影响并不止于此。正如凯恩斯消费函数所示，工人因为获得了工资，他们的消费也会相应增加，这进一步拉动了总需求。这一连串的事件，也被称作乘数效应，我们会在后续内容中进行深入探讨。

然而，政府并不总是盲目增加购买。其购买的决策受到多重因素的影响，例如预算约束、政治考量和宏观经济目标等。为了优化资源配置，政府需要评估其购买的经济效益。例如，如果一个国家的基础设施滞后，政府可能会选择增加在此方面的支出，从而刺激经济增长，为私人部门创造更好的投资环境。相反，如果政府负债过多，可能需要暂时削减某些非必要的购买。

在经济萎靡的时候，政府购买往往起到了“稳定器”的作用。当私人部门投资和消费萎缩时，政府可以通过增加公共支出来维持经济活动。这是2008年全球金融危机后，许多国家采取的策略，例如美国的经济刺激计划。然而，在经济繁荣时期，如果政府继续增加购买，可能导致资源过度配置，引发通货膨胀。这要求政府在购买决策中要有前瞻性和灵活性。

总体来看，政府购买在财政政策中占据了重要地位，既能直接刺激总需求，又能间接通过乘数效应拉动经济。但政府在实施购买决策时，必须综合考虑经济环境、政策目标和资源限制，做到审慎和科学。

二、财政政策——税收政策

税收是国家和地方政府从个人、企业和其他组织征收的一种财政收入，是政府为了实现各种社会和经济目标所必需的资金来源。

税收可以按其征收对象分为直接税和间接税。直接税，如所得税、财产税，是直接从收入或财富来源征收的；而间接税，例如消费税、增值税，是在商品和服务的交易中征收的。例如，小李今年赚了10万元人民币。按照适用税率，他需要支付2万元作为个人所得税，该个人所得税是直接向个人收取的税，也就是直接税。再比如，小王购买了一台电视机，标价为4 000元，其中包括了200元的增值税，这200元虽然由商家向政府缴纳，但实际上是从消费者小王那里收取的，这种税是由商品的销售者收取，但最终由消费者承担，所以是间接税。

在宏观经济实践中，如果说政府购买是财政政策的一只“手”，用于拉动或抑制经济需求，那么税收政策则是其另一只“手”，有时更为关键。税收并不仅是为政府筹资的手段，它更是调节宏观经济、影响资源分配、实现公平正义的重要工具。

税收政策对经济活动的影响，往往是通过影响私人消费和企业投资这两个渠道。例如，当政府降低所得税税率时，家庭和企业的可支配收入增加，可能会导致消费和投资增加，进而拉动总需求。而增加商品税，如增值税，可能会导致商品价格上涨，抑制消费，从而降低总需求。当政府调整税率时，其影响迅速传导到消费者和企业。假设政府减少所得税，家庭可支配收入增加，消费可能随之增加，从而拉动总需求。

税收政策也会影响公司的投资决策。企业税收，尤其是对公司利润的征税，会直接影响公司的再投资能力和意愿。过高的企业所得税可能会降低公司的再投资，从而影响经济长期增长。

例 24.1 在 20 世纪 90 年代，爱尔兰用一系列巧妙的策略重写了自己的经济命运。其中最显著的做法是大幅度地降低企业税率。正如资本对利润的追求本能一样，跨国公司总是在全球范围内寻找能提供最优惠税务待遇的地方。在全球竞技场上，爱尔兰展现出了前所未有的吸引力，其大胆的税收政策就像磁铁一样，吸引了众多跨国企业投资。

这种经济策略很快让爱尔兰获得了“凯尔特之虎”的美誉。凯尔特，是古老的欧洲文明的代名词，而在此时，这只“虎”正蓄势待发，准备在全球经济舞台上展现其锐不可当的气势。税收刺激政策所带来的外资涌入，不仅仅是数字上的增加，这些资金与技术的融入，带动了爱尔兰的产业升级，创造了大量的就业机会，推动了科研和技术进步，进一步拉动了其经济增长。

此外，值得一提的是，税收政策还与收入和财富分配紧密相关。累进税制，即随着收入增加税率也增加的税制，被视为一种缩小收入差距的手段。通过税收重新分配，政府可以在一定程度上实现公平正义。以北欧国家为例，其累进税制和高福利政策确保了社会的收入分配相对均衡。这种税收政策不仅缩小了贫富差距，还为社会福利制度提供了稳定的资金来源。

税收政策，无疑是政府调控经济、实现政策目标的关键工具。从短期的总需求刺激，到长期的投资环境优化，再到公平正义的追求，税收政策无处不在。但需要注意的是，税收政策并非灵丹妙药，其效果受到多重因素的影响。政府在制定税收政策时，应根据经济环境、社会需求和全球格局审慎权衡，做出科学决策。

第二节 财政政策的乘数效应和挤出效应

财政政策对于经济的影响，不仅仅局限于其直接效应，它还会引发一系列的连锁反应，影响其他经济变量。这个连锁反应的总效果，我们称为乘数效应。我们将在本节深入探讨这种效应以及它是如何影响我们的经济的。在经济学中，财政政策的乘数效应描述了初始政府支出或税收变化引起的总收入的变化量。换句话说，这代表了政府投资每一元可能带来的经济总收入增加量。

凯恩斯主张，由于收入和消费之间的正相关关系，一次性的支出变动可以引起收入的连续变动，形成连锁反应。假设政府增加了公共工程项目的支出，这将为建筑行业和相关行业创造更多的工作机会和收入。由于收入增加，消费也会增加，从而进一步提高总体收入。

要理解这一点，让我们举一个简单的例子。政府决定建设一条高速公路，这需要购买原材料和支付工人的工资。这种直接支出，就会增加相关产业的生产和收入。当工人和原材料供应商获得这笔收入时，他们会把这些收入的一部分用来消费。这增加的消费，进一步促进了生产和收入的增长。如此反复，一个初始的支出变动会被放大，导致名义 GDP 增长多次。下面，我们将从凯恩斯消费函数的角度分别具体探究两种财政政策的乘数效应，以及财政政策的挤出效应。

一、政府支出变动的乘数效应

当政府增加其支出，例如扩建基础设施、增加公共服务或直接购买商品和服务，会直接带来对应的经济增长。但这只是初级效应。

假设政府决定增加 1 亿元的基础设施投资。建筑公司得到合同后会增加工人的工资和购买更多的材料。这 1 亿元的支出随后流入工人和供应商的口袋，他们再用这些额外的收入去购买商品和服务。于是，这笔钱继续流转在经济中，产生了连锁反应。

这种连锁反应的规模由边际消费倾向决定，即家庭收入增加一单位时，消费增加的量。边际消费倾向越高，乘数效应就越强烈。

为了更具体地理解这种机制，让我们引入凯恩斯消费函数：$C=C(Y-T)$，假设政府购买增加了 ΔG，那么作为名义 GDP 的一部分，其直接影响是导致名义 GDP 增长 ΔG。由凯恩斯消费函数可知，由于 GDP 的增长，消费也会发生增长，其具体增加值为 $MPC\times\Delta G$。但是这一过程还远远没有结束，消费也属于名义 GDP 的一部分，消费的增加再次推高了名义 GDP，名义 GDP 在此增加了 $MPC\times\Delta G$。因此，在第二轮间接效应中，消费又将增加 $MPC^2\times\Delta G$。如此循环往复，名义 GDP 的增加将如表 24-1 所示。

表 24-1　政府支出变动的乘数效应与名义 GDP 的增加

间接效应的轮数	名义 GDP 的增加数额
	ΔG
第一轮	$MPC\times\Delta G$
第二轮	$MPC^2\times\Delta G$
第三轮	$MPC^3\times\Delta G$
……	……
第 n 轮	$MPC^n\times\Delta G$

最终，名义 GDP 的增加即是表格右列全部增加数额之和，显然这是一个等比数列。根据等比数列求和公式，最终名义 GDP 的增加值为：

$$\Delta Y=\frac{\Delta G}{1-MPC}$$

从公式中可以看出，一单位的政府支出变动，可以导致 $1/(1-MPC)$ 单位的名义 GDP 增加，$1/(1-MPC)$ 即是政府支出的乘数。

为了使这个过程更为明晰，我们可以考虑一个简化的例子：假设边际消费倾向是 0.8。这意味着当收入增加 1 元时，会有 0.8 元用于消费，0.2 元会被储蓄。那么，1 亿元的政府支出将首先直接产生 1 亿元的产值，然后再产生 0.8 亿元的消费，随后产生 0.64 亿元的消费……以此类推。总效应将超过最初的 1 亿元，达到 5 亿元，而这个总和就是乘数效应。

二、税收变动的乘数效应

税收政策的乘数效应考虑了税收变化对经济总收入的影响。与直接的政府支出不同，税收政策的效果更加复杂。当政府决定削减税收时，家庭的可支配收入会增加。由于 MPC 的存在，这种收入的增加会导致消费的增加。但值得注意的是，税收刺激的效果可能不如直接的支出刺激，因为家庭可能选择储蓄部分新增收入，而不是全部消费。

同样的，为了更具体地理解税收变动的乘数机制，让我们再次回想一下凯恩斯消费函数：$C=C(Y-T)$。假设政府对税收减免了 ΔT，那么作为名义 GDP 的一部分，其直接影响是导致消费增长 $MPC\times\Delta T$。消费属于名义 GDP 的一部分，消费的增加推高了名义 GDP，名义 GDP 增加了 $MPC\times\Delta G$。因此，在第一轮间接效应中，消费将增加 $MPC^2\times\Delta G$，在第二轮间接效应中，消费将增加 $MPC^3\times\Delta G$……如此循环往复，名义 GDP 的增加将如表 24－2 所示。

表 24－2 税收变动的乘数效应与名义 GDP 的增加

间接效应的轮数	名义 GDP 的增加数额
	$MPC\times\Delta T$
第一轮	$MPC^2\times\Delta G$
第二轮	$MPC^3\times\Delta G$
第三轮	$MPC^4\times\Delta G$
……	……
第 n 轮	$MPC^{n+1}\times\Delta G$

与政府支出的情况类似，最终名义 GDP 的增加即是表格右列全部增加数额之和，显然这也是一个等比数列。根据等比数列求和公式，最终名义 GDP 的增加值为：

$$\Delta Y=\frac{\Delta T\times MPC}{1-MPC}$$

由公式可以看出，一单位的税收减免，可以导致 $MPC/(1-MPC)$ 单位的名义 GDP 增加，$MPC/(1-MPC)$ 即是税收的乘数。

使用上述 MPC 为 0.8 的例子，乘数为 5，税收乘数则为 4。如果政府减少了 1 亿元的税收，那么总收入可能会增加 4 亿元。这里的 4 亿元较之于政府支出变动的乘数效应的 5 亿元有所不足，原因在于家庭选择储蓄部分新增的收入。

三、乘数效应之外：财政政策的挤出效应

政府支出与税收的变动所引起的乘数效应告诉我们，财政政策的效果会被乘数放大，从而引起更乐观的增长。但是这仅仅是财政政策的一个方面，在政策的实施过程中同样有着减小总需求的力量，这便是所谓的“挤出效应”。

财政政策的挤出效应（Crowding Out Effect）是一个在宏观经济学中频繁出现的概念，

它主要描述的是当政府增加支出或减少税收时，可能会导致私人部门的投资减少的现象。当政府采取扩张性财政政策，比如增加公共支出或减少税收来刺激经济增长时，其首要目的是提高总需求。然而，在这一过程中，会出现一系列的连锁反应，如图 24-1 所示。

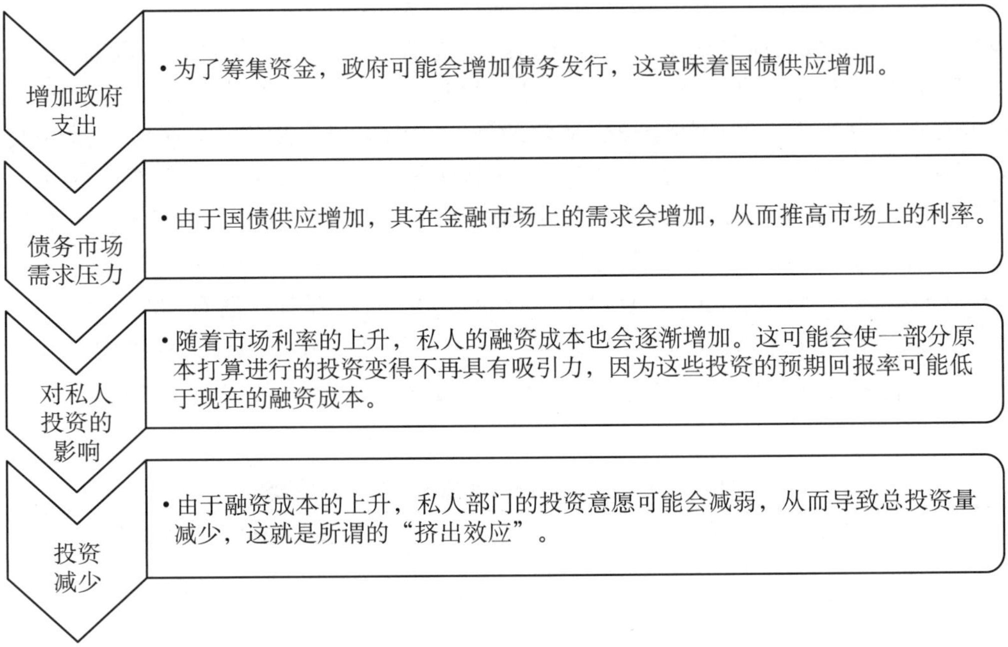

图 24-1　财政政策挤出效应的传导

挤出效应的大小取决于货币政策的反应和资本的流动性。一方面，如果中央银行持续地采取宽松货币政策以维持低利率，则挤出效应可能会减少；另一方面，如果一个国家的资本市场对外开放，外部资金流动会缓解国内资本的压力，从而也可能减少挤出效应。

例如，假设某国为了推动基础设施建设和提高就业率，决定大幅度增加公共支出。这项计划需要巨额资金，因此政府决定发行更多的国债。这种大量的国债发行在金融市场上造成了较大的需求压力，导致利率上升。这时，一个原本打算建设新工厂的企业发现，由于贷款成本（即利率）上升，新工厂的预期回报率低于这个成本，因此放弃了投资计划。这就是挤出效应的体现。

财政政策的挤出效应是一把双刃剑。它提醒我们，在采取扩张性财政政策时，除了考虑政策的直接效果外，还需要关注其可能对私人投资造成的间接影响。因此，在制定财政政策时，应综合考虑各种因素，以确保政策的整体效果是积极的。

第三节　对财政政策的不同看法与李嘉图等价

在前面的章节中，我们对财政政策的手段和作用路径有了一个大体的了解。财政政策在经济体中扮演着复杂的角色，从历史到现实，从理论到实践，关于其效果与适用性的争论从未停止。本节我们将深入浅出地探究一些看法的核心观点。然后我们还将了解一种对财政政策更加经典的看法，即“李嘉图等价”。

一、对财政政策的不同看法

主动财政政策的支持者：凯恩斯主义经济学派是这一观点的重要拥护者。他们主张，在经济不景气的时期，政府应通过增加支出或降低税收来填补总需求的空缺，从而刺激经济回暖。这也就是所谓功能财政的思想，简言之，就是政府在经济衰退时应增加支出、减少税收，以鼓励消费和投资；而在经济繁荣时，政府应减少支出、增加税收，以避免经济过热。

凯恩斯主义经济学派的核心思想如同医生为患者开出的处方，旨在治疗经济的“疾病”。在经济活动低迷的时候，私人消费和投资可能会萎缩，导致总需求下降，这时的经济就如同一名运动员因伤病而退出赛场。凯恩斯主义经济学派主张，政府应当充当那名“运动医生”，通过主动增加公共支出或降低税收，刺激总需求，助力经济起死回生。

例 24.2 2009 年，全球经济如同坠入寒冬。美国金融市场遭受了严重的打击，银行破产、失业率飙升、消费者信心下滑。在这样的背景下，美国政府实施了规模庞大的经济刺激方案，其中包括大量的基础设施投资；同时，美国也进行了一系列税收政策调整，旨在减轻企业和消费者的税收，鼓励投资和消费。这类财政政策在一定程度上使得美国经济避免了更为严重的衰退。

慎重派：慎重派学者警告，政府支出增加可能会导致私人投资的“挤出”，因为政府与私人部门在金融市场上竞争融资，可能导致利率上升。当政府加大公共支出，尤其是通过发债增加支出时，它在金融市场上需要更多的资金。这是一个简单的供需问题：需求增加可能会导致价格上涨，而在资金市场上，这个“价格”就是利率。当政府为了其大型项目而进入市场借款时，私人企业和消费者都可能会发现融资成本上升了。这种上涨的利率使得企业融资更为昂贵，从而导致企业投资降低，或者说被“挤出”。

对于这一派的学者来说，私人投资是推动经济增长的关键驱动力。这不仅仅是因为它可以带来新的生产能力，而且还因为私人投资往往涉及创新和技术的引入。因此，当政府支出“挤出”私人投资时，可能会短暂地刺激经济，但长期可能会损害经济增长的潜力。

例 24.3 日本在 20 世纪 90 年代遭遇了长时间的经济低迷。在那一时期，日本政府多次实施大规模的财政刺激计划，期望能够激发经济增长。但结果如何呢？虽然某些刺激措施短暂地提振了日本的经济，但长期看来，经济增长仍然乏力。更为严重的是，这些刺激计划加大了政府的债务负担，导致公共债务迅速增长。与此同时，高利率和高债务使私人部门投资受到了压制，陷入了长期的滞胀状态。

结构改革支持者：这一学派强调，单纯依赖财政刺激并不能彻底解决问题。必须对经济结构进行深化改革，释放潜能，提高效率。这一学派认为，偶尔的财政刺激就如给植物浇水，可以刺激短时的生长，但真正使植物根深叶茂、果实累累的，是优质的土壤、良好的排水系统和合适的阳光。同样，对于经济而言，短期的财政刺激可以帮助其渡过困难，但只有深度的结构性改革，才能让经济真正走上健康、持续的增长道路。

例 24.4 瑞典在 20 世纪 90 年代初曾面临一场前所未有的经济危机。在这种情况下，一些观察家可能会期望政府采用短期的、直接的财政刺激来稳定经济。然而，瑞典选择了不走寻常路。瑞典当然也使用了财政刺激作为“急救包”，但更重要的是，它将此视为一个经济转型的契机。金融体系、历史悠久但有待改革的劳动市场以及福利制度都被提到了改革的日程上。

在金融领域，瑞典对银行业进行了彻底的清理和重组，确保了金融体系的健康和稳定。劳动市场改革则更为关键，它旨在提高劳动力的流动性和灵活性，从而提高总体经济的生产效率。而福利制度的改革则确保了公共财政的可持续性，同时提高了福利效率。正是这一系列的深化改革，为瑞典经济重新注入了活力。

政府债务忧虑派：这一学派的经济学家警告，盲目的财政扩张可能会积累过多的公共债务，从而对未来的经济增长造成压力。公共债务的增长不仅仅是一个数字上的问题。随着债务规模的膨胀，一个国家必须分摊更多的资源去偿还债务，这意味着未来的税收收入和其他财政资源可能会被锁定，为的是支付日益增长的利息。这种情况下，政府在教育、健康和基础设施等关键领域的投资可能会减少，从而可能对经济增长产生长期的负面影响。

例 24.5 希腊的债务危机是这一警示的最生动写照。2009 年 12 月，这个曾是地中海文明的发源地、拥有丰富的历史和文化遗产的国家，在经济债务的巨大压力下，几乎跌入了无法自拔的深渊。希腊政府长期的过度支出，加上经济结构的低效，使得公共债务持续攀升。随着时间的推移，国际投资者对希腊的信心逐渐丧失，导致信贷市场的紧缩。在这种环境下，希腊无法从国际市场上获得足够的融资来支付即将到期的债务，经济形势急转直下。

这场危机不仅给希腊带来了巨大的经济损失，也震惊了整个国际金融体系。希腊的经济衰退对欧洲其他国家造成了连锁反应，欧元区面临了前所未有的压力。这个案例清楚地告诉我们：无节制的债务积累可能会对整个经济体系造成系统性风险。

除以上观点以外，还有一种对财政政策较为公认的积极看法，就是财政政策充当“**自动稳定器**”。自动稳定器指的是某些政府财政政策无须特殊决策，就能在经济衰退或过热时自动调整，从而帮助稳定经济。最常见的自动稳定器包括失业救济和累进税制。

举例来说，当经济衰退时，失业率上升，更多的人会领取失业救济，政府支出自动增加；而在经济繁荣时，失业率降低，失业救济支出减少。这种机制能够帮助平衡经济，使其不至于陷入更严重的衰退或过热。

同样地，累进税制也起到类似的效果。在经济繁荣时，人们的收入增加，他们会被纳入更高的税收档次，导致税收增加；而在经济衰退时，收入减少，税收自动减少。

综上所述，财政政策并非简单的单一工具，它必须根据特定的经济环境和实际需求进行精心设计和执行。决策者需要结合多方面的经济学理论，对短期和长期效应进行权衡，从而为社会带来最大的福祉。

二、李嘉图等价

除了以上观点以外，关于财政政策还有一种更为经典的看法，那就是“李嘉图等价”。“李嘉图等价”这个名词源于 19 世纪的经济学家大卫·李嘉图（David Ricardo），这个概念描述了在政府减税而增加赤字的情况下，当期的减税可能不会增加总需求，因为家庭可能会预期到未来的税收增加，从而提高储蓄。

其核心观点是，家庭对其未来的税负有预期，因此会调整其消费和储蓄行为以应对未来的变化。当政府增加赤字支出时，家庭可能预期到未来需要偿还这些债务，从而导致税收增加。因此，家庭可能会减少当期的消费以为未来的税收做准备。

尽管李嘉图等价在理论上是有趣的，但在实际中是否真的存在这样的行为呢？各国的经验各不相同。例如，在20世纪80年代，美国大幅减税，同时增加了赤字。但统计数据显示，这并没有导致家庭的储蓄率显著增加，这与李嘉图等价的预测相悖。但在其他情境下，如日本的长期债务累积，部分家庭的储蓄率确实提高，这可能是对未来税收上涨的反应。

李嘉图等价告诉我们，政府的财政政策不仅仅是简单地通过增加支出或减税来刺激经济。政策制定者需要考虑家庭如何看待政府的财政行为，以及它们如何调整自己的消费和储蓄行为。为了形象化这一点，我们可以想象一个案例：假设某国政府决定大幅增加基础设施投资，但这需要通过增加赤字来实现。若该国的家庭确实认为未来税收会上涨以偿还这笔债务，那么它们可能会减少消费，增加储蓄，从而使得政府的刺激政策效果大打折扣。

李嘉图等价为我们提供了一种观察财政政策的独特视角。它提醒我们，政府的经济行为会影响家庭和企业的预期，从而影响它们的消费和储蓄行为。在制定财政政策时，考虑到这一点至关重要。

资源链接

视频微课 24－1

视频微课 24－2

思考题

1. 简述凯恩斯消费函数的基本思想。它与收入之间的关系是怎样的？
2. 如何区分间接税和直接税？这两种税收方式对消费者和生产者的影响有何不同？
3. 政府购买在短期和长期内如何影响经济的总需求？
4. 什么是财政政策的乘数效应？请举例说明它如何在经济中发挥作用。
5. 简述李嘉图等价的主要观点。它如何与财政政策的效果相关？
6. 不同的经济学家对财政政策的看法有何异同？请列举两种对立的观点并简述其背后的逻辑。

在线自测

扫一扫 练一练

第二十五章　产品市场和货币市场均衡

市场经济不仅包括产品经济，同样包括货币经济。在现实经济社会中，这两个市场是相互影响、相互依存的。在本章的理论学习中，我们会将两个市场的均衡同时纳入考虑。这就是本章要学习的产品市场和货币市场的一般均衡的IS-LM模型。

早期古典经济学考虑国民收入的决定问题时，仅局限于对总供给的分析之中，即认为资本、劳动和技术最终决定国民收入水平。然而，该理论无法解释20世纪30年代大萧条的发生。因此，在大萧条爆发之后，经济学家们意识到需要一个新的模型来解释这种突发性的大规模衰退。1936年，凯恩斯在其著作《就业、利息和货币通论》中提出了分析经济的新方法，他认为，经济衰退中的低收入和高失业现象是由总需求低迷造成的。后续的经济学家又将总需求与总供给模型的观点结合起来，从而形成了最终的总需求和总供给模型：在长期中，价格是可变的，总供给水平决定收入，而在短期中，物价是黏性的，因此，总需求的变动也会影响收入水平。

在本章中，我们主要考察在给定物价水平下，究竟什么因素会影响收入的变动。其中，*IS*代表了产品市场的情况，*LM*代表了货币市场的情况。由于利率既影响投资从而影响产品市场的均衡，又影响货币需求从而影响货币市场的均衡，因此它是联系两个市场的重要变量。通过分析利率和收入水平的关系，IS-LM模型说明了两个市场的相互作用机制，从而确定短期中国民收入水平。IS-LM模型虽然被大多西方经济学家认为是凯恩斯体系下最核心的经济周期分析模型，但是该模型同样可以用于展示和讨论古典经济学派对经济周期的分析。

本章总共分为三个部分。第一节介绍产品市场均衡。在这一节中，我们将从凯恩斯交叉模型出发，探讨需求和供给是如何在产品市场上相互作用的，以及它们如何影响国内生产总值（GDP）的水平。通过理解产品市场均衡，我们可以推导出*IS*曲线。第二节介绍货币市场均衡。这一节将着重讨论凯恩斯的流动性偏好理论，并阐明如何从该理论中推导出货币市场的均衡条件，而货币市场的均衡，又可以通过*LM*曲线来表示。第三节介绍IS-LM模型。在本节中，我们将*IS*曲线和*LM*曲线合并，IS-LM模型结合了产品市场和货币市场的均衡，帮助我们理解利率和国民收入之间的相互关系，也是我们用以分析货币政策和财政政策影响的有力工具。为了简化模型，我们将在封闭经济的情况下展开讨论。

第一节　产品市场均衡

一、凯恩斯交叉模型

对于产品市场的均衡问题，我们将从简单的凯恩斯交叉模型开始讨论。该模型是对凯恩斯主义的国民收入决定理论的最简单的解释，也是构成更为复杂、更与现实贴近的 IS-LM 模型的基础。

在此，我们暂不考虑货币市场，仅分析产品市场上的简单国民收入决定理论。凯恩斯对支出进行了区分，分为实际支出和计划（意愿）支出。从字面意思可知，实际支出就是所有的消费主体（家庭、企业、政府）真实花费在产品或服务上的总数额，其数值就等于一个经济体的国内总产值，即在第二十一章中介绍的 GDP，我们将实际支出记为 Y。而计划（意愿）支出则是消费主体意愿花费在产品和服务上的价值总和，记作 PE。从两者的不同中，就可以推导出凯恩斯交叉模型。

假设消费主体主要涉及三个部门，即家庭、企业和政府。下面我们将分别介绍三部门在计划（意愿）支出中起到什么样的作用。

（一）家庭行为

家庭行为主要与消费有关。家庭消费行为依然满足凯恩斯消费函数：

$$C = C(Y - T)$$

（二）企业行为

企业行为主要与投资有关。需要注意的是，宏观经济学中投资的概念与买股票、买房等生活中常见的投资行为并不相同。在此，投资是资本的形成过程，指的是社会实际资本的增加，主要分为固定资产投资和存货投资。例如，固定资产投资有厂房、设备、住宅的增加；存货投资则是指厂商存货价值的增加。

当一个企业做出某种投资决策时，它会对投资的成本和收益进行权衡，因此，投资水平取决于两个因素：利率和资本的边际效率。其中，资本的边际效率是指在额外增加一单位投资时可以得到的预期收益。同样的，资本的边际效率也是递减的。

在任意给定的利率水平上，只有那些资本边际效率（即预期收益率）不低于利率（即成本）的投资才是有利可图的。因此，投资将一直进行到资本边际效率等于利率的那一点为止。所以，投资是利率的递减函数：

$$I = I(r)$$

（三）政府行为

对于政府行为的讨论更为简单，我们在此并不考虑政府复杂的投资行为，我们只关心其消费与支出 G，以及政府的收入，也就是税收 T。

因此，在封闭经济下，三部门经济中的计划（意愿）支出 PE 为：

$$PE = C + I + G = C(Y - T) + I(r) + G$$

正如前面所介绍的，$C(Y - T)$ 是出自消费者自身的效用最大化的决策，$I(r)$ 是出自企业投资收益最大化的决策，G 是政府的支出决策，三项全部出于自身的计划或者意愿，故叫作计划（意愿）支出。我们假设税收 T、计划投资 I、政府购买 G 都是外生固定的，那么从方程中可知，计划支出 PE 是收入 Y 的函数，凯恩斯交叉图即凯恩斯交叉模型如图 25－1 所示，严格来说，PE 曲线并非直线，在此为简化模型，我们认为斜率不变。

当实际支出等于计划支出时，即 $Y=PE$，经济就会处于一个均衡的状态，且该均衡点是稳定的。因为根据理性人的假设，当计划实现时，人们没有理由改变当下的行为。图 25－1

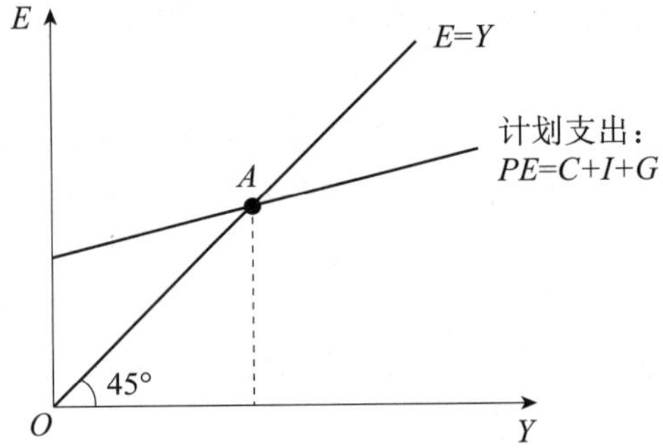

图 25－1　凯恩斯交叉图

中，45°线为支出均衡时所有可能的情况，因为 45°线上的任意一点，其纵轴的值和横轴的值均相等。A 为计划支出函数与 45°线的交点，也是均衡点，在该点时，经济达到凯恩斯交叉均衡。

凯恩斯交叉图不仅可以解释均衡状态，同样也可以展示失衡状态。当总支出曲线位于 45°线的上方时，总支出超过了总收入，经济可能会进入通货膨胀阶段；反之，当总支出曲线位于 45°线的下方时，总支出低于总收入，经济可能会进入衰退或萎缩阶段。比如，在 2008 年的全球金融危机中，由于银行间的信贷紧缩和消费者信心的丧失，总支出的增长速度大幅放缓。在凯恩斯交叉图中，这可以表示为计划支出曲线向下移动，导致新的均衡点位于更低的总收入水平。这就是为什么许多国家的 GDP 在 2008 年和 2009 年都出现了负增长。

实际支出 Y 和计划支出 PE 存在区分的原因主要在于，企业往往会由于销售和预期的不一致而产生一些非计划的存货投资。简单地说，如果企业实际卖出的产品的比预期计划要卖出的产品多，那么仓库里的产品就会比计划的少，此时企业的存货投资减少；反之，如果企业实际卖出的产品比预期计划卖出的产品少，那么仓库里的滞留商品就变多了，此时企业的存货投资增加。

在凯恩斯交叉模型中，这种企业存货的意外变化，会引起企业改变生产水平，在推动经济自发趋向均衡中起到十分重要的作用。以图 25－2 为例，当经济中 GDP 的水平为 Y_1 时，即计划支出 PE_1 小于实际支出 Y_1，此时企业卖出的产品少于生产的产品，存货投资增加。此时企业生产的需求将下降，导致部分工人失业，从而生产减少，推动经济走向均衡点 A。当经济中 GDP 的水平为 Y_2 时，此时计划支出 PE_2 大于实际支出 Y_2，企业卖出的产品多于生产的产品，存货投资减少。此时企业生产的需求上升，将雇用更多工人加大生产，推动经济走向均衡点 A。

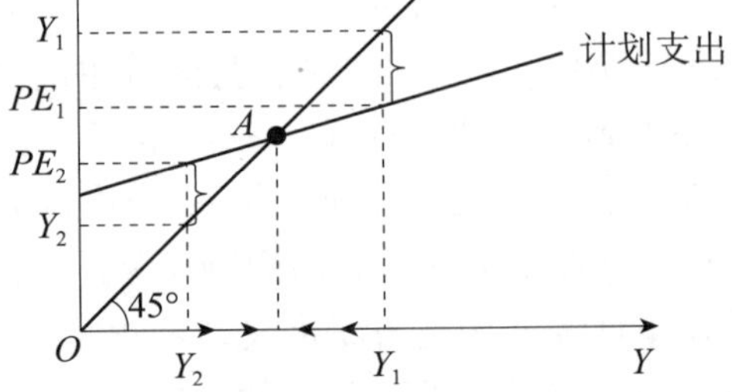

图 25－2　经济自动调整至均衡点

二、财政政策的影响及效果分析

在这一部分，我们将通过凯恩斯交叉图深入讨论已经学过的财政政策问题。凯恩斯交叉图为我们展示了宏观经济中总收入和总支出之间的复杂关系。这一简单但功能强大的图表，可以帮助我们理解在各种宏观经济环境中，总支出、总收入、政府支出和税收之间是如何相互作用的。而在现实世界中，政府和中央银行都可以使用这一工具来制定相应的政策，以保持经济的稳定增长，避免严重的经济衰退或通货膨胀。第二十四章已经介绍过财政政策的基本概念，在本节，我们将具体来探究这些财政政策（政府购买和税收政策）如何引起计划支出曲线的移动，并在凯恩斯交叉图中得到体现。

（一）政府购买

假设此时政府采取了扩张性的财政政策，政府决定增加购买支出。假设政府购买支出增加 ΔG，这一政策会刺激总需求增加，想买的产品变多，使得计划支出 PE 将等量增加 ΔG。从图 25－3 中可知，政府购买的增加最终会引起计划支出曲线的向上移动。企业的存货投资会意外的变少，从而促进生产的增加，从而最终导致实际生产值从 Y_1 水平增加至 Y_2 水平。

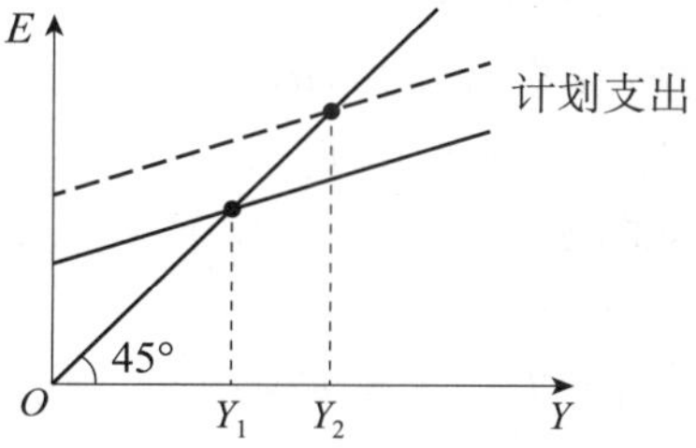

图 25－3 政府购买对凯恩斯交叉图的影响

（二）税收政策

假设此时政府采取了增税的税收政策，对于家庭来说，其手中的可支配收入减少，从而可能抑制消费，导致消费总量减少，降低总需求；对于企业来说，增税导致企业的投资成本提高，此时企业为了利润最大化，将会选择减少投资，同样降低总需求。因此，从图 25－4 中可知，政府税收的增加最终会引起计划支出曲线的向下移动。企业的存货投资会意外的变多，从而抑制生产的增加，最终导致实际生产值从 Y_1 水平下降至 Y_2 水平。

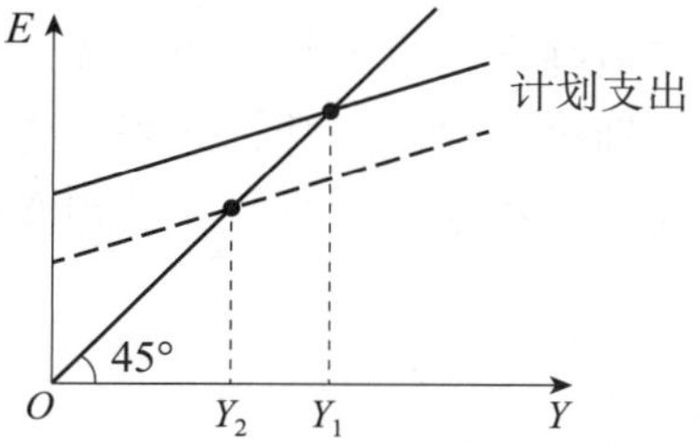

图 25－4 税收政策对凯恩斯交叉图的影响

三、产品市场均衡与 *IS* 曲线

由产品市场的均衡条件，我们可以绘制出 *IS* 曲线。*IS* 曲线描述了产品市场处于均衡状态时，利率与国民收入水平的所有组合。由于在产品市场均衡时投资 I 等于储蓄 S，因此该曲线被称为 *IS* 曲线。如图 25－5 所示，在 *IS* 曲线上，横轴表示收入水平 Y，纵轴表示利率水平 r，*IS* 曲线通常呈现负斜率。

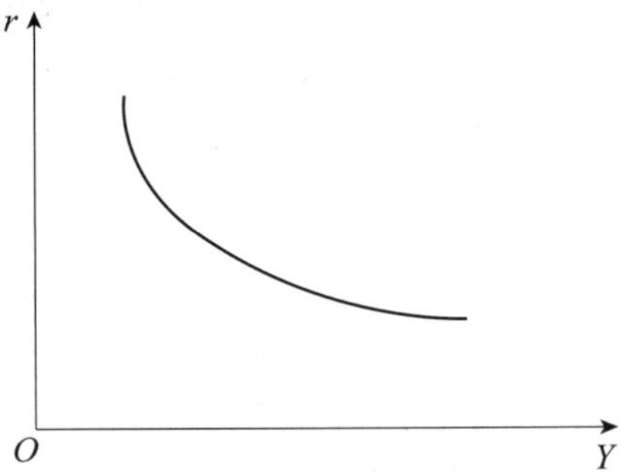

图 25－5　*IS* 曲线

IS 曲线主要包含以下重要的经济含义：

（1）处于 *IS* 曲线上的任意一点都表示产品市场达到宏观均衡时，即满足投资 I 等于储蓄 S 时总产出与利率之间的关系。偏离 *IS* 曲线的任何点位都没有实现均衡。

（2）总产出与利率之间为反向变动关系，即利率提高时，总产出水平趋于降低，而当利率降低时，总产出水平趋于提升。

（3）若某一点位于 *IS* 曲线的上方，表示投资水平 I 小于储蓄水平 S，即现行的利率水平过高，从而导致投资规模小于储蓄规模；而若某一点位于 *IS* 曲线的下方，则表示此时投资水平 I 大于储蓄水平 S，那么现行的利率水平过低，从而导致投资规模大于储蓄规模。

IS 曲线中利率 r 和收入水平 Y 的负相关关系是由产品市场的均衡条件推导而得出的。为了说明利率和收入水平之间的关系，我们可以从投资函数开始推导。由于投资与利率负相关，因此投资和利率的函数为一条向下倾斜的线。当利率水平由 r_1 上升至 r_2 时，企业将减少计划投资，此时投资量从 $I(r_1)$ 减少至 $I(r_2)$。计划投资的减少又会使得计划支出函数向下移动，此时，实际支出和计划支出的交点从 A 点移动至 B 点。在新的均衡点上，收入的水平为 Y_2。因此，计划支出函数的向下移动使得收入水平由 Y_1 下降至 Y_2。因此，从上述推导可得，利率的上升将最终导致收入水平的下降。相反，如果利率水平下降，那么此时企业将增加投资，导致计划投资水平上升，计划投资水平的上升会导致计划支出的增加，从而引起计划支出函数的向上移动。此时，新的均衡收入水平将相应的上升。此过程如图 25－6 所示。

四、*IS* 曲线的移动

IS 曲线体现的是给定利率水平下使得产品市场均衡的收入水平。首先，我们讨论财

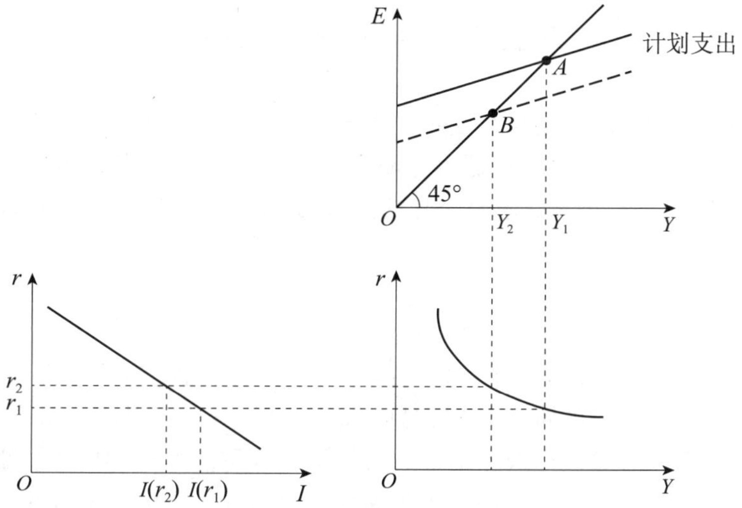

图 25-6　推导 *IS* 曲线

政政策对 *IS* 曲线移动的影响。如图 25-7 所示，假设在其他条件不变的情况下，政府采取扩张性的财政政策，即政府购买增加和减少税收时，*IS* 曲线将向右平移。根据产品市场均衡表达式：

$$Y = C(Y - T) + I(r) + G$$

当 G 提高，而其他条件不变时，会导致 Y 也提高，意味着同一利率 r 水平下对应着更高的收入水平 Y，因此在图 25-7 中体现为 *IS* 曲线向右平移。

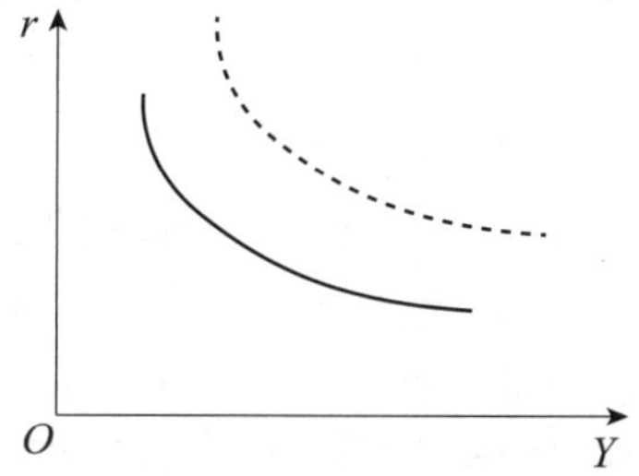

图 25-7　政府购买对 *IS* 曲线的影响

总结来说，政府增加购买性支出，会导致 *IS* 曲线向右移动，相反，若政府减少其购买支出，那么将会使得 *IS* 曲线向左移动。而对于税收政策来说，若政府减少税收，相当于降低了企业的负担，那么企业相应会增加其投资水平，在其他条件不变的情况下，此时 Y 的水平提高，*IS* 曲线向右移动。相反，若政府增加税收，相当于增加了企业的负担，那么企业此时将相应降低其投资水平，从而使得 Y 的水平下降，*IS* 曲线向左移动。

以上是政府的收支对 *IS* 曲线移动的影响。除此之外，任何使得投资或者储蓄发生改变的因素，也会使得 *IS* 曲线发生相应的移动。举例来说，假设由于技术进步、资本家对未来的经济形势持积极态度等原因，在同一利率水平下的投资需求进一步增加，那么此时 *IS* 曲线将向右移动；反之，若投资需求因为消极的态度而降低，就会使得 *IS* 曲线向左移动。

第二节　货币市场均衡

对货币市场均衡的讨论，同样是宏观经济学重要的内容之一。凯恩斯认为，货币的供给是外生的，而货币的需求取决于流动性偏好，利率则是货币市场供求平衡的结果。因此，我们将从凯恩斯的流动性偏好理论开始此部分的学习，并深入理解货币市场的运作机制。

一、流动性偏好

财富的持有形式是多样的，不同的持有形式具有不同的流动性、收益性和风险特征。其中，货币属于一种不生息的资产，但它具有流动性最高、变现能力最强的特点。另外，如存款、债券、股票、有形资产或不动产、无形资产等财富形式都属于生息资产，但是其流动性和变现能力也受到一定的限制。正是因为货币与其他的资产形式相比具有使用方便灵活、流动性更强的特点，所以公众宁愿牺牲一部分利息收入而选择以货币的形式保持一部分财富。这种公众对货币的需求动机，凯恩斯称为流动性偏好（Liquidity Preference）。也就是说，不同的资产都具有不同的流动性和收益性，当收益相同时，公众更加偏好那些具有较高流动性的资产。

凯恩斯认为，流动性偏好主要产生于三个动机，分别为交易动机、谨慎动机和投机动机。接下来我们将具体介绍其含义。

（一）交易动机

交易动机是指人们为了应付日常的需要而持有一部分货币的动机。无论是家庭还是企业，都有日常交易的需求，因此必须保有一部分作为交易媒介的货币。对家庭而言，大多数家庭的收入是定期获得的，但是支出却是经常性的。例如，家庭需要日常购买食物、服装、日用商品等生活资料，所以它们必须保留一定数量的货币。对企业而言，其收入也大多为定期获得，但是日常购买原材料等零星开支同样需要企业保持一定数量的货币。举例来讲，假设一个家庭每个月末会收到工资收入 15 000 元，该家庭每日平均支付约为 500 元，那么它将在下一次发工资之前用完全部的收入。为了应付日常开销，该家庭必须保证每日至少持有 500 元货币，否则将无法支付。因此，之所以存在交易动机，正是因为大多情况下人们的收入和支出不是同时进行的。

为了日常必须开支所需的货币数量多少，取决于两个方面：第一，某家庭或企业获得收入和支出的时间越是接近，它为了交易而平均留在身边的货币就越少；第二，也是更重要的一方面，交易所需货币量还取决于收入水平，其收入水平越高，相应的消费水平就越高，从而交易的需求就越大，因此，为满足这些交易的货币需求就越大。由此可见，由交易动机所引发的货币需求是收入的增函数。用 Y 代表收入，L_1 代表交易动机货币需求，可表示为：

$$L_1 = L_1(Y)$$

$$\frac{dL_1}{dY} > 0$$

（二）谨慎动机

谨慎动机是指为了预防意外的支出而持有一部分货币的动机。除了日常开销外，人们还需要额外多持有一些货币以应对不时之需。例如支付意外的医疗费用、应对失业或其他意外事件。虽然每个人对待意外事件的态度和看法存在差异，从而导致对满足谨慎动机所需要的货币需求存在差别，但是，从整体角度来看，该部分货币的需求同样取决于收入水平。收入水平越高，预防性需求越高。因此，该部分货币需求同样是收入的函数，与收入同方向变动。以 L_2 表示谨慎动机货币需求量，可表示为：

$$L_2 = L_2(Y)$$

$$\frac{\mathrm{d}L_2}{\mathrm{d}Y} > 0$$

事实上，无论是出于交易动机还是出于谨慎动机的货币需求，在一定程度上还取决于持有货币成本的影响，也就是利率的影响。因为货币无法生息，更多地持有货币就意味着更少地持有生息资产，利率越高，损失的利息收入就越多。因此，利率与这两个动机下的货币需求呈相反方向变动。但是，为简化分析，我们一般认为利率对此部分货币需求的影响可忽略不计。因此，交易动机下的货币需求量和谨慎动机下的货币需求量仅被看作是收入的函数，同利率无关。

（三）投机动机

投机动机是指人们为了抓住有利的购买有价证券等生息资产的机会而持有一部分货币的动机。以债券为例，一般的，债券价格与利率呈反方向变动关系。因为债券价格＝债券固定利息收益÷市场利率。所以，当市场利率上升时，债券价格将下降；而当市场利率下降时，债券价格将上升。

举个例子，某债券面值为 100 元，固定利率为 2%。当市场利率为 2%时，其价格等于 100×2%÷2%＝100 元。若市场利率上升为 4%，其价格将变成 100×2%÷4%＝50 元；而若市场利率下降为 1%，该债券的价格将变为 100×2%÷1%＝200 元。

正是由于证券价格和利率存在这种反方向变动关系，因而利率对投机动机驱动的货币需求有着决定性的影响。人们购入或卖出有价证券的时机，取决于持有货币的机会成本和人们对市场未来走势的判断与预期，而利率的变化，则会直接影响持有货币的机会成本和人们对有价证券价格走势的预期。具体地说，凯恩斯认为，在任一时间，人们心中有着某种给定的“标准利率”。比如，如果市场利率高于他的标准利率，那么此时，他认为市场利率将会在未来下降到标准程度，也就意味着他认为债券的价格将会在未来上升。于是，此时他将会用持有的货币购入债券，以便在日后债券价格上升后再卖出债券换回更多的货币。相反，若此时市场利率低于其内心认定的“标准利率”，他将会在此时卖出债券换回货币，并在日后债券价格下降后再买入债券。

基于以上分析，我们可知出于投机动机的货币需求是利息的减函数，当利率下降时，投机动机驱动的货币需求量上升，当利率上升时，投机动机驱动的货币需求量下降。以 r 表示利率水平，L_3 表示投机动机货币需求，可表示为：

$$L_3 = L_3(r)$$

$$\frac{dL_3}{dr}<0$$

虽然我们可以分别研究三种动机对持有货币需求量的影响，但是，同样一笔货币，可能会同时受任何一项动机的影响，我们很难区分清楚个人究竟出于哪种动机而持有某笔货币。因此，以上三种动机共同发挥作用，从而影响个人对货币的最终持有水平。

二、货币市场均衡

综上所述，对实际货币余额的总需求可以表示为：

$$L(r,Y)=L_1+L_2+L_3$$

实际货币余额的供给可表示为$\left(\frac{M}{P}\right)^s$，取决于央行的货币供给和物价水平。如前所述，我们认为是外生给定的。当货币供给等于货币需求时，货币市场达到均衡。因此可表示为：

$$\left(\frac{M}{P}\right)^s=L(r,Y)$$

我们知道，利率可分为名义利率和实际利率。其中，名义利率就等于实际利率加通货膨胀率。在此我们做一个解释和区分：决定投资的是实际利率，而决定货币需求的是名义利率。这是因为，一方面，实际利率决定了某人放弃其他资产的机会成本，而另一方面，通货膨胀会导致货币购买力的下降，这两部分都会最终影响人们对货币的需求，所以，名义利率更能全面地决定货币的需求水平。需要强调的是，短期中由于存在价格刚性，名义利率就等于实际利率。

根据流动偏好理论，利率水平是由经济中现行的实际货币余额的供给和需求关系决定的。也就是说，利率的变动会调节货币市场的均衡。具体实现过程如下：如果此时利率水平低于均衡利率水平，那么实际货币余额的需求量将超过供给量，人们为了获得更多的货币，将会卖出债券或者提取银行中的存款。此时银行为了吸引人们的存款，会提高其支付的利率，最终推动利率水平达到均衡。如果此时利率水平高于均衡利率水平，实际货币余额供给量将超过需求量。那些持有额外货币的人们会更愿意将手中的货币存进银行或者购买债券，以获得利息收入。此时，银行为了更低的成本将会支付更低的利率，从而使得利率水平降低，达到均衡水平。

在此，我们简单地讨论收入变化对均衡利率的影响。如图 25－8 所示，当收入水平由 Y_1 增长至 Y_2 水平时，货币需求曲线将向上移动。已知货币需求会随着收入水平的增加而增加，而给定货币供给水平$\left(\frac{\overline{M}}{P}\right)^s$不变的情况下，如果收入水平上升，那么必须通过利率上升来减少一部分货币需求，才能保证需求和供给相等。因此，收入增加，货币需求曲线将向上移动，且新的均衡利率水平将上升；相反的，如果收入水平下降，货币需求曲线将向下移动。因为此时货币需求会随着收入水平的降低而降低，而在给定货币供给水平$\left(\frac{\overline{M}}{P}\right)^s$不变的情况下，如果收入水平降低，那么必须通过利率下降来刺激一部分货币需求的上升，才能保证需求和供给相等。因此，收入减少，货币需求曲线将向下移动，且新的均衡利率水平将下降。

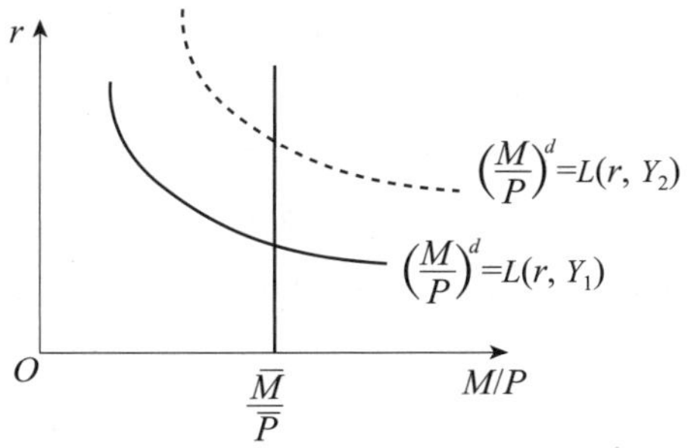

图 25-8 货币政策对货币市场的影响

三、货币市场均衡与 *LM* 曲线

我们根据货币市场的均衡条件，可以绘制出 *LM* 曲线。*LM* 曲线描述了在给定货币供给量和物价水平的情况下，实现货币市场均衡状态下国民收入和利率之间的相互关系。*LM* 曲线上的各点，就是在货币供给等于货币需求时收入与利率的所有组合。*LM* 曲线如图 25-9 所示。同 *IS* 曲线，其横轴表示收入水平 Y，纵轴表示利率水平 r，*LM* 曲线通常呈现正斜率。

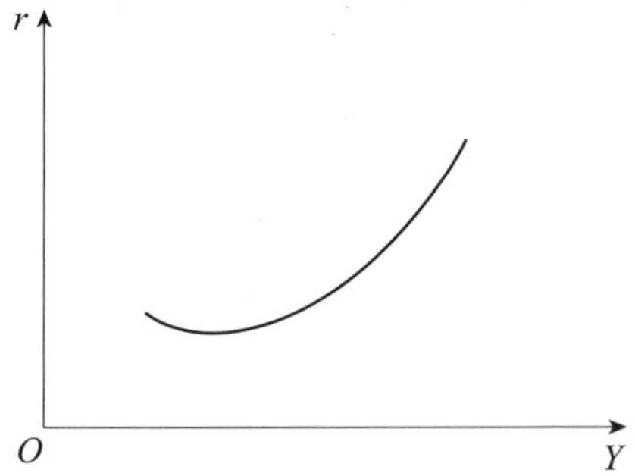

图 25-9 *LM* 曲线

LM 曲线主要包含以下重要的经济含义：

(1) 处于 *LM* 曲线上的任意一点都表示，在给定货币供给量和物价水平下，货币市场达到宏观均衡时，总产出与利率之间的关系。偏离 *LM* 曲线的任何点位都表示货币市场没有实现均衡。

(2) 收入水平与利率之间为同向变动关系，即利率提高时，总产出水平趋于上升，而当利率水平降低时，总产出水平趋于下降。

(3) 若某一点位于 *LM* 曲线的上方（左方），则意味着此时货币需求大于货币供给；而若某一点位于 *LM* 曲线的下方（右方），则意味着此时货币需求小于货币供给。

LM 曲线所体现出的利率和收入水平的正向关系，可由以下逻辑推导而得：在同一条 *LM* 曲线上，货币的供求总量是不变的。因此唯一变化的是货币需求的构成，即交易需求、预防需求和投机需求所占比例的变化。当收入发生变化时，我们假设收入增加，那么此时会相应地导致人们对交易货币需求和预防货币需求的增加。由于货币的供给水平给

定，那么此时货币的供求关系变为供小于求，从而引起利率水平的提高，而利率的这种变化又会导致投机货币需求减少。最终，三种动机驱动的货币需求总和不变，货币市场重新均衡。因此，利率和收入将同向变动。相反的，若收入减少，那么此时人们对交易货币需求和预防货币需求将会降低。同样由于货币的供给水平给定，那么此时货币的供求关系变为供大于求，导致利率水平降低。而利率的这种变化又会导致投机货币需求增加。最终，三种动机驱动的货币需求总和仍然保持不变，货币市场重新回到均衡状态。此时，利率和收入同样是同向变动。

四、*LM* 曲线的移动

LM 曲线表示给定收入水平时，货币市场实现均衡的利率水平。正如前面所述，我们假设实际货币余额的供给水平是给定的。然而，均衡状态下的利率水平同样取决于实际货币余额的供给。因此，当供给水平变动时，*LM* 曲线将相应地发生变动。

首先，我们将在流动性偏好的基础上讨论货币政策对 *LM* 曲线的影响。我们假设在其他条件不变的情况下，中央银行决定增加货币供给。如图 25－10 所示，(a) 图表示货币的供给和需求，(b) 图为相对应的 *LM* 曲线。从 (a) 图开始分析，当货币的供给量由 M_1 增加至 M_2 水平时，市场均衡利率水平由 r_1 调整至 r_2。由于收入水平始终保持为 Y_1，推导至 (b) 图中，我们可知，同一收入水平此时将对应着更低的利率水平，因此此时 *LM* 曲线将向下移动。

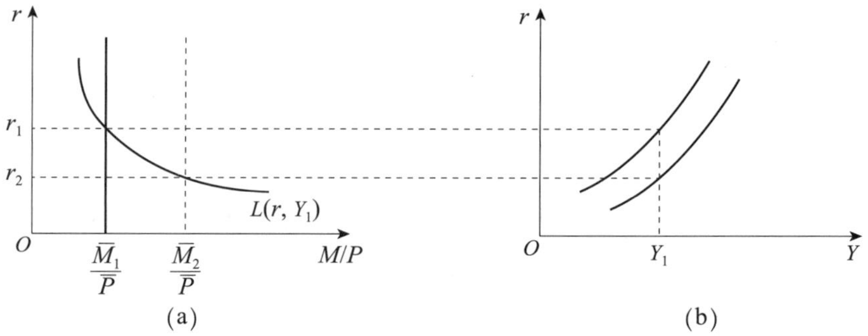

图 25－10　货币政策对 *LM* 曲线的影响

相反的，如果此时央行降低对货币的供给量，那么此时货币市场中的利率必然提高，利率的提高将进一步抑制投资和消费水平，从而使得国民收入减少，*LM* 曲线向左移动。

除了货币供给的改变外，货币投机需求的改变以及交易需求的改变也会造成 *LM* 曲线的移动。总结来说，当其他条件不变，而投机需求或者交易需求增加时，此时货币需求曲线将向右移动，从而使得货币市场上的利率水平上升，最终导致 *LM* 曲线向左移动。如果人们由于观念的改变，想要持有更多的货币，那么此时他们将愿意用手中的非货币资产来换取货币，从而卖出其持有的债券或者取出银行中的存款。这一系列举动会使得银行被迫提高其利率水平，从而吸引更多的存款，相反的，若投机需求或者交易需求降低，此时货币需求曲线将向左移动，从而使得货币市场上的利率水平下降，最终导致 *LM* 曲线向右移动。

第三节　IS-LM 模型

IS-LM 模型是宏观经济学中十分重要的分析工具，用于研究产品市场和货币市场之间的相互影响，以及货币政策和财政政策对经济的影响。在上文已讨论的基础内容之上，本节将深入探讨 IS-LM 曲线的含义和用途，以便更好地理解宏观经济中的关键关系。

一、IS-LM 模型的含义

IS-LM 模型是反映产品市场和货币市场同时均衡条件下，国民收入和利率之间关系的模型。IS-LM 模型是由英国的著名经济学家约翰·希克斯（John Richard Hicks）和美国凯恩斯学派创始人汉森（Alvin Hansen）在凯恩斯的《通论》基础上概括和发展出的新的经济分析模式。

在本章前两节的内容中，我们已经分别解释了 IS 曲线和 LM 曲线的推导过程。IS 曲线表示产品市场均衡条件，LM 曲线表示货币市场均衡条件。而 IS 曲线和 LM 曲线的交点，就代表了产品市场和货币市场同时达到了均衡。在这个点上，国民收入、利率和货币供应都保持稳定。IS-LM 模型有助于我们理解货币政策和财政政策对经济的影响。通过改变货币供给或政府支出，政府和央行可以影响 IS 曲线和 LM 曲线的位置，从而实现不同的宏观经济目标，如稳定通胀和促进经济增长。在此，我们对 IS-LM 模型的均衡条件进行总结：

$$\text{IS-LM 模型}\begin{cases}\text{产品市场均衡}\begin{cases}Y=C(Y-T)+I(r)+G\\S=S(Y)\\I=I(r)\\I(r)=S(Y)\end{cases}\\\text{货币市场均衡}\begin{cases}L=L_1(Y)+L_2(Y)+L_3(r)\\\dfrac{M}{P}=L\end{cases}\end{cases}$$

如图 25－11 所示，E 点即为 IS 曲线和 LM 曲线的交点，在此点，产品市场和货币市场同时实现均衡。r_e 和 Y_e 分别为均衡利率水平和均衡收入水平。E 点以外任何点代表的利率与产出组合，都不满足两个市场同时均衡的条件。同时，这两条曲线把坐标轴分为了Ⅰ、Ⅱ、Ⅲ、Ⅳ共四个区域。落在区域Ⅰ的各点表示此时产品市场存在超额供给，且货币市场也存在超额供给。落在区域Ⅱ的各点表示此时产品市场超额供给，而货币市场存在超额需求。落在区域Ⅲ的各点表示此时产品市场超额需求，且货币市场也存在超额需求。落在区域Ⅳ的各点则表示此时产品市场存在超额需求，而货币市场为超额供给。

以落在区域Ⅰ的点为例，此时各点位于 IS 曲线的上方，也位于 LM 曲线的上方，对于产品市场来说，利率水平大于均衡水平，储蓄大于投资，产品的总供给大于总需求。对于货币市场来说，利率水平也大于均衡水平，因此货币供给大于货币需求。

二、IS-LM 模型中的经济波动

接下来，我们将分析短期中，当物价水平 P 固定时，外生变量以及产品和货币市场的

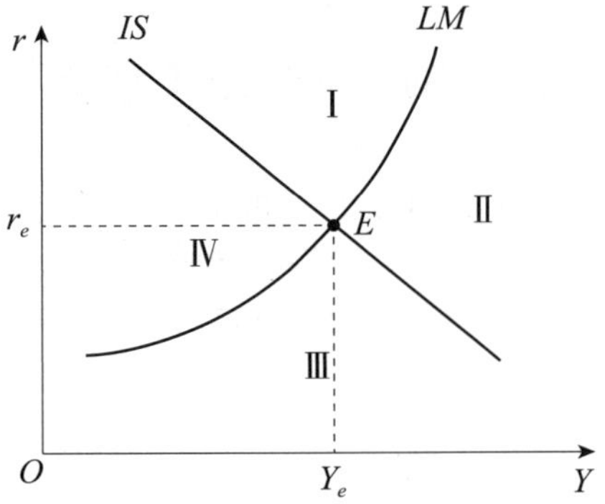

图 25－11　*IS-LM* 曲线

外生冲击将如何影响利率和国民收入。

（一）财政政策变化的影响

财政政策主要包括政府购买的扩张和收缩，以及税收的增加和减少。财政政策会对产品市场的局部均衡产生影响，从而影响 IS-LM 模型的均衡点。

1. 政府购买的变动

在本章第一节中我们已经分析过，增加政府购买会导致 *IS* 曲线向右移动，在此，我们与 *LM* 曲线结合来看。如图 25－12 所示，扩张性财政政策使得产品市场上的总需求增加，若利率水平不变，此时新的产品市场均衡应为点 3 所示。但若考虑到货币市场的均衡问题，*Y* 增加将导致利率 *r* 上升，这反过来又会使得投资 *I* 降低，从而抑制收入的增加，最终的均衡点为点 2。上述过程，体现的是财政政策的“挤出效应”。而挤出效应的最终效果主要受到三个因素的影响：一是货币需求对收入的敏感性；二是货币需求对利率的敏感性；三是投资对利率的敏感性。

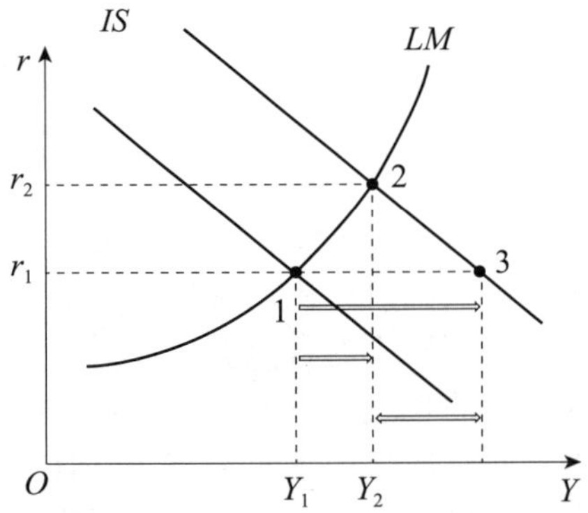

图 25－12　财政政策对 *IS-LM* 曲线的影响

2. 税收的变动

在 IS-LM 模型中，税收变动带来的影响与政府购买带来的影响大致相同。回忆凯恩斯交叉图，政府购买增加了对产品和服务的需求，从而直接影响了总的计划支出。税收则是通过影响消费水平来影响计划支出水平。假设政府决定采取减少税收的政策，那么此时对于消费者来说，其手中的可支配收入增加，从而增加了计划支出，导致计划支出曲线向上移动，这在本章第一节中已经讨论过。同样的，减税政策在使得 *IS* 曲线右移的同时，也提高了利率水平，较高的利率抑制了投资水平，从而导致“挤出效应”再次出现，使得 IS-LM 模型中收入的增加幅度小于凯恩斯交叉图中均衡收入的增加幅度。

（二）货币政策变化的影响

在这一部分，我们以增加货币供给为例进行分析。根据本章第二节的分析，我们知道，在其他条件不变的情况下，货币供给的增加将使得 *LM* 曲线向右移动，此时均衡点由点 1 移动至点 2，均衡利率水平由 r_1 下降至 r_2，产出水平由 Y_1 增长至 Y_2，如图 25－13 所示。其传导机制为，当货币供给增加之后，货币市场的均衡发生变化，此时利率水平下降，而利率水平的下降又会进一步影响产品市场，此时投资水平提高，从而使得产出和收入水平也得到了提高。因此，在其他条件不变的情况下，当货币供给增加时，最终会使得市场上的利率水平下降，并使得收入水平提高。

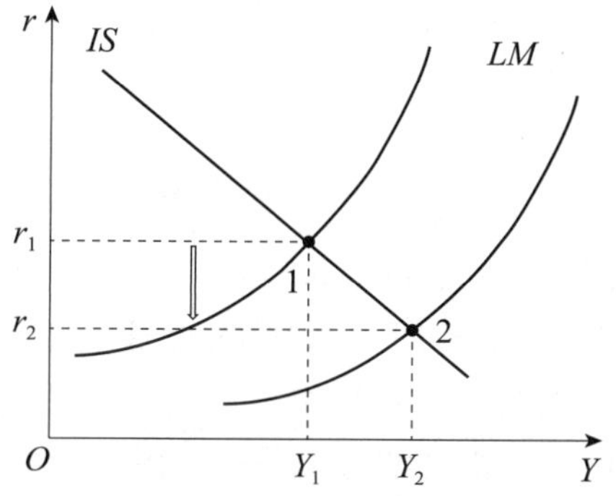

图 25－13　货币政策对 *IS-LM* 曲线的影响

在第二十二章中我们曾介绍过，货币政策的目标之一为促进经济增长，IS-LM 模型的分析对这一目标的实现机制进行了解释。在此，货币的扩张将通过改变利率而引起对产品与服务的支出增加，从而影响最终的收入水平，这一过程被称为**货币传递机制**。

三、财政政策与货币政策的相对效果比较

在此，我们需要重新回顾一下本章第二节中有关货币需求部分的内容。在第二节中，我们简单地认为货币需求是收入水平的增函数，同时是利率水平的减函数。但事实上，我们发现还有两种极端的情况。一方面，如果此时的利率水平非常高，人们会预期日后的利率水平只会下跌而不会增长（因为利率水平非常高的时候，它已经没有继续向上增长的空间），此时意味着债券的价格只会上涨而不会下跌，那么人们就会将手中所持有的可用于投机的全部货币都换成债券，投机动机所驱动的货币需求 L_3 将接近 0。而在另一极端情况下，当利率水平非常低时，人们会预期日后的利率只增不减（比如利率水平接近 0 时，已无法再减少），那么此时人们认为债券的价格只会下跌而不会上涨。在这种情况下，人们必将卖出所有的债券，尽可能多地持有货币，那么此时投机动机所驱动的货币需求 L_3 将处于最大化水平。第二种极端情况也被称为“流动偏好陷阱”或者“凯恩斯陷阱”。在“流动偏好陷阱”的情况下，由于投机货币需求的利率弹性为无穷大，此时 *LM* 曲线的斜

率应接近 0，为一条横线，如图 25 - 14 所示。可以这么理解：同一条 LM 曲线体现的是总货币供给和总货币需求不变的条件下，r 与 Y 的关系。在同一条 LM 曲线上的不同点，表示的是三种货币需求不同的占比情况。此时若利率水平 r 上升极少一点，投机货币需求都会下降很多，为了弥补大量下降的投机货币需求，就需要更多的收入来提升交易动机货币需求和谨慎动机货币需求。因此，此时 r 与 Y 的斜率为一条接近水平的线，这一部分接近水平的线被叫作“凯恩斯区域”。

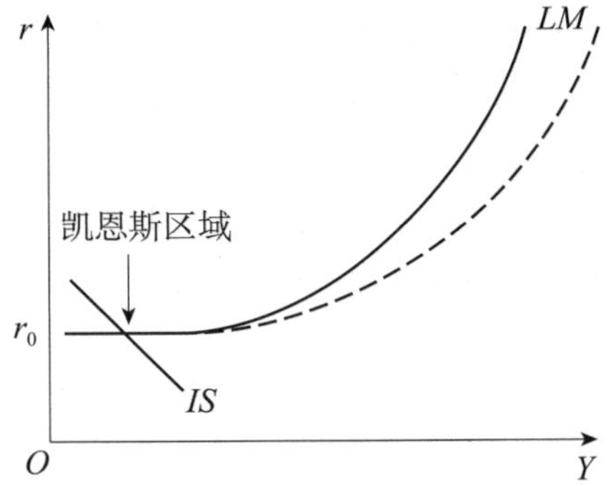

图 25 - 14　凯恩斯区域

在流动偏好陷阱中，即便采取扩张性的货币政策，也无法推动利率的降低，如图 25 - 14 所示，LM 曲线由图中的实线变为虚线时，其与 IS 曲线的交点没有发生变化，也就是说，均衡状态时的利率水平没有发生改变，总需求、产出和就业的水平也没有发生任何改变。因此，与财政政策的效果相比，在极端情况下采取货币政策可能会无法达到预期的效果。

因此，为达到预期的经济目标，在大多数时候我们应该考虑财政政策和货币政策的相互配合，使其相互发生作用。比如，如上文所示，只采取扩张性的财政政策会引起利率的上升，而利率的上升将导致挤出效应从而影响最终的政策效果。因此，为了更好地调整经济的收入水平，我们可以在采取扩张性的财政政策的同时，采取扩张性的货币政策。如图 25 - 15（a）所示，通过两个政策的结合，政府就可以实现利率水平不变，而收入较大幅度增加的政策效果。如果在采取扩张性的财政政策的同时，货币当局采取紧缩的货币政策，即减少货币供给，那么我们就可以实现维持收入不变，提高利率的经济目标，如图 25 - 15（b）所示。

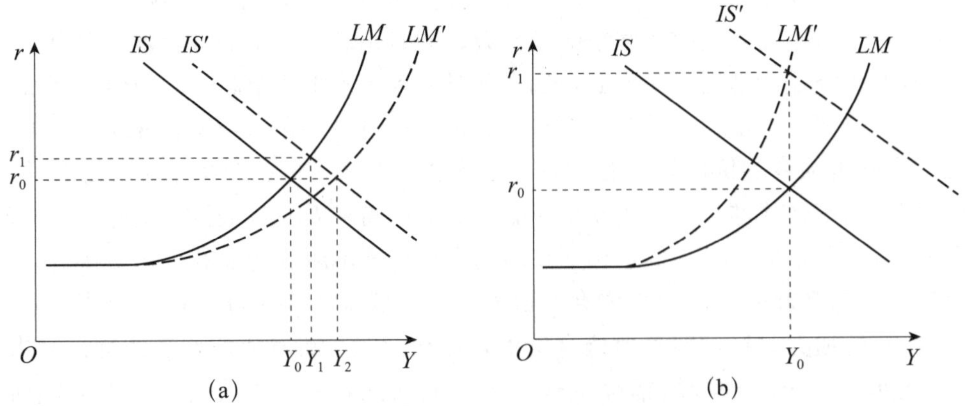

图 25 - 15　采用组合政策以实现经济目标

总结来说，财政政策和货币政策总共有四种搭配方式：第一种为同时采取扩张性的货币政策和扩张性的财政政策；第二种为采取扩张性的货币政策和紧缩性的财政政策；第三种为采取紧缩性的货币政策和扩张性的财政政策；第四种则为同时采取紧缩性的货币政策和紧缩性的货币政策。这些混合性的需求管理政策方法，能够实现不同的经济目标，但结果存在着一定的不确定性。比如，若在增加政府购买的同时减少货币的供给，那么提高利率水平的政策目标一定可以实现，但最终的产出水平究竟比原有水平高还是低，是不一定的；而减少政府购买的同时减少货币供给一定可以使得产出水平下降，但最终利率水平无法确定；减少政府购买的同时增加货币供给一定可以使得利率水平下降，但最终产出水平无法确定；增加政府购买的同时增加货币供给一定可以使得产出水平下降，但最终利率水平无法确定。

政府和央行可以根据具体的经济情况和不同的政策目标来选择不同的政策搭配方式。举例来说，当经济出现轻微衰退时，可采用第三种政策搭配方式，用扩张性财政政策来刺激总需求水平，同时用紧缩性货币政策控制通货膨胀的过度发生；而当经济面临较为严重的通货膨胀问题时，可采用第四种政策搭配方法，通过紧缩性的货币政策实现利率水平的提高，降低总需求水平，同时采用紧缩性的财政政策来防止利率水平的过分提高；若经济中出现通货膨胀的问题，但目前仍不严重时，可用第二种组合方式，即采取紧缩性的财政政策降低总需求水平的同时，使用扩张性货币政策使得利率水平下降，从而避免紧缩性的财政政策过于强烈而引起经济衰退；当经济处于严重萧条阶段时，可采用第一种组合，采取扩张性货币政策降低利率，以克服扩张性财政政策增加总需求的“挤出效应”。

在本章中，我们已经详细介绍了 IS-LM 曲线的推导过程，具体来说，我们从凯恩斯交叉图中推导出 *IS* 曲线，从凯恩斯的流动性偏好理论推导出了 *LM* 曲线，两条曲线结合在一起，便构成 IS-LM 模型。

资源链接

视频微课 25－1　　视频微课 25－2

思考题

1. 什么是凯恩斯交叉模型？当政府减税时，请画出凯恩斯交叉图的移动。
2. 什么是流动性偏好理论？请解释收入的变化如何影响利率水平的变化。
3. 请解释为什么 *LM* 曲线是一条向上倾斜的曲线。
4. 使用 IS-LM 模型，说明政府支出减少对产出和利率的影响。为什么对投资的影响是不明确的？
5. 假设债券的利率为负，人们愿意持有债券还是货币？请解释原因。

6. 请给出一个政策或者政策组合来实现以下目标：保持利率水平不变，同时增加收入水平。

在线自测

扫一扫　练一练

第二十六章　总需求和总供给

西方经济学认为价格和产量是由供求关系决定的。这一原理我们已经在微观经济学中进行了深入的学习。但是宏观经济学和微观经济学的研究对象存在着差别：在微观经济学的学习中，我们研究的是某种特定商品的市场，其价格和产量是如何通过该商品的供求关系决定。此时买者和卖者的行为会把该商品的市场和其他商品的市场结合起来，例如，当饼干的价格上升时，卖者为了生产更多的饼干，会雇用更多从其他部门来的工人参与生产，从而实现资源从一个市场到另一个市场的转移。但在本章的学习中，我们的研究对象是整个社会的价格水平和总产出，也就是国民收入。国民收入衡量了所有市场上所有卖家所生产的全部产品以及总的雇佣劳务量。很显然，对于国民收入来说，微观经济中的这种市场间的资源转移将不再存在。

在前面的宏观经济学问题的研究中，我们大多假设价格水平是固定不变的，并在该假设下进行相关问题的研究。因此，之前的研究都没有涉及对国民收入（也就是产量）和价格水平之间关系的研究。本章将要介绍的 AD-AS 模型针对该问题进行研究，旨在说明二者之间的关系。

现实中，经济每年都存在着各种波动。在大多时间内，社会总产品产量和劳务量是呈增长趋势的，这是因为随着整个社会的发展，经济体的生产能力是逐年提高的，这种产量的增加也使得经济体中的每个人能享有更高的生活水平。在过去的几十年里，我们已经见证了中国的发展速度。但是，经济体同样可能会经历紧缩。若某个经济体在一段时间内经历了较为缓和的收入减少和失业增加，我们称其发生了经济的衰退；但若情况更为严重，就称其为萧条。

具体的，是什么因素导致经济活动发生波动？经济决策者是否可以采取措施避免经济衰退甚至萧条的发生？如果收入减少和失业的情况真的发生，决策者又可以采取什么措施来减缓这些问题给人们带来的负面影响？如何分析这些短期的经济波动状态，对经济学家显然是十分重要的。虽然对这一问题，不同经济学家有着不同的看法，但是 AD-AS 模型仍然可以对经济活动围绕其长期趋势而产生短期波动做出一定的解释，为理解经济波动问题提供了基础的分析思路，是宏观经济学中重要的分析工具。需要指出的是，目前西方学者对总需求曲线的认识基本一致，但对总供给曲线仍然存在着一定的争议和分歧。

第一节　长期和短期总供给曲线

总供给是经济中投入劳动、生产性资本存量和技术后，所生产的产品总量，即总的国民收入。总供给曲线则是表示满足均衡时，供给总量和价格水平之间的关系。与总需求曲线不同，总供给曲线的形状会因考察的时间长短而有所不同。在长期中，总供给曲线总是垂直的，而在短期中，总供给曲线是向右上方倾斜的。接下来，我们将具体讨论长期总供给曲线和短期总供给曲线的含义，并解释为何经济的短期行为和长期行为是不一致的。

一、长期总供给曲线

在长期中，一个经济的物品与劳务生产（其真实 GDP）取决于该经济的基本资源。其中，基本资源主要包括劳动、生产性资本存量和自然资源的供给，以及使用上述生产要素进行生产所需用到的技术。自然产量率是指在长期中，当失业率处于自然水平时，一个经济体可以持续实现的最大物品与劳务产出水平。

按照西方古典学派的说法，如果我们考察的是长期的经济状况，此时物价水平将不再是我们需要注意的因素。这是因为，在长期中，价格和货币工资都具有弹性，是可调整的，经济将始终处在充分就业的状态。物价水平与最终影响自然产量率的决定因素都将无关，因此经济的就业水平和产量将不会随着价格的变动而变动。只要给定长期中经济的劳动、资本、自然资源和技术，无论价格如何变动，供给都是相同的。

举例来说，如果两个经济体拥有完全相同的基本资源情况，其中经济体 1 流通的货币数量是经济体 2 的两倍，那么最终经济体 1 的物价水平也将是经济体 2 的两倍，除此之外，它们的产品和劳务的总供给也将都是相同的。

长期总供给曲线如图 26－1 所示。

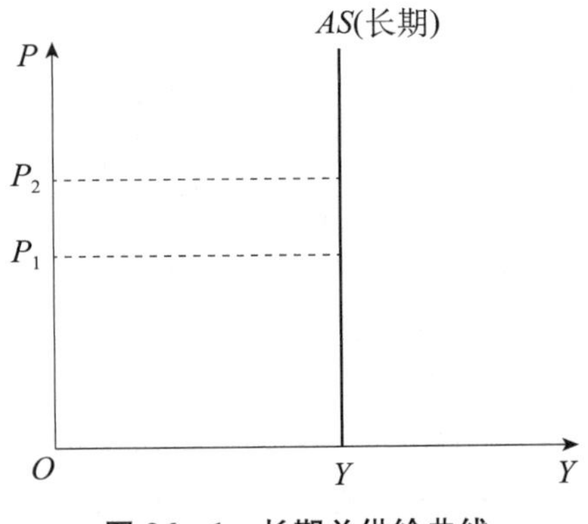

图 26－1　长期总供给曲线

二、长期总供给曲线移动

已知，在长期的情况下，总供给曲线中的产量水平等于经济的自然产量率。因此，所有可能会影响自然产量率的因素，都会使得长期总供给曲线移动。已知自然产量率取决于经济中劳动、资本和自然资源的存量以及技术水平，因此，我们可以把影响长期总供给曲线移动的因素分为以下四类：

（1）劳动数量或自然失业率变动引起的移动。当自然失业率降低、参与劳动的数量增加时，此时经济体可以生产更多的产品，从而总供给水平将上升。例如，移民使工人数量增多，因而自然产量率也会增加。同样的，若政府积极实施降低自然失业率的政策，那么经济中的参与劳动的人数就会增加，从而使得总供给水平上升。

（2）物质资本或人力资本变动引起的移动。当经济体中的物资资本和人力资本增加时，该经济体的自然产量率也会提升，从而提高其总供给水平。例如，经济体加大对工厂设备的投资；经济体的整体受教育水平得到显著的提升，拥有高受教育水平的人比例增多。以上两种情况会促进物质资本和人力资本水平的提高，从而提升总供给水平。相反的，若自然灾害的发生使得经济体中的大多数生产工厂遭到损害，那么就会使得其总供给水平下降。

（3）自然资源变动引起的移动。可获得的自然资源增加将会导致自然产量率的增加，从而使得总供给水平增加。例如，新矿藏资源的发现会增加该经济体的自然资源持有量，从而增加其总供给水平。进口石油供给的减少会使得该国可获得的自然资源量减少，降低其总供给水平。一个经济体的气候发生变化从而使得其农业生产量降低，也会最终导致其总供给水平下降。

（4）技术知识变动引起的移动。当技术进步提高生产率时，一个国家的自然产量率将会提高，总供给水平也会提高。

总结来说，任何一种增加真实 GDP 的政策或外生冲击都可以增加总的产品和劳务供给量，从而使得总供给曲线向右移动；反之，任何一种减少真实 GDP 的政策或者外生冲击都可以减少总的产品和劳务供给量，从而使得总供给曲线向左移动。

三、短期总供给曲线

与长期的情况不同，在短期内价格水平确实会影响经济的产量。此时总供给曲线将不再是垂直的，而是向右上方倾斜。也就是说，短期内经济中的总价格水平的上升，会增加产品与劳务的供给量；总价格水平的下降，会减少产品与劳务的总供给量。如图 26－2 所示，物价水平从 P_1 上升至 P_2 时，总供给量将从 Y_1 水平上升至 Y_2 水平。对于二者之间的正相关关系，宏观经济学家给出了三种理论解释，分别为黏性工资理论、黏性价格理论和不完全信息理论。

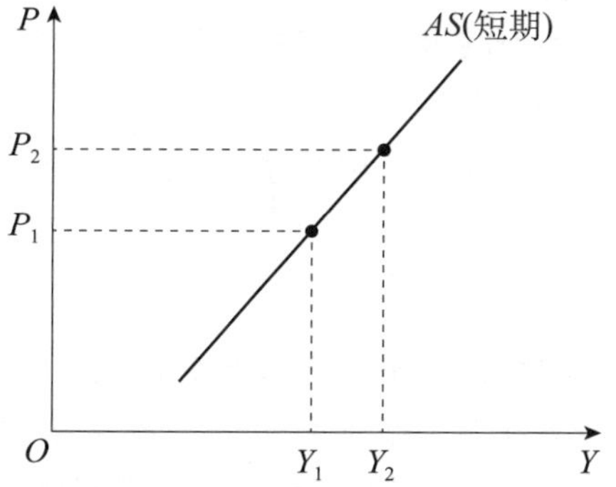

图 26－2 短期总供给曲线

（一）黏性工资理论

这一理论是三种理论中最简单易懂的理论，也是造成短期中的经济和长期存在不同的重要原因。该理论认为，短期内名义工资的调整不是及时的，也就是说，短期内的工资是“黏性的”。背后的逻辑是，工人在和企业签订劳动合同时，合同对名义工资的规定可能是在一段时间内固定不变的。比如，劳动合同明确规定了工人在未来三年的工资水平，那么即便是在这三年中经济的发展水平发生变化，工资也不会随其进行及时的调整。此外，一些影响工资定价的社会规范和人们对相关问题的看法，也并非能及时调整的，这些同样也会造成工资调整的不及时。

那么，这种黏性工资究竟是怎样导致了价格水平和总供给之间的正相关关系的呢？我们可以举例来说明，假设企业预期未来经济的情况较为乐观，并认为在其预期的物价水平下，工人的工资水平应该为每月 5 000 元。但实际上，经济的物价水平要比企业的预期要低，那么此时由于物价水平的原因，企业的实际收入也将低于其预期水平。由于企业的生产处于不太有利的境地，在短期内，它将考虑通过裁员来降低生产成本，并减少产品的供给量。相反的，若实际的物价水平要比企业的预期更高，那么此时企业的收入也将比其预期更高，而同时企业的劳动成本并没有变高，为了在短期内获取更多的利润，此时企业将选择雇用更多的工人，并生产更多的产品。

总结来说，由于工资的水平无法得到及时的调整，企业为了追逐短期的利润最大化，会相应地改变雇用的劳动数和生产产量，从而使得总供给随价格的变动而发生变动。

（二）黏性价格理论

黏性工资理论认为对名义工资是无法进行及时调整的，与其相类似的，黏性价格理论认为社会上的一些产品价格的调整也是较为缓慢的。这是因为调整价格需要付出相应的成本，也就是“菜单成本”。例如印刷新菜单的成本，改变价格标签所需要的时间。

我们假设企业根据预期物价水平为其生产的产品设定了一个给定的价格。此时，央行突然决定增加货币的供给，在长期中，物价水平将随着货币供给的增加而上升。面对此预料之外的冲击，在短期内，没有菜单成本的企业将会立即提高价格，而那些有菜单成本的企业则只能暂时维持原先的价格水平。那么这些企业的价格将相对较低，从而导致市场上对它们产品的需求增加。为了获得更多的利润，这部分企业会立即增加雇用工人，并提高产量。相反的，未预料到的物价水平下降会导致那些有菜单成本的企业的价格相对较高，从而导致市场上对它们产品的需求减少。为了利润最大化，这部分企业会立即减少雇用工人数量，并减少产量。

因此，短期内高物价水平总是与高产出联系在一起，所以短期总供给曲线将向右上方倾斜。

（三）不完全信息理论

在短期内，企业可能会混淆物价水平的变动与它们出售产品相对价格的变动。假设企业预期未来经济形势向好发展，并给出了一个较高的预期物价水平 PE。而现实的经济发展水平的确变好，且真实物价水平 P 还要高于企业的预期物价水平 PE。此时，由于企业的不敏感，它可能只观察到自己出售的产品价格上升了，却未意识到事实上整个市场上所有产品的价格都已经上升。此时，企业会错误地认为这是生产的好时机，它们对高物价水平的反应是增加产品和劳务的供给。因此，物价水平的上升引起产出的增加，使短期总供给曲线向右上方倾斜。

这三个理论都表明，当实际物价水平背离人们预期的物价水平时，短期产量就会背离其长期水平（自然产量率）。这就是短期经济和长期经济存在区别的原因。随着时间的推移，名义工资和产品价格都将失去黏性，企业的错觉也会被纠正，此时，上述三种理论的效用将不复存在，从而在长期中物价水平也不会对总供给产生影响。

四、短期总供给曲线移动

根据以上分析，短期总供给曲线的表达式为：

$$Y = Y_N + \lambda(P - PE)$$

其中，实际产出水平为Y，自然产出水平为Y_N，当前价格水平为P，预期价格水平为PE。$Y-Y_N$衡量了实际产出水平和自然产出水平之间的产出缺口，$P-PE$衡量了未预期到的价格水平。从表达式中可以看出：

（1）短期总供给曲线的斜率λ为正，衡量了产出缺口对未预期到的物价水平的反应程度。

（2）当经济处于长期自然状态时，人们的预期物价水平PE等于P，此时实际产出水平Y一定等于自然产出水平Y_N。

短期总供给曲线的移动也可以体现在表达式中。我们已经在前面部分讨论了影响长期总供给曲线的四种因素，即劳动、资本、自然资源和技术知识的变动。事实上，导致长期总供给曲线移动的任何政策和事件，同样也都会使短期总供给曲线移动，这些因素导致的变动在公式中体现为Y_N的变动。除此之外，预期价格水平PE的变化也会使得短期总供给曲线发生移动：如果预期价格水平PE上升，工人将会要求企业发放更高的工资，在每个既定的实际价格水平P下，企业的成本将增加，从而生产获利减少。为了利润最大化，企业将减少雇佣劳动的数量，并减少企业的产量，从而导致短期总供给曲线向左移动，如图26-3所示。相反的，如果预期价格水平PE下降，工人与企业制定的工资水平将下降，在每个既定的实际价格水平P下，企业的成本下降，生产获利增加。为了利润的最大化，企业在此时将增加雇佣劳动的数量，并增加产品的产量，从而使得短期总供给曲线向右移动。

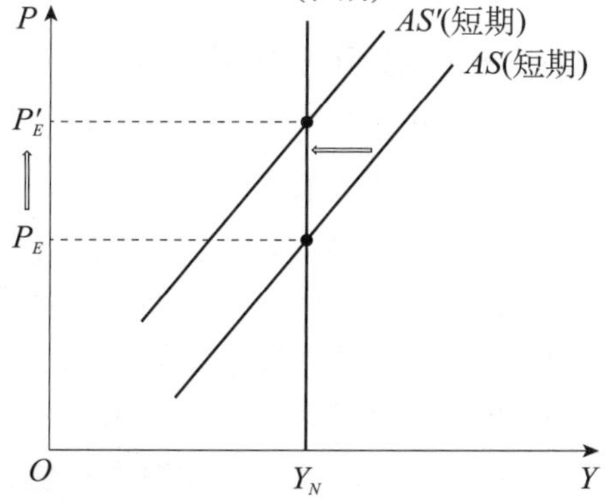

图26-3 短期总供给曲线的移动

第二节　总需求曲线

一、向右下倾斜的总需求曲线

总需求是整个经济社会对商品和劳务的需求的总量。在三部门经济中，总需求就是在给定价格、收入和其他经济变量的情况下，家庭、企业和政府要支出的总额，包括家庭的食品支出、企业的原材料购买以及政府的办公资料购买等，以产出水平来衡量。而总需求曲线表示满足均衡时，需求总量和价格水平之间的关系。总需求曲线如图 26－4 所示。

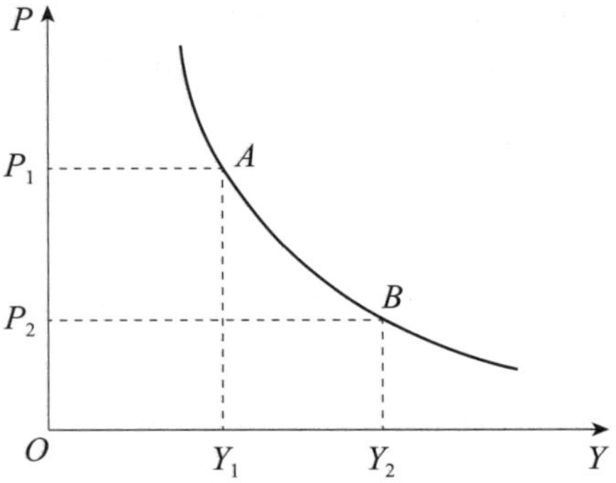

图 26－4　总需求曲线

在价格水平为纵坐标、总需求量为横坐标的坐标系中，总需求曲线通常为一条向下倾斜的线。这意味着，在其他条件不变的情况下，当经济中的物价水平下降时（如图 26－4 所示，从 P_1 下降到 P_2），社会对产品与劳务的总需求量将会增加（需求水平从 Y_1 增长至 Y_2）；反之，经济中的物价水平上升，会减少对产品和劳务的总需求量。价格水平和总需求之间的负相关关系，我们可以从总产出核算的支出等式中进行解读：

$$Y=C+I+G$$

等式右边分别代表消费、投资、政府购买。这三个组成部分都会最终影响经济的总需求水平。我们假设政策决定政府的支出水平是不变的，通过说明价格水平如何影响家庭的消费水平、企业的投资水平，就可以说明总需求曲线为何向右下方倾斜。

（一）价格水平对消费水平的影响：财富效应

价格水平的下降会提高持有的货币的真实价值，这使得消费者更加富有，因为此时他能买到比以前更多的东西。例如，假设某人有 10 元钱，起初一根冰棍的售价为 2 元，那么此时他能购买 5 根冰棍；而当冰棍的价格下降至 1 元时，他能买到 10 根冰棍。这种财富的增加，会促进消费者购买更多的物品，从而支出增加。消费者支出的增加，进一步导致对各种产品和劳务的需求量增加。相反的，如果市场上的总物价水平上升，消费者所持有的货币真实价值将下降，导致其购买力下降，减少支出，最终导致对产品和劳务的总需求减少。这种价格水平对消费水平的影响，就被叫作财富效应。根据上述对财富效应的描述我们可知，价格 P 与消费 C 的变动方向相反，而消费 C 又是总需求的重要组成部分之一，因此，总需求与价格呈反方向变动。

（二）价格水平对投资水平的影响：利率效应

之前章节中，我们曾讨论过货币需求和货币供给之间的关系，货币的供给水平为 M/P。由于之前我们假设物价水平是不变的，因此未曾讨论货币需求与物价水平之间的关系。在此我们假设当价格水平下降时，人们为了购买他们想要的产品和劳务所需持有的货币量也会减少，因此，人们对货币的需求量会随着价格水平的下降而下降。此时，家庭会通过贷出一部分货币来减少自己的持有量，导致货币的需求量低于货币的供给量，根据货币市场均衡理论，此时利率水平将下降。进一步的，利率的下降将鼓励企业更多地借贷以增加投资，导致总需求增加。反之，若价格水平升高，人们对货币的需求量将增加，从而促进利率水平的上升，导致企业抑制投资支出，最终降低了经济的总需求。这种价格通过影响利率从而影响企业投资水平的效应，就被叫作利率效应。根据利率效应，我们知道价格 P 与投资水平 I 的变动方向相反，与消费 C 一样，I 也是总需求的重要组成部分之一，因此同样印证了总需求与价格呈反方向变动。

因此，上述两种不同的效应同时说明了为什么物价水平的下降增加了物品与劳务的需求量。

二、总需求曲线的导出

通过总需求曲线，我们可以得知每一价格水平下所对应的社会总支出水平。一般的，经济的总需求曲线可以从 IS-LM 模型中推导而出。

回忆一下第二十五章的内容，我们在进行 IS-LM 模型的相关学习时，认为价格水平是给定不变的一个常数。在价格水平和货币供给量都外生给定不变的情况下，IS 曲线和 LM 曲线的交点，就决定了产品市场和货币市场都均衡时的产出水平。我们首先通过图形进行推导：

图 26－5（a）为 IS-LM 模型图，图 26－5（b）为总需求曲线。为方便展示，这里将 LM 曲线简化为一条斜率为正的直线。IS-LM 模型中，LM_1 对应价格水平为 P_1 下的货币市场均衡曲线，此时 LM_1 与 IS 曲线相交于点 1，均衡利率和均衡国民收入水平分别为 r_1 和 Y_1。此时 P_1 对应的支出水平为 Y_1，对应在总需求曲线上的点 1。若价格水平由 P_1 下降至 P_2，LM_1 曲线将向下移动，至 LM_2 位置。此时它与 IS 曲线的交点为点 2，新的均衡利率和均衡国民收入水平分别为 r_2 和 Y_2。此时 P_2 对应的国民收入水平为 Y_2，对应于总需求曲线上的点 2。按照上述步骤，对任何一个价格水平 P，我们都可以通过 IS-LM 曲线找到其对应的国民收入水平，于是我们可以找到均衡水平下所有 P 和 Y 的组合，将这些组合全部连接起来，我们就可以得到总需求曲线。

从方程上来看，复习一下，IS 曲线和 LM 曲线分别为：

$$IS\text{ 曲线}:Y=C(Y-T)+I(r)+G$$

$$LM\text{ 曲线}:\frac{M}{P}=L_1(Y)+L_2(Y)+L_3(r)$$

最终均衡利率水平 r 和国民收入水平 Y 由上述两条曲线共同决定，相当于将两个方程联立求解，除了 r 和 Y 之外的其他变量，特别是价格水平 P，都可看作是参数。那么最终求得的 Y 将包含 P 这一参数。举例来说，我们现在给定一种情况，假设上式可以写为：

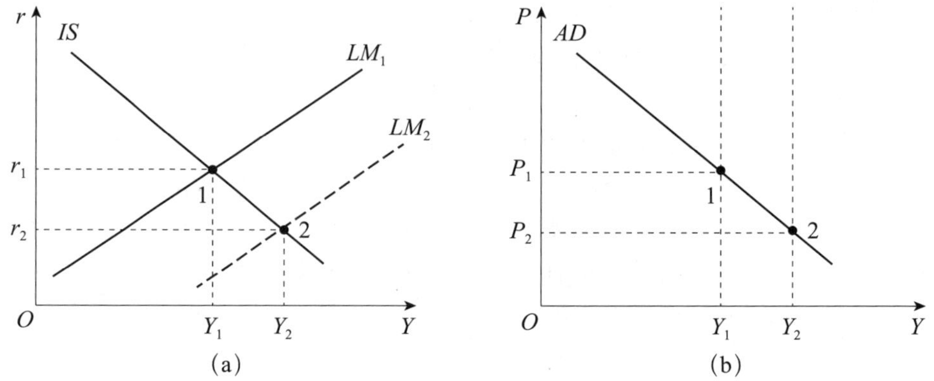

图 26-5　总需求曲线的推导

$$Y+480r=7\ 000$$

$$Y-520r=\frac{2\ 000}{P}$$

可求得：

$$Y=\frac{3\ 640P+960}{P}=3\ 640+\frac{960}{P}$$

这个关于 Y 和 P 的式子，就是我们可以从 IS-LM 模型中推导出的总需求函数公式。

三、总需求曲线的移动

总需求曲线表明了当其他因素不变时价格水平和总需求量之间的反向变动关系。但是，其他因素的改变也会影响既定价格水平下产品和劳务的需求量。当这些因素发生改变时，同一价格水平下的总需求量也会发生相应的变动，体现在图中为总需求曲线发生了相应的移动。

现在我们将针对这些会引起总需求曲线移动的因素进行讨论。在封闭经济条件下，我们不考虑净出口的影响，由于总需求由消费 C、投资 I 和政府购买 G 构成，因此，我们可以分析这些因素究竟直接影响了总支出的哪一组成部分，从而分类对它们进行讨论。

（1）消费变动引起的移动：在价格水平给定的情况下，任何能够使得消费者支出增加的外生因素，都会使得总需求曲线向右移动；相反，任何使得消费者支出减少的外生因素，都会使得总需求曲线向左移动。

（2）投资变动引起的移动：在价格水平给定的情况下，任何能够促进企业的投资水平增加的外生因素，都会使得总需求曲线向右移动；相反，任何抑制企业投资的因素，都会使得总需求曲线向左移动。

（3）政府购买变动引起的移动：若政府决定增加其购买，或者采取扩张的财政政策，将使得总需求曲线向右移动；相反，若政府减少其购买，或者采取保守的财政政策，那么将导致总需求曲线向左移动。

以扩张性财政政策为例，如图 26-6（a）所示，当政府增加其财政支出时，对应 IS 曲线向右移动至 IS'，在原来的价格水平下，新的均衡点为点 2，此时利率水平由原来的 r_1 上

升至 r_2，收入水平由原来的 Y_1 上升为 Y_2。对应至总需求曲线，如图 26－6（b）所示，此时价格水平 P_1 对应的收入水平由 Y_1 上升至 Y_2，故总需求曲线向右移动至 AD'的位置。

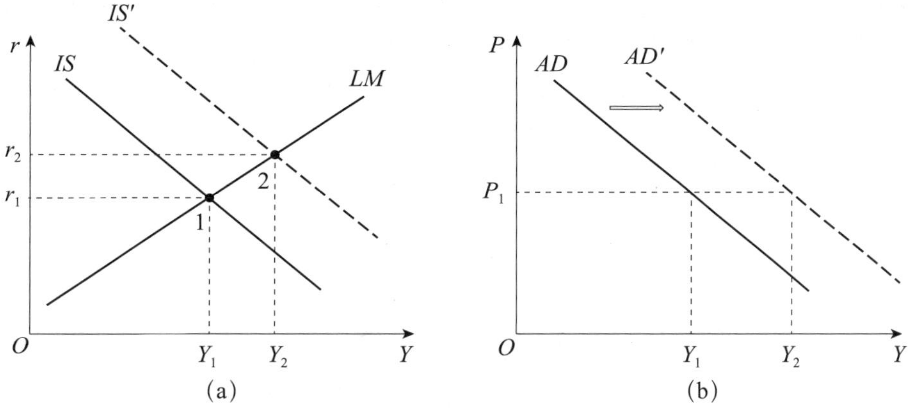

图 26－6 总需求曲线的移动

由此可见，总需求曲线在价格允许变动的情况下，概括了第二十五章所学的 IS-LM 模型，并且更为直观地说明了财政政策和货币政策如何通过影响总需求进而影响总的均衡水平。所以，这两个政策也被叫作需求管理政策。表 26－1 对上述可能影响总需求曲线的因素进行了概括和举例。

表 26－1 影响总需求曲线移动的因素

序号	影响因素	因素及其变化	举例	总需求曲线的移动
1	消费	消费者支出增加	减税；股市高涨；更乐于储蓄	向右移动
2		消费者支出减少	增税；股市低迷；不再关心储蓄	向左移动
3	投资	企业投资增加	对市场未来乐观；投资税收减免	向右移动
4		企业投资减少	对市场未来消极；投资税收优惠取消	向左移动
5	政府购买	政府购买增加	增加军事支出；增加城市公共项目支出	向右移动
6		政府购买减少	减少军事支出；减少城市公共项目支出	向左移动
7	净出口	净出口增加	国外经济繁荣；国外投机行为	向右移动
8		净出口减少	国外经济衰退；国外投机行为	向左移动
9	货币供给	货币供给增加		向右移动
10		货币供给减少		向左移动

四、长期增长与通货膨胀

我们在前面已经分别介绍了总供给曲线和总需求曲线的含义，现在我们可以使用这两个曲线来描述经济的长期增长趋势。如图 26－7 所示，我们假设 $LRAS_1$ 和 AD_1 表示初始年份时的经济状况，$LRAS_2$ 和 AD_2 表示 10 年后的经济状况；$LRAS_3$ 和 AD_3 表示 20 年后的经济状况。三组曲线分别相隔 10 年。值得注意的是，不管是总供给曲线还是总需求曲线，每隔 10 年都会发生变动：技术进步提高了一个经济体的总生产能力，体现在图中，就是使得在长期中总供给曲线持续向右移动。同时，由于中央银行在持续增加货币的供给水平，因此总需求曲线将不断向右移动。从图中可以看到，长期的经济增加和货币供给的增加，将导致产量的持续增长，由最初的 Y_1 水平增长至 Y_2 水平，继续增长至 Y_3 水平。持续的通货膨胀，将导致物价水平由最初的 P_1 增长至 P_2，继续增长至 P_3 水平。因此，最终的结果是产量的增长和持续的通货膨胀。这一长期的增长结论和古典经济学分析的结论是一致的。

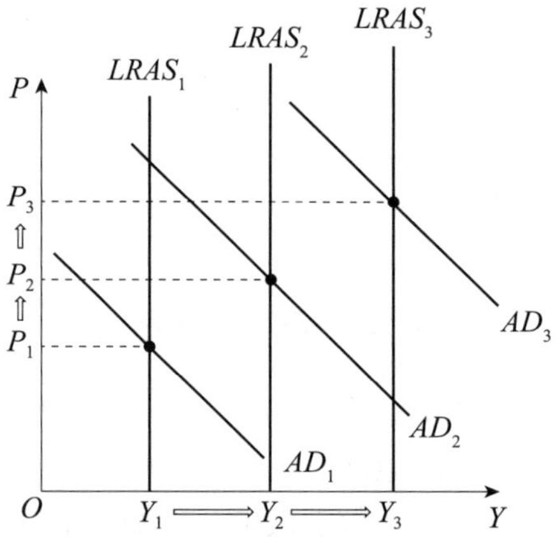

图 26－7　长期经济增长和通货膨胀

此外，要强调的是，长期经济趋势是短期经济波动叠加的结果。产量和物价水平的短期波动，就是对长期中持续的产量增长和通货膨胀的趋势的背离。

第三节　宏观经济波动

在前两节我们已经分别介绍了总需求曲线和总供给曲线的原理。两条曲线结合在一起便是 AD-AS 模型，如图 26－8 所示。使用总需求和总供给模型，我们可以分析宏观经济的长期均衡和短期均衡情况，以及短期经济的波动如何使得经济偏离均衡水平。根据该模型，宏观经济的短期波动主要来自两个基本因素，分别是总需求曲线的移动和总供给曲线的移动。

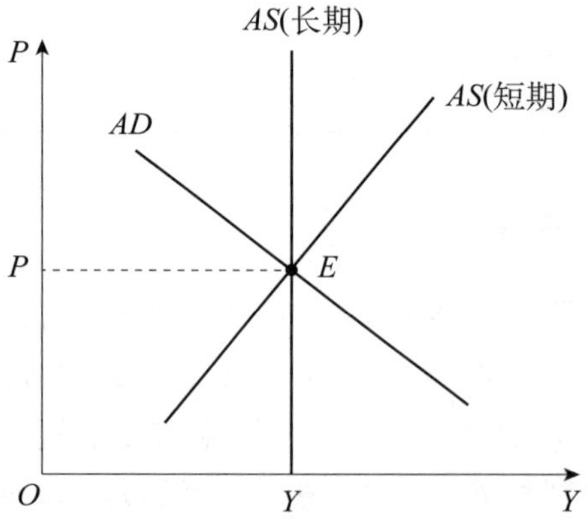

图 26－8　AD-AS 模型

以图 26－8 为例，E 点是较为特殊的情况，此时三条曲线交于点 E。也就是说，短期总供给曲线与总需求曲线相交点位于长期总供给曲线上。因此，在 E 点，宏观经济不仅处于短期均衡状态，经济处于充分就业水平，均衡产量水平为 Y，均衡价格水平为 P，而且预期物价水平也等于实际物价水平，经济处于长期均衡状态。

但是，现实的经济很少处于 E 点所表示的均衡状态上。各种经济波动会导致总需求曲线或总供给曲线发生移动，从而使得经济偏离均衡点，也就是我们经常观察到的经济波动。

一、宏观经济波动的事实

各个经济体在其发展过程中，都会经历一定程度的经济短期波动。在进一步分析这些波动的原因和内涵之前，我们需要先了解一些经济发生逐年波动的事实。这些经济波动存在着一定的特征，总结来看，可以归纳为以下三条。

特征 1：经济波动是无规律的且不可预测的

经济活动中的波动，被称为经济周期。其中还包括两种常见状态：第一种为经济的衰退状态，也就是产出显著下降阶段。此时，经济的真实 GDP 将减少，经济将面临高于正常水平的失业率，因为此时企业将减少生产，其销售和利润都将减少，更多工人也将失去他们的工作。第二种状态为经济扩张时期，也就是产出增长的这段时期。当真实 GDP 增长迅速时，经济状况就更为乐观。在这段经济扩张时期里，大多数企业的利润会增加，从而促进企业扩大生产，导致总产出上升，就业水平也会上升，失业问题得到缓解。为了描述这一过程，经济学家用顶峰表示产出的高点，用谷底表示产出的低点。尽管衰退和扩张时期在时间长度和严重程度上都不同，但这些经济活动被统称为经济周期。需要说明的是，经济周期这个名词或许会给大家带来误解，因为从表面来看，周期代表着一种较为规律的活动形式，然而在实际经济活动中，经济波动是完全没有规律的，且人们几乎无法对其进行准确的预测。从美国的发展历史来看，经济衰退的发生毫无根据可言。有时两次经济衰退之间相隔非常近，而有时许多年都不会发生衰退。从扩张来看，美国自第二次世界大战后，扩张时期平均持续时间为 57 个月，其中最短仅为 12 个月，最长则为 120 个月（1991—2001 年）。

特征 2：大多数宏观经济变量同时波动

根据真实 GDP 的含义，我们可知，真实 GDP 客观地衡量了某一既定时期内经济体所生产的最终物品与服务的总价值，同时也衡量了根据通货膨胀调整过的经济中所有人的总收入水平。因此，可以认为真实 GDP 是经济活动的一个较为全面的衡量指标。

但是，从事实来看，在短期的经济波动中，大多数经济指标几乎是同时变动的。例如，衡量人们收入的指标、衡量支出或生产的宏观经济变量，都会呈现出相同的变化趋势。因此，人们观察经济活动的哪个指标实际上无关紧要。当经济处于衰退阶段时，真实 GDP 水平会下降，同时个人收入、公司利润、消费者支出、投资支出、工业生产、零售额、住房销售额、汽车销售额等指标也都会面临下降的趋势。这是因为，衰退是经济的一个总体现象，所以它会反映在宏观经济数据的各方面。

需要注意的是，虽然许多宏观经济变量会同时发生相同方向的变动，但它们具体的变化水平是完全不同的。举例来说，在经济波动过程中，投资支出的变动相对于GDP水平更为剧烈。虽然投资支出仅占总GDP水平的一小部分，约为七分之一，但是当经济面临衰退时，约三分之二真实GDP的减少都是由投资支出减少而导致的。也就是说，当经济面临衰退时，GDP的大部分下降就是因为新工厂投资的减少、住房投资的减少以及存货支出的减少。

特征3：随着产量减少，失业增加

也就是说，经济中物品与服务产量的变化与经济中劳动力利用率的变动是密切相关的。周期性的失业反映的是劳动力资源使用的不完全性。我们已经介绍过，当经济衰退时，由于企业减少投资缩减生产，工人将面临更高水平的失业率，此时工厂会面临厂房闲置、车间和生产设备使用不足的问题，这也是一种被浪费掉的成本。失业的情况越严重，人们的生活状况就会越差，因此，多数政府都将失业问题的调整作为重要的目标。例如，《汉弗莱-霍金斯法案》授权联邦政府“促进充分就业和生产，提高实际收入，平衡增长，平衡联邦预算，保证足够的生产率增长，对国家优先问题给予适当的关注，改善贸易余额……以及保持合理的价格稳定”。我们将在随后的章节中继续讨论政府要如何实现这些目标。

二、波动的原因：总需求曲线移动和总供给曲线移动

AD-AS模型认为，短期中宏观经济的波动就是因为总需求曲线或者总供给曲线发生了移动。其中，造成*AD*曲线发生移动的外生事件我们叫作需求冲击（Demand Shock），造成*AS*曲线发生移动的外生事件我们叫作供给冲击（Supply Shock）。

对宏观经济波动的分析过程可以总结为以下四个步骤：第一，我们要确定某个事件究竟是需求冲击还是供给冲击，从而确定外生事件究竟是使总需求曲线发生了移动，还是使总供给曲线发生了移动（或者都发生移动）；第二，我们要确定每一条曲线的移动方向；第三，通过AD-AS模型分析这种移动对产量和物价水平造成的具体影响；第四，通过AD-AS模型分析经济如何从它新的短期均衡变动至长期均衡状态。接下来，我们将根据这一步骤对波动进行具体的分析。

（一）总需求曲线移动的影响

现在我们假设这样一种情境：由于政府丑闻、股市暴跌、海外战争爆发等事件的发生，某个经济体被悲观情绪笼罩，该经济体中的人们对未来的经济失去信心，家庭开始缩减支出并推迟非必要的大件商品的购买，企业开始减少对新设备的投资和支出。

很显然，上述事件对经济体的总需求水平带来了影响，且是负面的影响。此时，在任何一个既定价格水平下，家庭和企业所需要的产品和劳务都将减少。因此，该事件将使得*AD*曲线向左移动。

如图26－9所示，上述冲击使得总需求曲线由原本的AD_1向左移动至AD_2。在短期中，新的总需求曲线AD_2和原有总供给曲线AS_1（短期）的交点为B。随着经济从A点移动至B点，经济体的产量水平由原来的Y下降至Y_1，价格水平由P_1下降至P_2。值得注意的是，在这个过程中，引起总需求曲线移动的悲观主义是自我实现的：人们对未来的

悲观态度最终导致经济真的发生了衰退，人们的收入真的发生下降，同时失业增加。

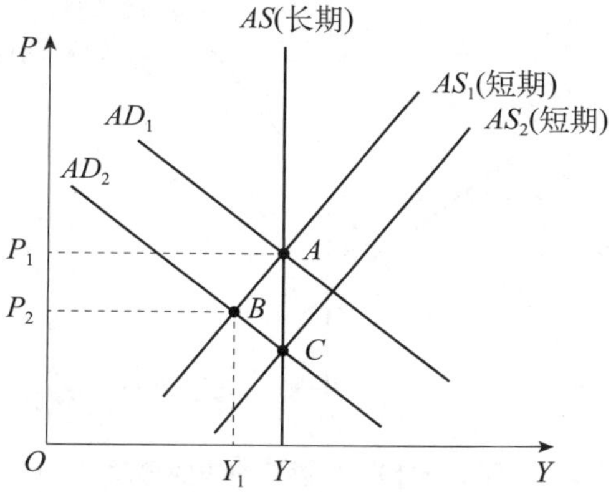

图 26-9 总需求曲线的移动

此时，经济将进一步从上述新的短期均衡向新的长期均衡发生转变。由于新的均衡价格低于原有水平，工人和企业开始对低于预期的新的价格水平做出调整。一方面，此时每一单位货币可以购买到更多的产品和劳务；另一方面，工人面临失业的压力。因此，工人将愿意接受更低的工资水平。根据黏性工资理论，劳动成本的下降鼓励企业雇用更多的工人，并扩大其生产。因此，预期物价水平的下降使得短期总供给曲线由 AS_1 移动至 AS_2 位置。这种移动使得经济来到新的长期均衡点 C。在新的均衡下，产量回到其自然水平。

因此，在短期，总需求的下降会造成经济的衰退，但是对长期来说，总需求的下降只会降低总的价格水平，并不会影响产量水平。事实上，经济从 B 点向 C 点的移动，是其自发完成的，即便决策者不采取任何行动，长期中经济的产量水平也会发生自动逆转。这种现象被称为宏观经济的自动调整机制。

（二）总供给曲线移动的影响

现在我们假设一种新的情境：由于自然气候的恶化导致大量农作物的产量降低、一些意外战争中断了经济体的原油运输等，某经济体的食品和石油等产品的生产成本被迫上升。

这样一种变动会影响该经济的总供给曲线，并减少其总供给水平，从而使得其总供给曲线向左移动。（虽然上述情境也有可能导致其长期总供给曲线发生变动，但为了简化分析，在此我们假设其长期总供给水平不变）

如图 26-10 所示，短期总供给曲线从 AS_1 移动至 AS_2，经济由 A 点移动至 B 点。此时产出水平从 Y_1 减少至 Y_2，而物价水平由 P_1 上升至 P_2。此时经济既经历了通胀（物价上升）又经历了停滞（产量下降），这种情况被称为滞涨（Stagflation）。

此时，经济又将如何从短期均衡转移至长期均衡呢？当企业和工人对未来物价水平的预期提高时，其确定的工资水平将进一步提高，此时企业的成本也将进一步提高，将可能导致总供给曲线进一步左移，物价水平进一步提高。高物价引起高工资，高工资又进一步提高物价水平，这种现象被称为工资-物价的螺旋式上升。

但是，低产量和高失业率会在某一点开始压低工人的工资，因为此时工人将不再具有议价能力。当工资水平开始下降，生产产品的利润就将变大，短期总供给曲线将向右移

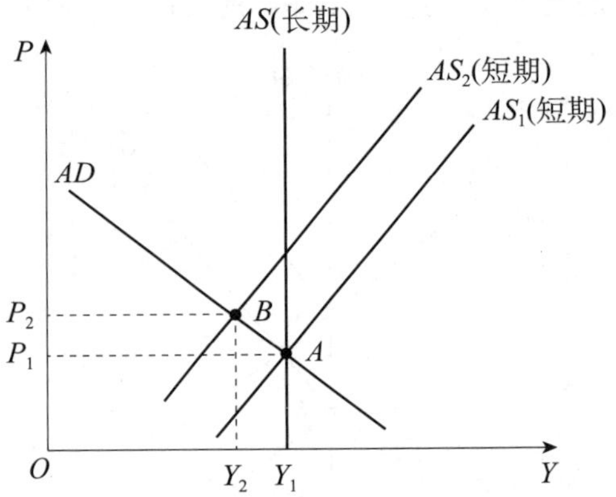

图 26-10　总供给曲线的移动

动。当移动至 AS_1 水平时，其产量又恢复至自然水平，物价水平也恢复到原有水平。在长期中，经济又恢复到 A 点的均衡水平。

第四节　围绕宏观经济政策效应的争论

在本章第三节中，我们解释了总需求曲线和总供给曲线发生移动时的经济活动，并且介绍了经济是如何自发回到长期均衡水平的。然而，在现实中，除了等待自动调节机制的调整，更多时候政府会对经济进行干预。这又涉及 AD-AS 曲线的第二个应用。

我们继续本章第三节中的总需求曲线移动的例子进行分析。事实上，当经济进入衰退时，也就是经济从 A 点移动至 B 点时，政府可能会直接采取行动来提高总需求水平，进而能够产生调控经济的效果。这意味着，政府运用财政政策和货币政策就可以影响宏观经济。

正如前面我们已经介绍过的，政府可以通过采取扩张性的财政政策或者增加货币供给来增加社会的总需求，从而使得总需求曲线向右移动。如果政府可以准确行动，就可以抵消掉总需求曲线的左移，使总需求曲线回到 AD_1 水平，从而使经济回到最初的 A 点，那么经济经历低产量和高失业率的衰退时间就会被缩短，总的经济损失就会减少。但是，等待经济自我调节和政府干预总需求水平这两种做法究竟哪一种更好，经济学家对此仍存在争议。

宏观经济政策中，除了能够实现干预总需求曲线的需求管理政策外，还有可以改变总供给曲线的供给管理政策。以本章第三节总供给曲线左移的例子来说，当外生冲击发生时，政府也可以采取一系列手段使总供给曲线向右移动。然而，目前能够直接控制总供给的政策并不多，更多的是通过一些政策间接地影响经济的总供给水平。由于目前的主流经济学家并不把供给管理政策作为短期宏观经济调控的工具，因此这里将不再继续深入探讨。

在前面的章节里，我们已经讨论了各种模型下宏观经济政策的作用。在本章的最后，我们将介绍六个宏观经济政策的经典问题。这六个宏观经济政策的经典问题涉及经济学家、政策制定者和公众之间长期以来的争论和讨论。

第一，货币政策与财政政策决策者应该试图稳定经济吗？

这个问题涉及政府和中央银行的角色，以及它们是否应该采取措施来稳定宏观经济。一些经济学家主张政府和中央银行应该积极干预，并且应该相信政府决策者可以通过需求管理政策抵消内在的不稳定性，以防止通货膨胀或经济衰退。而另一些反对者则认为，市场机制本身可以实现稳定，由于政策对经济的影响存在时滞，且无法准确预知未来的状况，因此政府的干预反而可能会产生不良后果。

第二，政府反衰退应该增加支出还是减税？

这个问题涉及政府在经济衰退期间的最佳行动。一些人认为政府应该直接增加公共支出来刺激总需求，从而促进生产和就业水平的好转，因为减少的税收可能会被人们更多地用于储蓄，从而无法刺激支出。而另一些人则认为，减税可能会更有效，因为这可以直接增加个人和企业的可支配收入，既可以扩大总需求，也可以扩大总供给；同时，减税的支持者认为，政府的支出盲目增加，最终可能导致一些浪费性的公共项目产生。

第三，货币政策应该按规则制定还是相机抉择？

这个问题涉及货币政策的决策方式。按规则制定意味着制定一套固定的规则，例如将通货膨胀率控制在特定水平，而相机抉择则意味着根据当前经济状况灵活调整政策。争论焦点在于哪种方式更有效，规则是否能够应对不断变化的经济情况。一方面，相机抉择的政策可能会由于政府的能力不足、滥用权力等问题，使得经济遭受政策前后不一致性的痛苦。另一方面，批评者则认为，在面对时刻会发生变化的经济环境中，相机抉择的政策将更为灵活。

第四，中央银行应该把零通货膨胀作为目标吗？

这个问题涉及中央银行的目标设定。有些国家的中央银行将稳定通货膨胀率作为其首要目标，而其他国家可能追求更广泛的经济目标，如就业和增长。支持将零通货膨胀作为目标的观点认为，零通货膨胀可以实现价格稳定、避免通货膨胀的成本、避免通货膨胀的惯性蔓延，且认为消除通货膨胀的代价只是暂时的。而反对将零通货膨胀作为目标的观点则认为，温和的通货膨胀对于社会来说并不会产生巨大的成本，反而有助于经济发展，为了降低通货膨胀率而导致的经济衰退将更加严重。

第五，政府应该平衡其预算吗？

这个问题涉及政府财政政策的可持续性。一些人主张政府应该努力平衡预算，以避免债务累积，并且认为通过增加后代的税收并减少后代的收入，是一种有失公平的做法。而另一些人认为在经济不景气时，政府可以暂时允许财政赤字，以刺激经济增长。只把平衡预算作为目标将会导致忽略其他诸多方面。一些经济学家认为，政府应该保持财政的可预测性和弹性，以适应不同的经济状况。这意味着政府不必坚持绝对的预算平衡，而是要考虑当前的需求和挑战。

第六，应该为了鼓励储蓄而修改税法吗？

这个问题涉及税收政策的影响。一方面，一些人认为，通过减税或提供储蓄奖励来鼓励个人储蓄，以推动经济增长和资本积累，比如把所得税改为消费税。但也有人担心，这可能导致减少政府税收收入，影响公共支出。另一方面，修改税法可能对私人储蓄的影响不大。刺激储蓄的变动最终可能只使得一小部分富人从中获得收益，然而这些富人并不需要减税。因此，修改税法并不是鼓励储蓄的最佳方法。

以上这些问题的答案取决于不同的经济和政治背景，以及特定的宏观经济目标。政策制定者必须仔细考虑这些问题，以制定出最适合其国家或地区的政策。这也是经济学家和政策制定者之间的争论和研究领域。

资源链接

视频微课 26－1

视频微课 26－2

思考题

1. 为什么长期总供给曲线是垂直的？请给出解释。

2. 为什么总需求曲线向右下方倾斜？请写出两个原因并解释。

3. 什么因素会导致总需求曲线向左移动？请在 AD-AS 模型中解释这种移动对产量和物价水平在短期和长期的影响。

4. 哪些宏观经济变量会随着经济进入衰退而下降？哪些宏观经济变量会随着经济进入衰退而上升？

5. 假设经济原本处于长期均衡状态，暂时性的负向供给冲击会带来怎样的短期和长期影响？

在线自测

扫一扫　练一练

第二十七章　失业、通货膨胀与菲利普斯曲线

在实际的市场经济环境中，由于受到多种外部因素的影响如政策变动、技术创新、自然灾害等，总需求曲线和总供给曲线不一定会在充分就业点相交，任何引起这两条曲线偏移的冲击都可能会导致失业或物价上涨。长期以来，失业和通货膨胀都是经济学家和决策者关注的焦点，因为它们会直接影响一国的经济状况和人们的生活水平。针对这一问题，本章将聚焦于菲利普斯曲线这一宏观经济学中的关键工具，深入地分析失业与通货膨胀之间的微妙关系，从而为经济决策者提供更清晰明确的指导思路。

第一节　失业的类型及其成因

失业，宏观经济学中的关键议题，不仅反映了劳动力市场的健康状况，还与一个国家的经济增长、社会稳定与福利息息相关。在劳动市场中，不同的失业类型各具原因与特点。对于政策制定者而言，准确区分这些失业类型显得尤为关键，因为这决定了他们的政策选择。这里把失业分为四种类型，即季节性失业、摩擦性失业、结构性失业和周期性失业。

季节性失业是指由于某些部门的间歇性生产特征而造成的失业。季节性失业是一种正常性的失业，主要是由一年中不同季节对某些特定商品或服务的需求变化所引发的。这种失业并不反映基本的经济不平衡或市场失灵，而是由生产与消费活动的自然节奏导致的。例如，滑雪度假区在冬季可能会雇用大量的员工，但在夏季的劳动力需求大幅降低。政府往往通过提供失业救济或鼓励劳动者进行技能培训来应对这种失业。

摩擦性失业是指劳动者在两份工作之间的短暂失业，或由于个人原因如搬家、换工作而导致的暂时失业。这种失业不是由经济下行或某一行业的衰退造成的，其背后的原因主要有三点：一是信息不对称，求职者和职位之间的信息传递并不总是迅速和完整的，从而降低了匹配效率；二是地理和部门差异，由于不同地区和部门之间的劳动需求差异，工人需要花费时间更换部门或地区；三是个人因素，如工人因各种原因离职时需要花费时间寻找新的工作。从摩擦性失业产生的原因可知，它是经济体中的一种常态，是现代经济体系中不可避免的现象。但摩擦性失业往往较短暂，而且随着劳动力市场信息的流通，这种失业就可以得到缓解。

结构性失业是指由于劳动力供应与需求之间的不匹配而导致的失业现象。这种失业的特点是，虽然市场上有职位空缺，但失业者可能因为技能不匹配、地理位置不便或工资刚性等因素而无法找到合适的工作。其中，工资刚性是指工资无法自由调整以达到劳动市场

的均衡状态，而导致工资刚性进而引起结构性失业的主要原因则包括三个：一是最低工资法。许多国家设定了最低工资标准，以保护低收入工人不被剥削。然而，当法定的最低工资高于均衡工资时，企业可能就不愿意聘请与均衡工资水平相对应的劳动力数量，从而导致失业。这种由最低工资引起的工资刚性往往是结构性失业的最直接原因之一。二是效率工资。效率工资理论认为，高于市场均衡水平的工资可以提高员工的努力程度、减少员工的流动性或吸引更有才能的员工，企业可能会为了获得这些好处而支付效率工资。但这也可能导致工资超过均衡水平，从而增加失业率。三是工会垄断力量。在某些行业，工会通过集体谈判为其成员争取到高于均衡水平的工资，虽然这可以保护工会成员的利益，但同时也可能导致非工会成员或新入行的工人失业。工会的这种垄断力量使工资维持在较高水平，进一步加剧了工资刚性的问题。

周期性失业是由经济周期中的波动引起的失业。在经济衰退期间，由于生产、投资和消费的减少，企业对劳动力的需求也随之减少，从而导致失业增加。反之，在经济增长时，这种失业现象会得到缓解。周期性失业的原因多种多样，包括总体经济需求的减少、企业认为未来的不确定性较高导致的投资不稳定、消费者对经济前景持悲观态度从而减少消费，以及外部冲击如油价飙升或全球经济冲突等。例如，2008 年的金融危机中，银行信贷紧缩和全球信心缺失导致经济活动急剧下降，以及 20 世纪 70 年代石油危机中 OPEC 的减产决策导致油价大幅上涨，进而引起生产成本提高、产量减少和失业增加，这二者导致的失业都属于周期性失业。

综上所述，衡量失业不仅仅是计算没有工作的人数，更关键的是理解背后的原因和与其他经济指标的关系。通过对失业的深入分析，可以更好地理解经济的总体状况，并采取适当的政策措施来促进经济增长和稳定。

第二节　通货膨胀的类型及成因

一、通货膨胀的类型

通货膨胀，作为物价水平持续上涨的一种现象，其形式和特点并不单一。为更深入探究，可以从不同的角度对其进行分类。

（一）按照物价增长的速度分类

首先，物价年涨幅在 10%以下的情况被定义为温和的通货膨胀，这样的缓慢增长有时被视为是经济增长的促进因素。其次，当通货膨胀率介于 10%至 100%时，即为奔腾的通货膨胀。此时价格迅速上升，货币的购买力迅速下降。更为关键的是，由于公众预测价格会继续增长，他们可能会调整行为，从而进一步加剧通货膨胀。最后，当通货膨胀率超越 100%时，便出现了超级通货膨胀。此阶段对经济构成严重威胁：价格飞速上涨，货币价值急剧下滑，经济运作陷入混乱，最终有可能导致整个货币及价格体系的崩溃，甚至引发社会动荡。

（二）按照物价受到的影响程度分类

根据通货膨胀对物价的影响程度，可以将其分为两种类型：一种是均衡的通货膨胀，它描述的是所有商品、服务及生产要素如工资、租金和利率等的价格都按照大致相同的比例增长。在这种情况下，市场的稳定性在某种程度上得以维持。另一种是非均衡的通货膨胀，即不同商品和服务的价格上涨速度存在差异。这可能会引起特定的核心商品或生产要素的价格飙升，而其他商品和服务的价格则上涨较慢，从而可能导致资源配置不当，对经济稳健增长产生负面效应。

（三）按照人们对物价变动的预期分类

预期在通货膨胀中也是一个重要因素。对于未预期到的通货膨胀，物价上涨速度总是出人意料，例如国际市场原料价格的突然大幅度上涨往往给经济带来短期的负面冲击。而预期到的通货膨胀则是被市场参与者预见并已经纳入考虑的，他们会根据这种预期进行经济决策。例如，如果人们预测未来的物价将按5%的速度增长，那么他们在投资或消费时就会考虑到这一预期。而且，这种通货膨胀具有自我强化的特性，可能会形成一个难以打破的通货膨胀循环。

二、通货膨胀的原因

在探讨通货膨胀的深层原因时，经济学家提出了多种理论解释。为了更好地理解这些原因，可以将其分为以下四个维度。

（一）货币数量论的视角

货币数量论主张，货币的供应与通货膨胀之间存在直接的联系。其核心观点是，货币供应的增长速度若超过经济总体的产出速度，这种不均衡状态将导致物价的普遍上涨。这背后的逻辑是，随着货币供应量的增加，市场上的流通货币超过了与商品和服务交换所需的数量，这种超额的货币会导致对商品和服务的需求增加，从而推高价格。而产出的增长速度则是相对固定的，很难短期内大幅增长。特别是当货币政策过于宽松，或者中央银行不考虑经济的真实需求而大规模增加货币供应时，这种不均衡状况可能更为明显。

（二）需求拉动的通货膨胀

需求拉动的通货膨胀，又被称为超额需求通货膨胀，描述的是总需求超过总供给时导致的一般价格水平持续显著地上升的情景，这种现象可以用“过多的货币追逐过少的商品”来形象地描述。

使用AD-AS模型可以进一步深化这种理解。总需求不仅仅是由消费者购买力决定的，它还受到投资、政府支出以及净出口等多种因素的影响。这些因素共同作用导致总需求增加时，短期内总供给又往往是固定的或者增长速度较慢，这就产生了总需求超过总供给的情况。特别是在经济增长的阶段，当消费者预期未来的经济状况会更好时，他们可能会增加当前的消费支出，企业也可能基于对未来的乐观预期增加投资，这些行为都会推高总需求。但如果供应端在短期内无法迅速响应这种增加的需求，比如出现生产要素不足、生产技术的限制或者其他供给侧障碍，那么物价水平就有可能上升。

如图27-1所示，横轴表示总收入或总产出y，纵轴表示物价水平P，AD为总需求曲线，AS为总供给曲线，y^*为充分就业产出水平。初始时期，在总产出达到y_1之前，经济社会有闲置的生产力，总需求增加不会引起物价水平的上涨，此阶段总供给曲线AS

是一条水平线（P_1E_1）；总产量在 y_1 到 y^* 之间时，供给端由于人员、设备、原料等不足的原因引起生产成本提高，此阶段总供给曲线 AS 向右上方倾斜（E_1E_3），总需求由 AD_1 增加至 AD_2 或 AD_3，引起一般价格水平从 P_1 上升至 P_2 或 P_3；当总产出达到充分就业产出水平 y^* 时，无论总需求增加多少，总产出也无法增加，总供给曲线 AS 垂直（E_3E_4），总需求进一步增加至 AD_4，只会引起价格水平上升到 P_4。上述过程即为需求拉动的通货膨胀。

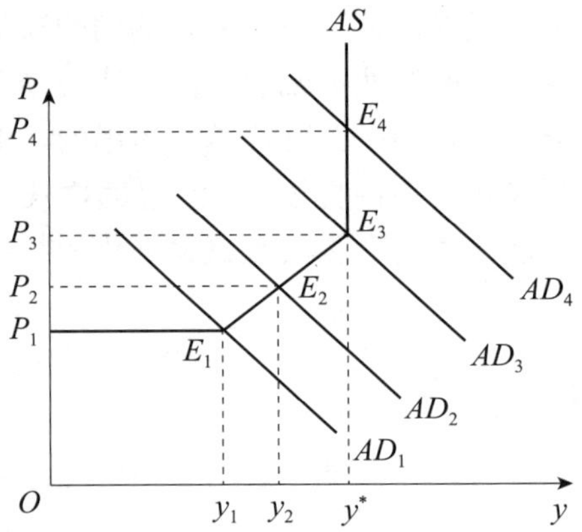

图 27-1　需求拉动的通货膨胀

（三）成本推动的通货膨胀

成本推动的通货膨胀关注的是供给侧如何通过成本因素影响整体价格水平，主要有两种类型：一是工资推动型通货膨胀。在一个完全竞争的劳动市场中，工资完全由劳动的供需决定，上涨的工资并不会引致通货膨胀。但在不完全竞争的劳动市场中，尤其是在工会介入的场合，工资可能会被提高至超出竞争水平。当这种工资上涨超过生产率的增长时，会导致整体成本的提升，从而引发商品和服务的价格上升，物价上涨可能又导致进一步的工资上涨，这就构成了一个连续的上升周期，即工资-价格螺旋。二是利润推动型通货膨胀。这种通货膨胀大多发生在垄断或寡头市场，由于企业拥有更大的市场议价能力，它们可能设置较高的价格以追求更大的利润，从而导致整体价格水平的提升。

如图 27-2 所示，初始时期总需求曲线 AD 与总供给曲线 AS_1 相交于 E_1 点，此时的物价水平为 P_1，总产出为 y_1。当经济出现负面的供给冲击引起总供给曲线由 AS_1 向左上方移动到 AS_2 时，总需求曲线 AD 与新的总供给曲线 AS_2 的交点为 E_2，对应的产出下降至 y_2，物价水平上升至 P_2。相似地，生产成本进一步提高使得总供给曲线继续向左移动至 AS_3 时，产出继续下降至 y_3，物价水平上升至 P_3。这就是成本推动的通货膨胀产生的过程，即当总需求不变、总供给减少时，会出现产出下降和物价上升并存的情况，即所谓的“滞胀”。

（四）结构性通货膨胀

结构性通货膨胀源自经济结构的特点和变动。在某一经济体内，当某些行业或部门的生产率显著上升，而其他部门的生产率增长相对缓慢时，这种现象尤为明显。在理想的市场经济环境中，生产要素应实现从低生产率部门向高生产率部门的灵活流动。然而，现代

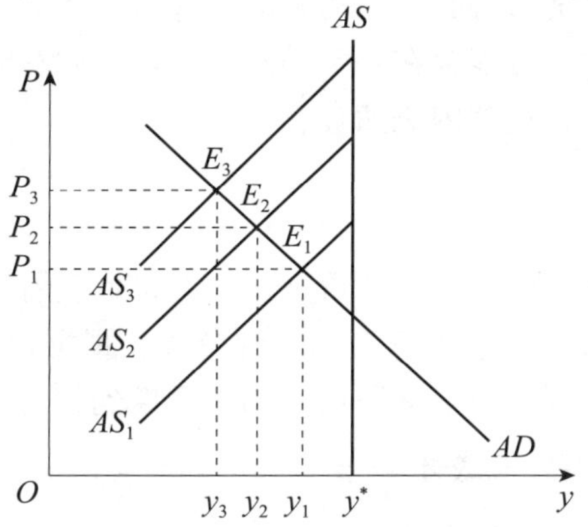

图 27－2 成本推动的通货膨胀

社会经济结构中的某些制约或障碍可能限制这种流动。生产率低下的部门常常在工资和价格上力求与高生产率部门持平，寻求所谓的“公平”，这导致整体工资增长速度超越了生产率的总体增长，从而增加了通货膨胀的风险。例如，对比生产率迅猛增长的技术部门与增长较慢的农业部门，农业部门尽管生产效率增速有限，但在追求工资“公平”的过程中，可能要求与技术部门的薪酬保持一致。这种平衡追求实际上忽视了两部门的生产效率差异，从而在整个经济范围内增加了成本，引发了通货膨胀。

三、通货膨胀的持续

在现实经济中，价格持续上升其实是由多种因素互相交织、作用而产生的一种复杂的经济现象。更重要的是，这种影响往往超出了引发通货膨胀的初始冲击。想象一下，当一个国家的通货膨胀率飙升至10%，即便最初的冲击逐渐消退，该国的价格上涨也可能不止一次。那么，这背后的驱动力是什么呢?

关键在于市场的预期。预期在经济活动中起着至关重要的作用，特别是在通货膨胀的环境中。当劳动者预料到未来的物价及服务费用会增长，他们在与雇主磋商工资时，会提出更高的要求，以维持其购买力和确保实际工资不会因物价上升而贬值。这导致了工资的增长，而工资的提升又反过来提高了企业的生产成本，从而再次推动价格上升。与此同时，金融机构，特别是银行，在决定贷款利率时，也会高度重视货币的价值波动。为了避免通货膨胀导致的收益损失，这些机构可能会调高贷款利率，而这样的调整又会进一步加大通货膨胀的压力。因此，价格上涨促使工资提高，而工资的上升又反过来推高价格，形成了一个不断循环的螺旋上升过程。这也说明，要真正掌握通货膨胀的深层次机制，仅仅关注最初的原因是远远不够的，而是应该深入了解经济中这种预期与相互作用。当市场预期价格上涨时，这种预期就可能变成现实，从而形成一个持续的循环。

为了终结这种恶性循环，就需要政府或中央银行进行调控。通过适当的政策工具，如调整利率、修订劳动政策等，来改变市场的预期，进而减缓通货膨胀的压力。例如，协调劳工与雇主的谈判，保证工资增长与生产率同步上涨，而不仅仅是跟随物价上升，就能有效遏制这种螺旋上升的趋势。但实施这样的策略并不总是一帆风顺，也不一定能够取得预期效果。这需要决策者对经济形势有精准的判断，并对经济的动态变化做出迅速且合理的响应。而公共政策的实施效果可能存在一定的滞后性，因此在某些情况下，尽管采取了措施，但通货膨胀的影响可能在短期内仍然存在。

四、通货膨胀的成本

在经济学中，通货膨胀不仅意味着物价上升，它也代表着一系列隐藏的经济成本。这些成本深刻地影响着经济活动、市场行为和资源分配。根据市场对通货膨胀的预期程度，这些成本可以被划分为预期到的通货膨胀成本和未预期到的通货膨胀成本两大类。

（一）预期到的通货膨胀成本

1. 菜单成本

在实际经济中，多数企业不会频繁地调整其产品或服务的定价，这是因为价格调整本身携带一系列的成本，这些与重新定价相关的支出被统称为“菜单成本”。它们涵盖了一系列活动，从重新确定产品的价值，到更新相关的广告材料，再到与客户沟通价格变动。除了这些直接的费用外，企业还可能面临由于价格调整而引发的客户不满，从而引起客户流失或需求减少。特别是在高通货膨胀的环境中，这种成本会被放大。对于那些在极端通货膨胀环境下运营的企业来说，由于需要频繁调整价格以适应市场，这些成本可能迅速积累。

2. 鞋底成本

随着物价水平的上涨，金融市场上的利率也经常呈上升趋势。这意味着，持有现金的机会成本在增加，因为现金不再像存款那样产生收益。当通货膨胀导致利率的显著上升时，公众可能会更倾向于将现金存入银行以获得高额的利息收益。这种趋势导致了频繁的银行业务，从而产生额外的费用，这被形象地称为“鞋底成本”。这种成本可能看起来不显著，但当通货膨胀率极高时，人们为了保留较少的现金而经常去银行，相关的管理和操作成本可能会迅速增长。

3. 税收扭曲

首先，通货膨胀环境下，名义收入可能会上升，但经过通货膨胀调整后的实际收入可能保持不变或仅略有增长。如果税制主要考虑名义收入，纳税人会因其购买力并未实际增加而承担额外的税负。其次，资产的名义增值可能会因通货膨胀而放大，导致过高的资本利得税，从而抑制投资。最后，通货膨胀可以降低未来的实际债务负担，当这与利息支出的税收抵扣相结合时，会起到鼓励过度借贷的作用。

4. 资源错配

在自由市场经济体系中，相对价格起到了核心的导向作用，指引着劳动、资本等资源如何高效流动和分配。这些价格信号不仅为企业家和投资者展示了哪些产品和服务更受市场青睐，还为消费者提供了有关价值的参考。但高通货膨胀环境下，这个机制容易受到扰动。因为不同的企业和行业所处的市场环境不同，对价格的调整反应会有所不同，这就可能导致在一个时间点上，价格调整的速度和程度存在很大的差异，从而相对价格容易出现扭曲，导致资源流失，不再汇聚于真正具有经济效益的部门，资源流向看似有吸引力但实则并非如此的领域。随着时间的推移，这种资源错配会引发一系列的生产问题，降低整体经济效率，为经济的长远发展带来隐患。

5. 通货膨胀所带来的混乱

货币在经济体系中起到了衡量交易价值的作用，但在通货膨胀的环境下，货币的这一功能可能会受到干扰。随着物价水平的快速上升，经济主体在交易中很难准确地估计物品或服务的真实价值。此外，企业在计算成本、预测收益或设定产品价格时，都面临由于通货膨胀带来的价格不确定性的困扰。这种不确定性会对投资行为产生抑制作用，进而影响整体经济活动的健康发展。

（二）未预期到的通货膨胀成本

未预期到的通货膨胀成本对经济的打击通常更为深远。它会引起不确定性的增加，影响财富再分配的格局，以及导致相对价格的大幅波动，这种通货膨胀形式为经济带来了一系列的挑战和问题。

1. 不确定性增加

当实际通货膨胀率偏离预期通货膨胀率时，会导致经济中的参与者面对更大的不确定性，这种影响造成的决策成本的增加对参与者来说可能是巨大的。首先，投资决策受到严重影响。企业在决定长期投资时，通常会预测未来的经济环境以确定投资的可行性和预期回报。若通货膨胀远超预期，投资项目的实际回报可能会大大低于预期，导致投资效果不佳。反之，如果通货膨胀低于预期，过于保守的投资决策可能导致错失良机。其次，储蓄决策也受到影响。通货膨胀影响了货币的购买力，对未来的经济预期不确定使得公众在储蓄和消费之间的权衡变得困难，过度储蓄和过度消费都会影响经济的消费和投资平衡。再次，未预期到的通货膨胀对金融市场也有重要影响。利率是金融市场的关键变量，其与通货膨胀率紧密相关。当通货膨胀超出预期时，实际利率的变动会进一步加剧金融市场的波动性。最后，工资和雇佣决策也会因未预期到的通货膨胀而被扭曲。雇主和雇员在磋商工资和签订劳动合同时，都会考虑到预期的通货膨胀。当实际通货膨胀率与预期出现偏差时，可能会导致劳动力市场的失衡，影响整体就业和生产。

2. 财富的不合意再分配

未预期的通货膨胀可能导致财富在社会各个层面之间重新分配。首先，固定收入者，如退休人员、工薪族，或者那些依赖社会福利的群体的实际收入会受到通货膨胀的侵蚀。如果其收入不变，物价持续上升，购买力就会下降，生活水平也会随之受到影响。其次，储蓄者会受到通货膨胀的冲击，随着物价上涨，存款的购买力下降，对于那些有大量储蓄的人是一个不小的损失。像固定回报的投资产品、保险和退休金的实际价值在通货膨胀环境中也可能会缩水。最后，债务人和债权人之间的财富关系也会发生变动。通货膨胀会使得债务人在一定程度上相对受益，而债权人遭受损失。比如，甲向乙借款，如果在还款期间通货膨胀率上升，那么甲归还的货币的实际购买力就会降低，相当于乙损失了部分财富。

3. 相对价格变动性的增加

意外的物价上涨可能会引发价格的更大幅度波动，从而影响整体经济活动的效率，因为资源可能未被分配到高产值的领域。假设一家玩具厂预测下一年的物价上涨率为5%，但实际上只增长了1%。玩具厂可能会提前调价，期望能平衡成本的上升。但实际的通货膨胀率低于预测值，使得玩具的售价过高，进而影响销售。同样，如果企业估计成本将增长，它们可能会提前采购更多的组件和配件。但若实际的物价上涨低于预期，这就会导致库存过剩，企业被迫减价处理。这种价格的不稳定性和预测的不准确性会影响经济的活力，因为在这种不稳定的情况下，企业和客户都可能做出非最优选择。

第三节　奥肯定律

一、失业对产出的影响

失业对个体及其家庭的影响是直接和深刻的。失去工作不仅会使人们的收入下降，还可能导致心理和情感的压力、家庭关系紧张和其他社会问题。但这种影响并不止于此，在一个经济体中，每一名劳动者都是生产、消费和投资的关键部分，当大量劳动力处于非生产状态时，整个经济的产值会受到严重的负面影响。

首先，从生产的角度看，每一名失业者都代表了未利用的生产潜力。当人们没有工作或在寻找工作时，他们无法将自己的技能和劳动力转化为生产力，进而生产商品或提供服务。当这种情况在整个经济体中普遍存在时，未被充分利用的生产潜力便会导致总产出低于其潜在水平。其次，失业对消费支出的影响也不容忽视。当失业人数增加时，这些没有稳定收入来源的人们的购买力大大受到制约，不仅影响日常消费品，如食品、衣物和住房，还会影响非必需品的消费，如旅行、娱乐和其他休闲活动。这种广泛的消费减少会进一步使生产企业产生的收入和利润减少，进而可能导致更多的失业。再次，当消费下降时，企业对未来的投资预期也会受到影响。投资是GDP的重要组成部分，企业在预期需求下降的情况下可能会减少或推迟投资。例如，一家制造公司如果预测到未来市场需求会减少，可能会选择不进行新的设备投资或扩建工厂，这会减少总体的经济活动和潜在的GDP增长。最后，失业还给公共财政带来了压力。高失业率意味着政府需要为失业救济、社会保障和其他相关项目支付更多费用，加剧政府财政赤字。

二、奥肯定律

20世纪60年代，为了更加精确地描述失业与经济产出之间的关系，美国经济学家阿瑟·奥肯提出了“奥肯定律”。奥肯定律的内容为，失业率每高于自然失业率1个百分点，实际GDP就会比其潜在水平低2个百分点，用公式可以表示为：

$$\frac{\text{实际产出}-\text{潜在产出}}{\text{潜在产出}}=-2(\text{实际失业率}-\text{潜在失业率})$$

这种关系具有很强的经验性质，因为奥肯在提出这一定律时主要依赖的是对美国历史数据的分析，这一关系在多数工业化国家中也得到了验证。为了更好地理解这一点，可以考虑以下实际情境：假设某国在长期平均状态下的自然失业率为5%，但在某个特定的经济下行周期中，其失业率上升至7%。根据奥肯定律，实际GDP将比其潜在水平低4个百分点。由此可知，为了避免失业率上升，实际GDP的增长速度应与潜在GDP保持一致，若政府希望降低失业率，那么该经济体的实际GDP增速必须超过其潜在GDP增速。

第四节 菲利普斯曲线及其应用

一、菲利普斯曲线的提出

1958年，经济学家威廉·菲利普斯在《经济学》杂志上探讨了近一个世纪的时间段（1861—1957年）内，英国的失业和货币工资变动率之间的关系。他的研究揭示了一个明确的趋势：低失业率年份往往伴随高通货膨胀率，而高失业率的年份则有较低的通货膨胀率。值得注意的是，菲利普斯的初次考察是基于名义工资而不是物价，但这对经济学解释并没有太大影响，因为这两种指标往往是同步变动的。菲利普斯的这一发现是革命性的，不仅是因为它揭示了两个主要的宏观经济变量即通货膨胀和失业的一个新的相关性，而且它以一种全新的方式展示了这种相关性。尽管菲利普斯的数据基于英国，但其启示性意义远远超出了一个国家的边界。事实上，其他经济学家很快意识到这种关系在全球范围内都是普遍存在的。

进一步强化这一概念的是经济学家保罗·萨缪尔森和罗伯特·索洛。在菲利普斯的文章发表仅两年后，这两位学者在《美国经济评论》上提供了基于美国数据背景下通货膨胀和失业关系的证据，他们发现的趋势与菲利普斯的研究结果非常相似。更重要的是，萨缪尔森和索洛进一步探索了导致这种关系的潜在原因，他们认为这种相关性源于低失业与高总需求之间的关系，而高总需求则往往导致工资和物价上涨。

由于这一发现的重要性和广泛的应用，这个关于通货膨胀和失业之间的关系被正式命名为“菲利普斯曲线”。如图27－3所示，横轴表示失业率u，纵轴表示通货膨胀率π，向右下方倾斜的PC曲线即菲利普斯曲线，它为决策者提供了一个关于经济可能走势的指导，形象地呈现了通货膨胀和失业之间的权衡。具体而言，决策者可以选择高失业与低通货膨胀的组合，或者是低失业与高通货膨胀的组合，但低失业与低通货膨胀的组合一般难以实现。

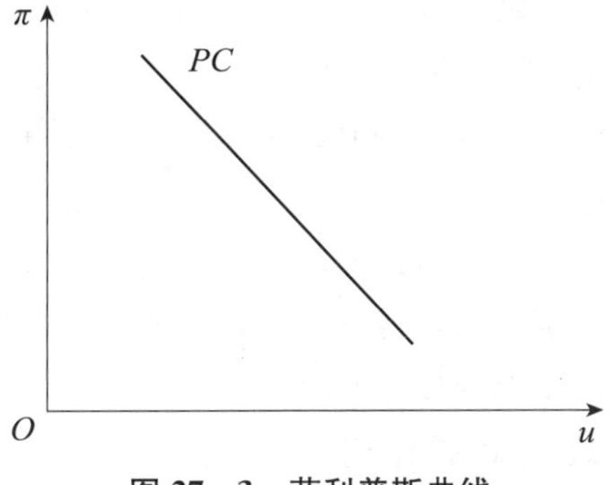

图27－3 菲利普斯曲线

二、菲利普斯曲线的推导

菲利普斯曲线表明，短期中出现的通货膨胀与失业的组合是由于总需求曲线的移动使经济沿着总供给曲线变动。随着物品和服务的总需求增加，产量和物价水平都会上升。增长的产量意味着更多的就业机会，从而使失业率降低，而物价水平的提高则会引起更高的通货膨胀率。因此，短期中的总需求变化导致通货膨胀和失业呈现相反的趋势，这正是菲利普斯曲线所表达的核心观点。

图 27－4（a）为 AD-AS 模型所表示的经济状态。初始时期，总需求曲线 AD_0 与总供给曲线 AS 相交于 E_0 点，此时价格水平为 P_0，总产出为 y_0。当总需求增加时，AD_0 曲线右移至 AD_1，重新与总供给曲线 AS 相交于 E_1 点，价格水平从 P_0 上升至 P_1，总产出从 y_0 增加至 y_1。而图 27－4（b）则表示与（a）相对应的经济中失业率与通货膨胀率的情况，初始时期的失业率为 u_0，通货膨胀率为 π_0，当总需求增加后，总产出的增加促使企业雇用更多的工人，失业率下降至 u_1，而价格水平的上升则引起通货膨胀率上升至 π_1。（u_0，π_0）点与（u_1，π_1）的连线即为菲利普斯曲线，表明短期内失业率与通货膨胀率存在负相关关系。

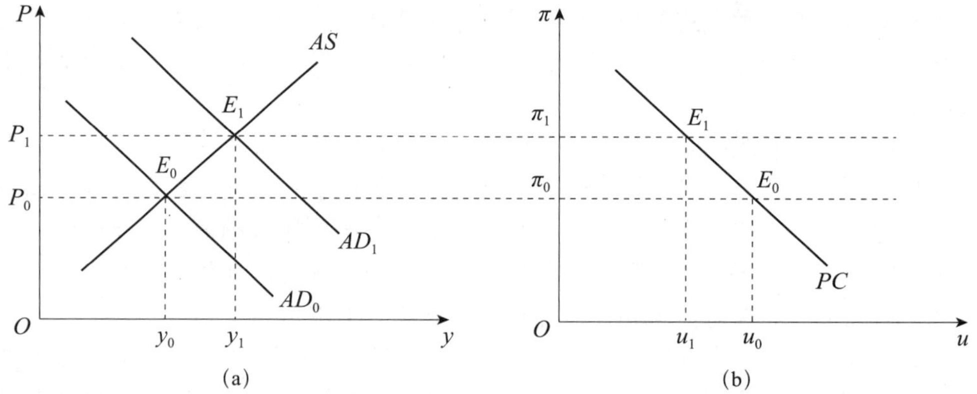

图 27－4　由 AD-AS 模型推导菲利普斯曲线

三、菲利普斯曲线的应用

通货膨胀和失业之间的短期负相关关系为政策制定者提供了一个思路，使他们能够在各种通货膨胀率和失业率的组合之间进行选择，从而实现特定的政策目标和方向。

（一）失业与通货膨胀的替换关系

失业与通货膨胀之间的权衡被称为“替换关系”。当一国试图通过货币政策降低失业率时，可能会因为增加货币供给导致价格上涨，从而引发通货膨胀。相反，为了控制通货膨胀，政策制定者可能会选择紧缩货币政策，但这可能会增加失业率。为此，决策者时常参考一个“社会临界点”来制定政策，这一点代表失业与通货膨胀的理想组合。当实际的失业率和通货膨胀率组合超出这一理想区域时，决策者就需要采取调节措施。

（二）货币政策与财政政策的作用

政策制定者通过货币政策和财政政策这两大工具来影响经济在菲利普斯曲线上的位置。对于货币政策，增加货币供给可以刺激总需求的增长，导致经济沿菲利普斯曲线向低失业率、高通货膨胀率的方向移动。而财政政策如增加政府支出或减税，也可以提高总需求水平。例如，在 2008 年全球金融危机后，美国通过了 7 000 亿美元的《2008 年经济紧急稳定法案》来刺激经济。但财政刺激策略的效果会因国家的债务水平和信用状况而异，高债务国家可能会发现其政府支出增加的边际效应较低。此外，经济体不应仅仅局限于选择货币政策和财政政策中的一种，两种政策相结合可能会带来更好的效果。

四、降低通货膨胀率的代价

面对持续的通货膨胀，各国政府和中央银行通常会采取一系列政策措施来稳定物价，如紧缩性货币政策或削减公共开支。但这些措施在稳定物价的同时，也可能会带来经济增长的牺牲。由此，经济学家们提出了两个重要的概念：牺牲率和痛苦指数，二者都旨在量化通货膨胀对经济健康的实际代价，并为政策制定者提供更具决策价值的参考。

牺牲率，用以表示通货膨胀与经济增长之间的微妙的权衡关系。具体地，它代表了为了使通货膨胀率下降一个百分点，需要放弃的GDP的百分点数。当牺牲率为5%时，意味着为了使通货膨胀率下降1个百分点，经济在一整年内可能需要放弃其GDP的5个百分点。值得注意的是，牺牲率的确切数值是随时间和地点变化的，它还受到所采取的降低通货膨胀措施的方式的影响。利用之前的奥肯定律，可以简单地将牺牲率与失业率关联起来，失业率每增加1%，可能会导致GDP减少2%，这意味着在一个牺牲率为5%的经济体中，为了降低1%的通货膨胀率，可能需要接受失业率上升2.5%的后果。

然而，为了全面理解通货膨胀和失业对社会和经济的影响，经济学家们还提出了“痛苦指数”。这一指数融合了失业与通货膨胀两大变量，目的是更加直观地展示它们对公众的综合影响，它的计算公式为：痛苦指数＝失业率＋通货膨胀率。这个指数的背后逻辑是，通货膨胀和失业都可能会对公众造成痛苦，当它们的总和达到一定程度时，可以反映出政府的经济政策效果。此外，对于政策制定者和决策者而言，痛苦指数还可能成为衡量政策成果的重要标准。当公众对高通货膨胀率和高失业率都表示不满时，一个稳定或下降的痛苦指数可以为政府和相关部门提供一个正面的反馈，证明其所实施的经济策略是有效的；反之，一个上升的痛苦指数则可能为决策者敲响警钟，暗示需要对现有政策进行重新评估和调整。

五、附加预期的菲利普斯曲线

附加预期的菲利普斯曲线的提出源于美国经济学家弗里德曼在1968年的一项重要贡献。他指出，原始的菲利普斯曲线分析可能忽略了一个至关重要的因素：劳资双方在谈判新的工资协议时的通货膨胀预期。他们关注的不是名义工资，更多的是实际工资，即在考虑预期通货膨胀后的工资，人们的通货膨胀预期越高，相应地将名义工资提高得越高，名义工资增长得越快。弗里德曼认为，正是通货膨胀预期催生了短期菲利普斯曲线的诞生，这里的“短期”特指从形成预期到因通货膨胀进行调整的时间间隔。短期菲利普斯曲线描述了在固定的通货膨胀预期下，失业率与实际通货膨胀率之间的短期负相关关系。因此，菲利普斯曲线方程可以改写为：

$$\text{失业率} = \text{自然失业率} - a(\text{实际通货膨胀率} - \text{预期通货膨胀率})$$

其中，变量a是衡量失业对未预期到的通货膨胀的响应程度大小的参数，该式即现代菲利普斯曲线，即附加预期的菲利普斯曲线。值得注意的是，在此模型中，当实际通货膨胀率与预期通货膨胀率相等时，失业率便会稳定在其自然水平。

图27－5表示的就是附加预期的菲利普斯曲线。初始时期菲利普斯曲线为PC_0，此时

公众的通货膨胀预期为 π_0，对应的失业率为自然失业率 u^*，经济处于 A 点。假设货币当局采取扩张性货币政策来扩大总需求，使得实际通货膨胀率上升至 π_1，但短期内通货膨胀预期仍会保持 π_0 不变，实际工资低于名义工资，企业雇用更多的工人扩大生产，短期内失业率下降到 u_1，经济沿着菲利普斯曲线 PC_0 向左上方移动到 B 点。但随着时间的推移，人们意识到实际通货膨胀率的上升，就会将其通货膨胀预期调整至实际通货膨胀率水平即 π_1，菲利普斯曲线向右移动至 PC_1。而且工人会要求企业提高名义工资，从而实际工资提高到初始水平，失业率回到自然水平，经济从 B 点向右移动到 C 点。因此，短期菲利普斯曲线并不稳定，会随着通货膨胀预期的调整而移动，每条短期菲利普斯曲线都反映了某个特定的预期通货膨胀率。

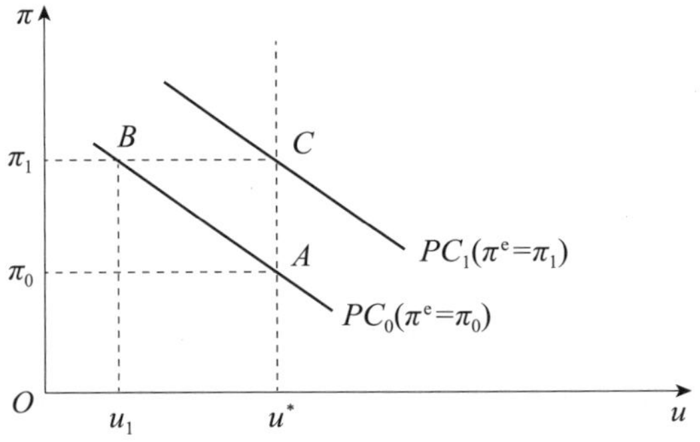

图 27-5　附加预期的菲利普斯曲线

在政策层面，附加预期的菲利普斯曲线表明在短期内，当预期通货膨胀率低于实际通货膨胀率时，失业率与通货膨胀率之间的替代关系仍然存在。这为政策制定者提供了宝贵的经验：通过实施相对应的财政政策和货币政策，短期内可以有效地调节失业率和通货膨胀率。这一理论视角进一步强调了调节总需求的宏观经济政策在短期内的必要性，也提供了一种更为动态和更具适应性的工具，使其能够更好地应对各种经济波动和冲击。例如，在预期通货膨胀率迅速上升的情况下，可能需要更加审慎地调整财政政策和货币政策，以确保不会进一步加剧实际的通货膨胀。同样，当预期的通货膨胀率低于实际的通货膨胀率时，则可以利用这一机会采取措施刺激经济，以降低失业率。

六、长期菲利普斯曲线

西方学者认为，工人会根据实际经济情况调整自己的预期。随着时间的推移，这些预期会与实际通货膨胀率趋于一致，企业与工人在工资谈判中所依赖的通货膨胀预期会更准确，从而导致名义工资的调整并使得实际工资回到原有水平，高通货膨胀率不会减少失业。这样，如图 27-6 所示，长期菲利普斯曲线为一条垂直线，表明长期中失业率与通货膨胀率之间不存在替换关系。同时，长期中经济能达到充分就业状态，失业率处于自然失业率水平。弗里德曼的研究进一步论证了这一观点。弗里德曼认为货币供给增加是通货膨胀的主要决定因素，但货币政策只能影响名义变量如物价和名义收入，而不能影响真实变量如实际利率。因此，长期内通货膨胀率和失业率不相关。政府和中央银行在设定货币政策时，必须清楚地认识到其能力的局限性。长期内，货币政策不能持续地降低失业率，而只能影响通货膨胀。任何试图通过货币政策长期降低失业的努力，都可能导致通货膨胀率的不断上升。

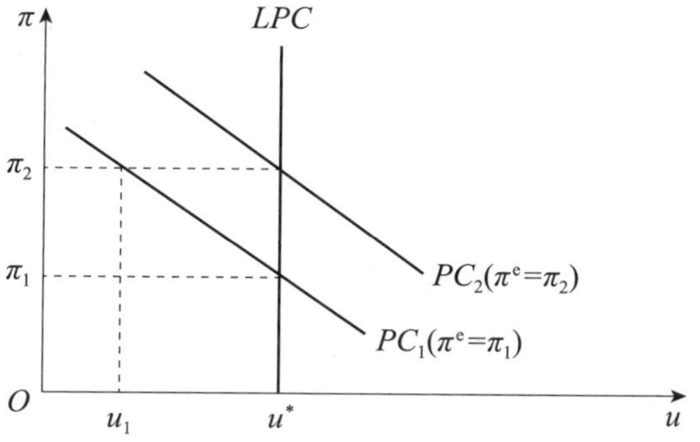

图 27-6　短期菲利普斯曲线与长期菲利普斯曲线

与短期菲利普斯曲线的推导相似，长期菲利普斯曲线也可以由 AD-AS 模型推导得到。如图 27-7（a）所示，长期中经济社会的产出处于充分就业产量水平 y^*，初始时期总需求曲线 AD_0 与长期总供给曲线 LAS 相交于 E_0 点，此时物价水平为 P_0。当货币供给增加使总需求曲从 AD_0 右移至 AD_1 时，物价水平上涨至 P_1，总产出仍为潜在产出水平 y^*。与之对应，在图 27-7（b）中，失业率总是处于自然失业率水平 u^*，通货膨胀率由 π_0 上升至 π_1，长期菲利普斯曲线 LPC 是一条垂直线，表明长期中失业率与通货膨胀率之间不存在替换关系。

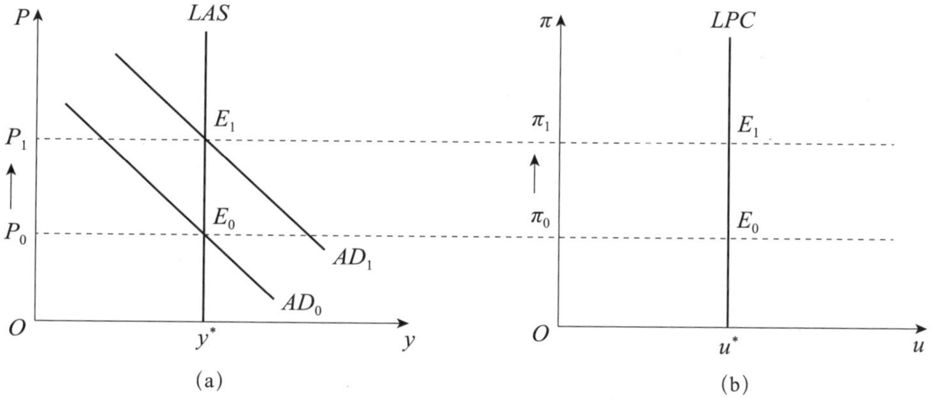

图 27-7　由 AD-AS 模型推导长期菲利普斯曲线

资源链接

视频微课 27-1

视频微课 27-2

思考题

1. 请描述失业的主要类型，并说明其各自的成因。

2. 什么是通货膨胀？通货膨胀形成的主要原因有哪些？通货膨胀的成本是什么？

3. 什么是奥肯定律？请写出描述奥肯定律的数学公式并解释。

4. 请结合 AD-AS 模型解释菲利普斯曲线描述的失业率与通货膨胀率之间的短期关系。

5. 当预期通货膨胀率变化时，菲利普斯曲线会怎样适应这一变化？

6. 长期菲利普斯曲线与短期菲利普斯曲线有什么区别？在长期中，失业率会趋于什么水平？

在线自测

扫一扫　练一练

第二十八章　开放宏观经济分析

宏观经济学的研究不仅局限于单一国家的经济分析，在当今世界经济全球化的背景下，国际贸易和国际金融的议题显得尤为关键。第二十七章深入探索了菲利普斯曲线，详细阐述了失业与通货膨胀之间的微妙关系，对国内宏观经济变量的相互作用进行了深入剖析。然而，要全面了解一个国家的经济运行，仅关注国内因素远远不够。因此，本章将焦点转向开放宏观经济学，通过探讨国际收支、汇率决定机制，以及蒙代尔-弗莱明模型的相关内容，来更全面地介绍宏观经济学在国际领域的应用。

第一节　国际收支

一、国际收支与国际收支平衡表

在全球经济的大舞台上，每个国家都与其他国家有着紧密的贸易和资本联系。国际收支，作为衡量这种关系的核心工具，为经济学家提供了一种洞察一个国家经济健康状况的重要途径。具体而言，国际收支描述了一个国家在特定时期内由于参与国际经济交易而产生的所有对外经济活动的系统记录。国际收支的含义可以分为狭义与广义两种。狭义的国际收支是指因经济交往而产生并需要立即结清的外汇收入与外汇支出的对比，广义的国际收支则仅包括居民与非居民之间的各种经济交易。

要准确理解国际收支，需要注意几个关键点。首先，只有居民和非居民之间的经济交易才被视为国际收支，居民之间的交易被视为国内贸易，不属于国际收支的范畴。其次，国际收支是一个反映已经发生的事实的事后概念。再次，国际收支是一个系统的货币记录，既涵盖了涉及货币收支的对外往来，也包括不涉及货币收支的对外往来，例如交换、转移和移居等。最后，国际收支是一个流量概念，主要用来总结一年的交易。

与国际收支紧密相关的是国际借贷，也称为国际收支头寸，代表了某一特定时点上一个国家居民的对外资产与负债的汇总。需要强调的是，国际收支关注一定时期内的流量，而国际借贷是一个存量概念，描述了特定时点的余额。此外，赠予、侨汇和战争赔偿等所谓的“无偿交易”被纳入国际收支的计算，但不包括在国际借贷中。

国际收支平衡表主要由经常账户、资本和金融账户以及净误差与遗漏等部分组成，结构组成如下：

经常账户：反映实际资源在国际上的转移。

货物贸易：物质商品的进出口交易。

服务贸易：非实体资源的交换，如运输、旅游、技术服务、金融服务等。

收益：投资所产生的收入和支出，包括利息、股息和再投资盈余。

经常转移：发生在居民与非居民间无等值交换物的实际资源或金融项目所有权的变更。

资本与金融账户：反映国际资本流动。

资本账户：资本转移和非生产、非金融资产的购买或出售。

金融账户：包括直接投资、证券投资、金融衍生工具、其他投资、储备资产。

净误差与遗漏：为使国际收支平衡表的借方总额与贷方总额相等，因此人为地在平衡表中设立该项目，来抵销净的借方余额或净的贷方余额。

在国际收支平衡表的编制中，理想状况下经常账户、资本和金融账户（除储备资产外）的总和应等于储备资产的变动。如果综合收支出现顺差，会导致储备资产增加；反之，则储备资产减少。然而，现实中可能并不总是这样。具体来说，当经常账户加上资本和金融账户（除储备资产外）与储备资产变动的差异不为零时，该差异将被归因为净误差与遗漏，而这些净误差与遗漏主要由资本外逃和统计差异等因素造成。上述平衡用公式可表示为：

$$经常账户+资本和金融账户(除储备资产外)-\Delta 储备资产=\pm 净误差与遗漏$$

从经济学的角度看，国际收支状况是反映一个国家在国际经济舞台上地位的重要指标。首先，国际收支规模越大，代表了该国的经济规模、实力、对外影响力以及抗风险能力都越强，对世界经济发展的影响力也越大。其次，国际收支状况还直接影响汇率，逆差可能导致本币贬值，而顺差则可能导致本币升值。再次，国际收支状况还决定了一个国家的融资能力和资信状况。盈余国家更容易在国际市场上借款，而逆差国家则面临融资压力。最后，国际收支状况对国内经济增长也产生直接影响。例如，经常账户盈余可以拉动国内就业，推动经济增长；而持续赤字则可能累积外债，对增长构成压力。表 28－1 是 2018—2022 年中国国际收支平衡表数据，为方便展示，省略了一部分细分类别的数据。

表 28－1　中国国际收支平衡表（2018—2022 年）　　单位：亿元

项目	2018 年	2019 年	2020 年	2021 年	2022 年
1. 经常账户	1 882	7 116	16 963	22 734	27 177
贷方	195 272	202 232	207 789	253 481	266 099
借方	−193 391	−195 116	−190 826	−230 746	−238 922
1. A 货物和服务	6 053	9 173	24 508	29 719	38 850
贷方	175 694	181 617	188 383	229 204	250 235
借方	−169 641	−172 444	−163 875	−199 485	−211 385
1. A. a 货物	25 359	27 180	35 055	36 254	45 140
贷方	160 237	164 760	172 637	207 327	225 467
借方	−134 878	−137 579	−137 582	−171 073	−180 327
1. A. b 服务	−19 306	−18 007	−10 547	−6 535	−6 290
贷方	15 457	16 858	15 746	21 877	24 767
借方	−34 763	−34 864	−26 293	−28 412	−31 057

续表

项目	2018 年	2019 年	2020 年	2021 年	2022 年
1. B 初次收入	−4 038	−2 764	−8 116	−8 006	−12 957
贷方	17 745	18 828	16 931	21 132	12 867
借方	−21 783	−21 592	−25 047	−29 139	−25 823
1. C 二次收入	−133	706	571	1 022	1 284
贷方	1 833	1 787	2 474	3 145	2 997
借方	−1 966	−1 080	−1 903	−2 123	−1 713
2. 资本和金融账户	9 901	1 800	−6 181	−14 153	−21 164
2.1 资本账户	−38	−23	−5	6	−20
贷方	20	15	11	17	16
借方	−58	−38	−17	−11	−36
2.2 金融账户	9 939	1 823	−6 176	−14 159	−21 143
资产	−23 873	−18 009	−46 257	−57 766	−19 005
负债	33 812	19 831	40 081	43 607	−2 138
3. 净误差与遗漏	−11 783	−8 916	−10 782	−8 581	−6 013

备注：

1. 本表计数采用四舍五入原则。

2. 本表根据《国际收支和国际投资头寸手册（第六版）》编制，资本和金融账户中包含储备资产。

3. “贷方”按正值列示，“借方”按负值列示，差额等于“贷方”加上“借方”。本表除标注“贷方”和“借方”的项目外，其他项目均指差额。

4. 金融账户下，对外金融资产的净增加用负值列示，净减少用正值列示。对外负债的净增加用正值列示，净减少用负值列示。

5. 年度人民币计值的国际收支平衡表由季度人民币计值数据累加得到。季度人民币计值的国际收支平衡表数据，由当季以美元计值的国际收支平衡表，通过当季人民币对美元平均汇率中间价折算得到。

6. 国际收支平衡表采用修订机制。

7. 数据来源于国家外汇管理局。

二、国际收支失衡

（一）国际收支失衡的影响

国际收支失衡描述了一个国家与其他国家的经济交往中，货物、服务和资本流动形成的差额，它可能源于各种因素，如生产力差异、汇率波动、政策选择等。但是，要理解国际收支失衡，首先要弄清楚其与国际收支平衡表的差异。尽管在某种程度上，国际收支平衡表始终显示为平衡，这归功于复式记账法使得借方等于贷方，以及通过平衡账户使得经常项目及资本和金融项目的差额通过官方储备的增减、净误差与遗漏达到平衡，但实际上国际收支仍可能出现不平衡。当一个国家无法通过自主性交易达到平衡，而必须依赖补偿性交易时，国际收支在性质上失衡的。自主性交易，是由于某种主观目标而发生的，如寻求利润或家庭汇款，而补偿性交易则是为了解决国际收支的不平衡，例如向国际金融机构借款或动用官方储备。

国际收支失衡，无论是顺差还是逆差，都会给国家经济带来诸多影响，这些影响涵盖了货币政策、官方储备、国际关系、资源分配等多个方面。

就国际收支顺差所带来的影响而言，主要体现在以下四个维度：首先，顺差有可能打破国内的供需平衡，导致资源的非理性使用。特别是在大量出口资源型产品时，有时甚至会引起国内资源被过度开采，长远看来可能威胁资源的可持续性和环境健康。其次，由于外汇的大量流入，国内货币有升值的趋势，进而降低出口商品在全球市场的竞争力，长期如此会损害出口行业。再次，过多的外汇储备可能导致货币供应过剩，潜在的威胁是通货膨胀，影响内部价格的稳定。最后，长时期的高额顺差还可能引发国际贸易纠纷。例如，其他国家因不满某国的贸易或货币政策而施以反击，提高关税或设置非贸易壁垒。

而国际收支逆差的影响则更为显著。首先，逆差过大可能导致外汇储备逐渐减少，从而削弱国家的金融地位，使其在全球金融市场失去话语权。其次，逆差对国家的还债能力产生威胁，延误偿还可能会触发债务风险，对国家的国际形象和声誉造成损害。再次，持续的逆差可能引起本币贬值，导致货币风险，并威胁金融稳定性。如果大部分外汇被用于债务还款，甚至会造成必需的生产要素进口不足，对经济增长产生制约。最后，由于外汇短缺，国际经济活动可能受限，进而限制经济增长，影响生产和就业。

（二）美元本位与国际收支失衡

在当今的国际货币体系中，美元已成为主导货币，这不仅源于交易传统、网络效应，还与石油紧密相连。无论是在流动性、定价、结算方面还是作为储备货币，美元都展现了其核心价值。但美元本位也带来了一系列问题，尤其在国际收支平衡上，主要体现在贸易与金融两大领域。

贸易方面，美国制造业的下滑和供需结构中服务业与制造业的失衡促使其大量进口，特别是来自东亚，这导致了美国的货物贸易逆差。与此同时，贸易盈余国因对美元和安全资产的需求而购买美国国债，进一步加大了美国的资本账户逆差。这使得大量美元返回美国，形成了特殊的国际贸易模式，即美国的货物贸易逆差与资本账户盈余并存。金融方面，由于美元的储备货币属性，美国的货币策略往往会产生外溢效应。当美元宽松时，大批资本为寻求高收益而进入其他国家；但当美国加息时，资本迅速撤回。这就对众多发展中国家构成了压力，甚至可能触发债务或货币危机。同时，大量美元流回美国加速了其资产的过度消费，这也是2008年的经济危机的隐患之一。因此，虽然美元的全球中心地位给美国带来优势，但它在贸易和金融领域对全球经济稳定与增长都带来了重要挑战。

三、国际收支调节理论

（一）弹性法

弹性法强调价格弹性对国际贸易余额的影响。它的核心观点是，如果一个国家的进出口价格弹性足够大，那么本币贬值就可以有效地改善其贸易余额。其背后的经济逻辑是，本币贬值会引起出口商品相对价格下降，进口商品相对价格上升，在进出口弹性足够大的情况下，出口增加、进口减少，从而起到改善国际收支的作用。马歇尔-勒纳条件为弹性法提供了一个具体的标准，即为了通过货币贬值来改善贸易余额，一个国家的进口和出口的价格弹性之和的绝对值必须大于1。

（二）乘数分析法

乘数分析法主要基于宏观经济中的乘数效应来分析货币政策和财政政策对国际收支的影响。乘数分析法的核心是乘数效应，即一个经济变量的初始变化会在经济中产生连锁反应，导致其他相关经济变量的总体变化超过最初的变化。在国际收支的背景下，政府支出的增加可能不仅增加国内的总需求，还可能导致进口增加，从而影响国际收支。因此，为调节国际收支，国家可采用需求管理手段。面对国际收支赤字，当局可以选择收缩政策，以减少国民收入和进口，改善国际收支；反之，面对盈余，当局则采用扩张政策，增加国民收入和进口，以实现国际收支平衡。

（三）吸收法

吸收法也称为支出分析法，这一理论的核心观点是，国际收支失衡的根本原因在于一个国家的总支出与总收入之间的失衡。在这一理论框架下，“吸收”被定义为一个国家的国内总支出，即国内消费和投资的总和。当吸收大于国内生产时，国家会出现贸易逆差；当吸收小于国内生产时，会出现贸易盈余。若国际收支出现逆差，表明总支出超过了总收入。为了改善这种失衡，应采用紧缩性的财政和货币政策以降低支出，并结合支出转换政策以抵消紧缩政策的副作用，使进口需求减少的同时收入能增加，从而推动国际收支的平衡。

（四）货币分析法

货币分析法主要关注货币供应与需求的变化对国际收支的影响。货币分析法认为，通过调整货币供应，政府和中央银行可以影响利率和物价水平，从而对外部均衡产生影响。例如，在国际收支逆差时，可以通过紧缩性货币政策提高利率和降低物价，以吸引外部资本，同时增加出口和减少进口，从而改善国际收支状况。

第二节 汇率决定理论

一、汇率的基本概念

国际收支展示了一个国家与外部世界的经济交往情况，但这种交往是如何通过价格进行调节的呢？这就涉及汇率这一重要概念。汇率不仅仅是一个数字，它反映的是一个国家货币的国际价值，即国际交易的“价格”。汇率被定义为一国货币转换为另一国货币的比率，即两国货币之间的相对价值，反映购买一个国家的货币所需的另一个国家的货币数量。例如，如果某日汇率是 1 美元＝7.243 元人民币，这意味着 1 美元可以兑换 7.243 元人民币。

对于汇率的标价，存在几种常见方法。一是直接标价法，表示一单位本国货币可兑换的外币数量。例如，在中国用直接标价法表示美元与人民币的汇率可能是 1 元人民币＝0.138 1 美元。二是间接标价法，表示购买一单位外币需要的本国货币数量。在刚刚的例子中，间接标价法表示的汇率为 1 美元＝7.243 元人民币。三是美元标价法，即一国货币与美元的交换比率。由于美元在国际金融市场的主导地位，许多国家的汇率都采用美元标价法。

在现实中，很多时候存在汇率的动态变化，考虑这个问题涉及的两个关键概念是升值与贬值。当一国货币相对于另一国货币的价值上升时，这种现象称为“升值”；与之相反，当一国货币相对于另一国货币的价值下降时，这种现象称为“贬值”。例如，如果 1 美元曾经可以兑换 7 元人民币，但现在只能兑换 6 元人民币，这就表明人民币升值，美元贬值。

汇率的分类有很多不同的标准或方式，以下介绍两种常用的汇率分类：一是按照外汇交割的时间，可以分为即期汇率和远期汇率。即期汇率是指即时交付货币的汇率，一般为成交后在两个工作日内买入或卖出外汇所使用的汇率；远期汇率是预先约定的、用于将来某个特定日期交付外汇的汇率。二是按照是否进行物价因素的调整，可以分为名义汇率和实际汇率。名义汇率是指一个国家的货币与另一个国家货币之间的兑换比率，也就是新闻中经常报道的汇率；实际汇率为对名义汇率进行物价因素调整之后的汇率，可以更好地反映两国货币的实际相对购买力，其与名义汇率之间的关系为：

$$\text{实际汇率}=\text{名义汇率}\times\frac{\text{外国的价格水平}}{\text{本国的价格水平}}$$

二、汇率决定与汇率变动

（一）汇率决定的基础

在经济史的早期阶段，金本位制度对汇率决定起到了关键作用。此制度下的汇率决定与铸币平价和黄金输送点紧密相连。具体来说，铸币平价反映了各国货币法定含金量即黄金的重量与成色之间的比例，为各国货币间的兑换提供了一个固定的参考点。而黄金输送点则为汇率变动提供了一个实际操作的范围，这个范围取决于黄金从一个国家运到另一个国家的费用。黄金输送点就是铸币平价加上或减去这些费用，它设定了汇率上下波动的界限。在金块本位制和金汇兑本位制中，国家发行的纸币都有规定的含金量，此时汇率不是由铸币平价决定的，而是由纸币所代表的金平价来决定的。这一平价是政府规定的，其能否得以实现很大程度上取决于政府的行为和决策，因此带来了汇率的不稳定性。

随着经济体系的发展和变革，世界逐渐转向纸币本位制度。纸币的金平价在理论上应作为决定汇率的基础，但在通货膨胀的背景下，纸币所代表的实际含金量逐渐减少，汇率开始经历剧烈波动。

（二）影响汇率变动的因素

在实际的国际金融市场中，汇率变动受到多种因素的影响。首先是国际收支状况，顺差多数时候会推高货币价值，而逆差则引起货币贬值，尽管小规模的暂时失衡不一定产生明显效应。其次，通货膨胀率决定的是货币的内外价值，高通货膨胀率倾向于引发货币的贬值。此外，相对利率也对汇率的变动有直接影响，经过通货膨胀调整后的高利率可能诱导资金流入，进一步提高货币价值。在全球化背景下，短期的资本流动与国际投机对汇率波动同样会产生明显的效应，如大规模的资本流出会引起本币贬值。市场对汇率未来走势的预期也起到了核心作用，投资者基于预期买进或抛售货币的行为会直接引起汇率波动。另外，中央银行可能为了稳定汇率干预外汇市场，经济的增长趋势、财政健康状况以及突发性国际事件如战争等都是汇率的影响因素。

（三）汇率变动的影响

货币在全球经济中的升值与贬值产生了一系列复杂的效应，这些效应既有正面的，也有负面的。

当货币升值时，由于进口成本降低，国内消费者和生产者可以享受到更低廉的外国商品和原材料。这也促进了增长方式的转变，使国内避免仅仅依赖低价竞销。此外，这种升值可以改善贸易条件，提高单位出口所能购买的进口商品量。在出口贸易结构上，本币升值促使扩大内需，减少对外部市场的过度依赖。同时，有助于推动国际市场上将该货币作为结算和储备货币的使用。此外，货币升值还有助于缓解由于货币政策引起的国际贸易摩擦，降低外债的偿债压力，以及降低本国企业在海外投资和购买资产的成本。然而，货币升值并非没有缺点。首先，出口产品在国际市场的价格竞争力下降，进而导致出口量减少。这种减少进一步引起对外资的吸引力减弱，尤其是出口导向型的外资。同时，出口的减少也会对国内就业造成负面冲击，并给经常项目收支带来压力。此外，外汇储备资产可能会缩水，而为了保持汇率稳定，国家可能需要买入大量外汇，导致基础货币的超发。

与此相对，货币贬值也带来了一系列影响。贬值可以增强出口产品的价格竞争力，从而有助于扩大出口，不仅可以增加总体的就业机会，还有助于改善经常项目收支。在货币政策调控方面，贬值提供了更大的空间，可以缓解“三元悖论”的约束，“三元悖论”即国家难以同时实现固定的汇率、自由的资本流动和独立的货币政策。另外，国家的外汇储备在货币贬值的条件下实际上会升值。同样，货币贬值也会带来一些挑战。进口商品和原材料的成本上升，给依赖进口的企业带来压力。同时，贬值可能导致贸易条件恶化，使单位出口只能购买更少的进口商品。更为严重的是，贬值可能增加国际游资的外逃风险，导致金融市场的不稳定。为了稳定货币，央行可能需要使用部分外汇储备，导致储备的实际减少。此外，本币贬值还易引起国际贸易摩擦。国家的偿债压力加大，也可能会削弱国际市场对本币的信心。

三、汇率决定理论

（一）购买力平价理论

第一次世界大战后的国际经济格局发生了巨大变革，各参战国的金本位制纷纷崩溃，而 1920—1933 年的大萧条更是给金本位制的存续带来了致命打击，使其彻底瓦解。金本位制的终结意味着银行券不再与黄金挂钩，失去了兑换黄金的功能，纸币成为主要的流通货币。随着铸币平价的消失，如何决定纸币的价值成为一个紧迫的经济问题。正是在这样的历史背景下，瑞典经济学家卡塞尔于 1922 年提出了购买力平价理论。他主张，两国之间的汇率应当取决于各自货币购买力的比率。也就是说，当两国货币购买力发生变化时，汇率也会随之变动。作为现代经济学中最为重要和有影响力的汇率决定理论之一，购买力平价理论不仅解释了纸币本位下汇率的决定因素，还对其剧烈波动的原因进行了阐释。

购买力平价理论的基础是“一价定律”。一价定律认为，在一个完全自由的市场环境中，如果除去交易成本和其他影响因素，同一种可贸易商品在全球各地的价格用同一货币来表示时应当是一致或相同的。可以用数学公式表示为：

$$P_d^i = e \times P_f^i$$

其中 e 为直接标价法下的汇率，P_d^i 和 P_f^i 分别表示本国和外国可贸易商品 i 的价格。

一价定律的生效主要依赖于商品套购机制。例如，若美国商品价格低于中国，套购商会在美国购入并在中国卖出，获取差价利润。这增加了美元需求，导致美元升值，进而使两国商品价格接近。

然而，为了使购买力平价和一价定律在实际中有效，必须满足一系列的前提条件。首先，不同国家的商品必须同质。其次，所有商品都应是可贸易的，不存在由于各种原因而无法进行跨境交易的非贸易品。再次，商品交易不受任何贸易摩擦的影响，例如运输成本、关税等，并且，商品市场还需要是自由竞争的。最后，商品的价格能够被迅速和自由地调整，不存在价格黏性。

购买力平价理论可以分为绝对购买力平价和相对购买力平价两个方面。绝对购买力平价侧重于特定时点上的汇率决定。其核心观点是，两国货币的交换比率或汇率是由两国物价水平之比决定的。例如，在一个简化的市场中，如果仅存在土豆这一商品，并且A国的价格为2而B国为1，那么1单位B国货币就等于2单位A国货币。相对购买力平价则更加关注汇率的变动，认为随着时间的推移，两国物价水平的变化会引起其货币购买力的相应调整，从而导致汇率的变化。换句话说，如果A国的通货膨胀率上升速度超过B国，那么A国货币的购买力将下降，A国货币对B国货币贬值。

在实际的国际经济环境中，购买力平价理论并不总是完全适用。短期内，一方面，价格黏性的存在使得物价水平不能被灵活调整，可能会出现汇率暂时偏离购买力平价的情况。另一方面，国际资本流动、投资者的预期以及对不同国家的投资回报的看法都可能导致实际汇率与理论预测不符。从长期来看，购买力平价理论也会受到多种复杂因素的挑战。首先，非贸易品的存在意味着某些商品或服务不能在国际上自由交易，如房屋租赁和医疗服务往往只能在本国进行。其次，交易成本和贸易障碍也会对购买力平价的有效性产生影响。关税、运输费用以及其他形式的贸易摩擦可以导致商品的价格无法自由调整到购买力平价预测的水平。此外，各国消费者对商品和服务的需求和偏好可能存在差异，使购买力平价理论失效。

（二）利率平价理论

1923年，经济学家凯恩斯在《货币改革论》中首次提出古典利率平价理论，认为远期汇率会自动调整至其利率平价。在金本位制时代，这一观点意味着无论即期汇率如何变动，国内外经济状况都能够自动进行调整。但随着金本位制的瓦解，这种静态观念遭到挑战。爱因齐格受哈罗德动态均衡理论启发，提出了动态利率平价的观点。他认为币值稳定不代表经济停滞，而是代表一个动态均衡。远期汇率与利率的调整并不是瞬间的，存在持续偏差，并且这两者之间会相互作用。20世纪50年代，随着国际金融市场的发展和变革，在凯恩斯和爱因齐格观点的基础上，现代利率平价理论逐渐形成和完善。

利率平价理论主要基于两个假设。首先，资本流动是自由的，这意味着资本可以在不同的国家之间自由流动以寻找最高的回报。其次，存在无风险的套利机会，即投资者可以无风险地从差异中获利。此外，利率平价理论的成立也建立在一价定律的基础上。

就形式而言，利率平价可以分为无抛补的利率平价和抛补的利率平价。无抛补的利率平价认为当金融市场上不存在套利机会时，两个国家的名义利率差异应该等于两国货币预期的未来汇率变化。用数学公式表示为：

$$\frac{E(e_{t+1})-e_t}{e_t}=i_d-i_f$$

其中，i_d 和 i_f 分别为国内和国外的名义利率，e_t 为用直接标价法表示的即期汇率，$E(e_{t+1})$ 为预期的未来即期汇率。

抛补的利率平价则关注如何消除汇率的不确定性，认为在存在远期外汇市场的情况下，通过远期合约对冲货币风险将导致两国之间的名义利率差异与远期汇率和即期汇率之间的差异一致，高利率国家货币在期汇市场上贴水，低利率国家货币在期汇市场上升水。数学公式为：

$$\frac{f_{t+1}-e_t}{e_t}=i_d-i_f$$

其中，f_{t+1} 为远期汇率。

例如，若 A 国的利率比 B 国高，那么 A 国的货币预期会贬值，因为高利率会吸引资本流入，使 A 国货币升值，为了平衡这种升值效应，未来货币预期会贬值。因此，投资者在对冲掉汇率风险后，无论是投资于本国还是外国，都应该获得相同的回报。

受制于多方面因素的影响，利率平价理论在实践中并不总是适用。首先，该理论的基础“一价定律”的成立条件较为苛刻：一是交易成本的存在直接影响了套利的实际收益；二是很多国家的资本流动受到限制，外汇市场也不完善；三是用于抛补套利的资金是有限的。其次，利率和汇率可能会共同受到货币供求的影响。最后，不同国家之间利率结构的差异也会引起利率差异，不能仅通过名义利率差异来判断两国之间的利差。

第三节　蒙代尔-弗莱明模型

一、固定汇率制度和浮动汇率制度

在全球化的背景下，如何在不同的汇率制度中选择和执行相应的经济政策，对于开放的宏观经济体而言，是一项至关重要的议题。对此，经济学者们进行了长时间的研究和讨论，希望找到最佳的策略来平衡国家利益和国际经济关系。在这些讨论中，蒙代尔-弗莱明模型提供了对该问题的经典分析视角，通过此模型可以明确汇率制度与经济政策选择之间的关系。然而，想要深入了解蒙代尔-弗莱明模型，首先需要对汇率制度进行详细的区分和解读。汇率制度，简言之，是指一个国家或货币区对其货币与其他货币之间的交换比率所采取的制度或政策。它反映了一个国家或货币区如何决定其货币与其他国家货币之间的交换比率，主要包括两种基本制度：固定汇率制度和浮动汇率制度。

（一）固定汇率制度

固定汇率制度下，一个国家的货币与其他国家货币的交换比率被固定在一个官方确定的水平或在一个特定的幅度内上下波动。这意味着汇率相对稳定，不会受到短期的金融市场波动的影响。为维持固定汇率，中央银行需要在外汇市场进行干预。当本国货币对其他货币的汇率过高时，中央银行会购买外国货币来减少本国货币的供给；反之，则会卖出外国货币来增加本国货币的供给。此外，中央银行可能还需要调整其利率政策以吸引或抑制资本流入。

固定汇率制度有一系列的优点。首先，它减轻了由于汇率浮动带来的不稳定性，从而鼓励了国际贸易和投资，并为企业和投资者在预测未来汇率时提供了一定的保障。其次，稳定的汇率有助于保持价格稳定，并防止通货膨胀的无序增长。另外，这种制度也有效地抑制了国际投机行为，并增强了外汇市场的稳定性。更重要的是，通过固定汇率可避免各国为争取短期贸易利益而竞相贬值，确保了全球金融体系的有序。

然而，固定汇率制度也有其固有的缺点。首先，它可能导致货币的价值扭曲，从而引起长期的国际收支失衡，甚至可能触发严重的经济危机。其次，固定汇率制度常常面临“三元悖论”的挑战。此外，为了维持固定汇率，国家可能需要保持大量的国际储备，这在一定程度上减少了用于国内经济发展的资源。另一个潜在问题是，固定汇率制度可能导致经济周期和通货膨胀从一个国家传递到另一个国家，使某个国家的经济波动对与其汇率挂钩的其他国家造成影响。

（二）浮动汇率制度

浮动汇率制度下，一个国家的货币对其他货币的交换比率是由外汇市场上的货币供求决定的，不受官方直接干预，汇率会根据外汇市场的变动而上下波动。

与固定汇率制度的缺点相对应，浮动汇率制度的主要优点在于它能有效地防止外汇储备的大量流失，为国家留下更多可用于其他领域的资源。而且由于汇率能够自由调整，它在某种程度上充当了一种自动稳定器，有助于平衡国际收支。同时，这一制度使得国家在实施国内经济政策时拥有更大的独立性。在更为宏观的层面上，它还有助于减缓经济周期和通货膨胀对国际经济的影响，并能够在一定程度上缓和国际短期资本流动的不稳定性。

然而，与好处并存的是一些不可忽视的缺点。首先，市场的不确定性可能会导致投机行为增多，从而加剧外汇市场的动荡。其次，国家间可能出现“货币战”，部分国家为了获取短期优势而故意使其货币贬值，这使得国际经济的协调变得更为困难。另外，没有固定汇率作为锚，政府可能会倾向于采取可能导致通货膨胀的政策。最后，对于发展中的国家来说，这种制度可能是个双刃剑：本币贬值可能会增加其进口的成本，而本币升值又可能会导致其出口价格上升，从而降低出口产品的国际竞争力。

二、净出口与资本净流出

在全球化的背景下，开放经济与外部经济之间的互动可以概括为两大主要渠道。一方面，国际商品与服务市场上的交易体现为各国对商品与劳务的进出口行为。这是实体经济的交换，也是全球贸易的核心，与之直接关联的概念是净出口，即一个国家在特定时期的出口额与进口额之差。另一方面，国际金融市场上的活动则聚焦于资本资产，例如股票和债券的交易。这部分交易与资本的流动性和全球投资策略有关，与此对应的是资本净流出的概念，表示资金从一个国家流向另一个国家的净额。

（一）净出口

净出口是指一个国家或地区在特定时期内货物和服务的出口值与进口值之间的差额。它揭示了一个国家在全球物品与服务市场中扮演的角色，主要是买家还是卖家，它也被称为贸易余额。具体地说，如果净出口呈现为正值，这意味着该经济体是净出口国，存在贸易盈余；相反，若净出口为负值，则代表该经济体为净进口国，存在贸易赤字。

众所周知，不同国家在经济规模、资源禀赋和技术水平上存在差异，这些差异在很大程度上引起了国际贸易活动。但是，究竟是哪些因素决定了一个国家净出口的大小呢？首先，最为重要的因素之一就是汇率。例如本币贬值时，出口商品的相对价格下降，进口商品的相对价格上升，导致出口增加、进口减少，净出口增加。因此，一国的净出口与其实际汇率呈负相关关系，实际汇率越高，净出口越小，反之则越大。其次，国内外消费者的收入水平也对净出口有直接且重要的影响。此外，消费者对国内外产品的偏好、国内外价格水平差异、运输成本的高低、自然资源的丰裕程度、经济周期的波动、国际关系以及政府政策特别是关于国际贸易的政策，都会对国际交易和净出口产生深远影响。

（二）资本净流出

资本净流出描述了本国居民购买的外国资产与外国居民购买的本国资产之间的差额。这一指标体现了资本在国家之间的流动情况。资本净流出可以是正值，也可以是负值。正值意味着国内居民购买的外国资产超过外国人购买的本国资产，反映了资本从该国流出；相反，负值意味着国内居民购买的外国资产少于外国人购买的本国资产，此时资本流向该国。

资本净流出这一指标受到多种因素的影响。首先，最为关键的一点是国内的实际利率。高于其他国家的国内利率有助于吸引资本流入，相对较低的国内利率则会鼓励国内投资者寻找海外投资机会，导致资本流出。因此，资本净流出与国内实际利率也呈负相关关系。国内实际利率越高，资本净流出越少；反之则越多。此外，影响资本净流出的因素还包括一国经济增长的前景、政治稳定性、投资者的预期、资本管制的程度以及国际信用评级等。

（三）净出口与资本净流出的关系

当一个国家的贸易呈现盈余时，这意味着它在国际市场上的销售额超过了购买额。如德国常年保持贸易盈余，它的汽车、机械等高附加值产品销往全球，获得丰厚的外币收入。这些外币收入，实际上代表了德国对外的一个资金供给。那么，这些资金的去向是哪里呢？答案是它们会被再次投入国际市场，用于购置外国的资产，如购买外国的债券、股票或其他资产，这种行为构成了资本流出。反之，当一个国家贸易出现赤字时，例如美国，这表示其从外部购买的商品和服务超过了其销售给外部的量。为了支付这些超额的进口，美国需要有资金来源，通常的方法是吸引外国的资金进入，包括发行债券、股票，或者鼓励外国直接投资，这种行为便构成了资本流入。这两个简单的例子都显示了一个共同的趋势：贸易盈余的国家倾向于对外投资其盈余资金，而贸易赤字的国家则需要吸引外部资金以支付其进口。

从宏观经济的角度，净出口与资本净流出密切相关，它们共同反映了一个国家在国际经济中的地位和策略。在平衡状态下，净出口总是等于资本净流出。进一步说，国际商品与服务的交易和国际资本流动实际上是全球经济活动的两个方面，二者紧密相连，相互作用。

三、蒙代尔-弗莱明模型介绍

蒙代尔-弗莱明模型的中心思想基于一个核心假设，即所研究的经济体是一个允许资本自由流动的小型开放经济。这里的“小型”意味着该经济体的行为不影响世界利率的变动，“资本自由流动”则指该经济体内的居民能够无障碍地参与国际金融交易，进行国际借贷。国际资本能够迅速流动确保了国内利率与世界利率的一致性，即这种小型开放经济体的利率必然等于世界利率。此外，蒙代尔-弗莱明模型还假设商品价格不变、总产出由总需求决定、本币贬值使产出增加、资本流动由两国利率差异决定。

与封闭情形下 IS-LM 模型的推导类似，蒙代尔-弗莱明模型还另外考虑了净出口这一项，代表产品市场均衡的 IS^* 方程和代表货币市场均衡的 LM^* 方程可表示为：

$$IS^* \text{方程}: Y = C(Y) + I(r^*) + G + NX(e)$$

$$LM^* \text{方程}: \frac{M}{P} = L(r^*, y)$$

其中，r^* 为世界利率，NX 为净出口，e 为直接标价法下的名义汇率。由于模型假设国内外物价水平不变，从而实际汇率与名义汇率同比例变动，因此这里直接使用名义汇率 e。IS^* 曲线和 LM^* 曲线综合在一起即为蒙代尔-弗莱明模型，政府购买 G、世界利率 r^*、物价水平 P 和货币供给 M 都由外生给定，模型的内生变量为总收入 y 与汇率 e。

图 28－1 即为蒙代尔-弗莱明模型。IS^* 曲线向右下方倾斜，这是由于当汇率 e 上升即本币升值时，净出口减少，从而使总收入减少。LM^* 曲线垂直则是因为在 LM^* 方程中，等式左边为外生给定的实际货币余额，等式右边的世界利率 r^* 不变，因此无论汇率 e 为多少，y 都有唯一满足该方程的值。IS^* 曲线与 LM^* 曲线的交点表示的是小型开放经济产品市场和货币市场都均衡时的汇率与收入水平。

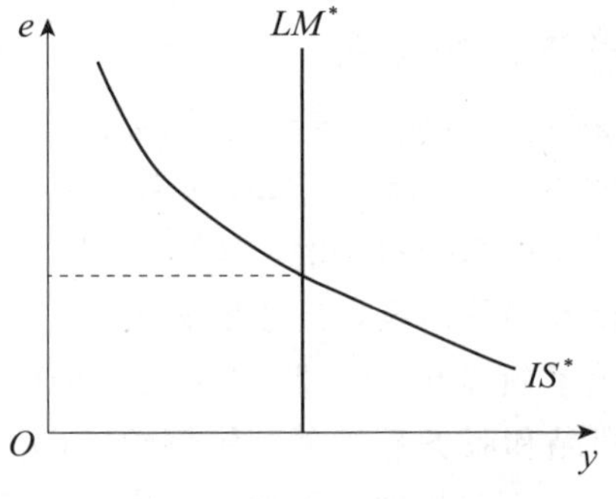

图 28－1　蒙代尔-弗莱明模型

第四节　蒙代尔-弗莱明模型的应用

在了解了蒙代尔-弗莱明模型的结构之后，更重要的是分析在不同汇率制度下汇率与收入对各种宏观经济政策的反应，从而在具体的现实情境中制定适合且有效的政策。

一、浮动汇率制度下的财政政策和货币政策

（一）财政政策

在浮动汇率制度下，汇率不受中央银行的直接干预，根据外汇市场的变动而上下波动。考虑浮动汇率制度下的财政政策，如图 28－2 所示，假设政府采取减税或增加政府购买的方式刺激经济，此时产品市场均衡曲线 IS_0^* 右移至 IS_1^*，汇率从 e_0 上升至 e_1，收入保持 y_0 不变。即浮动汇率制度下扩张性财政政策不能增加产出，只会引起汇率上升，财政政策无效。

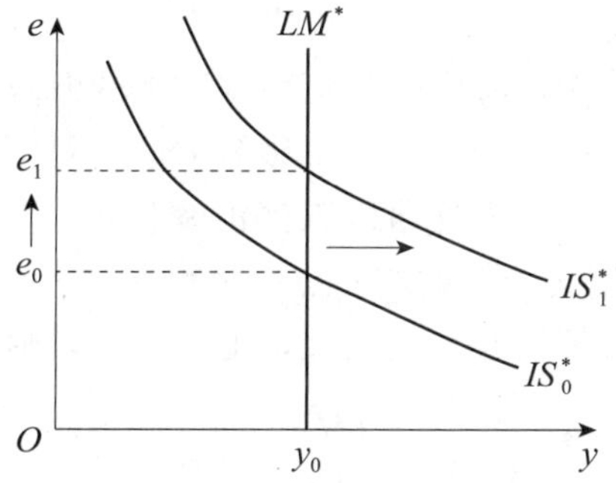

图 28－2　浮动汇率制度下的财政扩张

与封闭经济中扩张性财政政策引起收入增加不同，在一个小型开放经济体中，总需求增加会对利率产生向上的压力，资本迅速流入使利率回到世界利率水平，同时引起本币升值，该经济体出口产品的国际价格竞争力下降，从而净出口减少，收入下降，即抵消了扩张性财政政策增加收入的作用。此外，如前所述，LM^* 方程中货币供给 M、物价水平 P 和世界利率 r^* 都不变，从而收入 y 不变，因此净出口减少对扩张性财政政策对收入作用的抵消是完全的。

（二）货币政策

我们考察浮动汇率制度下的货币政策，假设中央银行增加货币供给 M，如图 28－3 所示，物价水平 P 不变，从而实际货币余额增加使得货币市场均衡曲线从 LM_0^* 右移至 LM_1^*，汇率从 e_0 下降至 e_1，收入由 y_0 提高到 y_1。即浮动汇率制度下扩张性货币政策会引起汇率下降，产出增加，货币政策有效。与封闭经济中扩张性货币政策引起利率下降不同，在小型开放经济体中，货币供给增加只会对利率产生向下的压力，引起资本流出，外汇市场上本币供给增加，本币贬值，该经济体出口产品的国际竞争力上升，净出口增加，从而收入增加。也就是说，区别于封闭经济中货币扩张最为关键的一点是，浮动汇率制度

下扩张性货币政策是通过影响汇率而不是利率来影响收入的。

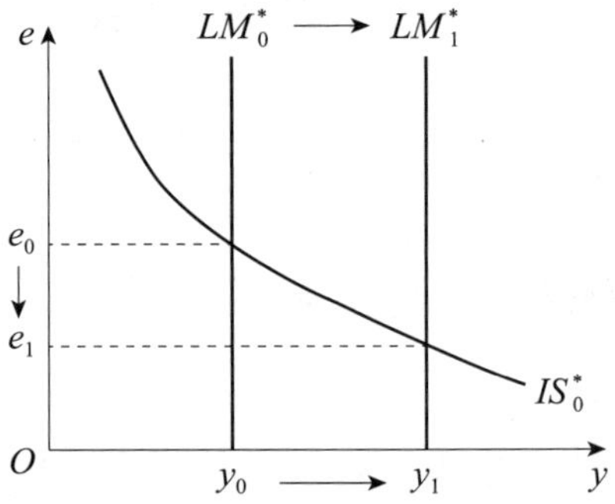

图 28－3　浮动汇率制度下的货币扩张

二、固定汇率制度下的财政政策和货币政策

（一）财政政策

当一国采取固定汇率制度时，中央银行规定一个本币与外币的固定汇率，通过干预外汇市场来维持汇率的稳定。首先，考虑固定汇率制度下的财政政策。假设一国进行减税或增加政府购买，如图 28－4 所示，IS_0^* 曲线右移至 IS_1^*，对汇率产生向上的压力，此时中央银行会在外汇市场上抛售本币买入外币以维持汇率稳定，货币供给增加使得 LM_0^* 曲线右移至 LM_1^*，IS_1^* 与 LM_1^* 相交于新的均衡点，汇率 e_0 不变，收入由 y_0 增加至 y_1。即固定汇率制度下，扩张性财政政策引起产出增加，汇率不变，财政政策有效。

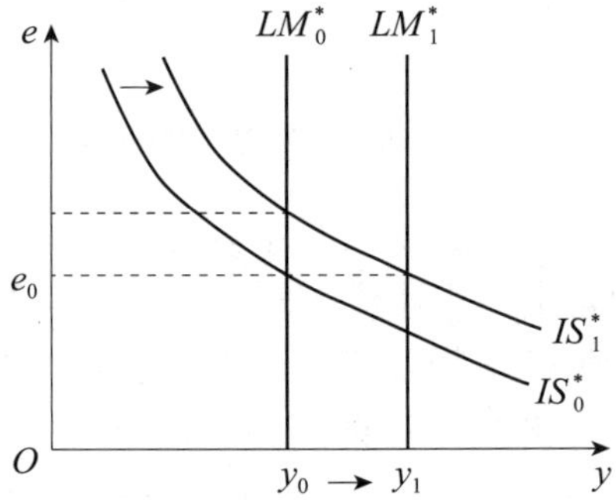

图 28－4　固定汇率制度下的财政扩张

（二）货币政策

对于固定汇率制度下的货币政策，假设一国货币当局增加货币供给，如图 28－5 所示，短期内引起 LM_0^* 曲线右移，对汇率产生下降的压力，此时按照之前固定的汇率向中央银行卖出本币就有利可图，套汇的逐利行为又引起外汇市场上的本币减少，从而 LM_0^* 曲线又左移直至回到初始位置。即固定汇率制度下，扩张性货币政策不会影响汇率和收入，货币政策无效。

综上所述，不同汇率体制下，宏观政策的效果有着巨大差异。在浮动汇率制度下，扩张性财政政策对收入的拉动因其引起的本币升值净出口减少而完全被抵消，货币政策有

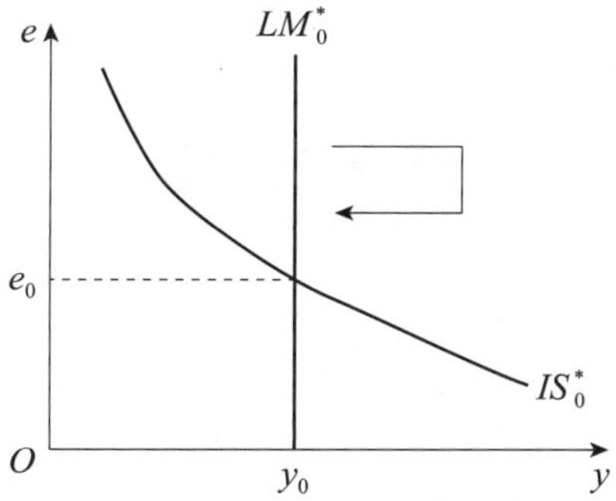

图 28－5　固定汇率制度下的货币扩张

效；在固定汇率制度下，扩张性货币政策因货币当局需维持汇率的稳定而无效，财政政策有效。

资源链接

视频微课 28－1　　视频微课 28－2

思考题

1. 引起国际收支失衡的原因有哪些？
2. 当一个国家的国际收支出现失衡时，它可以依据哪些理论采取什么措施进行调节？
3. 购买力平价理论在短期和长期不完全适用的原因分别是什么？
4. 固定汇率制度和浮动汇率制度各有什么优缺点？
5. 请用蒙代尔-弗莱明模型分析固定汇率制度和浮动汇率制度下财政政策和货币政策各自的政策效果。

在线自测

扫一扫　练一练

参考文献

1. 安德鲁·B. 亚伯，本·S. 伯南克，迪安. 宏观经济学. 9 版. 北京：中国人民大学出版社，2021.

2. 多恩布什，费希尔，斯塔兹. 宏观经济学. 12 版. 北京：中国人民大学出版社，2017.

3. 高鸿业. 西方经济学. 7 版. 北京：中国人民大学出版社，2018.

4. 凯恩斯. 就业、利息和货币通论：重译本. 北京：商务印书馆，1999.

5. 凯斯，费尔. 经济学原理. 北京：中国人民大学出版社，2010.

6. 李政军. 宏观经济学十讲. 北京：中国人民大学出版社，2020.

7. 鲁迪格·多恩布什，斯坦利·费希尔，理查德·斯塔兹. 宏观经济学. 13 版. 北京：中国人民大学出版社，2021.

8. 罗宾·巴德，迈克尔·帕金. 宏观经济学原理. 8 版. 北京：中国人民大学出版社，2021.

9. 罗宾逊. 马克思、马歇尔和凯恩斯. 北京：商务印书馆，1963.

10. 罗伯茨. 供给学派的革命. 上海：上海译文出版社，1987.

11. 马克思. 资本论：第 1 卷. 2 版. 北京：人民出版社，2004.

12. 马克思. 资本论：第 2 卷. 2 版. 北京：人民出版社，2004.

13. 马克思. 资本论：第 3 卷. 2 版. 北京：人民出版社，2004.

14. 马克思. 剩余价值理论：第 1 卷. 北京：人民出版社，1975.

15. 马克思. 剩余价值理论：第 2 卷. 北京：人民出版社，1975.

16. 马克思. 剩余价值理论：第 3 卷. 北京：人民出版社，1975.

17. 马克思. 政治经济学批判. 北京：人民出版社，1957.

18. 马克思，恩格斯. 马克思恩格斯全集：第 46 卷. 北京：人民出版社，2003.

19. 曼昆. 宏观经济学. 10 版. 北京：中国人民大学出版社，2020.

20. 琼斯. 经济增长导论. 北京：北京大学出版社，2002.

21. 萨缪尔森，诺德豪斯. 经济学. 19 版. 北京：人民邮电出版社，2012.

22. 斯蒂芬·D. 威廉森. 宏观经济学. 5 版. 北京：中国人民大学出版社，2023.

23. 张宇，张晨. 中国特色社会主义政治经济学. 2 版. 北京：中国人民大学出版社，2021.

24. THE AMERICAN ECONOMIC ASSOCIATION. Readings in price theory. Baltimore：Richard D. Irwin Inc.，1952.

25. ROBINSON J. The production function and capital theory. Review of Economic Studies，1953－1954.

26. ROOT. International trade and investment. Cincinnati：South-Western Publishing Company，1978.

27. SAMUELSON. Foundations of economics analysis：Revised edition. Boston：Harvard University Press，1975.

28. SCHUMPETER. Theory of economic development. Boston：Harvard University Press，1934.

29. SMITH，ADAM. An inquiry into the nature and causes of the wealth of nations. London：Dante Inc.，1955.

后记

经全国高等教育自学考试指导委员会同意，由经济管理类专业委员会负责高等教育自学考试《经济学原理（中级）》教材的审定工作。

《经济学原理（中级）》自学考试教材由中国人民大学于春海教授担任主编，参编人员包括：中国人民大学国家发展与战略研究院刘瑞明教授、中国人民大学经济学院赵峰教授、中国人民大学经济学院赵勇教授、中国人民大学经济学院江艇副教授、首都经济贸易大学经济学院刘媛讲师、吉林大学经济学院王婷副教授、北京工商大学经济学院王金秋副教授、中国社会科学院马克思主义研究院李彬助理研究员。

参加本教材审稿讨论会并提出修改意见的有中国人民大学谢富胜教授、北京交通大学周耀东教授、中国人民大学范志勇教授。全书由于春海教授修改定稿。

编审人员付出了大量努力，在此一并表示感谢！

全国高等教育自学考试指导委员会
经济管理类专业委员会
2023 年 12 月

图书在版编目（CIP）数据

经济学原理：中级 / 于春海主编. --北京：中国人民大学出版社，2024.5
全国高等教育自学考试指定教材
ISBN 978-7-300-32892-8

Ⅰ.①经… Ⅱ.①于… Ⅲ.①经济学-高等教育-自学考试-教材 Ⅳ.①F0

中国国家版本馆 CIP 数据核字（2024）第 104055 号

全国高等教育自学考试指定教材
经济学原理（中级）
［含：经济学原理（中级）自学考试大纲］
（2024 年版）
全国高等教育自学考试指导委员会　组编
主　编　于春海
Jingjixue Yuanli

出版发行	中国人民大学出版社		
社　　址	北京中关村大街 31 号	**邮政编码**	100080
电　　话	010－62511242（总编室）		010－62511770（质管部）
	010－82501766（邮购部）		010－62514148（门市部）
	010－62511173（发行公司）		010－62515275（盗版举报）
网　　址	http：//www.crup.com.cn		
经　　销	新华书店		
印　　刷	北京市鑫霸印务有限公司		
开　　本	787 mm×1092 mm　1/16	**版　　次**	2024 年 5 月第 1 版
印　　张	24.5	**印　　次**	2025 年 8 月第 3 次印刷
字　　数	573 000	**定　　价**	65.00 元
